알아두면 잘난 척하기 딱 좋은

최초의 것들

알아두면 잘난 척하기 딱 좋은
최초의 것들

초판 1쇄 발행·2020년 12월 15일
초판 5쇄 발행·2021년 7월 25일
개정판 1쇄 발행·2024년 7월 23일

지은이·김대웅
펴낸이·이춘원
펴낸곳·노마드
기 획·강영길
편 집·이경미
디자인·블루
마케팅·강영길

주 소·경기도 고양시 일산동구 무궁화로120번길 40-14(정발산동)
전 화·(031) 911-8017
팩 스·(031) 911-8018
이메일·bookvillagekr@hanmail.net
등록일·2005년 4월 20일
등록번호·제2014-000023호

ISBN 979-11-86288-74-0 (03030)

알아두면 잘난 척하기 딱 좋은

최초의 것들

The First Things of Living Necessaries

A Perfect Book for Humblebrag

김 대 웅 지음

nomad
노마드

문화란 인간과 환경이 상호작용하는 과정에서 형성된 여러 생활양식으로, 당연히 자연환경과 인문환경에 따라 다양하게 나타난다. 예를 들어 서양의 문화는 시대의 흐름에 따라 변화를 거듭했다. 고대에는 신(헬레니즘)이 인간의 정신세계를 지배했으며, '주인과 노예'라는 상징적인 이분법적 계급사회가 유지되었다. 중세에는 종교(헤브라이즘)가 사회 전반에 강력한 영향력을 행사하면서 '영주와 농노'체제가 유지되었다. 그러다 르네상스기에 이르러 '인간'이 중심적인 존재로 그리고 '균형'과 '조화'가 중요한 가치로 자리 잡았다. 프랑스 혁명과 나폴레옹 전쟁 이후에는 마침내 '자유'와 '개인주의'의 소중함이 부각되었다. 근대 산업혁명 이후 자본을 중심으로 '자본가와 노동자'라는 이분법적 구도가 형성되었으나, 고도로 산업화된 현대사회에서는 노동자와 대중이 생산과 소비의 주체가 되는 이른바 대중사회적 상황이 펼쳐졌다.

이와 같은 환경의 변화에 따라 각각의 시대에는 예로부터 내려오는 전통적인 문화뿐만 아니라 그 이전에는 없었던 아주 새로운 문화가 대두했다. 특히 현대에는 생활수준의 향상, 교육의 보급, 매스커뮤니케이션의 발달 등으로 대중문화가 사회에 물감이 번지듯 슬며시 자리 잡았다.

* * *

영국의 문화인류학자 에드워드 버넷 타일러(Edward Burnett Tylor)는 "지식, 신앙, 예술, 도덕, 법, 관습 그리고 사회구성원으로서의 인간이 획득한 그 밖의 능력과 습관을 포함하는 복합적인 총체."를 문화라고 정의한다. 즉 문화를 인간의 생각과 활동의 총합으로 보고 인간의 활동에서 그 의미를 찾았다.

미국의 기독교학자이자 문화학자인 리처드 니부어(Helmut Richard Niebuhr)는 문화를 "인간 활동의 총체적 과정과 그 활동으로 인한 총체적 결과이며, 인간이 자연적인 것 위에 첨가한 인공적이며 이차적 환경으로 자연을 정복대상으로 보고 문명을 발전시켜나가는 과정에서 얻게 된 모든 것."이라고 정의했다. 즉 문화를 인간이 자연을 정복하는 과정에서 얻은 것으로 보았다.

네덜란드의 현대 문화철학자인 반 퍼슨(C. A. van Peursen)은 "좁은 의미의 문화는 예술·철학·과학·윤리·정치·종교 같은 영적이고 정신적인 산물이며, 넓은 의미의 문화는 자연을 변화시키는 것으로 인간은 동물과 달리 자연을 객관화하고 연구대상으로 삼아 이를 변화·발전시킨다."고 말했다.

영국의 마르크스주의 문학비평가 레이먼드 윌리엄스(Raymond Williams)는 문화를 크게 세 가지로 정의했다. "첫째는 지적·정신적·심미적 능력을 계발하는 일반 과정(교양)이고, 둘째는 특정 인간이나 시대 혹은 어떤 집단의 특정한 생활방식(문화)이며, 셋째는 지적 산물이나 지적 행위, 특히 예술 활동(교양의 결과물)을 가리킨다." 즉 문화는 삶에 대한 이해를 깊게 하고, 비판적 사고를 통해 자유롭고 창조적으로 삶을 보다 풍요롭게 하는 것이다.

* * *

인류의 문화 중에서 가장 기본적이고 중요한 것은 '의식주(衣食住)'다. 의식주는 인간의 생활에 기본이 되는 옷과 음식과 집을 통틀어 이르는 말이다. 영어로는 식의주(food, clothing and shelter)라고 하는데, 우리나라에서 '의식주'라고 표현하는 것은 예의를 중시하는 유교문화의 반영이라 할 수 있다. 중국 춘추시대 제나라의 재상이자 사상가인 관중(管仲)은 《관자》〈목민(牧民)〉편에 "창고가 가득 찬 뒤에야 예절을 알게 되고, 입을 것과 먹을 것이 넉넉해야 영예와 치욕을 안다(倉廩實 則知禮節, 衣食足 則知榮辱)."고 말했다.

인류의 의식주에 가장 큰 영향을 준 것은 말할 것도 없이 자연환경(특히 기후)이며, 종교(기독교, 이슬람교, 민간신앙 등)의 영향 또한 막강하다. 여기에 질병과 전쟁(특히 정복전쟁), 해외무역과 서양인들의 탐욕이 빚어낸 대항로 개척과 신대륙 발견 등은 자의반 타의반으로 서로 다른 환경과 문화에서 살았던 사람들의 교류를 활발하게 만들었고, 특히 식재료의 세계화로 음식문화에 큰 영향을 미쳤다. 이에 비해 복식문화(양복과 와이셔츠, 구두와 스타킹, 넥타이와 스카프, 브래지어와 코르셋, 나일론 등)와 주거문화(아파트와 고층 건물 등)는 상대적으로 서서히 변화했다.

중세에는 계급이 음식의 이름에도 영향을 끼쳤다. 예를 들어 육류의 명칭이 그렇다. '정복왕'이라는 별명을 얻었던 노르망디 공 윌리엄 1세가 1066년 '노르만 정복'으로 잉글랜드를 점령한 후 백년전쟁이 일어날 때까지

300년 정도 영국은 프랑스의 식민지였다. 그 결과 영국의 귀족들은 프랑스어를 사용하고 평민은 영어를 사용했다. 이런 언어 관습은 음식문화에 영향을 끼쳤다. 잉글랜드의 농부는 소(ox, cow)와 송아지(calf)를 길렀지만, 상류층은 프랑스어 viande de boeuf(소의 고기)와 viande de veau(송아지 고기)서 나온 비프(beef)와 빌(veal)을 먹었다. 또한 양(sheep, lamb)의 고기는 viande de mouton에서 나온 머튼(mutton)으로, 돼지(pig, hog)의 고기는 viande de porc에서 나온 포크(pork)로 불렸다.

＊　＊　＊

이 책에는 이 같은 문화의 다양한 표정이 담겨 있다. 인류의 역사에서 인간이 일구어낸 온갖 문화적 산물 중 의식주를 중심으로 우리가 지나치거나 몰랐던 이야기들을 담고 있다. 또한 이 책은 '최초'를 중심으로 그 역사적 맥락을 설명하는 데 주안점을 두었다. 최초는 영원하고 오직 한 번만 존재한다. 그것이 어떤 과정을 거쳐 오늘에 이르렀는지를 살펴보는 것이 바로 문화의 역사이자 인류의 역사이며, 그것이 탄생하고 자란 곳의 전통이다.

최초의 것이라도 되도록 현존하는 것을 우선으로 소개했다. 아울러 우리나라에 들어온 서양 의식주의 '맨 처음 것'을 함께 다루었다. 그것들이 우리나라에 들어와 어떤 영향을 미쳤고 어떻게 변화했는지 살펴보는 것도 의미가 있을 것이다. 양복과 구두, 구황작물로 큰 역할을 한 감자와 고구마와 옥수수, 공공주택의 개념을 확산시킨 아파트 등은 이미 우리의 생활문화에 깊숙이 녹아들어 있기 때문이다.

이 책은 세 부분으로 구성되었다. '제1부 의(衣)_ 우리가 몸에 걸치는 것들의 유래와 에피소드'에서는 복식과 액세서리, 세탁기와 재봉틀 등에 대해 서술했다. '제2부 식(食)_ 주식과 먹거리에 얽힌 이야기들'에서는 식재료뿐만 아니라 전자레인지와 냉장고, 통조림의 탄생과 자기의 전래 과정 등에 대해 다루었다. 기호식품인 담배도 빼놓을 수 없는 이야깃거리다. '제3부 주(住)_ 생활하고 일하는 곳 그리고 문화공간의 변천사'에서는 주거지뿐만 아니라 동물원과 유원지, 도서관, 영화관, 박물관, 카페와 바 등 문화공간의 변천사를 살펴보았다. 이곳들은 주거지 못지않게 사람들이 모여문화생활을 영위하는 필수공간이기 때문이다. 또 고층 건물을 가능케 한엘리베이터는 빠뜨릴 수 없는 중요한 주거문화의 요소이다.

가능한 여러 가지 의식주 문화를 접할 수 있도록 노력한다고 했으나, 백화점식 나열에 그친 것은 아닌지 아쉽고 미진한 마음이 든다. 이에 대한평가는 독자들에게 맡길 수밖에! 끝으로 오랜 집필 기간 동안 참고 기다려준 출판사 편집부와 교정을 맡아준 지연희 님께 고마움을 전한다.

2024년 6월, 망원동에서

김대웅

차례

제2부

食 ^식

주식과 먹거리,
그에 얽힌 이야기들

제3부

住 ^주

생활하고 일하는 곳
그리고 문화공간의
변천사

제
1
부

우리가 몸에 걸치는 것들의
유래와 에피소드

인류 최초의 내복이 된
무화과 잎

《구약성서》〈창세기〉를 보면, 원래 아담과 이브는 에덴동산에서 옷을 입지 않고 살았다. 그러나 뱀의 꾐에 넘어가 금단의 열매를 따먹은 원죄를 짓고 추방된 뒤부터는 수치심을 견디지 못해 옷을 입기 시작했다고 한다. 그들이 맨 처음 옷으로 만들어 입은 재료는 바로 무화과 잎이었다. 〈창세기〉 3장 7절은 다음과 같다.

이에 그들의 눈이 밝아 자기들의 몸이 벗은 줄을 알고 무화과 잎을 엮어 치마를 하였더라.(And the eyes of them both were opened, and they knew that they were naked; and they sewed fig leaves together, and made themselves aprons.)

그래서 fig는 '무화과'라는 뜻 말고도 '옷차림', '복장', '모양', '상태', '꾸미다' 등의 뜻도 있으며, in full fig는 '정장을 하고'라는 뜻이다.

나중에 인간은 천(옷감; cloth)을 만들어 옷(clothes)을 지어 입었는데, 이것들은 그리스 신화에 나오는 여신의 이름에서 따온 말이다. 그리스 신

무화과 잎으로 앞을 가린 아담과 이브

화에는 운명을 관장하는 여신으로 모에라이(Moerai)라는 세 자매, 즉 클로토(Clotho), 라케시스(Lachesis), 아트로포스(Atropos)가 등장하는데, 그중에서 살아 있는 각 개인의 삶을 상징하는 실을 뽑고 있는 존재가 바로 클로토이다. 이 이름은 그리스어로 '실을 뽑는 자'라는 뜻이다.

수치심에서 몸을 가린 이후 옷은 현실적으로 몸을 보호할 목적으로 만들어졌다. 하지만 국가가 형성되고 계급이 발생하면서 여러 가지 옷은 지위나 계급, 신분을 나타내는 상징이 되었다. 색상이나 모양이나 옷감으로 주교와 평신도, 입법자와 범법자, 장교와 사병 등을 구별했던 것이다. 옷은 문화의 중심인물을 평범한 대중 사이에서 돋보이게 했다. 실제로 지금도 옷만큼 사회적 계급을 직접 눈에 보이는 형태로 나타내는 수단은 달리 없다.

현대에 들어서도 복장은 군인·경찰·법관·종교인·의료인·학생 등의 제복과 일반 직장의 유니폼처럼 입은 사람의 직업이나 소속된 단체 등을 나타내주며, 결혼식·장례식·명절·졸업식·입학식·종교행사 등의 의식을 표현하는 복장도 별도로 있다.

그러나 이런 딱딱한 복장에서 벗어나 자신을 아름답고 매력적으로 꾸미려는 욕구를 충족하기 위해 특히 여성들은 옷이나 장신구 등으로 자신의 아름다움을 표현하려고 애쓴다. 더구나 다른 사람과 구별되는 옷차림을 함으로써 자신의 가치관, 관심, 태도, 개인적 성격 등을 한껏 발휘하고자 한다. 이러한 현상은 사회가 고도로 산업화되고 경제적으로 풍요로워지면서 더욱 강하게 나타나는 추세이다.

순백의 웨딩드레스와
장례식의 검은 옷

하 얀색은 청정과 순결을 나타내는 색이다. 그러나 고대 로마 시대
의 신부는 노란색 드레스를 입고 머리에는 노란 베일(veil)을 썼
다. 사실 신부가 쓰는 베일은 웨딩드레스보다 역사가 오래되었다. 그리
고 베일은 신부가 쓰기 훨씬 이전부터 있었다.

복식사가들에 따르면 베일은 남자가 만들어낸 것이라고 한다. 즉 여
성을 종속적인 지위에 두고 다른 사내의 눈으로부터 숨겨두기 위해서 고
안한 물건이다. 그 긴 역사 속에서 고상함과 아름다움의 상징이거나 비
밀리에 정을 통한다든가 상을 당한 것을 뜻했던 베일은 여성의 몸에 걸
치는 물건이면서도 여성이 만들지 않은 유일한 의상용품이다.

동양에서는 적어도 4000년 전에 이미 베일을 사용하고 있었다. 결혼
하지 않은 여자는 얌전하다는 것을 나타내기 위해, 결혼한 여자는 남편
에 대한 순종을 나타내기 위해 베일로 얼굴을 가렸다. 이슬람 사회에서
여성은 집 밖으로 한 발짝이라도 나갈 때는 반드시 머리와 얼굴의 일부
를 가려야 했다. 남자가 만든 이 계율은 더욱 엄격해져서 눈을 제외한

모든 것을 가려야만 했다. 눈을 내놓은 것은, 두꺼운 천으로 만든 베일을 푹 뒤집어쓰면 앞이 전혀 보이지 않았기 때문이다.

기원전 4세기에는 그리스인과 로마인 사이에 결혼식 때 얇고 환히 비치는 베일을 쓰는 것이 유행했다. 신부는 베일을 핀으로 머리카락에 고정시키거나 머리에 잡아맸다. 당시는 드레스와 베일 모두 노란색이 유행이었다. 중세에 들어서자 사람들은 색보다는 천의 재질이나 레이스와 같은 장식에 더 신경을 썼다.

영국과 프랑스에서 하얀 웨딩드레스가 처음 등장한 것은 16세기다. 그러나 이 하얀 웨딩드레스는 '하얀색은 신부의 순결을 나타낸다'는 노

'부인들의 잡지'라는 뜻의
프랑스 잡지 《주르날 데 담》에 실린
흰색 웨딩드레스

골적인 표현인지라 그리 환영받지 못했다. 반면에 목사들은 신부의 순결은 당연한 일이며 새삼스럽게 떠들썩하게 말할 것이 아니라고 주장했다. 그 후 150년 동안 영국의 신문과 잡지는 하얀 웨딩드레스를 둘러싸고 열띤 논쟁을 벌였다.

그러나 18세기 말에 와서는 하얀 웨딩드레스가 일반화되었다. 복식사가에 따르면, 그것은 당시 팔리고 있던 정장용 드레스가 거의 하얀색이었기 때문이라고 한다. 어쨌든 1813년 프랑스의 인기 있는 여성지《주르날 데 담*Journal des Dames*》에 순백의 웨딩드레스 삽화가 커다랗게 실린 이래 하얀색은 웨딩드레스의 색깔로 정착되었다.

우리나라에서 처음으로 서양식 웨딩드레스를 입은 여성은 일제강점기인 1920년 대한제국의 마지막 황태자인 영친왕(英親王)과 결혼식을 올린 나시모토노미야 마사코(梨本宮方子) 공주, 즉 이방자(李方子)다. 이후 1965년 당시 최고 톱스타였던 신성일과 엄앵란의 결혼식에서 엄앵란이 디자이너 앙드레 김이 만든 서양식 웨딩드레스를 입으면서 급속도로 퍼져나갔다.

장례식은 서아시아 일대에 살고 있던 네안데르탈인에 의해 시작되었다. 네안데르탈인이라고 하면 표정이 없고 두툼하고 커다란 코를 가진 원숭이에 가까운 모습으로 많이 묘사하는데, 실제로는 오늘날의 유럽 인종에 가까운 용모에 피부도 희며 온몸에 털이 덥수룩하지도 않았다. 또한 발굴한 두개골을 조사해보니 네안데르탈인의 뇌의 크기가 현대인과 그리 다르지 않다는 것도 밝혀졌다.

네안데르탈인은 동료의 시체를 쓰레기처럼 버리지 않고 장례를 치르고 매장했다. 구덩이를 파서 그 속에 시체를 누이고 음식물, 사냥 도구,

율리우스 카이사르의 장례식. 기원전 44년 3월 15일 광장에서 거행된 그의 장례식에 인파가 몰려 아수라장이 되었다고 한다.

불을 일으키는 숯 등을 함께 넣은 후 그 위에다 갖가지 꽃을 뿌렸다. 실제로 이라크의 샤니다르 동굴에서 발견한 네안데르탈인의 무덤에는 여덟 종류나 되는 꽃가루가 남아 있었다. 이미 5만 년 전부터 사람은 장례식에 불을 사용했던 것 같다. 그 이유는 분명하지 않지만 어쨌든 네안데르탈인의 무덤가에는 횃불을 피운 흔적이 있다.

시간이 흘러 고대 로마에서는 장례식 때 횃불을 육체를 떠난 혼을 저승으로 인도하기 위한 용도로 사용했다. '장례'를 뜻하는 영어 funeral은 '횃불'을 뜻하는 라틴어 funus에서 유래한다. 장례식 때 촛불을 켜놓게 된 것도 로마 시대부터다. 그들은 시신 주위에 촛불을 세워 한번 육체를 떠난 영혼이 다시 돌아와 시신을 되살아나게 하는 일이 없도록 했다. 로마인은 어둠을 집으로 삼는 영혼은 빛을 두려워할 것이라고 생각했던 것이다.

오늘날까지 전해지는 갖가지 장례 관습도 죽은 사람을 애도하는 마음에서라기보다 저승에 대한 공포에서 시작된 것이 많다. 고인을 애도해 입는 검은 옷도 원래는 공포 때문에 생긴 관습이다. 서양에서 검은색이 상복의 색깔이 된 것은 친척이건 적이건 또는 타인이건 어쨌든 죽은 사람을 두려워했기 때문이었다. 그 기원은 먼 시대로 거슬러 올라간다.

옛사람들은 한순간이라도 경계를 늦추면 죽은 사람의 혼령이 언제 다시 날아 들어올지 모른다고 두려워했다. 인류학 자료에 따르면, 원시 시대의 백인은 장례식 때 영혼을 속이기 위해 온몸을 새까맣게 칠했다고 한다. 반대로 흑인의 대륙 아프리카에서는 같은 이유로 온몸을 새하얗게 칠하는 부족이 있었다고 한다.

인류학자들은 장례식 때 몸을 까맣게 칠한 것이나, 많은 사회에서 가족이나 친척이 죽으면 몇 주나 몇 달 동안 내내 검은 상복을 입었던 것은 영혼의 눈을 멀게 하는 방법이었다고 추측하고 있다. 얼굴을 숨기는 베일도 물론 이 공포 때문에 생긴 것이다. 지중해 연안의 여러 나라에서는 미망인이 꼬박 1년을 검은 옷으로 몸을 감싸고 베일로 얼굴을 감춘 채 떠돌아다니는 남편의 영혼을 피해 숨어 있었다고 한다. 따라서 상복이 검은색인 것은 죽음을 애도하는 뜻이 아니라 하얀 피부에 반대되는 색이었기 때문이다.

관(coffin)이라는 말은 '바구니'를 뜻하는 그리스어에서 온 것이다. 기원전 4000년경 고대 사마리아인은 죽은 동료를 작은 가지로 엮어 만든 바구니에 거두었다. 그런데 여기서도 죽은 사람의 영혼에 대한 공포가 보통의 바구니를 관으로 변화시켰다.

아주 먼 옛날 북유럽에서는 죽은 사람이 산 사람을 위협하지 않도록 특별한 방법을 썼다. 시신을 묶고 머리와 다리를 잘라낸 다음 매장할 장소로 곧바로 가지 않고 일부러 멀리 돌아가, 만에 하나 죽은 사람이 돌아오려고 해도 길을 알 수 없도록 했다. 시체를 집 밖으로 내갈 때 출입구로 나가지 않고 벽에 구멍을 뚫어 그곳으로 내보낸 뒤 다시 막아버리는 관습도 많은 나라에서 볼 수 있다.

땅을 깊이 파고 시체를 묻는 것도 안전하지만 목관에 시체를 넣고 관 뚜껑을 못으로 박아 땅에 묻는 것은 더욱 안전하다. 이 때문에 옛날 관에는 못이 무수히 박혀 있다. 뚜껑이 열리지 않도록 박았다고 하기에는 터무니없이 못이 많았다. 게다가 이것도 모자라 관 위에 커다란 돌을 얹고 흙으로 덮었다. 그리고 마지막으로 무덤 위에 또 무거운 돌을 얹었는데, 이것이 비석의 시초였다. 가족이 애정을 담아 비석에 이름을 새기거나 그리운 고인을 찾아 묘소를 방문하거나 하는 것은 훨씬 뒤의 얘기다. 그런 문화가 생겨나기 전에는 가족이나 친구들이 고인을 방문하는 것은 생각지도 못한 일이었다.

시신을 묘지로 운반하는 영구차의 기원을 알려면, 고대 농기구의 하나인 갈퀴로 거슬러 올라가야 한다. 왜 그럴까? 거기에는 복잡한 역사가 있다.

로마 시대의 농민은 밭을 경작한 후 히르펙스(hirpex; 라틴어로 '갈퀴'라는 뜻으로, 큰 못이 붙어 있는 나무나 쇠로 만든 삼각형의 도구)를 사용해 흙을 긁어 골랐다. 기원전 51년 카이사르가 갈리아 지방의 평정을 끝내고, 그에 따라 서유럽으로 옮겨가 살게 된 로마인이 새로운 토지를 경작하기 위해 이 갈퀴를 가져갔다. 이 도구는 이윽고 영국의 여러 섬에도 전해져 해로(harrow)라는 이름을 얻었고, 1066년 노르망디 공 윌리엄 1세가 영국을 정복한 '노르만 정복' 이후 프랑스식으로 에르스(herse; 써레)라 불렀다.

노르만인은 이 갈퀴를 뒤집으면 교회에서 쓰는 가지가 달린 촛대와 모양이 비슷하다는 것을 알아차렸다. 그리하여 교회의 촛대를 차츰 에르스라 부르게 되었다. 또한 제사를 지낼 성인과 축제일이 늘어남에 따라 세워야 할 촛불의 숫자가 늘어나 촛대는 점점 더 커지게 되었다. 이 커다란 촛대는 원래 제단에 설치되어 있었지만, 훗날 명사의 장례식에서는 관을 얹어놓은 대 위에 놓이게 되었다.

15세기에는 2미터나 되는 커다란 촛대로까지 발전했다. 다시 아름답게 꾸민 커다란 촛대는 장례식 때 관 뚜껑 위에 얹어 관과 함께 운반했고, 16세기 영국에서는 촛대와 관을 얹은 운반차를 가리켜 허스(hearse; 영구차)라고 부르게 되었다. 그리하여 농기구였던 에르스가 마침내 장례식에서 관을 운반하는 영구차가 된 것이다.

장례 행렬이 느릿느릿하게 나아가는 것도 실은 고인에게 존경을 나타내기 위한 것만은 아니었다. 관 위에 세워놓은 촛불이 꺼지지 않도록 하기 위해 관을 운구하는 이들의 걸음걸이는 자연히 느릴 수밖에 없었던 것이다. 그 무렵 장례 행렬의 속도가 오늘날 영구차의 속도에도 영향을 끼친 셈이다.

결혼반지는 왜 생겼을까

여자와 남자가 사랑으로 결합하는 결혼. 하지만 결혼에 사랑이나 합의가 그리 필요 없던 시대도 있었다. 2세기의 북유럽, 게르만계의 한 부족인 고트족 남자는 자기 마을에 결혼할 여자가 없으면 근처 마을로 가서 신부를 약탈했다(약탈혼). 예비 신랑은 친구의 도움을 받아, 혼자서 마을을 돌아다니는 젊은 여자를 찾아내 아무에게도 들키지 않게 약탈해 자기 마을로 데려왔던 것이다. 신랑 들러리의 관습은 이 무장한 2인조 약탈혼의 흔적이다. 친구를 도와 신부를 약탈하는 중요한 임무는 들러리가 아니면 안 될 일이었다. 이 약탈혼은 문자 그대로 신부를 약탈하는 것이기 때문에, 신랑이 신부를 안고 신방에 들어가는 풍습 역시 그 흔적이라고 할 수 있다.

200년경의 신랑 들러리가 지니고 있던 것은 결혼반지만이 아니었다. 신부의 가족이 그녀를 되찾으려고 언제 들이닥칠지 모르기 때문에 항상 무기를 휴대하고 있었다. 들러리는 신랑 옆에 서서 결혼식 내내 무장한 채 경계를 게을리하지 않았다. 심지어는 신방까지 가서 감시를 서는 일도 있었다. 신부의 가족이 신부를 되찾아가려고 결혼식장에 들이닥치기 일쑤였기 때문이다. 그 증거로 고대의 많은 민족(훈족, 고트족, 서고트족, 반달족 등)의 교회 제단 밑에는 곤봉이나 칼, 창 따위의 무기가 숨겨져 있었다. 신부가 신랑의 왼쪽에 서야 하는 전통도 단순한 관례가 아니다. 로마인이 말하는 '북유럽의 야만인'은 신부 가족이 갑작스럽게 습격하면 왼손으로는 신부를 안아야 했고 오른손으로는 무기를 잡아야 했기 때문이다.

처음으로 결혼반지가 등장한 것은 기원전 2800년경의 이집트 제3왕조에서였다. 당시 이집트에서는 시작도 끝도 없는 고리[輪]는 영원을 나타낸다고 생각했기 때문에, 영원한 사랑을 맹세하는 결혼의 정표로 반지를 사용했다.

부유한 이집트인이나 후기 로마인이 귀중하게 여긴 것은 금반지였다. 서기 79년 베수비오 화산 폭발로 묻혀버린 폼페이 유적에서는 그 당시의 반지가 많이 출토되었다. 그중에는 훨씬 뒤 유럽이나 1960~1970년대 히피 시대의 미국에서 유행한 독특한 디자인의 반지도 있었다. 그것은 오늘날 '우정의 반지'라 불리는 황금 결혼반지로, 두 손이 악수하는 그림이 새겨져 있다.

그러나 가난한 로마 청년은 결혼 때문에 무일푼이 되는 일도 자주 있었다. 초기 기독교 신학자인 테르툴리아누스(Quintus Septimius Florens Tertullianus)가 2세기에 쓴 책에 "대부분의 여성은 자기 손가락에 끼고 있는 결혼반지 외에 금 따위는 본 적도 없다."는 글이 있다. 평범한 주부의 경우, 밖에서는 자랑스럽게 금으로 만든 결혼반지를 끼고 있어도 집에 돌아오면 그것을 빼고 대신 무쇠 반지를 꼈다는 것이다.

고대의 반지 디자인에는 의미가 담겨 있는 것이 많다. 지금까지 남아 있는 로마 시대의 반지에는 작은 열쇠가 붙어 있는데, 남편 마음의 문을 여는 열쇠라는 따위의 로맨틱한 이유에서 붙인 것은 아니다. 이것은 로마법에 따른 혼인 계약의 기본이 되는 사고방식을 반영하고 있다. 즉 아내는 결혼과 함께 남편 재산의 절반에 대해 권리를 가지며 밀이건 옷감이건 남편이 갖고 있는 재산을 자유롭게 사용할 수 있다는 것이었다. 그러나 아내가 갖는 이러한 권리는 한번 상실되어 다시 부활할 때까지 무려 2000년이나 걸렸다.

그러면 결혼반지를 왼손 약지에 끼는 관습은 어디서 유래한 걸까? 고대 히브리인은 결혼반지를 검지에 끼었고, 인도인은 엄지에 끼는 것이 일반적이었다. 왼손 약지에 끼는 관습은 고대 그리스에서 전해 내려온 것이다. 하지만 맨 처음 유래는 그리스인의 잘못된 인체해부학 지식에 기인한다.

테르툴리아누스는 기독교의 교부이자 평신도 신학자이다. '삼위일체'라는 신학 용어를 가장 먼저 사용한 이로 알려져 있으며, 그의 라틴어 문체는 중세 교회 라틴어의 표본으로 간주되고 있다.

기원전 3세기경 그리스의 의사들은 이른바 '사랑의 혈관'이 약지에서 곧바로 심장으로 흐르고 있다고 믿었다. 그래서 마음으로부터 우러나는 사랑을 상징하는 반지를 약지에 끼게 된 것이다. 그리스인의 인체해부도를 도용한 로마인은 아무런 의심도 하지 않고 약지에 결혼반지를 끼었다. 만에 하나 잘못 끼는 사람이 있으면 안 된다는 생각에, 결혼반지를 끼는 손가락은 '가장 작은 손가락의 옆 손가락'이라고 못을 박았다.

의사들은 약을 조제할 때도 약지를 사용했다. 약지의 혈관이 심장에 직접 연결되어 있기 때문에 조제한 약에 독성이 있으면 환자에게 주기 전에 의사의 심장이 느낄 수 있을 것이라는 생각 때문이었다.

기독교인들은 결혼반지는 왼손 약지에 끼었지만 사랑의 혈관설은 받아들이지 않았다. 신랑은 신부의 검지에 반지를 살짝 끼우고 "인자하신 하느님과"라고 말한 다음, 다시 중지에 끼우고 "성부와 성자와 성령의 이름으로, 아멘"이라는 성호경(聖號經)을 외운 다음 다시 약지에 끼웠다. 이것을 '삼위일체 방식'이라고 한다. 오늘날까지 교회에 그 모습이 남아 있는 결혼 공고는 프랑크 왕국의 카롤루스 대제의 칙령으로 정착되었다.

카롤루스 대제는 800년 크리스마스에 황제의 왕관을 받아 서로마제국의 황제가 되었고 신성로마제국의 기초를 쌓았다. 광대한 지역을 다스리게 된 카롤루스 대제에게는 결혼 공고를 철저하게 해야 할 의학상의 이유가 있었다. 당시 빈부를 불문하고 혼외정사가 다반사였던 이 나라에서는 부모가 분명하지 않은 아이들이 꽤 많았고, 그 결과 자신도 모르는 사이에 이복 형제자매와 결혼하는 일이 많이 일어났기 때문이다.

근친결혼과 그에 따른 기형아 출산이 점점 늘어나자 이를 심각하게 여긴 카롤루스 대제는 드디어 결혼 공고를 의무화하는 칙령을 내렸다. 그것에 따르면, 결혼하고자 하는 남녀는 적어도 7일 전에 그 사실을 공고해 자기들이 혈연관계가 아니라는 것을 확인해야만 했다. 즉 두 사람이 형제나 이복형제임을 알고 있는 자는 이 기간 중에 신고를 해야 했다.

'원숭이 신사복'인
턱시도의 어원은 '늑대'

현 대 남성들은 스포츠 재킷을 입고 재킷과는 색이나 소재가 다른 바지를 즐겨 입는데, 이런 복장은 결코 서양식 남성복(양복)의 정장이 아니다. 현대적인 정의에 따르면, 양복은 윗옷과 바지 그리고 때로는 베스트(vest)가 갖추어진 옷을 말한다. 하지만 이것이 본래 양복이라고 부르던 옷의 정의는 아니다. 양복은 비즈니스용 복장도 아니었다.

신사용 양복의 전통은 18세기 프랑스에서 소재, 모양, 색이 다른 윗옷, 베스트, 바지를 착용한 데서 시작되었다. 아주 넉넉하게 재단해 배기(baggy)에 가깝고 형식을 따지지 않는 컨트리웨어로 만든 옷으로 이른바 '라운지 수트(Lounge Suit)'라고 불렀다. 그러다 1860년대에 들어서자 전체를 똑같은 천으로 만든 양복이 유행했다.

컨트리 라운지 수트는 승마용으로 입었다. 재봉사는 흔히 재킷 뒤에 슬릿(slit; 자락을 튼 곳)을 만들어달라는 주문을 받았으며, 이것이 현대 양복의 '백 슬릿'의 시작이다. 실용적인 목적으로 태어난 또 다른 특징도 있다. 라펠 홀(lapel hole; 옷깃 구멍)이 그것으로, 추운 날 라운지 수트의 옷깃을 세워 그 구멍에 고정시키기 위한 용도였다. 남성들은 라운지 수트가 매우 착용감이 좋다는 것을 경험하고는 외출복으로도 입기 시작했다. 재봉사는 재단 방법을 개선했고, 1890년대에는 레저용이었던 라운지 웨어가 훌륭한 비즈니스 수트가 되었다.

그리고 이 무렵에 멋쟁이들의 정장인 연미복에 파격적인 변화가 일어난다. 요즘엔 결혼식이나 파티에 입는 턱시도의 출현이 그것이다. 턱시도가 지금으로부터 100여 년 전 턱시도 파크(Tuxedo Park)라는 한 마을에서 데뷔하던 날 밤, 이 옷은 정장으로는 어울리지 않는 말도 안 되는 옷이라고 비난받아 마땅할 차림이었다.

1800년대 영국 멋쟁이들 사이에서 태어나 정장의 표준으로 자리 잡은 블랙 타이(black tie)와 연미복(燕尾服)에 견주어보면, 제비꼬리가 없는 이 상의는 분명히 무례하기 짝이 없었다. 하지만 이 상의는 사회적인 명성과 지위를 누리던 가문 출신의 인물이 디자인하고 입었기 때문에 시민권을 얻었다.

턱시도 이야기는 1886년 여름 맨해튼에서 북쪽으로 약 40마일 떨어진 뉴욕주의 작은 마을 턱시도 파크에서 시작된다. 프랑스계 명문 출신으로 뉴요커이며 켄트 담배로 유명한 로릴라드 담배회사(2014년 카멜 담배를 만드는 업계 2위 레이놀즈 아메리칸이 3위인 로릴라드를 250억 달러에 인수했다. 1위는 필립 모리스)를 세운 피에르 로릴라드(Pierre Abraham Lorillard)의 손자 피에르 로릴라드 4세는 정기적인 가을 무도회에서 입는 연미복보다 좀 더 간소한 옷을 궁리하고 있었다.

로릴라드 4세는 재봉사에게 의뢰해 당시 영국에서 여우 사냥 의상으로 인기가 높던 새빨간 승마복을 모방해 뒤에 붙는 제비꼬리가 없는 상의를 몇 벌 만들었다. 그가 이것을 생각해낸 것은, 패션 감각이 뛰어난

1890년대 턱시도   피에르 로릴라드 4세

에드워드 7세가 영국의 황태자로서 인도를 방문했을 때 너무 더워서 상
의의 연미를 잘랐다는 얘기에 자극받았기 때문이라고 한다. 그런데 막
상 무도회 당일 밤이 되자 그는 갑자기 자신이 디자인한 옷을 입고 갈
생각이 없어졌다. 대신 그의 아들과 아들 친구 몇 명이 제비꼬리가 없는
검은 디너 재킷에다가 영국의 승마복에서 힌트를 얻은 새빨간 베스트를
입고 참석했다.

    매우 엄격하게 정장의 격식을 따지던 1880년대에 새빨간 베스트 차
림은 그저 사람들을 놀라게 하는 것으로만 끝나지 않았다. 대부분의 토
지를 로릴라드 일족이 소유하고 있던 마을에서 일어난 일인 데다가 더욱
이 그것을 디자인한 사람이 로릴라드 4세였고, 그 아들이 입었기 때문에
시선을 끄는 이 의상은 사람들의 기억 속에 강하게 남아 있었는지도 모
른다. 로릴라드 가문의 권위 때문에 순식간에 모든 사람이 이 약식 의상
을 흉내 냈고, 마침내 야회복의 표준이 되어버린 것이다.

    미국정장협회는 로릴라드 가문의 반란이 거액의 부를 벌어들이는 산업을 탄생시켰다고 말한다. 예를 들어 1986년에 턱시도와 그 부속품의 판매금액 및 대여료는 모두 5억 달러에 이르렀다. 턱시도 대여의 80퍼센트는 결혼식용이었고, 다음으로 많은 것은 고등학교의 댄스파티용이었다.

결혼식과 댄스파티용 턱시도에는 폭이 넓은 커머번드(Cummerbund)가 표준적인 부속품이 되었다. 이것은 원래 인도인이 입는 정장의 일부였다. 힌두어로 '카마르밴드(kamarband)'라는 이 말은 '허리의 밴드'라는 뜻으로 신중함을 나타냈는데, 이전에는 배 아래쪽에 둘렀다. 그러다가 허리 위치까지 올라갔으며, 이것을 영국 사람들이 흉내 내면서 호칭도 영국식으로 '커머번드'라고 바꾼 것이다.

턱시도는 물론 그것이 태어난 마을의 이름에서 따왔다. 오늘날 '턱시도'라는 말은 형식적인 느낌과 매혹적인 이미지로 이어진다. 하지만 이말의 기원은 현재 '턱시도 파크'라고 불리는 지역에 한때 살았던 인디언인 알곤킨(Algonkin)족으로 거슬러 올라가니 당연히 개척 시대에 기원을 두고 있다. 알곤킨족의 추장 이름이 '늑대'를 뜻하는 '턱시트(P'tauk-Seet; 'P'는 발음하지 않는다)'였다. 인디언들은 이 추장에게 경의를 나타내는 의미에서 이 지역을 턱시트라고 부르고 있었다. 연미복보다 격이 떨어져 '원숭이 신사복'으로 불렸던 턱시도는 원래 '늑대 신사복'이었던 것이다.

하지만 미국인들이 인디언의 말을 귀에 들리는 그대로 글자로 옮기는 바람에, 1765년에 실시한 토지조사에서 'P'tauk-Seet'를 'Tucksito'로 기록하고 말았다. 그래서 피에르 로릴라드가 이 부근의 토지를 손에 넣기 시작한 1800년 무렵에 그 이름은 이미 턱시도가 되어버렸다.

내의를 입지 않은 사람은
부도덕하다?

유 행은, 속옷도 포함해 확실히 돌고 돈다. 요즈음 거리 패션을 보면 이전에는 내의류에나 쓰였던 소재가 버젓이 겉감으로 쓰이고, 일본에서는 아예 겉옷을 적당히 열어 속옷을 슬쩍 내비치게 하는 스타일(더 정확하게는 속옷의 패션 브랜드를 자랑하는 디자인)이 유행이니 말이다.

아무튼 일반적인 내의의 개념은 겉옷 속에 안 보이게 입는 의류라는 의미지만 처음부터 그랬던 것은 아니다. 고대 로마에서는 내의가 겉옷과 속옷 겸용이었던 것이다. 게다가 넉넉한 로브(robe)와 토가(toga) 밑에 입는 내의는 누구나 똑같은 형태로 입어야 하는 옷차림이라고도 생각하지 않았다. 19세기 이전의 내의라는 것은 (만일 입는다면) 넉넉한 슈미즈와 드로어즈 풍의 간단한 것뿐이었다.

그러나 특별한 형태로 디자인한 내의도 있었다. 입는 사람 이외에는 아무도 보지 않는 내의는 스타일이 어떻든 또 몸에 맞든 안 맞든 아무래도 상관없었지만, 여성의 허리와 가슴 부분을 인위적으로 조이거나 부풀리던 시대의 코르셋에서 볼 수 있듯이 지나치게 모양을 낸 것도 있었다.

패션사 연구가는 내의와 그에 대한 사람들의 의식이 변화하기 시작한 것은 1830년 무렵의 일이라고 기록하고 있다. 내의는 천이 두꺼워지고 길이가 길어졌으며 일상생활에서 꼭 입어야 하는 것이 되었다. 내의를 입지 않는 사람은 불결하고 교양이 없으며 부도덕하다고 생각하게 된 것이다.

이 변화는 다음 세 가지 요소가 합쳐졌기 때문에 생긴 것으로 생각된다. 빅토리아 여왕 시대의 고상한 풍토와 그에 따른 고상한 복장, 얇고 연한 드레스용 옷감의 출현(내의는 이것만으로도 필요하게 되었다), 의학적으로 몸을 차갑게 하면 발병의 원인이 된다는 걸 깨달은 점이다.

또 하나 특히 중요한 요인으로, '냉(冷)'이 마치 바이러스처럼 실재한다면서 몸을 차갑게 하지 말라고 강조한 의사들의 충고였다. 그래서 사람들은 세균이 우글거리는 공기에 얼굴 이외에 몸의 다른 부분을 노출하는 것을 병적일 만큼 두려워했다. 더구나 프랑스의 루이 파스퇴르가 병원균의 이론을 증명했고, 살균 소독법의 완성자인 영국의 조지프 리스터(Joseph Lister)는 의학계에서 살균 소독의 중요성을 역설했다. 시대가 내의의 필요를 요구하고 있었던 것이다.

당시의 내의는 거의가 흰색이었으며, 대개는 풀을 먹여 너무 뻣뻣해서 때로는 피부가 아플 정도였다. 주로 아마포, 골이 성긴 옥양목 또는 플란넬로 만들었다. 1860년경부터 여성의 내의는 매력적인 부분을 강조한 디자인이 등장하기 시작해서 1880년대에는 최초로 실크가 대중적인 내의의 소재가 되었다.

그 후 의사들로 인해 울 내의(예외 없이 따끔따끔하다)가 유럽과 미국에

MEN'S FORM FITTING UNION SUITS.
SIZES: Give breast measure over vest close up under arms, and your height and weight.
A rational garment for men. Try our Union Suits for ease and comfort and you will wonder why you did not wear them before. Our Men's Union or Combination Suits fit. They are carefully and scientifically proportioned. We offer for your consideration only those suits that will fit, and we warrant them to be satisfactory in every particular.
80 Cents for $1.00 Men's Winter Weight Cotton Union Suits.
No. 16R6000 Men's Silver Gray Heavy Cotton Union Suits. Slightly fleeced on the inside, making them very soft and pleasant to the skin. Button down front. A special value at this low price. Finished neck and pearl buttons. Sizes, 34, 36, 38, 40, 42, 44. State breast, height and weight in your order.
Price, per dozen, $9.60; per suit.. ....80c
No. 16R6001 Men's Fine Union Suits, knitted from fine cotton yarn, same quality as the above, but in ecru color. Sizes, breast 34, 36, 38, 40, 42, 44. State height, weight and breast measure in order.
Price, each.............$0.80
Per dozen................ 9.60
If by mail, postage extra, each, 24 cents.

기적의 건강법이라고 믿던 울(양털)로 만든 속옷 광고.

서 크게 유행했다. 그 당시 '울 무브먼트(Wool Movement)'라고 명명된 기류가 영국에서 시작되었던 것이다. 슈투트가르트 대학의 생리학 교수를 지냈고 울 의류 메이커인 예거(Jaeger)사의 창업자 구스타프 예거(Gustav Jaeger)가 그 중심인물이었다. 그는 올이 성긴 통기성 좋은 울을 피부에 닿게 입으면 피부가 호흡을 할 수 있어 건강에 좋다고 말했다.

영국에서는 '울 건강 문화(Wool Health Culture)'라는 것이 출현했고 오스카 와일드와 조지 버나드 쇼(그는 한때 피부에 직접 닿는 옷은 울밖에 입지 않았다) 등의 저명인사도 그 이론을 지지했다. 그래서 울로 만든 내의·코르셋·페티코트가 대중화되었고 미국에서는 신제품인 블루머와 비슷한 소위 니커스도 울로 만들었다. 20년이 넘도록 '울 무브먼트'는 대서양 양쪽에서 내의를 계속 울로 만드는 데 한몫해서, 수많은 사람이 착용감이 좋지 않은 내의를 계속 입었다.

　1910년 미국의 남성들은 속옷 디자인에 일어난 작은 혁명에 환호했다. X자형으로 겹쳐진 앞가림(frontal fly)이 그것이다. 1934년에는 자키 브리프(Jockey Brief; 짧은 팬티)의 출현으로 남성용 속옷은 혁명적인 변화를 맞는다. 위스콘신의 '쿠퍼 & 선즈'가 그 전해에 프랑스의 리비에라 해안에서 유행한 수영복에서 힌트를 얻어 만든 것이다. No.1001로 명명한 최초의 자키 스타일이 엄청나게 호평을 받자 얼마 지나지 않아 좀 더 유선형 디자인의 No.1007이 등장했다. 'Jockey'라는 글자를 허리의 고무 밴드 주위에 넣은 이 No.1007은 전통적인 자키 브리프의 대명사로 알려지게 되었다.

하렘팬츠를 모방한
파자마

16 세기 후반에 유행한 패션은 코르셋을 꼭 졸라매어 여러 벌의 옷을 겹쳐 입고 가발을 쓰는 것이었다. 그 무렵에는 집으로 돌아와 잠을 잘 때 더 편안한 옷으로 갈아입는 것도 사치의 하나였다. 이 당시 유럽에서는 나이트가운을 처음 입기 시작했다. '나이트가운'은 소매가 길고 길이가 긴 남녀 겸용의 앞매듭 프록을 의미하는 말이었다. 그때는 중앙난방식이 공급되기 전이어서 보온을 위해 나이트가운은 벨벳이나 울로 만들었고, 모피를 안감과 장식에 사용하는 경우가 많았다. 그 후 150년 동안 레이스와 리본, 자수 등이 여성용 나이트가운의 장식으로 쓰인 것을 제외하면 남성용과 여성용 나이트가운은 크게 다르지 않았다.

남성용과 여성용 스타일에 큰 차이가 생긴 것은 18세기에 여성용 네글리제(négligé)가 출현하고 나서의 일이다. 남성용과 여성용 나이트가운의 스타일이나 소재가 눈에 띄게 달라졌다. 여성의 네글리제는 실크나 브로케이드(brocade; 색실이나 금실·은실 등으로 수놓은 무늬 있는 직물을 통틀어 이르는 말)에 주름과 레이스 장식을 붙이고 대개는 허리를 벨트로 죄는

코르셋으로부터 여성을
해방시킨 장본인 폴 푸아레
(Paul Poiret)가 디자인한
여성용 하렘팬츠

타입으로 몸에 딱 맞았으며, 잠을 자기 위해서만이 아니라 집에서 편안
히 쉴 때 입는 옷이기도 했다.

네글리는 편안히 쉰다(to neglect), 즉 집안일을 하지 않는다는 의미이
다. 이 말의 어원은 라틴어 neglegere로 neg(not)와 legere(to choose)의 합성어
인데 '정돈하지 않는다(not to pick up)'라는 뜻이다.

장식이 없고 헐렁헐렁한 남성용 나이트가운은 길이가 짧아져 나이트
셔츠가 되었다. 이제 남성들이 집 안에서 바지와 나이트셔츠를 입고 편히
쉬거나 낮에 나이트셔츠를 내의로 입는 것은 별로 이상한 일이 아니었다.

휴식용 바지로는 페르시아에서 수입한 바지가 대중적이었다. 동양 여
성들이 입는 하렘팬츠를 모방한 이 풍성한 바지는 파자마(pajamas)라고
불렸다. 이것은 '다리'라는 뜻의 페르시아어(혹은 힌디어) pae와 '옷'이라는
뜻의 jama를 합친 말이다. 나이트셔츠와 페르시아의 바지는 원래는 색도
옷감도 모양도 조화롭지 않았지만, 시간이 흐르면서 오늘날에는 상하
한 벌로 된 독특한 스타일의 파자마가 되었다.

여성들의 저항을
상징한 바지

아 랫부분이 나팔 모양으로 벌어진 판탈롱은 코미디의 주인공으로 묘사된 성 판탈레오네(St. Pantaleone)의 의상에서 유래했다. 4세기경에 활동한 판탈레오네는 '모든 것에 자비를 베푼 자'로 알려진 기독교의 의사이자 순교자다. 로마제국 황제 디오클레티아누스(Gaius Aurelius Valerius Diocletianus)의 명령으로 참수된 판탈레오네는 베네치아의 수호성인이 되었고, 그 피(지금도 액체 상태라고 알려져 있다)를 넣은 유물 상자는 이탈리아 아말피 해안의 라벨로 마을 성당에 안치되어 있다.

무슨 이유 때문인지는 확실하지 않지만, 판탈레오네는 복식사에 이름을 남기는 명예를 얻은 유일한 성인이다. 그렇지만 그 이야기는 사실이라기보다는 전설에 가깝다. 판탈레오네는 '전부 사자('판[pan]'은 전부, '레오네[leone]'는 사자)'라는 뜻이다. 이 성인은 두뇌 회전이 빠른 경건한 의사였지만, 이탈리아의 전설에서는 기묘하게도 사랑스러우나 머리가 둔하고 전혀 성자 같지 않은 인물로 묘사되어 있다.

이 전설의 인물 판탈레오네의 이상한 행동이나 의상으로부터 훗날

성 판탈레오네(왼쪽)와 이탈리아의 가면희극 코메디아 델라르테에 나오는 판탈로네

팬츠(pants; 바지)라는 이름이 태어났다고 한다. 판탈레오네는 하인을 뼈와 가죽만 남도록 굶주리게 했으며, 신사 체면을 지키려고 신경을 쓰기는 했지만 여성을 농락했기 때문에 여성들의 노골적인 조소를 받았다. 이런 행동이 16세기 이탈리아의 가면희극인 코메디아 델라르테(commedia dell'arte)에 등장하는 야위고 검고 턱수염을 기른 구두쇠 노인 판탈로네(Pantalone)로 형상화된 것이다. 이 인물은 발목에서 무릎까지는 다리에 딱 붙고 그 위는 페티코트처럼 퍼진 바지를 입었다.

이 희극 장르는 유랑극단에 의해 영국이나 프랑스 등에도 전해졌으며, 판탈로네는 어디서나 매우 특색 있는 이 바지를 입은 채 등장했다. 프랑스에서는 이 인물과 바지를 '판탈롱(pantalon)'이라고 불렀고 영국에서는 '팬털룬(pantaloon)'이라고 했다. 셰익스피어는 〈뜻대로 하세요As You Like

It〉에서 이 영국식 이름을 더욱 유행시켰다. 팬털룬은 18세기에 들어(이무렵에는 이미 무릎 길이의 바지로서 한 스타일을 확보하고 있었다) 미국에 상륙하자 축소되어 '팬츠(pants)'라고 불리게 된다.

성 판탈레오네가 돌고 돌아 팬츠라는 이름의 유래가 되었으며, 고대 켈트인이 남성의 발을 덮는 의상을 '트루즈(trews)'라고 부른 것에서 '바지(trousers)'라는 단어가 나왔다. 또한 로마인은 헐렁한 바지를 뜻하는 말인 '락수스(laxus)'라고 불렀는데, '넉넉한'을 뜻하는 이 말에서 '슬랙스(slacks)'가 태어난다.

그런데 이렇게 발을 덮던 바지에는 아직까지 주머니라는 편리한 것이 붙어 있지 않았다. 주머니만큼 단순하고 게다가 반드시 필요한 것이 1500년대 말까지 없었다고는 상상하기 어렵다. 그렇지만 그때까지 사람들은 돈이나 열쇠, 약간의 신변 잡화는 작고 깨끗하게 포장해 임시로 쓰는 가방에 넣거나 옷의 어딘가 적당한 부분에 넣고 다녔다.

1500년대의 남성이 흔히 소지품을 넣은 곳은 코드피스(codpiece; 바지의 터진 앞부분을 숨기기 위한 장식용 봉지)였다. 이것이 나중에는 너무 커져서 우습고 성가시게 되어 못 쓰게 되지만, 원래는 바지의 터진 앞부분을 가리는 편리한 덮개(단추 가리개)로 태어난 것이다.

당시의 패션에서 이 덮개에 천을 넣는 것이 관례였으므로 귀중품을 싼 천 조각을 넣기에는 안성맞춤의 장소였다. 코드피스가 더 이상 유행하지 않게 된 뒤로도 이 천은 살아남았다. 윗부분을 끈으로 조여서 작은 가방으로 만들어 허리에 매달았던 것이다. 이렇게 천이 주머니로 변모해가고 있었다.

바지에 처음으로 주머니가 나타난 것은 1500년대가 끝날 무렵이다.

허리에 매달았던 15세기 말 농부의 주머니

주머니가 될 때까지는 2단계의 진전이 있었다. 처음에는 바지의 옆 봉제선을 터서 필요한 물건들을 담을 수 있도록 천으로 만든 작은 주머니를 넣었고, 곧이어 바지와 떨어져 있던 이 작은 주머니를 바지에 영구적으로 붙였다. 이렇게 주머니가 옷에 붙자 많은 사람이 편리함을 알아차렸다. 다음 세기로 들어서자 주머니는 남녀 구분 없이 케이프나 코트의 주요한 디자인이 되었다. 처음에는 코트의 소매 부분에 붙던 주머니가 곧이어 허리 부분에 붙게 되었다.

멜빵(suspender)은 바지가 흘러내리지 않도록 하는 데 사용하기 전까지는 양말 고정용으로 장딴지에 감아서 사용했다. 당시의 양말은 흘러내리지 않을 만큼 신축성이 없었다. 멜빵이 처음 등장한 곳은 18세기의 영국이다. 어깨에 거는 단추로 바지에 고정시킨 영국식의 이 패션을 채택해서 이름 그대로 '서스펜더(거는 것)'라는 이름을 붙인 것은 18세기의 뉴잉글랜드 사람들이었다.

프랑스의 귀족들이 입던 반바지 퀼로트와 비슷한 초기의 브리치스와 마찬가지로, 니커보커스(knickerbockers)는 품이 넉넉한 바지로 무릎 바로 밑에서 주름을 잡아 조였다.

니커보커스는 네덜란드 서인도회사가 맨해튼에 건설한 식민도시 뉴 암스테르담(지금의 뉴욕)의 초기 네덜란드 이주자들에게 많았던 성(姓)인 니커보커에서 온 말이다. 이 성이 그들이 즐겨 입던 품이 넉넉한 바지를 가리키는 말이 된 것이다. 하지만 이 별명이 붙은 것은 19세기 미국의 소설가 워싱턴 어빙(Washington Irving)이 작품 속의 작가인 디트리히 니커보커(Dietrich Knickerbocker)를 탄생시킨 뒤의 일이다.

어빙은 1809년에 쓴 유머러스한 작품 〈뉴욕의 역사*A History of New York from the Beginning of the World to the End of the Dutch Dynasty*〉에서 무릎 바로 밑을 버클로 조인 브리치스를 입은 네덜란드인 니커보커에 대해 묘사하고 있다. 이 책에는 여러 가지 일러스트가 실려 있는데 그 가운데서 미국인들은 특히 소년용 바지를 흉내 냈던 것이다.

예전에 유럽의 모든 남성이 입던 타이츠 형태의 긴 바지와 비슷한 레오타드(leotard)는 19세기 프랑스인 곡예사 쥘 레오타르(Jules Léotard)의 이름에서 비롯되었다. 레오타르는 그의 트레이드마크가 된 몸에 딱 달라붙는 의상을 입고 공중제비를 함으로써 묘기와 돋보이는 의상 두 가지로 관객의 간담을 서늘하게 만들었다. 수많은 여성 팬을 거느렸던 레오타르가 남성들에게 남긴 충고 한마디. "부인들에게 사랑받고 싶으면 자신의 가장 훌륭한 곳을 숨기지 않도록 좀 더 자연스러운 의상을 입어야 한다."

발목 부분에 주름을 잡은 헐렁헐렁한 바지에 벨트가 달린 짧은 윗옷은 1851년 뉴욕주에 살던 아멜리아 젠크스 블루머(Amelia Jenks Bloomer)가

워싱턴 어빙과 작중 작가인 니커보커

곡예사 쥘 레오타르

선보인 스타일이다. 친구인 엘리자베스 스미스 밀러(Elizabeth Smith Miller)의 바지를 흉내 낸 이 옷은, 여권신장론자이며 사회개혁가인 수전 B. 앤서니(Susan B. Anthony)의 열렬한 지지자였던 블루머의 이미지와 강하게 연결되어 '블루머'라는 이름이 붙어버렸다.

　당시에는 남성 의상이었던 바지가 블루머의 마음을 강하게 흔들었다. 블루머는 커다란 후프 스커트(탄력 있는 철사 따위로 그 속을 넓힌 치마)

가 부도덕하고(임신을 숨기기 위해서 고안된 스커트라고 부르기도 했다) 바람이 들어가 입는 것이 성가시고 화장실에서 불편하다며, 여성의 복장 개혁을 주장했다. 그렇지만 1840년대에는 탄력이 있는 리넨과 말 털로 짠 크리놀린(crinoline; 버팀살을 넣어 부풀게 만든 페티코트)이 유행해 드레스는 더욱 여성다움을 강조하는 방향으로 흐르고 있었다.

블루머는 유행하던 드레스 착용을 거부했다. 1851년부터 블루머는 헐렁한 바지와 짧은 윗옷을 입고 사람들 앞에 나서기 시작했으며, '부인참정권운동'에 참여하는 여성이 늘어나자 이 바지를 저항을 상징하는 유니폼으로 삼았다. 여성들의 바지 착용은 1880~1890년대에 유행한 자전거 열풍으로 더욱 활기를 띠었다. 스커트는 자주 자전거의 톱니바퀴나 체인에 말려 들어가 사고를 일으킬 염려가 많았다. 블루머는 자전거를 탈 때 이상적인 복장이 되었고, 바지로 성별이 결정되었던 그때까지의 기나긴 전통에 도전한 상징이 되었다.

블루머처럼 활동성이나 실용성을 강조하며 현대에 들어 세계인의 사랑을 받게 된 것이 바로 청바지다.

이탈리아 제노바에서
유래한 블루진

처음에는 아직 청색도 아니었고 바지도 아니었던 진(jean)은 데님과 비슷한 능직물 목면으로 튼튼한 작업복용 천이나 포장마차 덮개용 천으로 쓰였다. 이 천은 이탈리아 제노바(Genova)에서 직조되었는데, 제노바를 프랑스 직조공들이 젠(Gênes)이라고 부른 데서 영어의 '진(jean)'이라는 이름이 유래했다.

하지만 청바지의 기원은 미국으로 이민 온 유대계 독일인 리바이 스트라우스(Levi Strauss)라는 재봉사의 전기 자체라고 할 수 있다. 1850년대 골드러시의 전성기에 샌프란시스코로 건너간 스트라우스는 텐트나 포장마차에 크게 필요하던 캔버스 천을 팔고 있었다(1849년 골드러시 때 서부로 간 사람들을 '49ers'라고 부른다. 이는 샌프란시스코를 연고로 하는 미식축구팀 명칭이기도 하다. '포장마차에서 캠핑카로' 항목 참조).

재주 있는 장사꾼이었던 스트라우스는 광부들의 바지가 금방 해지는 것을 보고 자신이 가지고 있는 튼튼한 캔버스 천으로 오버올(overall; 아래위가 한데 붙은 작업복)을 만들었다. 이 바지는 뻣뻣하고 거칠었으나 수명이 길어 인기를 끌었고, 이로 인해 스트라우스는 재봉사로 성공하게 되었다. 이를 바탕으로 그는 1853년 샌프란시스코에 '리바이 스트라우스 앤드 컴퍼니'를 설립했다.

1860년대 초기에 스트라우스는 캔버스 천이 부족하자 프랑스의 님(Nîmes)에서 짠 좀 더 부드러운 천으로 바꾸었다. 이것이 유럽에서 '세르주 드님(serge de Nîmes; 님에서 생산된 능직)'으로 알려진 천인데, 미국에서는 '데님(denim; from Nîmes)'이라고 불렸다.

스트라우스는 이 데님 바지를 더러워져도 그리 눈에 띄지 않는 청색으로 염색했다. 주문은 두 배로 늘어났다. 카우보이들은 몸에 착 붙게 하려고 스트라우스의 바지를 입은 채 말의 물통 속으로 뛰어들었다가 나와 햇볕을 받으며 누워서 천이 마르며 줄어들기를 기다렸다. 데님 바지는 튼튼하지만 광부들은 무거운 장비 때문에 자주 주머니의 봉제선이 찢어진다고 불평했다. 스트라우스는 이 문제를 러시아에서 온 유대인 재봉사 제이콥 데이비스(Jacob Davis)의 아이디어를 빌려서 해결한다.

1873년에는 구리로 만든 리벳(rivet; 대가리가 둥글고 두툼한 버섯 모양의 굵

제이콥 데이비스와 리바이 스트라우스

1880년의 리바이스 청바지 광고. 두 마리의 말이 양쪽으로 찢으려 해도 소용없을 정도로 청바지가 질기다는 것을 강조했다.

은 못)이 주머니 이음새를 따라 붙었고, 광부가 금을 구분하느라 쭈그려 앉을 때 가랑이의 봉제선이 찢어지지 않도록 앞부분 끝에도 또 하나 붙였다. 이들은 그해 5월 20일에 이것으로 청바지 특허를 받았다.

그런데 가랑이의 리벳은 다른 문제를 일으켰다. 모닥불 바로 옆에 쭈그리고 앉아 있으면 리벳이 뜨거워져서 화상을 입는 일이 빈번하게 일어났던 것이다. 결국 가랑이의 리벳은 달지 않게 되었다. 주머니의 리벳은 1937년까지 계속 붙였는데 이때 또 다른 문제가 생겼다. 미국에서는 많은 아이가 청바지를 입고 학교에 갔는데 엉덩이 주머니의 리벳이 목제 책상이나 의자를 후벼 파서 더 이상 수리가 힘들 정도로 상하게 한다는 학교 측의 항의가 있었다. 이를 계기로 주머니의 리벳도 제거되었다.

완전히 실용성만을 고려해 태어난 청바지는 1935년에 패션 상품이 되었다. 이해의 《보그》지에 두 명의 사교계 부인이 몸에 딱 달라붙는 청바지를 입은 광고가 실렸고, 이것이 '웨스턴 시크(western chic)'라는 유행의 발단이 되었다. 그렇지만 이것은 한동안 소수의 사람들만 즐기는 유행에 그쳤다. 그러다 1970년대에 들어와 패션 디자이너들이 청바지 만들기에 뛰어들면서, 작업복으로 태어난 청바지가 외출용 바지로 바뀌면서 바야흐로 대유행의 시기를 맞이했다. 이에 따라 청바지는 거대한 의류산업으로 변화했다. 1977년 출시된 캘빈 클라인(1968년 창사)의 청바지는 값이 무려 50달러나 했는데도(어쩌면 바로 그 이유 때문에) 일주일에 25만 벌씩 팔리는 경이적인 판매고를 기록하기도 했다.

그렇다면 블루진은 현대를 살아가는 우리에게 과연 어떤 의미를 지니고 있을까?

진의 역사에 관한 해설에는 주목할 만한 것이 많다. 블루진에 대한 관심은 이 패션이 지금 왜 문화적 중요성을 갖게 되었는가에 쏠려 있다. 진은 지금 세계 어디에나 널리 알려져 있다. 여가, 간편함, 친근함, 쾌적함 등과 같은 서구 자본주의의 매력적인 성질을 진이 잘 표현해왔기 때문일 것이다.

블루진은 소비사회와 탈공업사회의 풍요로운 시대를 예고했다. 미국의 문화적 헤게모니의 하나인 진은 패션을 사회학적으로 분석할 때, 복잡하고 상징적인 의미를 지닌 옷의 위력을 나타내는 선두주자로 간주되었다. 또한 진과 같은 패션은 매우 다양한 의미를 담고 있기 때문에 하나의 의미로 규정할 수가 없다.

옷은 입고 있는 동안에 원래의 의미가 약화되고 차츰 독자적 의미를 띠면서 이질적인 것으로 변화한다. 누구나 진을 가지고 있는데도 거기서 개성이 도출되는 까닭은 무엇일까? 이것이 바로 패션의 역할이다. 요컨대 패션은 차별화에 따른 개성을 약속하면서 동시에 균질화에 대한 압력을 증폭시킨다.

사회학자 질 리포베츠키(Gilles Lipovetsky)는 진의 현상을 게오르크 지멜(Georg Simmel)과 마찬가지로 개성과 획일성이라는 두 개 항의 대립으로 분석하고 있다. 그는 "진이 사회에 대량으로 보급된다는 것은 개성과 획일성이 접합되고 있다는 증거라고 보아도 좋을 것이다. 개성은 모방에 의해서만 유지된다."라고 말했다. 그 결과 패션은 온갖 사람을 다의적인 장소에 그리고 애매한 감정 상태에 놓이게 한다. "사람들이 치장하는 것은 자기보다 낮은 계급과 구별하기 위한 것이라기보다는 그것이 현대적으로 보이고 자신에게 기쁨을 주며 개성을 표현할 수 있기 때문이다."

진은 어린이, 노인, 노동자, 남성, 여성 등 폭넓은 소비자들에게 다가가 눈부신 성공을 거둔 패션 옷감이다. 또한 진의 종류는 대중용과 사치품, 싼 것과 디자이너가 만든 값비싼 것 등 아주 다양하다. 진은 사회적 지위의 차이를 기호화했으며, 만드는 공정은 비슷하지만 다양한 소비 계층을 창출해냈다.

누가 멋쟁이인지 알려면 멋을 내지 않는 사람과 비교해보는 수밖에 없다. 하지만 진의 경우에는 그것마저도 판별하기가 어렵다. 바느질 선, 뒷주머니의 라벨, 상점의 포장 같은 세세한 것 그리고 모호한 기호밖에 볼 수 없기 때문이다. 독자적인 라벨을 붙임으로써 진은 오리지널이 된다. 이 거만한 라벨은 진에 개성을 부여할 뿐만 아니라 마치 빌딩의 외관처럼 진의 일부가 되기도 한다.

바지 때문에 탄생한
와이셔츠

허리춤에 넣어 입는 근대의 와이셔츠는 스커트에 맞추어 블라우스가 탄생한 것과 마찬가지로 바지에 맞추어서 탄생했다. 그전에는 남성용이든 여성용이든 셔츠는 몸 전체를 덮는 것으로서 무릎 또는 무릎 아래까지 내려왔으며 허리를 벨트로 조였다. 바지와 뒤이어 나온 스커트의 등장으로 허리 밑까지 내려가는 셔츠는 천을 낭비하는 옷이 되었고, 결국 새로운 의상이 필요해졌다.

남성 와이셔츠는 1500년대의 서유럽에서 처음 나타났다. 이것은 속옷을 따로 입지 않고 바로 입을 수 있었다. 1800년대가 될 때까지 표준적인 복장으로서의 속옷(언더셔츠)은 없었기 때문이다.

한편 블라우스가 나타난 것은 그보다 훨씬 늦은 19세기 후반이다. 넉넉한 품에 옷깃은 높고 팔이 길며 팔목은 단단히 조인 스타일이었다. 여성들이 블라우스를 즐겨 입자 셔츠를 보완하는 새로운 복장, 즉 훗날에 블라우스가 되는 카디건 스웨터(cardigan sweater)가 새롭게 등장한다. 앞에 단추가 달리고 옷깃이 없는 울 카디건은 7대 카디건 백작인 제임스 토머스 브루데넬(James Thomas Brudenel)의 이름을 딴 것이다. 크림 전쟁에서 영국군을 지휘한 브루데넬은 1854년 10월 25일 그 유명한 '경기병여단의 돌격'에서 살아남은 몇 안 되는 사람이다. 이 사건은 알프레드 테니슨이 시로 써서 불후의 이야기가 되었으나, 오늘날 7대 카디건 백작은 울 니트 스웨터를 유행시킨 인물로만 기억되고 있다.

1890년대 영국의 폴로 경기자가 입는 표준 복장은 흰색 플란넬 바지에 긴팔의 흰색 와이셔츠, 흰색 울 스웨터였다. 와이셔츠에는 크고 반듯한 옷깃이 붙어 있어서 제대로 고정시키지 않으면 바람에 날리거나 말이 위아래로 움직일 때마다 펄럭였다. 폴로 경기자는 옷깃이 펄럭이지 않도록 고정시켜 달라고 언제나 재봉사에게 주문하곤 했는데, 그들은 두 개의 단추를 달아 이 문제를 해결했다.

1900년대에 의류회사 브룩스 브러더스 설립자의 아들인 존 브룩스(John Brooks)는 이 옷깃에 주목했고, '폴로 칼라(Polo collar)'라고 이름 지은 새로운 모양의 와이셔츠를 브룩스 브러더스의 상품 라인에 포함시켰다. 이 모양은 이제 고전적인 스타일로서 '버튼다운(button-down)'이라는 말로 정착했다.

메리 매카시(Mary McCarthy)의 단편소설인 〈버튼다운 셔츠를 입은 남자 The Man in the Button-Down Shirt〉에서는 원래의 뜻 그대로 쓰였고, 코미디언 밥 뉴하트(Bob Newhart)가 1960년에 발표한 실황 앨범 〈돌대가리 밥 뉴하트 The Button-Down Mind of Bob Newhart〉에서는 제목이 보여주듯이 비유적으로 사용하고 있다.

옷깃의 이름은 보통 바이런 칼라, 피터 팬 칼라, 네루 칼라처럼 그 옷깃을 유행시킨 사람의 이름을 따서 붙이지만, 폴로 칼라는 옷깃을 단추로 고정시킨 버튼다운 기능 때문에 널리 알려진 것이다.

존 브룩스가 폴로 경기의 복장에 착안해 버튼다운 셔츠를 만들었듯이, 프랑스의 테니스 선수인 르네 라코스트(René Lacoste)는 보스턴 가방 가게의 쇼윈도에 진열되어 있던 악어가죽 옷가방에 착안해 악어 마크가 붙은 셔츠를 제작했다. 1923년 데이비스컵에 참가하는 프랑스 대표팀의 일원으로 미국에 갔던 19세의 라코스트는 한 가게의 쇼윈도에 있던 악어가죽 가방을 보고 시합에 이기면 저 비싼 가방을 살 것이라고 말했으나 결국 시합에 져서 가방은 사지 못했다. 팀 동료들은 그를 놀려댔고 그 후로 라코스트는 '악어'라는 별명을 얻었다. 1929년에 테니스계를 은퇴한 르네 라코스트는 4년 뒤에 테니스 셔츠를 디자인하기 시작했다. 이때 라코스트는 자신의 별명이었던 '악어'를 상표로 만들어 등록했다.

오늘날 그의 제품은 '악어 셔츠(alligator shirts)'라고 부르고 있으나 사실 이것은 잘못된 표현이다. 라코스트는 자신이 트레이드마크로 삼은 파충류에 대해 자세히 조사했는데, 그가 셔츠 상표로 만든 코가 긴 악어는 크로커다일(crocodile)이며, 앨리게이터는 코가 그다지 길지 않은 악어다. 우리나라에는 1985년 (주)서광이 이 상표를 도입했으며, 프랑스어를 잘못 발음하여 '라꼬스떼'라고 표기했다.

불경기에는
치마가 길어진다

19 64년 영국의 디자이너 메리 퀸트(Mary Quant)가 '어머니와 같은 옷 입기'를 거부한다는 선언을 한 이후 미니스커트를 선보이자 지구촌에는 미니 열풍이 불어닥쳤다. 메리 퀸트가 미니 쿠퍼(Mini Cooper; 미니 멀리즘을 표방한 이 자동차는 1959년 브리티시 모터스가 첫선을 보였으나 지금은 독일의 BMW가 인수했다)'에서 영감을 받아 만들었다는 미니스커트는 1960년대 런던에서 유래한 새롭고 활기찬 문화적 트렌드를 일컫는 '스윙잉 런던 (Swinging London)'에 대한 그녀의 영향력 덕분에, 탄생한 이후 단순한 스트리트 패션을 넘어 세계적인 메이저 트렌드로 확산하기에 이르렀다. 당시 세계는 히피 문화가 성행했고, 이는 1969년 8월 15일 우드스톡 페스티벌로 정점을 찍었다.

그리고 1964년 파리 컬렉션에서 프랑스 디자이너이자 '스페이스 룩' 의 창시자인 앙드레 쿠레주(André Courréges)도 미니스커트를 선보이자 세계적인 유행으로 번져나갔다. 그가 발표한 미니 스타일은 우아한 분위기에 젖어 있던 당시 파리 패션계를 강타한 파격적인 이슈로 떠올랐고, 패션을 게임처럼 사람들에게 기쁨을 주는 수단으로 인식하도록 하는 소위 '펀 패션(fun fashion)'을 이끌기도 했다.

1960년대 영국에서 미니스커트가 출현한 것은 '다리(leg)'를 외설적인 것으로 여겨 그 단어를 사용하는 것조차 꺼리던 보수주의에 대한 반동 때문이었다. 또한 당시 영국에서 길이에 따라 스커트에 부과한 세금을 줄이기 위한 필연적인 결과였다고도 한다. 아무튼 미니스커트로 패션계에서 영국의 위상을 높이고 수출에 큰 기여를 한 공로로 메리 퀀트는 1966년 '대영제국훈장(Order of British Empire; OBE)'을 받았다.

그런데 영국의 패션 저널리스트이자 《보그》의 편집장이었던 매릿 앨런(Marit Allen)은 미니스커트의 창시자가 메리 퀀트나 앙드레 쿠레주가 아니라 존 베이츠(John Bates)라고 주장했다. 그럼에도 메리 퀀트가 이를 상업화하면서 하나의 트렌드로 자리매김하는 데 큰 역할을 했다는 사실에 대해서는 이견이 없을 것이다.

미니스커트 역사에서 빼놓을 수 없는 모델이 있으니, 바로 영국의 레슬리 혼비(Lesley Hornby)다. 169센티미터에 47킬로그램의 마른 몸매, 비달 사순(Vidal Sassoon)이 디자인한 짧은 커트 머리(원래는 그가 메리 퀀트에게 해준 헤어스타일이다), 주근깨 가득하고 웃음기 없는 얼굴, 가느다란 다리는 미니스커트에 최적이었다. 이런 체형 때문에 그녀는 '잔가지'라는 뜻의 트위기(Twiggy)라는 별명으로 더 유명해졌다. 전 세계의 여성들이 그녀의 가녀린 몸매를 동경한 나머지 혹독한 다이어트를 감행하자 전 세계에 거식증(拒食症) 열풍을 불게 한 주범이라는 비난을 받기도 했다.

우리나라에서는 가수 윤복희가 1967년 미국에서 귀국할 때 미니스커트를 입고 온 이후, 이를 계기로 급속히 번진 미니스커트의 후폭풍이 대단했다. 아예 윤복희의 미니스커트를 주제로 삼은 영화 〈미니 아가씨〉

(1968)가 나올 정도였다. 하지만 우리나라에서 미니스커트를 처음 입은 여성은 가수 박재란인 것으로 확인되었는데, 우리나라 최초의 양재학원인 '노라노'가 회사 선전을 위해 윤복희를 '미니스커트 1호'라고 내세운 것이 이런 오해를 낳았다. 아무튼 1970년 초 박정희의 유신 시대에는 경찰들이 무릎 위 20센티미터 이상의 미니스커트 착용자를 풍속사범으로 처벌하기도 했다.

이처럼 미니 열풍은 곧 '스트리트 패션'을 만들어냈다. 거리에서는 슬립처럼 어깨를 가느다란 끈으로 처리한 슬립형 미니 원피스나 배꼽티에 슬리퍼를 신은 젊은 여성들의 모습을 심심찮게 볼 수 있다. 어깨나 가슴 부분을 파거나, 속옷을 드러내 보이거나, 앞 단추를 몇 개 푸는 식의 노

가수 윤복희가 미니스커트를 입고 비행기에서 내리는 장면. 하지만 이는 1996년 광고대행사 웰콤이 대역을 써서 신세계 기업 PR용으로 만든 CF 장면이었다.

메리 퀀트(위)와 트위기

출 면적 확대는 머지않아 투명 소재를 통해 가슴을 엿볼 수 있는 가능성이 농후하다는 데까지 발전했다. 이런 노출 패션에 재미를 더하는 요소는 신발이다. 슬리퍼 등 뒤축이 없는 여름용 신발 못지않게 발목이나 무릎까지 올라오는 워커 부츠 같은 겨울 신발이 각광받고 있다. 그야말로 계절 파괴다.

노출 패션이 성숙하고 세련된 여성미를 표출하려는 욕망과 관계있다면, 베이비 돌(baby doll) 스타일은 귀엽고 천진난만한 소녀의 느낌을 표현한다. 여성의 두 가지 욕망이 옷차림에 교차해서 드러나는 것이다. 몸매를 그대로 드러내 섹시함과 여성스러운 느낌을 최대한 살린 노출 패션 스타일과는 달리 베이비 돌 룩은 소녀다운 건강한 이미지와 인형 같은 귀여운 분위기를 연출한다. 목선을 깊이 파고 아기자기한 단추나 레이스, 프릴 외에는 장식을 거의 하지 않는 미니 원피스 차림의 한껏 어려 보이는 소녀들이 배꼽을 드러낸 섹시한 여성들과 어깨를 나란히 하고 있다.

그 밖에도 얼룩무늬 군복의 밀리터리 룩, 치마나 바지의 벨트 선이 골반뼈에 걸쳐지는 힙본 룩, 속옷도 겉옷이 될 수 있음을 보여준 언더웨어 패션, 가슴이 팽팽하게 드러나는 글래머 룩 등 다양한 패션이 눈길을 끈다. 또한 햇빛 따위로부터 눈을 보호하던 선글라스는 여성들의 머리띠 대용으로 쓰이고 있으며, 갖가지 색으로 물들인 머리는 세계화에 발맞추는 것인가. 미인의 상징이던 하얀 피부는 한물가고 건강미 넘치는 구릿빛 피부가 그 자리를 대신해 선탠 전문점이 성업하고 있다. 강아지도 패션 소품으로 만드는 감성, 표현하지 않는 감각은 감각이 아니라고 주장하는 자신감에는 개성과 자기만족, 모방, 유행에 대한 부화뇌동이 뒤섞여 있다.

스커트 길이와 경기(景氣)의 관계를 주장한 최초의 이론은 1920년대 미국의 경제학자 조지 테일러(George W. Taylor)가 내놓은 '헴라인(Hemline; 드레스나 스커트의 끝단) 지수'다. 경기가 좋을 때는 여성들이 고급 실크 스타킹을 드러내 보이기 위해 짧은 스커트를 입고 경기가 나빠지면 값비싼 스타킹을 사기가 어려워 긴 스커트가 유행한다는 전제 아래 스커트 길이와 경기의 관계를 지수화한 것이다.

1970년대 미국의 경제학자 메리 앤 마브리(Mary Ann Mabry)도 여성의 치마 길이는 경제가 호황일수록 짧아진다고 입증했다. 그는 〈1921년부터 1971년까지 치마 길이의 변화와 주가(株價)의 상관관계 연구The Relationship Between Fluctuations in Hemlines and Stock Market Averages from 1921 to 1971〉라는 테네시 대학교 석사학위 논문에서, 경기가 호황이던 1960년대에 여성들은 짧은 치마를 입었고 오일쇼크 등으로 불황이었던 1970년대에는 긴 치마를 입었다면서, 스커트 길이가 짧아지면 주가가 오른다고 주장했다. 물론 불황기에 긴 치마가 유행하는 것은, 되도록 옷감이 많이 드는 롱스커트를 첨단 유행으로 내세워 원단 소비를 늘리려는 직물회사의 속셈 때문이라는 설도 있다.

그리고 색상은 불경기일수록 명도가 어두운 색으로 가는 경향이 있다. 호황일 때는 빨강·주황·초록·황금색 등의 따뜻한 컬러가, 침체기에는 파랑처럼 차가운 느낌의 색이나 회색·검정 등 무채색이 많이 등장한다. 아무래도 경기가 좋으면 사람들의 마음이 밝아져서 옷차림도 발랄하게 표현하고, 경기가 안 좋으면 무거운 마음이 옷차림을 점잖게 만든다는 심리학적 근거에 따른 분석이다. 그래서인지 1998년에는 세계적으로 유행했던 색상이 화사한 파스텔 계열이었으나 IMF 외환위기를 맞았던 우리나라에서는 회색 옷이 인기를 끌었다.

최초의 패션 디자이너를 배출한
마리 앙투아네트

크 리스티앙 디오르, 빌 블래스(Bill Blass), 캘빈 클라인, 위베르 지방시, 오스카 드 라 렌타(Oscar de la Renta), 다이앤 폰퓌르스텐베르크(Diane von Fürstenberg), 올레그 카시니(Oleg Cassini), 피에르 가르댕, 랠프 로런, 구초 구치. 역사는 오늘날의 수많은 패션 디자이너의 이름을 기록하고 있지만, 지금까지 왕족이나 귀족의 옷을 만들어온 재단사·재봉사의 이름은 어떤 페이지에서도 찾을 수 없다. 그런 사람들은 당연히 있었을 것이고 패션이 있었던 것도 분명한데 말이다.

일찍이 프랑스 파리와 이탈리아 밀라노는 유럽 패션의 양대 중심지로 자리 잡았다. 하지만 18세기 말까지 중요한 것은 옷 자체(모양, 세공, 색, 소재 그리고 그것을 입고 걸어다니는 사람)여서 디자이너가 나설 공간은 없었다.

디자이너 의상을 처음으로 세상에 내놓고 브랜드 현상의 시조가 된 사람은 누구였을까? 로즈 베르탱(Rose Bertin), 그녀야말로 명성과 신망과 역사의 한 페이지를 얻어낸 최초의 패션 디자이너라 할 수 있다. 1700년대 중반 프랑스에서 태어난 로즈 베르탱은 재능을 타고나긴 했어도 몇

▲ 로즈 베르탱이 만든 의상을 입고 있는 마리 앙투아네트
◀ 로즈 베르탱

차례의 행운을 만나지 못했다면 유명해지지 못했을 것이다.

로즈 베르탱은 1770년대 초에 파리에서 부인용 모자 가게 주인으로 출발했다. 그 가게의 멋진 모자는 샤르트르 공작부인의 눈에 띄었고, 부인은 베르탱의 후원자가 되어 그녀를 오스트리아의 여제 마리아 테레지아에게 소개해주었다. 마리아 테레지아는 딸 마리 앙투아네트가 입는 드레스가 영 마뜩잖았다. 그 때문에 로즈 베르탱은 장차 프랑스에서 가장 사치스럽고 유명한 왕비가 될 이 여성의 의상 제작을 모두 위임받는다. 로즈가 프랑스 왕세자비를 위해 만든 사치의 극치인 의상을 두고 여제는 마치 무대 여배우처럼 야하다고 슬퍼했으나, 프랑스 궁정에서는 사람들의 눈을 사로잡았다.

왕비가 된 마리 앙투아네트는 더욱 많은 시간과 돈을 패션에 쏟아붓는다. 그 낭비가 국가적 스캔들까지 되었을 때 로즈 베르탱의 살롱은 파리 패션계의 중심이 되어 있었다. 로즈는 마리 앙투아네트를 매주 두 번씩 만나 새로운 드레스를 만드는 한편 프랑스 대부분의 귀족, 스웨덴과 에스파냐의 왕비, 데번셔 공작부인, 러시아 황후들의 의상까지 전담하여 만들고 있었다.

로즈 베르탱의 의상에는 엄청난 가격이 붙었다. 하지만 몰아치는 혁명의 폭풍도 그 가격을 내리는 일, 의상의 수요를 줄이는 일, 왕비의 패션광적인 집착(이것이 체포의 방아쇠가 되었고 결국에는 단두대로 향하게 만든 원인이었는지도 모르지만)을 억제하는 일 가운데 아무것도 이루지 못했다. 1791년 남편인 루이 16세와 도망치기로 한 6월 20일을 10여 일 앞두고 앞두고 마리 앙투아네트는 로즈 베르탱에게 대량의 여행복을 시일 안에 빨리 만들라고 주문했다. 그런데 이 주문이 발각되어 왕과 왕비가 국외 도주를 꾀하고 있다는 의심을 뒷받침하고 말았다고 한다. 물론 왕비는 체포되어 옥에 갇혔고 1793년에 단두대에 섰다. 로즈 베르탱은 프랑크푸르트로 도망갔고, 그 후 런던으로 옮겨가 유럽과 아시아 귀족의 의상을 계속 디자인했으며 1812년에 세상을 떠났다.

　　로즈 베르탱이 세계적인 명성을 얻으면서 사람들은 의상 디자이너에게 주의를 기울이기 시작했다. 파리에서는 의상점이나 개인 디자이너들이 자신이 만든 의상에 자신의 이름을 붙이기 시작했다. 그리고 영국 출신으로 파리에서 활동하던 디자이너 찰스 프레더릭 워스(Charles F. Worth)는 1846년에 위조나 모조가 금지되어 있는 브랜드 의상을 패션모델을 써서 알린다는 아이디어를 생각해낸다. '오트쿠튀르(haute cou-

찰스 워스는 프랑스 제2제정(1852~1870) 때 왕실 전담 재봉사로 일했다. 1858년 파리에 문을 연 의상점이 파리 오트쿠튀르의 원조라 불릴 만큼 패션 디자인 분야를 개척한 디자이너다. 특히 19세기 말 버슬 실루엣의 창시자로 유명하며 옷을 패션모델에게 입혀서 판매하는 것을 최초로 고안했다. 지금도 파리의 패션 중심가인 생토노레에 워스 하우스가 있다.

생토노레에 있는 워스 하우스

ture)의 아버지'로 불리는 그는 이렇게 해서 마침내 전속 디자이너가 있는 고급 의상점 '워스 하우스'를 탄생시켰다.

기성복의 발흥과
오트쿠튀르의 명암

디자이너 브랜드가 태어나 커다란 이익을 낳는 산업으로 발전한 것은 19세기의 새롭고 두드러진 현상이라고 할 수 있는 패션쇼 그리고 이와 동시에 이루어진 기성복의 보급이 서로 어우러진 결과였다. 지금은 백화점이나 옷가게에 가면 남성이든 여성이든 누구나 마음에 드는 옷을 얼마든지 고를 수 있기 때문에, 옛날에는 그 자리에서 입을 수 있는 기성복이 없었다는 사실을 상상하기 어려울 것이다. 하지만 기성복이 출현한 지는 아직 300년도 지나지 않았고 양질의 기성복이 탄생한 지는 200년밖에 되지 않는다. 그전에는 필요할 때 전문 재봉사나 집 안의 여인네들이 옷을 만들었다.

첫 기성복은 남성용 양복이었다. 헐렁하고 볼품없는 싸구려 옷이 18세기 초 런던에서 팔리고 있었다. 모양을 존중하는 남성들에게는 무시당하고 손님을 잃을 것을 두려워한 재봉사들에게는 조소의 대상이었던 몸에 맞지 않는 기성복은 아무리 헐렁해도 특별한 때를 위해 꼭 양복이 필요하다고 생각하는 노동자나 하층민이 구입했다.

런던에는 하층민이 귀족보다 훨씬 많았고, 그들 대부분이 귀족에게 지지 않으려고 분발하고 있었으므로 기성복이 많이 팔린 것은 놀라운 일이 아니었다. 그로부터 10년도 채 지나지 않아 기성복은 리버풀이나 더블린에서도 만들어졌다. 재봉사 길드는 이 유행을 억누르려고 기성복을 만드는 재봉사를 길드에서 추방하는 한편, 기성복을 위법이라고 못 박는 법률의 제정을 의회에 청원했다. 그러나 의회는 그런 성가신 일에 말려드는 것을 피했고, 기성복을 사는 사람이 갈수록 늘어나자 길드를 떠나 이 새로운 수요를 잡으려는 재봉사의 수도 증가했다.

1770년대가 되자 유럽 패션의 중심지 파리에도 기성복 열풍이 불었다. 재봉사들은 질도 좋고 몸에 맞는 양복을 만들려고 경쟁했다. 게다가 양질의 기성복이 상류층 고객의 마음을 사로잡기 시작했다. 1770년대 말에는 프랑스의 여섯 개 회사가 양복과 제2의 기성복인 코트를 만들기 시작했다. 코트는 특히 어부들의 마음을 사로잡았다. 항구에서 보내는 시간이 짧아 옷을 몇 번씩 가봉할 여유가 없었기 때문이다.

여성들은 오랫동안 자신의 옷은 스스로 만들어온 터라 디자인이나 기호, 크기가 자신과 맞지 않는 남이 만드는 옷을 도저히 받아들일 수 없었다. 하지만 디자인·소재·색상 등의 선택 폭이 넓어진 데다가 옷을 만드는 데 드는 수고로움을 절약할 수 있는 품질 좋은 기성복에는 맞춤복에 없는 이점이 많이 있으므로 결국에는 여성들도 기성복의 매력에 빠졌다.

1824년 피에르 파리소(Pierre Parissot)가 파리에서 여성과 아이들을 위해 처음으로 대형 기성복 상점을 열었는데, 꽃가게와 비슷하다고 해서 '라 벨 자르디니에(La Belle Jardinière[아름다운 화단])'라고 이름 지었다. 거의 같은 무렵인 1830년 미국에서는 매사추세츠주 뉴베드퍼드의 브룩스 브러더스가 신사용 기성복을 만들기 시작했다.

이렇게 자리 잡기 시작한 기성복 제조업은 재봉틀과 옷본의 발명 덕분으로 오늘날처럼 거대한 산업으로 성장했다. 먼저 재봉틀이 옷의 대량생산을 가능하게 만들었다. 역사상 처음으로 손바느질 외의 방법으로 옷을 만들게 된 것이다. 나아가 신사복, 부인복, 아동복 각각에 규격 사이즈를 적용함으로써 제2의 돌파구가 열렸다.

1860년 무렵까지 옷감을 재단하는 방법은 두 가지였다. 하나는 가지고 있는 옷과 똑같이 새로운 옷을 만드는 방법이다. 이 경우에는 옷을 풀어서 천 상태로 되돌려야 했다. 또 다른 방법은 모슬린으로 대략적인 형태를 재단해 몸에 딱 맞을 때까지 여러 번 가봉해 임시 옷을 만들고, 이것을 풀어서 실제로 옷을 만들 천에 대고 베끼는 것이었다. 이렇게 번거로운 작업은 언제나 고급 의상을 만드는 데 적용했는데, 이 방법은 아무리 봐도 대량생산용은 아니었다.

1860년대에 '사이즈별 옷본'이 등장했다. 손님은 이제 기성복을 살 때 세 번이고 네 번이고 몸에 대보고서 어느 것이 가장 잘 맞는 사이즈인지 생각할 필요가 없어졌다. 가정에서도 잡지나 가게의 카탈로그에 실린 옷본이나 통신판매용 옷본을 사용하기 시작했다. 1875년까지 옷본은 1년에 1000만 장 판매되었고, 옷본을 사용해서 만든 옷을 입는 사람을 멋쟁이로 부르게 되었다. 맞춤복을 맞추는 것이 당연한 빅토리아 여왕마저 왕자를 위해서 당시 가장 인기가 높던 '패털릭' 옷본을 사용한 양복을 주문했다.

기성복에는 어딘가 민주주의적인 분위기가 있었다. 사람이 모두 평등한 존재임을 확실하게 증명한 것은 아니었지만, 부자건 비렁뱅이건 한정된 몇 가지의 사이즈에 맞아떨어지는 사람이라는 것을 확실히 알게 해주었다. 그보다 더욱 중요한 일은, 인류 역사상 처음으로 패션이 소수의 부유층이 누리는 특권이 아니라 누구나 가질 수 있는 손쉬운 것으로 자리 잡은 것이다.

지금의 '기성복(ready to wear) 컬렉션'은 1년에 두 번 봄/여름 시즌과 가을/겨울 시즌으로 나뉘어 이루어진다. 흔히 '패션위크(Fashion Week)'라 불리는 이 기간 중에 거의 동시에 세계 4대 기성복 컬렉션이 뉴욕·런던·밀라노·파리에서 열린다.

1944년 나치 치하에서 해방된 파리를 방문한 미국의 저널리스트들은 한 가지 놀라운 사실을 발견했다. 파리의 오트쿠튀르 산업이 여전히 건재했기 때문이다. 독일군이 파리를 통치했던 기간(1940~1944)에도 패션 산업이 전혀 피해를 입지 않았다는 사실이 그들의 보도를 통해 알려지자 전 세계에서 분노의 소리가 드높았다. 그래서 당시 오트쿠튀르 산업에 몸담았던 사람들은 1940년대 후반까지도 나치 협력자라는 비난을 받았다(특히 코코 샤넬). 그리고 이러한 고발은 패션 시장을 손에 쥐고 있던 프랑스에 커다란 위협이 되기도 했다.

전쟁으로 인한 결핍 상태, 즉 경험이 풍부한 기술자의 부재, 소재의 부족, 설비나 자원의 심각한 할당제 등에도 불구하고 프랑스에서는 사치스러운 옷이 계속 생산되었다. 나치 군대가 파리를 침공한 1940년에 오트쿠튀르도 문을 닫을 것으로 예상했으나 예상은 완전히 빗나갔다. 나치가 파리의 문화와 경제를 이어받아 제3제국을 건설하는 데 오트쿠튀르를 이용했던 것이다. 당시 이미 번창하고 있던 프랑스의 패션 산업은 그 이익을 적국 정부의 금고에 상납함으로써 결과적으로 나치가 프랑스를 지배하고 유럽 전선을 유지하는 데 도움을 준 셈이었다. 복식사가루 테일러(Lou Taylor)는 《상복: 의상과 사회사 *Mourning Dress: A Costume and Social History*》에서 "정복, 유린, 혼돈이 극에 달했던 피점령국에서 사치스러운 패션을 위한 장소가 어디 있었단 말인가?"라고 일갈했다.

몇 군데 유력한 메종(maison; 공방)이 문을 닫았지만 대부분은 나치 점령기에도 영업을 계속했다. 당시가 상업적으로도 극적인 변화가 일어났던 시기인 점을 감안해도 이것은 아주 놀랄 만한 일이었다. 고객은 어느 새 세계의 명사가 아니라 나치 치하에서 특혜를 받고 있던 사람들로 바뀌었다. 장 파투(Gean Patou), 잔 랑방, 니나 리치, 찰스 워스 등이 점령 기간 중에도 무사히 영업을 할 수 있었던 것은 이 새로운 고객들을 받아들임으로써 나치 협력자의 사교생활에 공헌했기 때문이다.

파리의 오트쿠튀르에 관한 이런 에피소드는 경제활동으로서 오트쿠튀르의 중요성과 프랑스 경제에 대한 공헌도를 여실히 보여준다. 그러나 덧붙일 것은, 패션이 사람들을 강렬하게 사로잡기 때문에 그것이 약속하는 쾌락은 정치나 경제의 긴급사태보다도 우선한다는 사실이다. 만일 패션이 경제만 움직이는 것이 아니라면 소비자는 과연 무엇을 바라고 패션을 소비하는지 다시 한 번 생각해보는 것이 중요하다.

오트쿠튀르란 '고급 맞춤복 의상점'이라는 뜻으로 찰스 워스가 만들어낸 용어다. 1858년 찰스 워스는 직접 디자인한 옷을 마네킹이 아니라 나중에 아내가 된 판매원 마리 베르네(Marie Vernet)에게 입혀 고객들에게 선보이는 최초의 패션쇼를 가진 후, 1860년에는 나폴레옹 3세의 궁정에서 역시 그가 디자인한 드레스를 선보였다. 이에 외제니 황후가 그를 궁정 '쿠튀리에'로 임명함으로써 그는 '오트쿠튀르의 아버지'로 불리게 되었다.

이후 오트쿠튀르는 원칙적으로 파리상공회의소에 가입해 있으면서 하이패션을 리드하는 회원점을 말하며, 일정한 규칙(1945년 제정, 1992년 개정)을 따라야 하고, 1월 중순과 7월 중순에 컬렉션을 갖는 것이 의무화되어 있다. 그러나 1980년대 이후로 이 단어가 '프레타포르테(고급 기성복)' 브랜드들에 의해 잘못 사용되면서 대중은 프레타포르테 개념과 혼동하여 생각하기 시작했고, 진정한 의미의 오트쿠튀르는 점점 그 자리를 잃어가고 있었다. 게다가 거의 모든 오트쿠튀르 공방이 자신들의 명맥을 유지하기 위해 프레타포르테 시장에 뛰어들어 현재로서는 그 명맥을 유지하기 힘들게 되었다.

1930년대 후반 파리의 패션 산업이 프랑스 경제에서 차지하는 비중

찰스 워스가 제작한 의상을 입고 있는 외제니 황후

은 막대했다. 양자는 사실상 서로 의존하고 있었던 것이다. 패션은 일부 계급의 사치품으로부터 해방되어 대중의 생활 속으로 침투해 들어갔다. 그리고 파리의 공방도 오트쿠튀르를 상징하는 장인의 기계에만 의존하지는 않았다. 패션 비즈니스는 화장품, 향수, 액세서리, 고급 기성복을 통합했고 중류계급도 공유할 수 있게 되었다. 바야흐로 패션 산업은 프랑스 경제의 중추가 된 것이다. 만일 패션 산업의 불씨가 제2차 세계대전 중에 꺼져버렸다면 전후 프랑스 경제의 부흥은 아주 어려웠을 것이다. 그러므로 파시스트 체제와 결탁한 것도 한편으로는 정당한 이유가 있었다고 할 수 있을지도 모른다.

이제 패션 산업은 국경을 넘어서 전개된다. 패션의 진원지인 파리의 지배력은 쇠약해지고, 19세기의 오트쿠튀르에 남아 있던 독점적이고 귀족적인 성질은 변화되었다. 20세기 후반에도 프로 크리에이터와 디자이너가 참여하는 매 시즌 컬렉션과 호화스러운 의상을 입은 모델들의 라이브 패션 퍼레이드 등 오트쿠튀르적인 구조가 어느 정도 남아 있었지만, 이제는 기업으로 성장하기 위한 새로운 단계로 발돋움하고 있다.

1920년대 오트쿠튀르 전성기 때 장 파투의 공방은 1300명의 직공을 거느렸으며, 코코 샤넬은 2500명을 고용했고, 크리스티앙 디오르는 1950년대까지 1200명의 종업원을 두었다. 그러나 1985년에는 주요 공방 21개를 모두 합쳐도 직원 수가 2000명에 지나지 않았으며, 고객도 전 세계에 걸쳐 3000여 명의 여성밖에 없었다(질 리포베츠키, 《패션의 제국*The Empire of Fashion: Dressing Modern Democracy*》).

일부 유명 패션 공방들은 살아남기 위해 장인적 수공예 중심에서 다각화 경영으로 탈바꿈했다. 1920년대부터 샤넬·파투·랑방의 향수가 판매되었으며, 이것이 패션 산업의 주력상품으로 정착된 것은 1970년대에 이르러서였다. 그 이후 향수, 화장품, 패션 액세서리, 브랜드의 라이선스 비즈니스(가죽 제품, 식기, 펜, 속옷, 라이터 등)가 수익의 대부분을 차지했다.

오트쿠튀르의 신작 발표회는 지금도 여전히 전 세계 매스컴의 주목을 끌고 있지만, 공방의 재정적 기반은 이미 거기서 자리를 옮긴 지 오래다. 예컨대 1980년대 중반 무렵 이브 생로랑의 수익은 대부분 라이선스 사업의 로열티에 의한 것이며, 최근 10년 동안 피에르 가르댕, 니나 리치, 크리스티앙 디오르 등의 수익도 자사 제품보다는 오히려 로열티 쪽의 비중이 더 크다.

패션은 인간의 욕망을
부추기는가

패션은 어디에나 존재하면서 일상생활에 융화되어 있지만, 문화적인 차원에서는 아직 활발히 논의되지 않은 분야다. 패션이 흔하게 보이는 까닭은 여기저기 널려 있는 탓일지도 모른다. 더구나 어느 사회에나 패션이 있었기 때문에 특별하게 다뤄야 할 문제로 보이지 않았을지도 모른다. 유행의 기원을 찾는 온갖 설명도 거의 마찬가지다.

패션의 문화는 너무나도 다양해서 꼭 집어 말할 수 없는 탓인지, 정면돌파하는 설명을 피하는 대신 이러저러한 유행들을 연대순으로 상세히 늘어놓는 작업만 되풀이해왔다. 우리에게 잘 알려진 복식사가 막스폰 뵌(Max von Boehn), 제임스 레이버(James Laver), 퀜틴 벨(Quentin Bell) 등이 바로 이런 식으로 패션의 문화를 다루고 있다. 그들의 저작은 패션의 이론에 관해서 거의 아무것도 이야기하지 않는다. 반면에 누가 언제 무엇을 착용했는가에 대해서는 아주 상세히 기술하고 있다.

패션을 논할 때는 누구나 대체로 심리적인 이유와 생리적인 욕구를 결부시킨다. 이와 같이 패션을 심리적 또는 생리적인 신체 표현으로 받아들이면 그 다양성을 장황하게 설명하는 번거로움은 어느 정도 피할 수 있다. 패션은 그 형태가 어떻든 자신을 장식하고 싶어 하는 욕망의 표현이라고 할 수 있다. 하지만 이처럼 심리적인 설명이 가능하더라도 패션을 평가하려는 사람들의 동기는 아주 다양하다는 것을 인정해야만 한다.

예를 들면 퀜틴 벨은 그의 패션론 서두에서 유행을 좇는 사람은 분별력이 없는 사람이거나 잘 속는 사람이거나, 아니면 양쪽 모두라고 말하고 있다. 왜냐하면 멋쟁이로서 품위를 유지하기 위해서는 불특정한 목적에 너무 많은 시간과 자금을 낭비하는 아주 무분별한 행동을 해야 하기 때문이다. 미국의 사회학자 소스타인 베블런(Thorstein Veblen)은 다음과 같이 말했다. "무의미한 낭비를 하고 싶은 사람은 값비싼 드레스를 사면 된다. 하지만 그는 쾌적하고 만족스러운 생활에도 극도의 결핍을 느낄 것이다."

아무리 합리적이라도 정도를 벗어난 패션은 어리숙해서 속기 쉬운 인간인지 아닌지를 판별하는 기준이 된다는 입장을 대표하는 것이 바로 벨의 견해다. 벨을 놀라게 한 것은 최신 유행의 옷을 입기 위해 건강을 해치는 사람들이 늘어나고 있다는 사실이었다. 그 예로 몸에 꽉 끼는 비위생적인 네글리제를 야회복으로 입는 행위를 들 수 있다.

이것은 일찍이 19세기 유럽의 상류층 여성들이 즐겼던 패션이었다. 유행이 의복 본래의 기능성을 퇴색시킴에도 불구하고 유행하는 옷을 입는 것이 그 사람의 평판을 높여준다는 생각은, 벨의 입장에서 볼 때 정말 어처구니없는 것이었다. 그래서 벨은 일찍이 패션을 논했던 소스타인 베블런의 《유한계급론The Theory of the Leisure Class》(1899)을 받아들인 것이다.

핵폭탄과
비키니 수영복

수영복이 하나의 특별한 의상으로 탄생한 것은 1800년대 중반이다. 그때까지 수영이나 물놀이는 그다지 인기 있는 레크리에이션이 아니었다. 그래서 남성이든 여성이든 수영을 할 때는 속옷 차림이나 알몸으로 할 수밖에 없었다.

그런데 어떤 이유로 수영이 환영받게 되었고 수영복의 필요성이 생겨났을까? 1800년대 유럽의 의사들은 '마음의 우울함'을 고치는 레크리에이션으로 수영이 효과적이라며 권유하기 시작했다. '마음의 우울함'이라는 말에는 상사병 같은 한때의 심심풀이부터 결핵성 수막염처럼 죽음이 확실한 증세까지 포함되어 있었는데 그것을 고치는 것이 광천수, 샘물, 바닷물 등의 '물'이라는 것이었다. 이로써 몇 세기에 걸쳐 온몸을 물에 적시는 일은 죽음과 같다고 생각하던 유럽인이 수천 명씩 호수나 냇가나 해변으로 몰려가 물놀이를 즐기게 되었다.

이러한 수요에 발맞춰 등장한 수영복은 외출복의 디자인을 모방했다. 예를 들어 여성용 수영복은 플란넬이나 알파카 또는 서지(serge) 등으로 몸에 딱 맞는 정도로 만들었는데 다 갖춰 입으면 하이넥 칼라에 팔꿈치까지 오는 소매, 무릎까지 내려가는 스커트 밑으로 블루머, 검은 스타킹, 아마포로 만든 낮은 운동화를 신은 모습이었다.

이렇게 두꺼운 천으로 만든 수영복은 물에 젖으면 입고 있는 사람의 몸무게만큼 무거워져서 익사 사고의 원인이 되기도 했다. 영국과 미국의 사고 사망자 기록에 따르면, 썰물의 파도 때문에 익사한 해수욕객이 매우 많았다는 것을 알 수 있다. 이런 번거로움이나 위험성 면에서는 남성의 수영복도 여성의 수영복과 비슷한 형편이었다. 나중에 나온 좀 더 가벼운 '수영용 수영복'과 비교하면 초기의 수영복은 실로 '목욕용 수영복'인 셈이었다.

1880년 무렵부터 여성들은 '이동식 탈의시설(bathing machine)' 덕분에 해수욕을 안심하고 즐길 수 있게 된다. 계단과 탈의실이 있는 이 장치는 해변에서 얕은 여울까지 이동할 수 있는 바퀴가 달려 있었다. 여성들은 이 탈의실 안에서 드레스를 벗고 목 부분을 끈으로 조이게 되어 있

모디스티 후드가 달린
이동식 탈의시설의
젊은 여성들을
망원경으로 훔쳐보는
남정네들

A look out from the Pier Head.
Observations on the Bathing, and Beauties of the
Watering Place.

는 긴 플란넬 의상으로 갈아입고 바다로 달려간다. 게다가 이 탈의시설에는 '모디스티 후드(modesty hood; 신중함을 위한 햇빛 가리개)'라는 차양막이 달려 있어 해변에 있는 남성들의 눈으로부터 여성들을 숨겨주는 기능을 했다. 또한 이 이동시설에는 '디퍼(dipper)'라는 여성 감시인이 있어서 어슬렁거리는 남성들을 내쫓았다.

　미국이 제1차 세계대전에 개입하기 얼마 전 몸에 딱 맞는 원피스식 수영복이 확산되었다. 하지만 아직은 소매가 있고 길이도 무릎까지 내려오는 모양이었다. 여성용 수영복에는 치마가 달려 있었다. 그러다가 덴마크계 미국인 카를 얀첸(Carl Jantzen)이 직물 기술을 획기적으로 개량함으로써 대대적인 수영복 혁명이 이루어졌다.

순모 원피스 수영복을 입은 회사 직원들과 카를 얀첸(오른쪽 두 번째)

1883년 덴마크의 오르후스에서 태어난 얀센은 미국으로 이주해 1913년 오리건주의 포틀랜드 편물제작소의 공동 경영자가 되었다. 이 회사는 울 스웨터나 양말, 챙이 없는 모자 따위를 생산하고 있었다. 1915년에 얀첸은 편물기를 사용해 신축성이 뛰어나며 몸에 딱 맞고 가벼운 울 스웨터를 만들고자 리브 짜기(rib-stitch)를 고안했다.

그런데 포틀랜드 보트 팀의 한 친구가 얀첸에게 더욱 '탄력성' 있는 경기용 옷을 만들어달라고 부탁했다. 리브 짜기로 천으로 만든 신축성이 좋은 얀첸의 원피스를 곧이어 포틀랜드 보트 팀 전원이 입게 되었다. 그는 회사 이름을 얀첸 편물제작소로 바꾸었고 다음과 같은 슬로건을 내건다. "목욕을 수영으로 바꾼 수영복!"

1930년대에 들어서자 수영복은 노출 부분이 더욱 많아졌다. 여성 수영복은 어깨끈이 가늘고 등이 없는 디자인이 되었다가 곧이어 홀터넥 스타일의 상의와 팬티로 이루어진 투피스 수영복으로 바뀌었다. 그 뒤에 등장한 것이 비키니(bikini)다. 이 이름 때문에 비키니 패션은 불안정한 시대의 도래와 영원히 끊으려야 끊을 수 없는 것이 된다.

1946년 7월 1일 미국은 비키니 환초로 알려진 태평양의 마셜 제도 해역에서 원자폭탄을 투하해 핵실험을 시작했다. 원자폭탄은 그보다 1년 전에 히로시마와 나가사키를 파괴한 것과 똑같은 것으로 전 세계 매스컴의 주목을 받았다.

그 무렵 파리에서는 루이 레아르(Louis Réard)라는 디자이너가 지극히 작은 면적의 천을 사용한 대담한 투피스 수영복을 발표할 준비를 하고 있었는데, 그 수영복 이름은 아직 정해지지 않은 상태였다. 신문은 온통 원자폭탄 실험 기사로 메워져 있었다. 레아르는 자신이 만든 수영복이

디자이너 루이 레아르와
미슐린 베르나르디니가 입었던 비키니

매스컴의 주목을 받기를 원했고, 그 디자인의 위력도 폭발적일 것이라고 생각했기 때문에 당시 화제의 중심이었던 '비키니'를 수영복 이름으로 정했다.

　원자폭탄 투하 나흘 뒤인 7월 5일, 누드 댄서였던 레아르의 톱 모델 미슐린 베르나르디니(Micheline Bernardini)는 역사상 처음으로 비키니를 입고 파리의 자농차 도로를 행진했다. 1946년은 수영복이 원자폭탄 실험 못지않게 숱한 논쟁과 관심 그리고 비난을 불러일으킨 해라고 할 수 있다.

크로아티아 용병의
스카프인 넥타이

아무런 도움도 되지 않는 장식품일 뿐 아니라 답답한 남성용 복식품인 넥타이의 기원은 군대에 있다. 목에 매는 복식품이 처음으로 나타난 것은 기원전 1세기다. 로마 병사들은 한낮의 더위 속에서 몸을 식히기 위해 물에 적신 포칼레(focale)를 목에 매고 있었다. 하지만 오

'트라야누스 기념주'에
새겨진 로마 병사.
포칼레를 매고 있다.
라틴어로 '목'을 뜻하는
fauces에서 유래했다.

로지 실용적인 목적밖에 없는 이 스카프는 실용적으로나 장식적으로 남성의 표준 장식품이 될 만큼 인기를 끌지 못했던 것 같다.

남성 넥타이의 기원은 또 다른 군대 습관에서 찾을 수 있다. 1660년 오스트리아 군대의 크로아티아 용병 연대가 목에 리넨과 모슬린 스카프를 감고 루이 14세 치하의 프랑스에 나타났다. 스카프가 포칼레처럼 한때는 기능적인 것이었는지, 아니면 군대 제복에 장식적인 악센트를 주는 것이었는지는 전혀 알 수 없다. 단지 역사에 기록된 것은 유행에 민감한 프랑스의 남녀가 이 아이디어에 매우 흡족했다는 것뿐이다. 프랑스인은 이 타이를 '크라바트(cravate)'라고 불렀는데 이 말은 이 멋스러운 복장을 선보인 '크로아티아인 경기병'을 뜻하는 프랑스어다.

이 패션은 즉시 영국으로 전해졌다. 그러나 사치를 좋아하던 찰스 2세가 스스로 시범을 보이고 궁정에서 강제로 착용하게 하지 않았거나, 즐겁게 기분 전환할 수 있는 패션을 요구하는 풍조가 거세지지 않았다면 이 유행은 금방 사라졌을지도 모른다. 그때 런던 사람들은 1665년에 크게 유행한 페스트와 1666년에 시내를 태워버린 대화재 때문에 무척 의기소침해 있었다. 크라바트(cravat)라 부른 이 스카프 열풍은 런던 대화재의 불꽃처럼 순식간에 온 도시를 휩쓸고 지나갔다.

유행은 다음 세기의 멋쟁이자 '넥타이의 아버지'로 불리는 영국의 보 브럼멜(Beau Brummel)의 등장으로 더욱 붐을 이루었다. 브럼멜은 크고 화려하게 묶은 넥타이와 그것을 새롭게 매는 방법으로 유명해졌다(그는 여성을 만나러 갈 때 몸치장을 하는 데 최소 두 시간이 걸렸다고 한다). 실제로 넥타이를 멋지게 매는 것은 남성들에게 큰 관심사여서, 끊임없이 검토하고 논의하고, 숱한 매체들이 앞다투어 논쟁을 일삼을 정도였다. 당시의 패션 관련 출판물에는 넥타이를 매는 방법이 서른두 가지나 실려 있다. 넥

프랑스에서 넥타이가 장식용 패션으로 등장하자 금세 갖가지 스타일이 선보이면서 다양한 매듭법과 이름이 생겨났다. 윗줄 왼쪽부터 로마 병사의 포칼레, 루이 14세의 크라바트, 1692년 프랑스가 슈타인 커크 전투에서 승리한 뒤 이름을 얻은 슈타인커크(steinkerk), 18세기 말경의 넥타이, 아랫줄 왼쪽부터 루이 14세의 애인 이름을 딴 라발리에르(lavallière), 스톡 타이(stock tie), 보타이(bow tie), 포인핸드 (four-in-hand).

타이 이름과 매는 방법에는 유명인 이름이나 영국의 애스콧 경마장처럼 사교장이 된 장소 이름이 붙었다.

그때부터 넥타이는 벨트에 닿는 긴 것, 짧은 것, 단순한 것, 누빈 것, 끈처럼 가느다란 것, 가슴의 폭만큼 폭이 넓은 것 등 여러 가지 형태로 계속 인기를 유지해오고 있다. 보타이(나비넥타이)는 1920년대 미국에서 보급되었으며, 역시 크로아티아인이 시작했다고 할 수 있을 것이다. 패션 사가들은 자그마하고 붙이고 떼기 쉬운 보타이가 긴 넥타이의 한 종류 로 태어난 것이라고 생각했다. 하지만 크로아티아 지방에서는 몇 세기에 걸쳐서 보타이가 남성 의상의 일부였다는 것이 드러났다. 크로아티아 사람들은 사각 손수건을 대각선으로 접어서 나비처럼 묶은 후 그것을 목에 감았던 것이다.

그런데 초기 넥타이의 한 형태로 사용하기도 한 이 손수건은 언제부터 사람들 손에 들어가게 되었을까? 15세기에 프랑스 선원들은 동양에서 돌아오는 길에, 중국인들이 들일을 할 때 폭염으로부터 머리를 지키기 위해 쓰던 넓고 가벼운 리넨을 가지고 왔다. 패션 감각이 뛰어난 프랑스 여성들은 질이 좋은 이 리넨에 마음을 빼앗겼다. 그래서 이 천의 용도와 사용법을 만들어 '머리에 쓰는 것'이라는 뜻으로 쿠브르셰프(couvre-chef)라 이름 짓고 머리를 장식했다. 영국인들이 이 습관을 도입하면서 이름도 영국풍인 커치프(kerchief)로 바뀐다. 그리고 태양이 비출 때까지는 이것을 손에 들고 있었기 때문에 손의 커치프, 즉 행커치프(handkerchief: 손수건)라고 부르게 되었다.

유럽의 상류층 여성은 이미 햇빛 차단용 파라솔(para[anti]+sol[sun]=parasol)을 가지고 있었으므로 손수건은 처음부터 패션을 위한 장식물이었다. 당시의 수많은 책이나 그림을 보면, 정성스럽게 장식한 손수건을 웬만해서는 머리에 쓰지 않고 눈에 띄도록 손에 들거나 흔들고, 때로는 은근슬쩍 떨어뜨리는 것으로 보아 이 점은 분명한 듯하다. 금실이나 은실로 바느질한 실크 손수건 등은 15세기에 무척 값비싼 상품이었으며 귀중품으로 유언장에 기재되는 일도 많았다.

영국에서 레이스 손수건이 처음 등장한 것은 엘리자베스 1세 때다. 사랑하는 사람의 이니셜을 조합한 장식 문자를 넣은 사방 4인치 크기로 한쪽 구석에는 방울을 매달았다. 한때 이 손수건은 '진정한 사랑을 나타내는 끈'이라고 불렀다. 신사는 사랑하는 여성의 이니셜을 넣은 손수건을 모자 밴드(모자에 감은 리본)에 단단히 넣어두었고, 여성은 가슴속에 이 사랑의 끈을 넣어두었다.

그렇다면 중국인이 머리에 쓰던 것에서 손의 커치프인 손수건으로 유럽에서 다시 태어난 복식품은 도대체 언제부터 코를 푸는 데 사용하기 시작했을까? 아마 손수건이 유럽 사회에 소개된 뒤의 일이 아닐까? 하지만 당시의 코를 푸는 방법은 지금과는 매우 달랐던 모양이다.

고대 로마인은 '땀수건'이라는 뜻의 수다리움(sudarium)을 가지고 다니면서 더운 날 땀을 닦고 코를 푸는 데도 사용했다. 수다리움을 사용하는 매우 좋은 습관은 로마제국의 멸망과 함께 사라졌다. 중세 시대에 사람들은 손으로 힘껏 코를 풀고 무엇이든 가까운 곳에 있는 것으로 닦았던 모양인데 가장 많이 사용한 것은 옷소매였다. 옛날 에티켓 책은 이것을 정식으로 코 푸는 방법이라고 인정하고 있다.

16세기의 에티켓 책자에 처음으로 옷소매로 코를 닦는 행위를 비판한(손으로 코를 푸는 것은 비판하지 않았지만) 이후로 손수건이 대중들에게 확산하기 시작했다. 네덜란드의 인문학자인 데시데리위스 에라스뮈스(Desiderius Erasmus)는 1530년에 발간한 습관과 에티켓에 대한 책에서 이렇게 충고하고 있다. "코를 옷소매로 닦는 것은 무례한 짓이다. 반드시 손수건을 사용하는 것이 옳다."

16세기 이후로 손수건은 차츰 코를 푸는 데 사용되었다. 19세기에 병원균의 공기 전염이 알려지고 기계로 대량생산한 면포가 싸게 팔리자 손수건으로 코를 푸는 습관은 급속히 퍼져나간다. 우아하게 손을 장식하던 커치프가 믿음직스러운 실용 손수건이 된 것이다.

그러면 이렇게 실용화한 손수건을 넣는 핸드백은 언제부터 사용했을까? 고대인들이 처음으로 사용한 핸드백은 위쪽을 오므린 봉지처럼 만든 것이었다. 하지만 영어로 핸드백이나 지갑을 뜻하는 'purse'의 어원은, 고대인이 가방을 만드는 데 사용한 짐승 가죽을 이르는 '뷔르사(byrsa)'라는 그리스어다. 로마인은 봉지 모양의 백을 뜻하는 그리스어 '뷔르사'를 그대로 받아들여 라틴어화해 '부르사(bursa)'라고 불렀다. 프랑스인들은 그것을 '부르스(bourse)'라고 불렀으며, 이 명칭은 백이나 지갑의 뜻에 더하여 그 안의 돈을 의미했을 뿐만 아니라 파리의 증권거래소인 'Bourse des valeurs'까지 그 의미가 확장되었다.

옷에 주머니를 부착하기 시작한 16세기 전까지 남성과 여성 그리고 아이들은 이런 백을 가지고 다녔다. 단순히 열쇠나 신변 잡화를 넣는 한 장의 천 조각에 지나지 않는 것도 있고, 때로는 매우 멋진 자수에 보석을 박은 것도 있었다.

스타킹은
남자가 먼저 신었다

삭 스(sox), 긴 양말, 스타킹은 원래 지금의 모습과는 사뭇 달랐다. 예를 들어 로마에서 삭스는 여성과 여성스러운 남성이 신는 부드러운 가죽 실내화를 가리켰다. 긴 양말은 다리는 덮어도 발목 밑은 덮지 않았다. 스타킹이라는 말이 의류 용어에 나타난 것은 16세기 이후의 일이며, 발목에서 무릎 위로, 무릎에서 허벅지까지 끌어올리는 데는 수백 년이 걸렸다. 남녀 삭스의 역사는 단순히 끈이나 천을 '동이는' 것만이 아니라 '신는' 의류의 탄생과 함께 시작되었다.

신는다는 개념을 처음으로 실현한 것은 그리스 여성들로 이것은 기원전 600년경의 일이었다. 주로 발끝에서 발꿈치를 덮는 얇고 부드러운 샌들형 구두가 바로 그것이었다. 남성들은 쉬코스(sykhos)라고 불렸던 이 구두를 신는 것을 부끄럽게 여겨, 희극에서 배우가 관객을 웃길 때나 신었을 뿐이었다. 로마의 여성들은 그리스의 쉬코스를 모방하고 이름을 라틴어화해 소쿠스(soccus)라고 불렀다. 이것도 역시 로마의 광대들이 신었기 때문에 후에 헐렁헐렁한 바지가 광대의 트레이드마크가 되었던 것

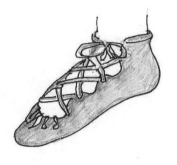

기원전 600년경
그리스 여성들이
처음 신었던 쉬코스

과 마찬가지로 수 세기 동안 우스꽝스러운 것으로 여겼다.

　이 소쿠스 샌들에서 양말을 뜻하는 영어 사크(sock)와 무릎 아래까지 올라오는 삭스(sox)라는 단어가 생겨났다. 부드러운 가죽의 소쿠스는 로마에서 영국까지 북상했고, 앵글로색슨인들은 그 이름을 속(soc)으로 단축했다. 그리고 딱딱한 부츠 안쪽에 부드러운 속을 신으면 피부가 상하지 않는다는 것을 알게 된 그들은 속을 부츠 안에 신게 되었고, 그때부터 오늘날의 양말과 같은 기능을 했다.

　재미있게도 로마의 소쿠스는 독일로도 건너갔고, 여기에서도 역시 부츠 안쪽에 이 소쿠스를 신었다. 후에 이 이름은 소크(socc)로 줄었고, 19세기까지는 신을 수 있게 만든 헝겊 종류와 가벼운 구두 두 가지를 의미하는 말이었다.

　한편 따뜻한 지중해 나라들의 남자들은 바지로 다리를 보호할 필요가 없었기 때문에 치마를 입었다. 하지만 추운 북유럽에 사는 게르만족은 허리에서 발목까지 내려오는 헐렁한 바지인 호이제(heuse; 영어의 hose)를 입었다. 게다가 방한을 위해 보통 발목에서 무릎까지를 로프로 감싸 바람이 들어오지 못하게 했다.

이 스타일의 바지는 북유럽만의 것은 아니다. 기원전 1세기 율리우스 카이사르가 로마군을 거느리고 갈리아를 침략했을 때, 북서 유럽의 한기와 숲의 가시로부터 군사들의 다리를 보호한 것은 짧은 군복 밑에 덧댄 헝겊 또는 가죽으로 만든 주름 잡힌 다리 덮개였다.

기원전 100년경까지 로마에는 우도(Udo, 복수는 Udones)라고 불리는 헝겊 소재의 삭스가 있었다. 우도에 관한 내용이 실려 있는 가장 오랜 문헌은 풍자시인 발레리우스 마르티알리스(Valerius Martialis)의 풍자시집《에피그램집Epigrams》으로, "발은 염소털로 만들어진 헝겊 속에서 푹신하게 있을 수 있다."고 우도에 관해 기록하고 있다.

당시 우도는 발과 정강이를 덮는 것이었다. 그것이 100년도 채 되기 전에 로마의 재봉사들에 의해 무릎 위까지 끌어올려져 부츠 안쪽에 신게 되었다. 부츠 없이 스타킹을 신는 남성들에게 붙어 다녔던 여성적 남성이라는 오명이 언제, 왜 반전되었지 알 수 있는 기록은 남아 있지 않다. 하지만 100년이 넘는 세월 동안 서서히 변화한 것만은 분명하다.

가톨릭 성직자가 개척자적 역할을 완수했는지도 모른다. 4세기의 교회는 무릎 위 정도로 올라오는 하얀 리넨 스타킹을 성직자 법의(法衣)의 일부로 채용하고 있었다. 5세기 교회의 모자이크화에는 허벅지까지 올라오는 스타킹을 신은 로마제국의 수도자와 신도가 그려져 있다. 이 그림에 따르면, 스타킹이 등장했을 때 그것을 가장 처음 신은 사람은 남성이었다.

다리에 꼭 맞는 스타킹이 출현한 것은 11세기로, 이것은 스킨 타이츠라는 이름으로 알려지게 된다. 노르망디 공 윌리엄 1세가 1066년에 영국 해협을 건너 영국 노르만 왕조를 열었을 때('노르만 정복') 그와 그의 병사들이 스킨 타이츠를 영국에 갖고 들어갔던 것이다. 이때 열 살 난 셋째 아들인 '붉은 머리' 윌리엄 루퍼스(William Rufus; 윌리엄 2세)는 값비싼 프렌치 스타킹 팬츠(오늘날의 팬티스타킹과 디자인이 별반 다르지 않다)를 신고 있었다.

14세기가 되면서 남성용 타이츠가 다리·엉덩이·허벅지의 윤곽이 너무나 선명하게 드러난다는 이유로 성직자들은 그것을 외설이라고 비난했다. 자신들을 '긴 양말 동호회'라고 불렀던 베네치아의 반항적 젊은이들은 짧은 셔츠를 입고 깃 장식이 달린 모자를 쓰고 좌우의 색이 다른 스킨 타이츠를 신었다. 그들은 대중오락장·가장무도회·콘서트 등에 출몰했고, 그 요란스런 옷차림을 온 이탈리아 젊은이들이 모방하게 되었다.

지금까지 말한 스타킹은 성직자, 군인, 젊은이 등 남성의 전유물이었다. 그러면 여성들은 언제부터 스타킹과 인연을 맺었을까? 여기에 대해서는 패션사가들도 잘 알지 못한다. 기원전 600년경부터 여성들도 스타킹을 신었다고 생각되지만, 긴 가운으로 발을 감추고 있었기 때문에 18세기 어느 작가의 말처럼, 당시의 어떤 그림과 삽화를 봐도 여성들이 발을 갖고 있다는 증거조차 찾아볼 수 없다.

여성이 스타킹을 신었음을 증명하는 가장 오래된 그림은 1306년 영국에서 그려진 그림의 사본으로, 침실의 침대 가에 걸터앉아 이미 한쪽 스타킹을 신고 있는 부인에게 하녀가 다른 한쪽 스타킹을 건네주는 장면이다. 스타킹에 대해 최초로 언급한 문학작품은 《캔터베리 이야기》로, 저자 제프리 초서(Geoffrey Chaucer)는 여기에서 "버스의 부인이 진홍색 스타킹을 신고 있다."고 쓰고 있다. 그래도 16세기에 이르기까지 여성용 스타킹에 관한 자료는 너무 부족하다. 여성의 발은 사랑스러운 것임에 틀

가터를 조이고 있는 귀부인(프랑수아 부셰, 〈단장〉, 1742)

림없지만 공개는 허락되지 않았던 것 같다.

16세기가 되어 영국에서 에스파냐 여왕에게 선물할 실크 스타킹을 정중하게 에스파냐 대사에게 건넸을 때 대사는 이렇게 말했다. "이 스타킹은 거두어주시기 바랍니다. 에스파냐 여왕께서는 발이 없습니다."

영국에서는 엘리자베스 1세 시대가 시작되면서 여성용 스타킹도 역사 속에 많이 나타나게 되고 동시에 패션의 경향도 나타나기 시작했다. 현존하는 문헌에도 진홍과 보랏빛 스타킹이라든가 멋진 자수와 섬세한 컷워크를 한 스타킹 등이 묘사되어 있다. 엘리자베스 1세는 1516년 처음으로 실로 짠 실크 스타킹을 선물 받았는데, 그 이후 그녀는 죽을 때가지 실크 스타킹만 신었다. 엘리자베스 1세 치하인 1589년에는 윌리엄 리(William Lee) 신부가 스타킹 짜는 기계(stocking frame)를 발명했다. 그러나 엘리자베스 1세는 "이 발명으로 국민들이 일자리를 잃어 결국 파산하게 될 것이다."라며 특허 승인을 거부했다. 결국 윌리엄 리의 발명품은 프랑스에서 특허를 받았고, 이를 통해 개발된 제품은 동생 제임스 리가 영국으로 역수입하여 18세기 영국의 방적 산업에 불씨를 지폈다.

우리나라의 양말(洋襪)은 서양식 버선이라는 뜻이다. 전통적으로 신어오던 버선은 한자로 '말(襪)'이라 했는데, 개화기 이후 선교사들을 통해 삭스(socks)가 들어오자 이를 '양말'이라고 불렀다.

최초의 합성섬유인
나일론

수전 조나스(Susan Jonas)와 메릴린 니센슨(Marilyn Nissenson)이 쓴 《지금 미국에서 사라지거나 사라진 것들*Going Going Gone: Vanishing Americana*》(1994)을 보면, 1930년대 후반 미국은 실크 스타킹 최대 생산국이었다. 그런데 그 원료인 실크의 주 공급처 일본과 태평양전쟁을 벌일 기미가 보이면서 공급이 중단될 위기에 처했다. 그러자 듀폰사의 월리스 캐러더스(Wallace Hume Carothers)는 1935년 2월 28일 공기와 물 그리고 석탄을 혼합한 열가소성 플라스틱인 폴리머(polymer) 66에서 투명하고 솜처럼 가벼운 섬유를 추출해냈다. 그리고 질기지만 열에 약한 단점을 보완하고자 연구를 거듭한 끝에 1938년 1월 29일 카프로락탐을 바탕으로 마침내 상용 가능한 '나일론 6'을 만들어냈다.

처음에 월리스 캐러더스는 끊어지지 않는 이 섬유의 특징에 착안해 이름을 '노 런(No Run)'이라고 지었지만 확정하지는 못했다. 이후 몇 개의 변형 중 '뉴론(Nuron)'으로 번복했으나 신경세포인 뉴런(Neuron)과 발음이 비슷했고, '니론(Niron)'이나 '뉴론(Nulon)'은 특허 명으로는 좀 평범하다고

1939년 뉴욕 만국박람회에 선보인 네 명의 케미스트리 걸

1937년에 만든 최초의
시험용 나일론 스타킹
(미국 국립역사박물관
소장)

여겨 결국 '나일론(Nylon)'으로 최종 결정했다.

나일론은 처음에 칫솔모를 만드는 데 사용했으나 점차 스타킹에 적용되어 마침내 1939년 뉴욕 만국박람회에서 첫선을 보였다. 여기서 듀폰사는 '미스 케미스트리'라는 애칭을 붙인 네 명의 여성들에게 나일론 스타킹을 신겨 쇼를 연출했다. 그리고 '강철처럼 강하고 거미줄처럼 멋진(as strong as steel, as fine as the spider's web)'이라는 캐치프레이즈를 내걸고 시판에 들어가, 1940년 5월 15일 시판 첫날 뉴욕에서는 실크 스타킹보다 두 배나 비쌌음에도 4000켤레가 단 세 시간 만에 동났다고 한다. 제2차 세계대전 중에 나일론은 거의 군용으로 전용되었는데, 질긴 특성 때문에 특히 낙하산이나 로프의 재료로 많이 쓰였다.

이 나일론은 우리나라에서 1960년대 말 '타이아표' 고무신과 더불어 질긴 것의 대명사였던 '낙하산 양말'의 원단으로 쓰이기도 했다.

고래수염에서 탄생한
브래지어

역사를 통해 여성의 가슴이 패션 산업의 목표가 되거나 무시되거나 할 때마다, 가슴 그 자체도 노출되거나 감춰지는 등 여러 가지 변화가 있었다. 예를 들면 기원전 2500년경 크레타섬의 미노아 여성들은 드러낸 가슴을 치켜올려 옷 밖에 드러내는 브래지어(brassiere)를 착용했다.

한편 남성 중심의 고대 사회에서 그리스와 로마의 여성들은 가슴에 밴드를 감아 가슴 사이즈를 조금이라도 작게 보이려고 했다. 이 패션은 몇 세기 후에 성당의 신부들에 의해 다시 거론된다. 실제로 4500년 전 고대 그리스에서 탄생한 브래지어, 즉 코르셋(corset; 프랑스어로 '몸을 작게 하다'라는 뜻. 이전에는 보디스[bodice]라고 불렀다)은 남성들이 여성의 몸을 자신들이 좋아하는 형태로 만들 목적으로 만든 대표적인 의류였다. 그 시대의 기준에 못 미치는 작은 가슴을 크게 보여주는 도구가 고안된 적도 있었다.

후에 폴시즈(falsies; 가슴을 더 커 보이도록 브래지어 안에 넣는 물질)로 알려진 것이 광고에 최초로 나타난 것은 19세기 파리였다. 이것은 가슴을 풍만하게 보이기 위해 고안된 울 패드로, 고래수염을 넣어 편 코르셋 속에 넣게 되어 있었다. 그 후 프랑스 여자들은 그 모양과 크기에서 '레몬 가슴'이라 불렸던 최초의 고무 가슴 패드를 사용하게 되었다. 하지만 수십 년 동안 브래지어는 어디까지나 코르셋의 부가물이었다.

최초로 근대적 브래지어가 나타난 것은 1913년의 일이었다. 여성들을 코르셋에서 해방시킨 인물은 뉴욕 사교계의 꽃 메리 펠프스 제이콥스 (Mary Pelps Jacobs)였다. 당시의 세련된 여성들은 너무 꽉 조여 몸을 제대로 움직일 수도 없는 고래수염과 끈으로 만든 코르셋을 입었다. 하지만 메리 제이콥스의 걱정거리는 불편함보다는 외견상의 문제였다.

1913년 그녀는 값비싼 이브닝 가운을 파티용으로 샀다. 속이 비치는 이 가운은 코르셋의 윤곽이 드러나기 때문에 제이콥스 부인은 프랑스인 하녀 마리의 도움을 받아 두 장의 하얀 손수건, 리본 그리고 끈으로 뒤

패드를 덧댄 인류 최초의 푸시업 브래지어(1880)

가 없는 짧은 브래지어를 만들었다. 파티에서 돌아온 후 그녀는 갑작스럽게 만든 이 엉성한 브래지어를 칭찬해준 친구에게 브래지어를 만들어 선물했다. 그런데 얼마 후 낯선 사람으로부터 그 새로운 속옷을 1달러에 사고 싶다는 편지가 쇄도하자 그녀는 즉시 그 디자인을 미국 특허청에 제출했다.

1914년 11월 뒤가 없는 이 브래지어는 특허를 받았고, 메리 제이콥스는 친구들의 도움을 받아 수백 개의 브래지어를 손수 만들었지만 판매망이 확립되지 않았기 때문에 장사는 쉽지 않았다. 어느 날 파티에서 우연히 그녀는 코네티컷주 브리지포트에 있는 워너 브러더스 코르셋의 디자이너를 소개받게 되었다. 메리 제이콥스는 자신이 고안한 브래지어에 대한 얘기를 하고 1500달러에 특허권을 매입하겠다는 그 회사의 제안에 응했다. 그 후 이 특허권의 가치는 1500만 달러에 달했다.

메리 제이콥스의 브래지어 디자인은 이후에도 발전을 거듭했다. 1920년에는 신축성이 있는 천이 개발되고, 1930년대에는 끈 없는 브래지어와 컵의 표준 사이즈가 산출되었다. 사이즈별 브래지어의 출현에 많은 공헌을 한 사람은 아이더 로젠탈(Ida Rosenthal)이다. 러시아계 유대인인 그녀는 남편 윌리엄 로젠탈(William Rosenthal)의 도움을 받아 에니드 비셋(Enid Bis-set)과 함께 메이든폼(Maidenform)을 설립했다. 1920년대 당시 '말괄량이 시대'에는 가슴이 작은 소년다운 패션이 유행이었다. 그러나 재봉사이며 디자이너인 아이더 로젠탈은 이 유행에 강하게 반대해 가슴을 강조하는 브래지어를 권했다.

아이더 로젠탈은 디자인 경험을 살려 미국 여성의 가슴을 크기별로 분류해 사춘기에서 성숙기까지의 여성의 가슴에 맞는 브래지어를 만들었다. 가슴은 분명히 패션으로 되돌아온다는 그녀의 신념이 400만 달러

I dreamed I went to a masquera...

in my maidenform br...

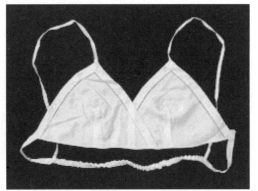

메리 제이콥스와 그녀가 만든 최초의 브래지어

의 메이든폼 산업을 구축한 것이다. 1960년대에 젊은 여성들이 브래지어를 여성 억압의 상징으로 규정해 소각해버렸을 때, 이러한 현상이 브래지어 산업의 쇠퇴로 이어지지 않겠느냐는 질문을 받고 그녀는 이렇게 대답했다. "민주주의 사회에서는 옷을 입는 것이나 입지 않는 것이나 개인의 자유이죠. 하지만 서른다섯 살이 지나면 여성의 몸은 받침 없이는 선이 무너져버립니다. 시간이 내 편이 되어줄 겁니다."

1922년 메이든폼 브래지어 광고

기독교도의
금지 1호였던 가발

고 대 세계에서 이발사의 지위가 최고였던 곳은 아시리아였으나, 이 집트인은 이미 그보다 1500여 년 전에 가발을 만드는 기술을 가지고 있었다. 서구 사회에서도 독자적으로 가발을 고안했는데, 대머리를 숨기기 위한 수단이 아니라 순전히 정장용품의 하나였다.

많은 이집트의 가발이 오늘날까지 매우 양호한 상태로 박물관에 보존되어 있다. 깨끗하게 세 갈래로 땋은 가발은 화학적인 분석에 따르면 식물 섬유와 천연 모발로 만들었다고 한다. 장식용 가발 중에는 지나치게 크고 무거운 것도 있다. 기원전 900년 이심케브 공주가 국가 행사 때 쓴 가발은 너무 무거워서 하인들이 보행을 도와야 할 정도였다. 현재 카이로 박물관에 있는 이 가발은 화학 분석 결과 갈색의 100퍼센트 천연 모발로 만들어졌음이 밝혀졌다. 당시의 다른 가발도 그렇지만 머리 위로 높이 솟구치는 디자인은 왁스를 발라 형태를 보존했다.

기원전 1세기 로마에서는 금발 가발이 크게 유행했다. 그리스의 고급 창녀들은 자신의 머리카락을 표백하거나 머리카락 가루를 붙이기 좋아했으나 로마 여성들은 게르만족 포로의 머리에서 잘라낸 깨끗한 아마색 머리카락을 좋아했다. 1세기의 로마 시인 오비디우스는 "마음대로 자를 수 있는 게르만족의 머리카락이 풍족할 만큼 많아서 로마인은 남성이건 여성이건 대머리 걱정을 할 필요가 전혀 없었다."고 쓰고 있다.

금발 가발은 결국 로마 창녀들의 트레이드마크가 되었고 창녀촌에 자주 드나드는 사람들의 트레이드마크가 되기도 했다. 방탕한 황비인 발레리아 메살리나(Valeria Messalina)는 로마에서 악명 높은 '매춘굴 순례'를 할 때 노란 가발을 썼다. 가장 미움을 받는 황제 칼리굴라(Cal-igula)는 밤마다 쾌락을 좇아 거리를 어슬렁거렸는데, 그도 역시 금발 가발을 쓰고 있었다.

대머리를 숨기기 위한 것이 아니라 정장용품이었던 가발의 역사는

발레리아 메살리나는 클라우디우스 황제의 세 번째 아내다. 남편보다 무려 27세나 젊었지만 황제가 무관심하자 불륜을 통해서 성적인 욕구를 해소했다.

대대적인 유행과 교회에 의한 금지의 되풀이로 점철되었다. 기독교 교회는 어떤 목적으로든 가발 착용을 완전히 금지하려는 시도를 일관되게 해왔다. 1세기경의 성직자들은 가발 착용자는 기독교의 축복을 받을 수 없다는 결정을 내렸다. 2세기의 그리스 신학자인 테르툴리아누스는 "가발이란 모두 엄청난 속임수이며 악마의 발명품이다."라고 설교했다. 이어서 3세기에는 성직자인 키프리아누스(Cyprianus)가 "여러분이 이교도에게 이길 수 있겠습니까?" 하며 가발 착용자들을 심하게 규탄했고, 전체 가발이나 부분 가발을 쓴 기독교도의 예배 참배를 금지했다.

가발에 대한 심한 비난은 692년에 절정을 이루었다. 이해에 콘스탄티노플 공의회는 가발 착용을 그만두지 않는 기독교도를 파문했다. 국왕의 성직자 임명권을 둘러싸고 교회와 정면으로 대립해 결국은 파문당한 헨리 4세조차 교회가 추천한 짧은 스트레이트 헤어스타일을 따랐고 궁정에서 장발과 가발을 금지할 정도였다. 1517년의 종교개혁으로 교회는 신도가 줄어든 어려운 상황에 부닥치자 처음으로 가발이나 헤어스타일에 대한 규제를 완화했다.

1580년까지 가발은 또다시 헤어 패션 유행의 최신 아이템이 되었다. 웨이브를 풀고 염색을 한 가발의 부활에 누구보다 공헌한 사람은 엘리자베스 1세였다. 그녀는 빨간색이 섞인 오렌지색 가발을 엄청나게 많이 갖고 있었는데, 사용 목적은 주로 심각하게 벗겨지는 이마와 가늘어지는 머리카락을 숨기기 위해서였다.

가발이 아주 당연한 것이 되자 가발이라는 것을 눈치채지 못하는 일도 자주 있었다. 스코틀랜드의 메리 1세는 다갈색 가발을 쓰고 있었으나 그녀와 가까웠던 사람들조차도 1587년 그녀가 단두대에서 처형될 때까지 그 사실을 몰랐다. 가발의 인기가 최고였던 17세기 프랑스의 베르사

원숭이를 이용한 '가발 훔치기'

루이 16세의 왕비
마리 앙투아네트의 가발

유 궁전에는 40명의 가발 제작자가 입주해 상근하고 있었다.

또다시 교회가 가발 반대를 주장하고 나섰다. 하지만 이번에는 많은 사제가 당시에 유행한 긴 웨이브의 가발을 쓰고 있었기 때문에 교회의 위계질서가 내부로부터 깨져버렸다. 17세기의 문헌에 따르면, 가발이 없는 사제가 미사를 보러 가거나 신의 축복을 기원하러 가는 하급 성직자의 가발을 빼앗는 것은 드문 일이 아니었다.

샹프롱 출신의 프랑스 성직자 장바티스트 티에르(Jean-Baptiste Thiers)는 가발의 해악, 가발 착용자를 찾아내는 방법, 살짝 다가가서 가발을 빼앗는 방법을 다룬 책을 썼다. 교회는 결국 절충안으로 이 논쟁에 결말을 냈고, 평신도는 대머리거나 몸이 약한 고령자라면 가발을 쓸 수 있게 되었다. 다만 교회 안에서는 착용이 금지되었다. 여성도 예외는 아니었다.

18세기 런던에서는 법정 변호사의 매우 값비싼 가발이 자주 도둑맞았다. 가발 도둑은 바구니에 작은 소년을 담아서 어깨에 짊어지고 사람들이 많은 길에서 가발을 훔쳤다. 바구니에서 재빨리 손을 내밀어 지나가는 신사의 가발을 실례하는 것이 소년의 역할이었다. 가발을 도둑맞은 신사는 푸르뎅뎅하게 깎은 까까머리처럼 보기 흉한 자신의 머리 모습 때문에 사람들 속에서 소란을 일으키는 일을 대부분 포기했다. 법정 변호사들에게 가발은 법정에서 정식 의상의 일부였으며 20세기인 지금까지 착용하고 있다.

모자는
머리를 보호하는 것

머 리를 덮는 모자를 뜻하는 영어 'hat'는 굉장히 오래된 집을 나타내는 'hut'와 발음과 철자가 비슷하다. 그런데 이것은 단순한 우연의 일치가 아니다. 서양인들은 몸에 걸치는 의상을 연구하기 훨씬 전에 초가집을 짓고 살았다. 이 초가집(haet 또는 hutt)은 옛사람들을 자연의 위협이나 어두운 밤으로부터 지켜주는 존재였다. 그리고 그들은 더위나 비 또는 공중에서 떨어지는 것들로부터 머리를 보호하기 위해 쓴 모든 것을 헤이트 또는 허트라고 불렀다. 어원학자들은 이것들을 모두 '피난처' 또는 '보호하는 것'이라고 번역한다.

머리를 덮는 것과 오래된 집의 연관은 'hat'나 'hut'보다 훨씬 전으로 거슬러 올라간다. 먼 옛날에 영국 사람들은 '캐판(cappan)'이라는 골풀 다발로 만든 원뿔형 모자를 썼다. 또한 역시 골풀로 만든 '캐반(cabban)'이라는 오두막에서 살았다. 이 두 개의 단어에서 캡(cap)과 캐빈(cabin)이 탄생했다. 단어의 발달사를 보면 새로운 이름을 붙일 때 눈앞에 보이는 사물의 이름을 빌려오는 사례가 많다.

기록에 따르면, 챙이 있는 모자를 처음으로 쓴 곳은 기원전 5세기경의 그리스 테살리아 지역이다. 사냥꾼이나 여행자들이 태양이나 비를 피하기 위해 쓴 펠트로 만든 '페타소스(petasos)'는 넓은 챙이 있는 모자인데, 쓰지 않을 때는 끈으로 등에 매달았다. 페타소스는 맨 먼저 에트루리아인, 이어서 로마인이 쓰기 시작해 중세에는 꽤 널리 보급되었다. 이들은 끝을 자른 원뿔꼴의 챙이 없는 모자도 썼다. 이집트 모자를 흉내 낸 이 모자는 소재인 '펠트'에서 따와 '필레우스(pileus)'라는 이름이 붙었다. 이

페타소스

필레우스

가톨릭 성직자들의 비레타

모자는 대부분의 유럽 문화권에서 여러 가지 형태로 나타나고 있다.

중세 말기 대학이 출현했을 때는 사각의 펠트 모자인 필레우스 콰드라투스(pileus quadratus)는 학자 전용 모자였고, 이것이 변화한 모르타르 보드(mortar board; 챙의 위가 사각이며 평평하고 장식이 달린 모자)는 고등학생이나 대학생들이 졸업식 때 쓰는 모자가 되었다.

비레타(biretta)는 성직자가 참석하는 공식적인 행사 또는 평상시에 쓰는 사각모자를 말한다. 세 개의 둥근 차양과 중앙에 한 개의 주먹만 한 둥근 술이 달려 있으며, 사제의 직위에 따라 교황은 백색, 추기경은 붉은색, 주교는 자주색, 평사제는 검은색을 착용했다. 비레타는 비레툼(biretum) 또는 필레우스라고 알려진 중세 모자에서 발전한 것으로, 16세기까지 몇 가지 형태의 비레타가 쓰이다가 오늘날의 모습을 갖추게 되었다. 중세 때는 성체강복 때 입는 카파(Cappa) 뒤에 달린 두건이 몸에 꼭 맞게 그리고 화려하게 장식되었기 때문에 드물게 사용되었다.

지금은 모자가 남성보다 여성에게 인기 있지만 옛날부터 그랬던 것은 아니다. 옛날 여성들은 거의 모자를 쓰지 않았고 남성들은 실내나 교회 등에서 모자를 썼다. 이 습관은 16세기까지 계속되었으나 16세기에 가발이 유행하고 대형화하면서 모자를 쓰는 일은 아주 불편한 일이 되고 말았다.

가발 열풍이 식자 남성들은 또다시 모자를 쓰는 습관을 되찾았으나 이제는 옛날만큼의 열의는 없었다. 그리고 전과는 전혀 반대인 세 가지 습관이 생겨났다. 남성은 실내나 교회 그리고 여성 앞에서는 결코 모자를 쓰지 않는다는 것이었다. 그리고 이 습관이 정착한 1700년대 말에 많은 여성들이 모자를 쓰기 시작한다. 리본이나 날개, 꽃 모양으로 장식하고 테두리를 레이스로 두른 모자였다. 그전의 유럽 여성들은 실내에서는 장식이 없는 캡 모양의 모자를, 밖에서는 두건 형태의 모자를 썼다.

턱 밑에서 끈으로 묶는 부인 모자는 '보닛(bonnet)'이라고 불렀다. '보닛'이라는 말은 그전부터 있었지만 중세 말기까지는 작고 부드러운 모자를 가리켰다. 이것이 여성용의 특별한 모자를 뜻하게 된 것은 18세기 들어서였다. 밀라노는 보닛의 중심지가 되었고 밀라노의 모자는 전 유럽에서 인기를 끌었다. 그래서 모든 부인 모자를 영어로 '밀리너리(millinery: 부인 모자 제조)라고 통합해 부르게 되었고, 밀라노의 기능공들을 '밀리너(milliner: 부인 모자점이나 판매자)라고 부르게 되었다.

또 18세기 말에는 굴뚝처럼 생긴 검은 모자인 실크해트가 출현했다. 런던에서 신사용 장식품 가게를 운영하던 존 헤더링턴(John Hetherington)은 1797년 1월 15일 황혼 무렵 자신이 디자인한 새로운 모자를 쓰고 가게에 나타났다. 런던의 《타임스》는 헤더링턴이 쓴 굴뚝처럼 생긴 검은 모자 (top hat, 실크해트)가 많은 사람들의 시선을 끌었고, 구경꾼들 사이에 밀고 밀리는 소동이 일어났다고 보도했다. 한 남자는 쇼윈도에서 가게 안으로 떠밀려 들어갔다고 한다. 이 소동으로 헤더링턴은 치안 방해죄로 체포되었다. 하지만 그로부터 한 달도 지나지 않아서 그는 감당할 수 없을 만큼 많은 양의 실크해트 주문을 받게 된다.

영국의 복식사가는 헤더링턴의 실크해트가 세계 최초라고 주장한다. 한편 프랑스의 복식사가는, 실크해트의 디자인은 헤더링턴보다 이미 1년 전에 파리에서 선보였으나 헤더링턴이 그것을 도용했다고 주장하고 있다. 하지만 파리에서 태어났다는 설을 뒷받침할 증거는 프랑스의 만화가인 샤를 베르네(Charle Vernet)가 1796년에 그린 〈멋쟁이 젊은이들〉뿐인데,

샤를 베르네가 1796년에
그린 〈멋쟁이 젊은이들〉

실크해트를 쓴
에이브러햄 링컨(가운데, 1862)

헤더링턴이 디자인한 것과 매우 비슷한 실크해트를 손에 들고 있는 신사
가 그려져 있다.

페도라(Fedora)는 가벼운 펠트 소재의 부드러운 챙이 달린 중절모로,
1882년에 상연되어 파리를 열광시킨 빅토리앵 사르두(Victorien Sardou)의
연극 〈페도라*Fédora*〉가 유행시킨 여성용 모자다. 이 연극에 등장하는 여
주인공 페도라 역을 맡은 사라 베르나르(Sarah Bernhardt)가 쓰고 있던 모
자에서 그 이름을 따왔기 때문이다. 새로운 모자의 유행을 낳았던 페도
라는 이후 방울과 깃털을 달아 자전거를 타는 여성이 좋아하는 모자가
되었다.

파나마모자는 당연히 중앙아메리카에 있는 파나마에서 그 이름을
따온 것이라고 생각하기 쉽지만 실제로는 그렇지 않다. 이 가벼운 밀짚
모자는 파나마모자풀 잎을 가늘게 쪼개 만든 것으로 페루에서 태어났
다. 실제로 파나마는 이 모자의 중요한 유통지이기는 했다. 북아메리카

의 기술자들이 1914년 파나마 운하 건설 때 파나마로 와서 이 모자를 보고는 파나마제라고 여긴 것이다.

1780년 12대 더비 백작 에드워드 스미스 스탠리(Edward Smith-Stanley)는 런던 근처에서 3년생 말들의 경마 레이스인 엡섬 더비를 매년 개최할 것을 결정했다. 그런데 당시 남성들 사이에서 인기가 높았던 모자가 윗부분이 둥근 돔 상태에 가느다란 테두리가 달린 딱딱한 펠트 모자였다. 더비 백작이 언제나 이 모자를 쓰고 있었으므로 '더비 해트(derby hat, 중산모[中山帽])'라는 이름을 얻었다. 이 모자는 영국에서는 볼러 해트(bowler hat), 미국에서는 더비 해트라고 부른다.

1860년대 필라델피아에서 신사용품을 판매하던 존 스테트슨(John B. Stetson)은 모자를 팔아 어떻게든 돈을 벌고 싶었다. 마침 중서부에서 휴가를 보내면서 부유한 목장주들의 일을 눈여겨본 스테트슨은 '목장의 왕자'들에게 어울리는 커다란 모자를 만들기로 했다. '평원의 주인'이라고 이름 붙인 '텐 갤런'(깊고 커서 10갤런이나 들어간다는 뜻에서)의 카우보이모자는 스테트슨의 사업을 성공시켰고, 서부 개척 시대의 남녀를 상징하는 소품이 되었으며, 서부영화에서 존 웨인이 썼던 모자이기도 하다.

키높이 구두의
원조인 부츠

부츠는 전투용 신발로 탄생했다. 수메르나 이집트의 병사들은 맨발로 싸웠으나 기원전 1100년 무렵의 아시리아인은 구두 바닥을 금속으로 보강하고 장딴지까지 올라오는 끈 달린 부츠를 신었다. 아시리아인은 히타이트인과 함께 구두 제조로 널리 알려졌고, 좌우의 모양이 다른 군대용 부츠를 신었다는 증거가 있다. 히타이트의 문헌 중에는 풍요의 신 텔레피누(Telepinu)가 어리석게도 '오른쪽 부츠를 왼발에 신고 오른발을 왼쪽 부츠에 넣었기' 때문에 기분이 상했다는 기록이 있다. 아시리아의 보병용 부츠가 곧바로 그리스나 로마 병사들에게 도입된 것은 아니다. 맨발로 싸우던 그들이 먼저 신기 시작한 것은 바닥에 압정을 박아서 미끄러지지 않고 내구성이 있게 만든 샌들이었다.

그리스인이나 로마인이 튼튼한 부츠를 신은 것은 주로 도보 원정 때였다. 추운 계절에는 안에 모피를 대고 동물의 발이나 꼬리를 장식으로 매단 부츠가 많았던 듯하다. 부츠는 또한 추운 산악 지방이나 광대한 초원 지대의 유목 기마민족이 평소에 신던 신발이기도 했다. 튼튼한 데다 약간 올라간 뒤꿈치가 발을 등자(발걸이)에 단단히 고정시켜주기 때문에 부츠는 전투용 장비로서 안성맞춤이었다.

부츠는 수 세기에 걸쳐서 유행과 퇴조를 되풀이해왔다. 그리고 부츠의 가장 큰 특징인 유별난 뒤꿈치가 하이힐 구두의 유행을 낳았다. 하이힐은 하룻밤에 만들어진 것이 아니라 수십 년 동안 조금씩 높아진 것으로, 16세기 프랑스에서 시작되었다. '하이힐'이라는 말은 요즘엔 굽이 높은 여자용 구두의 대명사가 되었으나 원래는 남성의 구두를 가리켰다.

16세기에는 여성의 다리가 긴 옷 밑에 숨어 있었기 때문에 여성화에 이렇다 할 변화는 보이지 않았다. 굽이 높은 구두의 편리함이 처음으로 인정받은 것은 말을 탈 때였다. 힐 덕분에 발을 등자에 단단히 걸칠 수 있었던 것이다. 그 때문에 힐을 붙이는 것이 기정사실이 된 최초의 부츠는 바로 승마용이었다.

그리스·로마 시대의 부츠

중세의 클로그

  또한 중세에는 위생시설이 빈약하고 인구가 과밀해서 사람과 동물의
배설물이 거리 여기저기에 널려 있었다. 따라서 바닥이 두껍고 굽이 있
는 부츠는 발을 보호하는 구실을 했을 뿐 아니라 상당한 심리적인 효과
도 가져다주었다. 실제로 중세에 클로그(clogs; 나막신)가 등장한 것은 거리
의 오물로부터 몸을 지키기 위해서였다. 북유럽에서는 클로그의 일부 또
는 전체를 나무로 만들었는데, 거리의 쓰레기로부터 고급 가죽 구두를
지키는 오버슈즈(덧신)로 태어났다. 그리고 따뜻한 계절에는 흔히 작은
가죽 구두 대신에 신었다.

  1500년대 중반에는 펌프스(pumps)라는 독일의 구두가 전 유럽으로 확
산되었다. 이것은 아무런 장식이 없거나 때로는 보석을 박기도 한 굽이 낮
고 헐거운 덧신이었다. 그런데 나무 바닥을 걸을 때 '또각또각' 소리가 났
으므로 역사학자는 펌프스라는 이름이 붙여진 게 아닌가 생각하고 있다.

  1600년대 중반 프랑스에서 굽 높은 신사용 부츠는 예장을 갖출 때
빼놓을 수 없는 것이었다. 바로 이것을 유행시키고 굽을 더욱 높인 것은
태양왕 루이 14세다. 유럽 역사상 가장 길었던 73년간의 치세 중에 프랑

스 군사력은 최강이 되었고 프랑스 궁정은 과거에 없던 세련되고 찬란한 문화를 누렸다. 하지만 주위에서 아무리 위업을 떠받든다 한들 루이 14세는 작은 키에 대한 열등감은 떨쳐버릴 수 없었다.

그리하여 왕은 어느 날 자신의 키를 조금이라도 크게 보이려고 구두의 굽을 몇 인치 높게 만들게 했다. 그러자 왕을 모방이라도 하듯 궁정의 남녀 귀족들 모두가 구두 기능공에게 자신들의 구두 굽도 좀 더 높이라고 주문했던 것이다. 루이 14세는 왕의 위엄을 지키기 위해 구두 굽을 더욱 높이지 않을 수 없었다. 얼마 지나지 않아 프랑스 남성들은 플러스마이너스 제로의 키로 되돌아왔지만 궁정의 여성들은 그렇게 하지 않았다. 그리하여 남성과 여성 사이에 역사적 불균형이 구두 굽에서 나타나게 되었다.

루이 14세가 지은 베르사유 궁전은 호화롭고 장려하기 그지없었으나 화장실이 없어 궁전을 출입하는 귀부인들은 변기를 가지고 들어갔다. 그런데 미처 이것을 가져가지 못한 사람들이 대소변을 아무 데서나 보는 바람에 땅이 오물로 질퍽거리자 긴 드레스에 오물이 묻지 않도록 하이힐을 신기 시작했다. 또한 화단을 해치는 이 같은 행위를 금해달라고 정원사가 왕에게 간청하자, 루이 14세는 '에티켓(étiquette)'이라는 화단 출입금지(또는 궁전을 출입할 때 지켜야 할 예절이 적힌 티켓) 팻말을 세워두었고, 궁전 출입자들이 이를 엄수한 뒤부터 오늘날 '예절'을 뜻하는 에티켓이 유래했다.

1800년대에 독일 헤센 지방의 구두 기능공은 무릎까지 오는 헤시안(Hessian)이라는 군대용 부츠를 만들었는데, 이것은 광택이 있는 검은 가죽 신발로 로마인의 부츠와 마찬가지로 동물의 꼬리를 매달았다. 같은 시기에 영국의 구두 기능공은 전쟁의 승리를 등에 업고 웰링턴 부츠

술이 달린 헤시안 부츠와
나폴레옹 시절의 웰링턴 부츠   위전 로퍼 광고(1936)

(Wellington boots)를 유행시켰다. 이 부츠는 벨기에 브뤼셀 동남쪽 10킬로
미터쯤에 있는 워털루에서 벌인 워털루 전투에서, 나폴레옹 1세를 대파
한 웰링턴 장군의 애칭인 아이언 듀크(Iron Duke), 즉 아서 웰즐리 웰링턴
(Arthur Wellesley Wellington)의 이름을 딴 것이다.

18세기에 프랑스 궁정을 출입하던 여성들은 금빛이나 은빛 자수를
놓은 굽 높이 3인치의 구두를 신었다. 미국 여성들은 파리의 유행을 모

방해 프렌치 힐이라는 이 구두를 도입했다. 그리고 이는 미국에서 굽의 양극화를 낳는 원인이 되어, 여성의 구두 굽이 점점 높고 가늘어지는 반면 남성의 구두 굽은 (부츠를 제외하고) 낮아졌다. 1920년대에 하이힐은 이제 실제 굽이 높은 구두를 의미하는 것이 아니라 매혹적인 여성화의 패션을 의미하는 말이 되어버렸다.

끈이 없는 슬리퍼식 로퍼(loafer)는 노르웨이의 초기 오버슈즈에서 탄생했다. 좀 더 정확히 '위전 로퍼(Weejun loafer)'는 1876년 메인주 윌튼의 제화공 조지 헨리 바스(George Henry Bass)가 노르웨이로 여행을 갔던 직원이 사온 원주민 신발에 '노르위전(Norwegian; 노르웨이인의)'이라는 단어의 끝 두 음절을 붙인 데서 비롯되었다.

바스는 뉴잉글랜드의 농부들을 위해 발목까지 덮는 튼튼한 구두를 만들기 시작했고, 그 후 채벌용 구두나 특별 주문한 구두도 취급했다. 그는 1927년 5월 20일 찰스 린드버그가 스피릿 오브 세인트루이스호를 타고 롱아일랜드의 공항 루스벨트 필드(Roosevelt Field, Hempstead Plains Aerodrome)에서 파리까지 역사적인 무착륙 대서양 횡단 단독비행을 했을 때 신은 가벼운 비행용 부츠, 그리고 1928년 미국의 리처드 버드(Richard E. Byrd) 제독이 남극 탐험에 성공을 거두었을 때 신었던 방한 부츠도 제작한 인물이다.

1936년 당시 유럽에서 유행하던 노르웨이의 슬립온(sleep-on) 식 모카신에 주목한 바스는 미국 시장을 겨냥해 노르웨이의 제조업자로부터 이것을 다시 디자인할 수 있도록 허가받았다. 이렇게 해서 완성된 로퍼가 '바스 위전'이라는 상품 라인이 되었다. 1950년대에는 바스 위전이 손바느질한 모카신으로 과거에 없던 인기를 누렸다. 구두가 사회적 지위를 나타내던 옛날의 관습을 따르자면 바스 위전은 대학생의 상징이었던 것이다.

구두 발달의 일등공신은
예쁜 발 경연대회

구두도 옷과 마찬가지로 지위와 계급, 신분을 나타내는 상징이었다. 옛날부터 신분과 계급의 차이를 확실하게 나타내는 장식품의 하나였다고 할 수 있다. 현존하는 가장 오래된 신발은 샌들(sandal)이다. 기원전 2000년경에 조성한 이집트의 묘지에서 파피루스를 엮어 만든 신발이 발견된 바 있다. 기후가 따뜻한 지역의 고대인이 신었던 샌들의 디자인은 다양했으며 모양도 아마 지금과 다르지 않을 정도로 다양했을 것이다.

그리스 신화에서 샌들은 인간을 저승과 분리시키는 역할을 한다. 그래서 Heel(굽, 뒤꿈치)과 Hell(저승, 지옥)은 어원이 같다. 그리스의 가죽 샌들인 '크레피스(krepis)'는 페르시아의 '페딜라(Pedila)'를 개량한 것이다. 로마에서는 '크레피다(crepida)'라고 불렀는데, 바닥이 두텁고 옆면은 가죽이며 발등 부분에 끈을 걸었다. 갈리아인은 뒤가 높은 '캄파구스(campagus)'를 좋아했고, 무어인은 아프리카에서 나는 풀로 그물 모양으로 짠 샌들인 '알파르가타(alpargata, espadrille)'를 신었다. 고고학자들은 묘지나 고대의 회

왼쪽부터 페딜라, 크레피스, 크레피다, 캄파구스

화에서 여러 가지 모양의 샌들을 발견해내고 있다.

고대인들이 샌들만 신은 것은 아니었다. 샌들 말고 기록으로 확인할 수 있는 최초의 신발은 가죽을 묶어 신었던 뒤축 없는 모카신 형태의 구두다. 생가죽 끈을 다리에 감은 형태로, 기원전 1600년경의 바빌로니아에서 애용되었다. 기원전 600년경부터는 그리스 상류층 여성들이 그것과 비슷한 것으로 발에 딱 맞는 구두를 신기 시작했는데 당시 흰색과 빨간색 구두가 유행했다고 한다.

구두 가게 길드(Guild; 동업조합)는 기원전 200년경의 로마인이 처음 만들었다. 이 프로 구두 기능공들은 구두 가게에서 최초로 맞춤 구두를 만들었다. 로마인의 신발은 모양과 색으로써 사회계급을 명확하게 나타냈다.

신분이 높은 여성들이 신는 신발은 발을 덮는 형태의 구두로 대개 흰색이나 빨간색, 특별한 경우에는 녹색이나 노란색이었다. 신분이 낮은 여성들은 색을 칠하지 않고 발이 보이는 가죽 샌들을 신었다. 원로원 의원은 갈색 구두를 신었는데, 네 개의 검은 가죽 끈을 장딴지 중간까지 매고 두 번 묶었다. 집정관은 흰색 구두를 신었다. 브랜드 따위는 아직 없었지만 어떤 길드의 기능공이 만든 구두는 특별히 고급스럽고 발에 딱 맞았기 때문에 그런 구두는 당연히 값도 비쌌다.

구두를 나타내는 말도 구두의 모양과 마찬가지로 차례차례 변화했다. 영어 'shoe'의 철자는 열일곱 번이나 바뀌었고 복수형은 적어도 서른여섯 종류가 있었다. 가장 최초의 앵글로색슨어는 '덮다'라는 뜻의 'sceo'였는데 이것이 복수형 'scbewis'가 되었고, 이어서 'sbooys'로 바뀌었다가 마지막으로 'shoes'가 되었다.

14세기 초까지는 문명이 발달한 유럽의 어떤 사회에서도, 설령 왕족일지라도 규격 사이즈의 구두를 찾을 수는 없었다. 아주 값비싼 맞춤 구두라도 기능공마다 사이즈 측정 방법이나 실력에 따라 사이즈가 달랐던 것이다. 변화가 일어난 것은 1305년이다. 당시 영국의 왕 에드워드 1세는 상거래의 정확한 기준으로 '보리 세 톨의 길이를 1인치'로 한다는 포고령을 내렸다. 영국의 구두 기능공들은 이 도량형을 채택해 처음으로 규격 사이즈의 구두를 제조하기 시작했다. 보리 열세 톨 길이의 아이들 구두는 '사이즈 13'이었다. 또한 로마제국 멸망 후에 보이지 않던 좌우 구분 신발이 14세기 영국에서 부활했다.

14세기에는 앞이 매우 길고 뾰족한 새로운 모양의 구두도 등장했다. 그 길이가 너무 길어지자 에드워드 3세는 발끝에서 2인치 이상 뻗은 구두 착용을 금지하는 법령을 내렸다. 사람들은 잠깐 이 법령을 따랐던 듯하지만 1400년대 초에는 발끝에서 18인치 넘게 뻗은 '크라코(crakows)'라는 구두가 나타났다. 그것을 신은 사람은 걸핏하면 신발이 걸려 넘어졌을 것이다.

크라코는 르네상스를 낳은 독창적인 분위기 속에서 나타났는데, 이를 계기로 이런 모양이 유행했다가 다른 모양이 유행하는 일이 반복되었다. 예를 들어 이상하게 발끝이 뾰족한 구두의 유행 뒤에는 발끝이 아플 정도로 뭉툭한 모양에다가 폭은 발이 두 개라도 들어갈 정도로 헐렁한 사각형 구두가 유행했던 것이다. 17세기에는 영국의 학술 도시 옥스퍼드의 구두 기능공들이 앞부분에 끈을 묶는 쇠고리가 세 개 또는 그 이상인 송아지 가죽 편상화(編上靴)인 '옥스퍼드(Oxford)'를 만들어냈다.

당시 미국은 구두 디자인에서 한 걸음 뒤져 있었다. 식민지에 최초로 등장한 구두 가게에는 '스트레이트형(straight lasts)' 단 한 종류의 형태밖에 없었으며 게다가 좌우 구분도 없었다. 그 때문에 부자들은 영국에서 수입한 구두를 사서 신었다. 미국에서 구두 종류가 다양해지고 가격이나 착용감이 개선된 것은 매사추세츠에 미국 최초의 구두 공장이 생긴 18세기 중반의 일이다. 이 공장에서 만든 구두는 대량생산된 것이라고는 하지만 아직 재단이나 바느질은 수작업으로 이루어지고 있었다. 집에 있는 여자나 어린이가 약간의 수공비를 받고 봉제한 것을 공장에서 가공하여 완성했던 것이다.

구두 제조의 완전한 기계화, 진정한 의미의 대량생산은 꽤 오랫동안 실현되지 않았다. 1892년에 이르러서야 영국 노샘프턴의 맨필드 제화점이 기계를 최초로 도입함으로써 규격 사이즈의 질 좋은 구두를 대량생산할 수 있게 되었다. 구두가 대중화하면서 편리하고 좋은 점도 있었지만, 한편으로는 건강에 좋지 않은 부작용을 낳기도 했다. 발에 생긴 물집이나 티눈 그리고 평발이 구두를 신는 사람들을 괴롭혔던 것이다. 따라서 미국에서 최초로 발바닥의 티눈과 물집을 보호하는 패드를 발명한 인물이 다름 아닌 구두 가게 점원이라는 것은 수긍이 가는 이야기다.

윌리엄 숄(William Scholl)은 부모님이 경영하는 미국 중서부의 낙농장에서 일하던 10대 무렵부터 구두와 발 손질에 남다른 관심을 갖고 있었다. 1882년 열세 형제 가운데 한 사람으로 태어난 윌리엄은 소년 시절에 고안해낸 튼튼한 실로 대가족을 위해 구두를 기웠다. 그의 부모는 아들이 구두 만드는 데 재능을 보이자 열여섯 살 때 그를 구두 가게 조수로 보냈다. 1년 뒤에 윌리엄은 다른 구두 가게에서 일하기 위해 시카고로 옮겨갔다. 윌리엄 숄은 그곳에서 구두를 판매하면서 발의 물집이나 티눈, 평발이 얼마만큼 손님들을 괴롭히는지 비로소 깨달았다. 발은 주인에게 무시당하고, 의사나 제화공 그 누구도 이토록 무시당하는 발에 아무런 조치를 취하지 않는 것이 안타까웠다. 윌리엄은 그 일을 스스로 떠맡기로 했다.

낮에는 구두를 판매하면서 밤에는 학업에 힘써 시카고 메디컬 스쿨 야간부를 졸업했다. 의학박사 학위를 받은 1904년에 이 스물두 살의 의사는 발바닥의 장심(掌心)을 받쳐주는 '풋이저(Foot-Eazer)'를 만들어 특허를 받았다. 윌리엄이 만든 구두 깔창의 인기가 치솟자 풋 케어(foot care) 산업이 탄생하게 되었다. '풋이저'를 팔려면 올바른 풋 케어 지식을 갖춰야 한다고 생각한 윌리엄은 구두 가게 점원들을 대상으로 풋 케어 통신교육을 시작했다. 또 컨설턴트를 모아 그들이 곳곳을 돌아다니며 풋 케어에 대한 의학적이고 일반적인 지식을 설명하도록 했다.

윌리엄은 건강하지 못한 발이 미국에 넘치고 있는 것은 미국인 50명 가운데 올바른 걸음걸이로 걷는 사람이 한 명밖에 없기 때문이라고 설명했다. 그는 '머리를 쳐들고, 가슴을 펴고, 발부리를 똑바로 앞으로 내밀고' 하루에 2마일씩 걷기를 권장했다. 또 한 켤레씩 번갈아가며 말릴 수 있도록 하루에 두 켤레의 구두를 신을 것을 권했다. 더욱이 발에 대한 인식을 높이기 위해 의사들을 대상으로 《사람의 발: 그 해부학, 기형, 치료The Human Foot: Anatomy, Deformities, and Treatment》(1915)를 펴냈고, 좀 더 일반적인 입문서로 《발 사전Dictionary of the Foot》(1916)을 출판했다.

'일찍 자고 일찍 일어나 열심히 일하고 선전한다'는 윌리엄의 신조는 물론 장기적으로는 훌륭한 성과를 거두었다. 그러나 처음에는 물집용 패드를 붙인 맨발을 내보인 광고와 깔창에 얹은 발을 공공연히 드러내는 광고는 외설이라는 항의가 쇄도했다.

1916년에 윌리엄이 후원자로 나선 '신데렐라 발 콘테스트' 덕분에 발에 대한 의식이 전국적으로 높아졌다. '가장 완벽한 발' 타이틀을 노린 수만 명의 여성이 구두 가게로 몰려들었던 것이다. 윌리엄이 발명한 장치로 참가자들의 발을 정밀히 검사하고 계측하고 족형을 떴다. 발 전문가로 이루어진 심사위원단이 신데렐라를 뽑았고, 국내의 주요 신문과 잡지에 수상자의 족형이 실렸다.

윌리엄이 기대했던 대로 많은 미국 여성이 자신의 변변치 못한 발과 미국을 대표하는 이상적은 발을 비교하며 앞다투어 그의 제품을 사러 왔다. 전국의 약국과 백화점, 잡화점에 진열된 닥터 윌리엄 숄의 노란색과 푸른색 상품이 미국 풍경의 일부가 되었던 것이다. 윌리엄 숄은 1968년에 86세를 일기로 세상을 떴다. 한 번 본 사람의 얼굴은 잊지 않는다고 자랑하는 사람은 더러 있지만, 윌리엄은 일생을 통해 한 번 본 발은 잊지 않는 것을 마지막까지 자랑으로 여겼다.

나이키 밑창으로
깔린 와플

16 세기에 신대륙을 발견한 에스파냐의 탐험가들은 원주민들이 외투나 모카신에 파라고무나무에서 채취한 우유처럼 하얀 수지를 바르는 것을 보았다. 새하얀 수지를 옷에 바른 다음 말리면 옷이 튼튼하고 부드러워졌다. 그들은 이 물질을 '나무의 우유'라고 불렀고 인디언들을 흉내 내 이것을 코트나 케이프, 모자, 바지, 부츠의 바닥에 발랐다. 그런데 비를 효과적으로 튕겨내는 데 효과가 있는 이 방수제는 한낮의 더위에 녹아서 건조한 풀이나 쓰레기, 고엽들이 달라붙고 밤이 되면 다시 딱딱해지는 단점이 있었다.

수지가 유럽에 전해지자 당시의 저명한 과학자들은 수지의 특성을 개선하기 위해 여러 가지 실험을 했다. 1748년에 프랑스의 천문학자인 프랑수아 프레스노(François Fresneau)는 수액을 소재에 도포하면 더욱 부드러워지고 접착성은 없어지는 과학적인 방법을 발견했으나 이것에 쓰이는 화학 첨가물이 견디기 어려울 정도의 불쾌한 냄새를 풍겼다. 또 하나의 실패로 끝난 이 실험은 단지 수지에 이름을 붙이는 데는 공헌했다.

1770년에 영국의 화학자 조지프 프리스틀리(Joseph Priestley)는 이 우유 상태의 수지를 개선하는 데 힘을 쏟고 있었다. 그때 우연히 응고된 수지가 흑연 자국을 지운다(rub out)는 것을 알아냈다. 그리하여 고무에는 영어로 '러버(rubber)'라는 이름이 붙었다.

1823년 57세의 스코틀랜드 화학자 찰스 매킨토시(Charles Mackintosh)는 이 고무를 이용해 레인코트를 개발했다. 글래스고 연구소에서 실험에 몰두하던 매킨토시는 천연고무가 석유의 분별증류(分別蒸溜; 두 가지 이상의 휘발 성분을 함유하는 혼합물을 각 물질의 끓는점이 서로 다름을 이용해 각 성분 물질로 분리하는 방법)로 생겨나는 휘발성의 유상(油狀) 액체인 콜타르나 나프타 속에서 쉽게 분리되는 것을 발견했다. 매킨토시는 나프타 처리한 고무의 혼합액을 천에 발라 굳어지게 함으로써 고무 냄새 외에 아무 냄새도 나지 않는 레인코트를 만들었다. 그는 자기 이름을 딴 매킨토시를 창업하여 이 코트를 판매했고, 이 때문에 영미권에서는 레인코트를 '매킨토시'라고 부르기도 한다.

나프타 처리된 고무로 만든 신발은 '갤로시(galoshes)'라고 이름 지었다. 이것은 목이 긴 부츠에 이미 정착한 이름이지만, 원래는 갈리아인이 신던 무거운 가죽 끈이 달린 샌들에 로마인이 붙인 이름에서 따온 것이다. 갤로시는 장딴지 중간까지 오는 십자형 교차의 랩식 구두로 '갈리아인의 신발'이라는 뜻에서 '갈리카 솔레아(gallica solea)'라고 부르기도 했지만 결국에는 '갤로시'가 되었다.

그리고 이제는 누구나 한 켤레쯤은 가지고 있는 운동화의 바닥이 고무로 만들어지기까지는 일대 기술 혁신이 필요했다. 발소리가 나지 않기 때문에 '스니커(Sneaker; 몰래 걷는 사람)'라는 이름을 얻게 된 고무창 운동화는 1860년대에 찰스 굿이어(Charles Goodyear)가 고무의 가황처리법(加黃處理法)을 개발한 덕분에 탄생할 수 있었다.

굿이어는 고무나무에서 채취한 천연고무가 따뜻할 때는 녹아서 끈적이고 차가워지면 딱딱하게 굳는다는 기존의 생각을 변화시키는 데 성공했다. 고무에 황을 섞으면 건조하고 부드럽고 유연한 물질이 되었다. 1800년대 후반 비 올 때 신는 고무제 장화가 성공을 거두었듯 이제 고무는 신발에 가장 적당한 소재가 되었다. 그리고 1900년대에 들어서자 가죽 신발 바닥에 고무창을 붙이고 캔버스 천에 가황고무 바닥을 아교로 붙인 신발이 선을 보였다. '운동화의 혁명'이라 불린 신발이 등장한 것이다.

1917년 유에스 러버(US Rubber)가 만든 운동화 '케즈(Keds)'가 처음으로 시장에 선을 보였다. 이 이름은 '키즈(kids; 아이들)를 연상시키면서 '발'의 라틴어 어원인 'ped'에 음을 맞춘 것이었다. 이 최초의 운동화는 전체가 흰색 또는 검은색 캔버스 천에 흰색 바닥을 붙인 것이 아니라, 바닥이 검고 캔버스 천은 다갈색인 얌전한 색상이었다. 이것이 신사용 가죽 구두의 일반적인 색이었기 때문이다.

1960년대 초까지는 운동화의 기본적인 디자인에 거의 변화가 없다. 그러다가 한 대학의 육상선수와 코치의 우연한 발견으로 신발 바닥이 요철 모양을 한 현대 운동화의 시대를 맞게 되었다. 오리건 대학의 육상 1마일 주자였던 필 나이트(Phil Knight)는 미국제 운동화보다 유럽제 운동화를 신고 달리는 것을 좋아했다. 다른 육상경기에서도 선수들이 질 좋은 운동화를 신으면 훨씬 나은 성적을 거둘 수 있을 것으로 생각한 필 나이트와 그의 코치 빌 바우먼(Bill Bowerman)은 1962년에 운동화 회사를 세워 최고급 일본 제품을 수입하기 시작했다.

신발이 가벼워진 것은 매우 큰 이점이었지만, 바우먼은 특히 운동
선수들의 커다란 관심사인 접지 때의 마찰력 문제를 좀 더 개선할 필
요가 있다고 생각했다. 그러나 바우먼은 어떤 모양의 신발 바닥이 가장
좋은지는 몰랐다. 많은 제화업자들은 자동차 타이어용으로 개발된 얇
은 요철 바닥을 사용하고 있었다. 어느 날 아침 주방에서 와플 기계를
손에 들고 있던 바우먼의 머리에 번뜩이는 것이 떠올랐다. 그는 당장
고무를 와플 기계에 부어 가열했고, 와플형 신발 바닥 샘플을 만들어
냈다.

이것이 곧 전 세계의 대표적인 신발 바닥이 되었다. 이 새로운 운동
화는 신발 바닥뿐만 아니라 그 밖에 세 가지 획기적인 특징도 갖추고 있
었다. 쐐기 모양의 굽, 충격을 흡수하는 쿠션식의 중간 바닥, 기존의 캔
버스 천보다 가볍고 통기성이 좋은 나일론 천을 채용한 점이 그것이었다.

필 나이트는 회사 이름을 그리스 신화에 나오는 날개를 가진 승리의
여신 '니케(Nike)'의 이름을 따서 '나이크(Nike; 통상 '나이키'라 부름)로 바꾸었

"SWOOSH" Design
1971

1971년 포틀랜드 주립대 학생인 캐럴린
데이비슨이 니케의 날개를 형상화한 로고
'스우시(SWOOSH)'

다. 그는 이 와플형 신발 바닥의 나일론 운동화를 선전하기 위해 1972년
에 오리건주 유진에서 열리는 올림픽 예선 주자들을 주목했고, 장거리
주자 몇 명에게 특별히 디자인한 신발을 신고 달리도록 했다.

그리고 '결승에 오른 일곱 명 가운데 네 명이나' 그 운동화를 신고 있
었다고 대대적으로 광고했다. 하지만 메달을 목에 건 1, 2, 3등 선수들이
신은 신발은 '나이키'가 아니라 독일의 '아디다스(Adidas)' 운동화였다. 그
래도 여러 가지 브랜드의 와플형 신발 바닥 운동화는 판매가 엄청나게
늘었고, 1970년대 말에는 바닥이 평평한 캔버스 슈즈는 먼지 속으로 묻
혀버리고 말았다.

멋쟁이의 필수품이었던
생선 등뼈

머리를 손질하는 대표적인 도구로는 아주 오래전부터 사용해온 빗과 머리핀을 들 수 있다. 현대에 들어서는 헤어드라이어도 남녀 모두의 필수품이 되었다. 가장 오래된 빗은 대형 생선의 등뼈를 말린 것으로 추측하고 있다. 이런 종류의 빗은 지금도 아프리카 오지의 원주민들이 사용하고 있다. 빗 특유의 모양은 '빗살무늬'를 뜻하는 영어 'comb'의 어원인 고대 인도유럽어 'gombhos'가 '이[齒牙]'를 뜻하는 것으로 보아 분명하다.

인간이 만든 가장 오래된 빗은 6000년 전의 이집트 묘에서 발견되었는데 디자인이 독특한 것들이 많았다. 반듯한 이가 한 장인 것과 두 장인 것이 있고, 한 장짜리가 두 장짜리보다 눈금이 촘촘하고 긴 것도 있다. 이집트의 남성과 여성이 화장대에 일상적으로 갖추고 있던 빗은 머리카락을 빗는 것과 특정한 머리 형태를 보존하는 빗 두 가지였다.

고고학자들은 모든 고대 문명이 실제로 각각 독자적인 빗을 만들어 사용했지만 브리튼인만은 예외였다고 한다. 영국 제도 연안에 살던 브리

128

튼인은 손질하지 않은 부스스한 머리를 하고 있었다. 이용(理容) 기술이 발달한 로마 점령 시대에도 마찬가지였다. 그들이 빗을 사용하기 시작한 것은 789년 데인인(덴마크에 살던 북게르만인)이 침입한 뒤의 일이다. 800년 대 중반까지 데인인은 영국 전역에 정착했다. 연안의 브리튼인에게 머리를 깨끗이 빗질하는 것을 가르친 것은 그들이었다.

초기 기독교 시대에 머리를 빗는 일은 종교의식의 일부로 발을 씻는 것과 마찬가지로 의식적으로 행해졌다. 저녁기도를 앞두고 사제가 성구실(聖具室)에서 머리를 빗을 때의 올바른 방법을 자세하게 제시한 법도가 있었다.

로마 시대에는 기독교도들이 몰래 예배를 보았던 지하 공동묘지인 카타콤(Catacomb)에 빗을 가지고 갔기 때문에 그곳에서 상아나 금속제 빗이 많이 발견되었다. 종교사가들은 빗에 어떤 시기의 뭔가를 상징하는 의미가 있지 않았을까 추측하면서, 중세 교회의 가장 오래된 스테인드글라스 창문에 빗을 묘사한 그림이 그려져 있는 불가사의한 사실을 지적

프레스코 벽화가 있는 로마 근처의 카타콤

하고 있다.

빗에는 마력도 따라다녔다. 1600년대 유럽 각지에서는 납으로 만든 빗으로 자주 머리를 빗으면 백발이 원래의 색깔로 되돌아간다는 믿음이 널리 퍼져 있었다. 실제로 무척 적은 양의 부드럽고 질 나쁜 검은 납이 머리카락에 붙어 조금이나마 검게 되었다고도 생각할 수 있다. 하지만 납으로 만든 빗을 사용하던 사람이 염색을 하고 그것을 빗의 탓으로 돌렸다고 생각하는 편이 더 타당한 듯하다. 이 추측을 지지하는 근거로, 1600년대 말 20~30년 동안 '그는 납 빗을 사용하고 있다'는 말이 백발을 염색한다는 뜻의 완곡한 표현으로 사회적으로 널리 받아들여졌다는 사실을 들 수 있다.

빗의 디자인에 본격적인 변화가 나타난 시기는 스위스에서 가정용 전기 스타일링 컴이 고안된 1960년이다. 길고 반듯한 장식용 핀 '보드킨 (bodkin)'은 그리스와 로마 여성들이 머리카락을 묶는 데 사용했다. 현대에도 고대인이 사용하던 것과 같은 형태와 기능을 갖춘 핀을 많은 미개 민족이 사용하고 있는데, 몸이 작은 동물의 뼈나 엉겅퀴의 줄기를 그대로 모방한 것들이다.

고대 아시아의 묘지에서는 뼈, 철, 청동, 은, 금으로 만든 머리핀이 많이 출토되고 있다. 대부분은 단순한 모양이지만 장식이 멋진 것도 있다. 아무튼 1만 년 동안 머리핀의 형태에 아무런 변화도 없었던 것은 분명하다. 클레오파트라가 애용한 머리핀은 길이 17센티미터의 상아 핀으로 보석이 박혀 있었다. 로마인은 머리핀 속을 비워 독을 숨겼으며, 이는 클레오파트라가 독으로 자살할 때 이용했다는 핀과 똑같은 디자인이다.

반듯한 머리핀은 200년에 걸쳐서 U자형의 '보비핀(bobby pin)'으로 변신했다. 17세기 프랑스 궁정에서 가발이 크게 유행했는데, 그 가발을 쓰려

보비핀

면 머리카락을 짧게 자르든가 핀으로 단단히 고정해야 했다. 그렇게 머리카락을 짧게 해야 가발을 써도 보기 좋았고 만약 벗겨지는 경우에도 흉하지 않았다.

당시에는 긴 스트레이트 핀이나 U자형 머리핀 모두 '헤어핀'이라고 불렀으나 18세기 영국에서 '보비핀'으로 바뀌었다. 강력 와이어에 검은 래커를 칠하고 다리가 두 개인 작은 핀이 19세기에 대량생산되기 시작하고 스트레이트 핀은 실질적으로 물러났는데 이것이 '보비핀'의 이름을 독점하게 되었다

현대의 전기 헤어드라이어는 전기 청소기와 믹서라는, 전혀 관계없는 두 가지 발명품으로부터 탄생했다. 탄생지가 위스콘신주 러신이라는 것은 잘 알려져 있다. 전기 헤어드라이어 최초의 두 기종인 '레이스(Race)'와 '사이클론(Cyclone)'은 1920년에 데뷔했다. 위스콘신주에 있는 러신 유니버설 모터 컴퍼니와 해밀턴 비치 제품이었다.

머리카락을 말리는 아이디어는 전기 청소기의 초기 광고에서 태어났다. 1910년대는 제품의 다기능성을 주장하는 것이 일반적이었다. 전기가 사상 최고의 동력원으로 판매되고 있었기 때문에 특히 전기제품은 그런 경향이 더욱 짙었다. 이러한 판매전략이 판매량을 대폭 늘렸고 소비자

는 더더욱 다기능 제품을 기대하게 되었다.

전기 청소기도 예외는 아니었다. 흔히 진공청소기라고 부르는 전기 청소기 초기 광고에는 화장대 앞에서 청소기의 배기구에 연결된 호스로 머리카락을 말리고 있는 여성을 그렸다. "왜 당신은 온풍을 낭비하고 있습니까?" 하는 식의 광고 문구는, 청소기가 앞부분으로 쓰레기를 빨아들이고 뒷부분 '배기구에서 청결하고 신선한 바람'을 내뿜는다는 것을 소비자들이 확실히 인식하게 만들었다. 초기에 청소기의 수요는 그런대로 높았으나 많은 사람들이 청소기를 어떤 식으로 최대한 활용했는지는 아무도 모른다.

하지만 이것을 이용해 머리를 말리는 아이디어가 탄생한 것은 사실이었다. 그런데 손으로 들고 말리는 전기 헤어드라이어의 개발이 늦은 것은 발명가들이 '분마력(分馬力) 모터'라고 부른, 효율 좋은 소형의 저출력 모터가 없었기 때문이다.

여기에 믹서가 등장한다. 위스콘신주의 러신은 최초의 밀크셰이크

1920년대 초기에 생산된 해밀턴 비치의 헤어드라이어 '사이클론'과 러신의 '레이스'

용 전동 믹서의 고향이기도 하다. 믹서의 특허 취득은 1922년의 일이지만 믹서를 작동하기 위한 분마력 모터의 개발 노력은 이미 10년 이상이나 계속되고 있었으며, 특히 러신 유니버설 모터 컴퍼니와 해밀턴 비치가 힘을 쏟고 있었다.

이처럼 원리상으로는 전기 청소기와 배기 온풍과 믹서의 소형 모터가 합체되어 오늘날 헤어드라이어의 원조가 러신에서 제조되었다. 초기의 핸드 드라이어는 모양이 이상하고 에너지 효율도 나빴으며 조금 무겁고 과열되는 일이 잦았으나 그래도 머리 손질에는 전기 청소기보다 편리했다. 그리고 이것이 뒷날 시대의 유행을 결정하게 되었다.

1930~1940년대에는 기능이 개량되어 온도와 속도 조절 기능이 더해졌다. 1951년에는 시어스(Sears) 백화점 카탈로그에 독특한 신제품 포터블 홈 드라이어가 등장했다. 정가 12.95달러의 이 제품은 핸드 드라이어와 핑크색 뚜껑으로 이루어졌는데, 뚜껑 부분은 드라이어의 배기구와 연결되어 머리에 완전히 뒤집어쓰는 구조였다. 헤어드라이어는 데뷔한 해부터 여성에게 큰 인기를 끌었으나 남성이 사용하기 시작한 것은 1960년대 말경이었다. 이 무렵부터 남성이 장발을 했고 머리카락을 말리고 손질하는 데 어려움을 알기 시작한 것이다. 그리고 헤어드라이어 시장은 급속히 커졌다.

중세의 고문도구로
보였던 지퍼

고 대의 유물 중에서 지퍼(zipper)에 해당하는 것을 볼 수는 없다. 그
렇다고 지퍼가 근대에 갑작스럽게 탄생한 것은 아니다. 지퍼는
끈질기고 오랜 기술 개발 끝에 탄생했는데, 이 아이디어가 시장에 나온
뒤부터 현실화할 때까지 20년이라는 세월이 걸렸다. 그리고 사람들이 이
것을 사용하려는 마음이 생길 때까지 또다시 10년이라는 세월이 걸렸다.

지퍼는 처음에 단추와 경쟁하는 옷의 고정 도구로 탄생한 것이 아니
라, 1890년대에 목이 긴 부츠의 옆을 여미는 도구로 긴 구두끈을 대신
해 등장했다. 몸이 뚱뚱해 군화 끈을 묶는 데 큰 불편을 겪었던 시카고
의 전차 엔지니어 휘트컴 저드슨(Whitcomb L. Judson)이 '클래스프 로커(clasp
locker; '미끄러져 움직이는' 지퍼. 1891년에 발명한 열쇠 후크식 지퍼)'라는 이름으
로 1893년 8월 29일 특허를 땄다. 당시 특허국의 파일을 보면, 저드슨이
발명한 지퍼와 조금이라도 닮은 것은 찾을 수가 없다. 하지만 두 개의
클래스프 로커가 이미 사용되고 있었다. 하나는 저드슨의 부츠에 달려
있었고, 또 하나는 저드슨의 동료인 루이스 워커(Lewis Walker)의 부츠에

달려 있었다.

저드슨은 원동기나 전차의 브레이크 등에서 몇 개의 특허를 따낸 실적이 있는 발명가로 높은 평가를 받고 있었으나, 클래스프 로커에는 아무도 흥미를 보이지 않았다. 후크(hook, 갈고리)와 구멍이 직선으로 이어진, 언뜻 보기에 섬뜩한 이 장치는 시간을 절약하는 근대적인 도구라기보다는 중세의 고문도구처럼 보였던 것이다.

저드슨은 사람들의 관심을 끌고자 1893년 시카고 만국박람회에 클래스프 로커를 출품했다. 하지만 박람회에 몰려든 2100만 명의 관람객들은 세계 최초의 전기식 대관람차와 벨리 댄스, 리틀 이집트가 자랑하는 '쿠티 춤(Kuti dance; 허리를 비틀며 추는 춤)'으로 몰렸고 세계 최초의 지퍼에는 아무런 관심도 보이지 않았다.

저드슨과 워커가 경영하는 유니버설 파스너 컴퍼니(Universal Fastener Company)는 미국 체신부로부터 지퍼가 달린 우편 배낭 20개를 주문받았다. 하지만 지퍼가 제대로 작동하지 않는 일이 잦자 우편 배낭은 폐기처

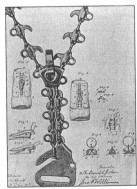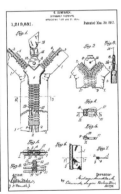

(왼쪽부터) 1893년 특허를 받은 휘트컴 저드슨의 클래스프 로커, 1913년 4월 29일 특허를 받은 기디언 선드백의 지퍼, 엘사 스키아파렐리의 지퍼 패션 책자

분되었다. 휘트컴 저드슨은 이 열쇠 후크식 지퍼를 계속 개량했으나, 이 장치를 완전한 것으로 만든 발명가는 스웨덴계 미국인 기술자 기디언 선드백(Gideon Sundback)이었다.

선드백은 1913년에 저드슨의 지퍼보다 좀 더 작고 가볍고 믿을 수 있는 것을 만들었다. '플라코(Plako)'라는 상품명의 이 '고리 없는 파스너(Fastener; 잠금장치)'가 현재의 지퍼 형태이다. 선드백이 만든 지퍼를 최초로 주문한 것은 미 육군으로, 제1차 세계대전 당시 의료기함 등 여러 가지 장비에 이용했다. 일반인들은 부츠나 주머니 달린 벨트, 담배 주머니 등에 지퍼를 사용했다. 일반인들 옷에 지퍼를 부착한 것은 대략 1920년 대의 일이다.

지퍼가 처음부터 특별한 인기를 끈 것은 아니다. 금속 지퍼는 녹슬기 쉬웠으므로 세탁할 때 떼어놓았다가 마르면 또다시 붙이는 수고를 해야 했다. 게다가 지퍼에 대한 지식이 알려지지 않았다는 문제점도 있었다. 단추를 단춧구멍에 끼우는 것처럼 쉬운 것이 아니라서 지퍼를 잠그는 방법을 모르는 사람은 전혀 사용할 수가 없었다. 더구나 옷에 지퍼를 달 아놓고도 그 사용법이나 손질법을 가르쳐주는 안내서는 거의 붙어 있지 않았다.

1923년 고무제품를 제조하던 B. F. 굿리치 컴퍼니(1935년부터는 자동차 타이어 전문회사)는 이 '고리 없는 파스너'를 붙인, 고무로 만든 오버 슈즈를 판매하기 시작했다. 그러다 사장인 버트럼 워크(Bertram G. Work)가 부츠의 파스너를 닫을 때 나는 지지직거리는 소리(zip)에 착안하여 의성어인 '지퍼'라는 말을 만들었다고 한다. 굿리치는 신제품에 '지퍼 부츠'라는 이름을 붙였다. '지퍼'라는 독특한 이름과 함께 제품의 신뢰성도 커졌고 녹도 슬지 않았기 때문에 지퍼의 인기는 날로 높아졌다.

1920년대에 지퍼는 주머니 덮개에 숨겨진 채로 아주 당연한 옷의 고정 도구로 자리 잡았다. 1935년에는 복식 액세서리의 지위를 확보한다. 이해에 《뉴요커》지는 이탈리아 출신의 유명 디자이너 엘사 스키아파렐리(Elsa Schiaparelli)가 내놓은 봄옷 컬렉션을 "지퍼가 잔뜩 붙었다."고 소개했다. 스키아파렐리는 색을 넣은 지퍼, 커다란 지퍼, 아무 기능도 하지 않는 장식용 지퍼를 사용한 최초의 패션 디자이너다.

오랜 시간에 걸쳐 탄생했다가 또다시 외면당하는 긴 세월을 거친 뒤에 지퍼는 비닐 필통에서 고성능 우주복에 이르기까지 모든 것에 이용되는 길을 찾아냈다. 이 아이디어의 진정한 발명자였던 휘트컴 저드슨은 불쌍하게도 자신의 발명품이 실용화되는 일은 결코 없을 것이라고 한탄하며 1909년에 세상을 떠났다.

그 뒤로도 수십 년 동안 복식업계에서 지퍼의 안정된 지위를 뒤흔드는 발명품은 전혀 나타나지 않았다. 그러던 어느 날 한 남자가 작고 둥근 가시투성이의 야생우엉 씨에서 힌트를 얻어 그것을 합성섬유로 만들어봄으로써 매직테이프가 탄생했다. 1948년 알프스에서 산을 오르던 스위스의 엔지니어 조르주 드 메스트랄(George de Mestral)은 바지와 양말에 질기게 달라붙는 야생우엉 씨를 털어냈지만 잘 떨어지지 않았다. 호기심이 많은 조르주 드 메스트랄은 집에 돌아와서 야생우엉 씨를 확대경으로 살펴보고는 갈고리 모양으로 생겼다는 것을 알게 되었다.

오늘날의 매직테이프는 두 장의 가늘고 긴 나일론으로 만들며 한쪽에는 무수한 작은 갈고리가 있고 다른 쪽에는 작은 고리가 있다. 두 장을 겹치면 갈고리가 고리에 걸리며 달라붙어 잘 떨어지지 않는다. 이 단순명쾌한 아이디어도 완성되기까지 10년의 노력이 들었다.

조르주 드 메스트랄과 상담한 섬유업자들은 그의 아이디어에 웃으며 응해주지 않았다. 그런데 단 한 명, 프랑스 리옹에 있는 섬유 공장의 섬유공이 특별히 만든 작은 베틀을 사용해 한쪽에는 작은 갈고리가 있고 또 한쪽에는 작은 고리가 있는 두 장의 면 조각을 간신히 만들어주었다. 눌러 붙이면 두 장은 딱 붙어서 일부러 뗄 때까지 붙어 있었다. 조르주 드 메스트랄은 이 시제품에 '로킹 테이프(Locking Tape; 잠금 테이프)'라는 이름을 붙였다.

직조공의 손작업에 따를 만큼 미세한 작업을 하는 기계장치를 개발하는 데는 기술적인 진보가 이루어지기를 기다려야 했다. 게다가 여러 번 떼었다 붙이기를 되풀이하는 사이에 면 소재에 붙인 갈고리와 고리가 못쓰게 되자 좀 더 튼튼한 나일론 천으로 대체했다. 나아가 조르주

조르주 드 메스트랄이 발명한 '로킹 테이프'

드 메스트랄은 보들보들한 나일론실을 적외선 밑에서 짜면 딱딱해지고 거의 망가지지 않는 갈고리와 고리를 만들 수 있다는 것을 발견함으로써 커다란 돌파구가 열렸다.

그리하여 1950년대 중반에는 최초의 나일론제 로킹 테이프가 탄생했다. 상표를 결정할 때도 메스트랄은 단순히 울림이 좋다는 것 때문에 프랑스어 벨루어(velour; 벨벳)에서 '벨'을 따고 크로셰(crochet; 갈고리)에서 '크로'를 따서 '벨크로(Velcro)'로 명명했다. 1950년대 말에는 직조기에서 연간 6000만 야드의 벨크로를 생산했다.

이 나일론제 파스너는 메스트랄이 바라던 것처럼 지퍼를 대신하는 일은 없었지만, 지퍼와 마찬가지로 다방면에 쓰였다. 인공 심장의 심방 접합, 우주의 무중력 공간에서 도구류의 고정은 물론 우리가 자주 접하는 드레스나 수영복이나 기저귀에도 사용하고 있다. 조르주 드 메스트랄이 한때 꿈꾸었던 것만큼 무한하지는 않지만 매직테이프의 용도는 끝이 없을 정도로 다양하다.

악령을 퇴치하기 위해
몸에 장식했던 보석

옛 사람들은 나무나 뼈로 만든 장신구를 몸에 부착했다. 금은이나 그 밖의 귀중한 것들로 장식한 보석은 기원전 3500년경 수메르의 지배층이 처음 착용한 것으로 알려져 있다. 보석은 처음부터 귀한 신분의 사람들만이 누릴 수 있는 특권이었다. 보석은 제사장이나 왕족이라야 몸에 지닐 수 있을 만큼 사회적 신분의 상징이었던 것이다. 평민들이 몸에 부착할 수 있던 것은 보석류가 아니라 부적 종류였고, 약간의 장식물은 있었으나 보석으로서의 장식 개념이 아니라 악령을 퇴치하려는 목적에서 착용했다.

기록상 최초로 보석을 장신구로 사용한 민족은 수메르인이며, 각종 보석으로 치장한 최초의 여인 또한 수메르의 여왕 푸아비(Puabi)다. 그녀는 기원전 2500년경에 죽어 지금의 이라크 남부 텔 알무카야르에 있던 도시 우르에 묻혔다. 무덤에서 출토된 그녀의 보석과 장신구들을 보면 수메르인이 얼마나 보석을 애호했는지 그리고 그들의 보석세공기술이 얼마나 발달했는지 쉽게 알 수 있다.

복원된 푸아비의 장식품. 푸아비는 기원전 2600~2500년경 우르 제1왕조의 여왕이나 여사제 닌(nin) 또는 에레쉬(eresh)로 알려져 있다.

푸아비의 상체는 온통 금과 은으로 장식되어 있었다. 오른팔에는 금줄이 세 개나 늘어져 있는데 이것들은 모두 청금석(靑金石)으로 고리버들 세공을 한 장식물이었다. 그 각각에는 물고기 모양의 호신부(護身符)가 달려 있었고, 금으로 만든 팔찌는 가젤 두 마리가 앉아 있는 형상이었다.

여왕은 머리에 왕관 세 개를 겹으로 쓰고 있는데 세 왕관은 서로 금줄로 엮여 있었다. 그중 맨 안쪽의 가장 작은 왕관은 전체가 서로 얽히고설킨 고리로 되어 있고 바깥의 두 왕관은 더 복잡한 구조로 금줄을 꼬아 만든 금몰 담쟁이와 버들잎으로 장식되어 있다. 가장 바깥쪽 왕관에는 푸르고 흰 꽃잎을 가진 휘늘어진 가지가 달려 있는데 이것들은 모두 금이었다. 여왕의 귀에는 역시 금으로 만든 반관(半管) 모양의 귀고리가 달려 있었다. 목에도 각종 귀금속으로 장식된 목걸이가 감겨 있었고 각 손가락에는 화려하게 장식한 반지를 끼고 있었다.

이 밖에도 손과 팔에 걸치는 팔찌류, 목에 거는 목걸이류 등도 출토되었는데, 그것들이 여왕의 것이 아니라는 것은 쉽게 알 수 있었다. 장례식을 집전했던 사람의 것과 여왕과 관계있는 귀족들의 것 그리고 심지어는 장례 마차를 끈 말들의 장식물까지 가지런히 무덤 한쪽에 놓여 있었기 때문이다.

수메르 이후의 문화권도 나름대로의 보석세공기술이 발달했지만, 수메르의 수준을 크게 벗어나지는 못했을 것이다. 따라서 수메르의 유물이 더 이상 발견되지 않는다고 해도 보석사 연구에는 아무런 지장이 없을 것이다. 앞에서 언급했던 여왕의 장신구만으로도 그들의 수준을 능히 짐작할 수 있으니까 말이다. 지금으로부터 따지자면 거의 5000년 전인데도 그들은 보석 자르는 기술, 용접 기술, 선세공 기술 등을 모두 보유하고 있었다.

보석의 반열에 있었던
유리구슬

인간이 불의 사용법을 안 것이 결국 나중에 유리를 발명하는 직접적인 계기가 된다. 그러나 인간 문명사에 커다란 획을 그은 이 두 발명 사이에는 수천 년의 시간이 필요했다. 모래와 재에 열을 가하면 자연적으로 유리 조각이 생긴다는 그 간단한 사실을 알아내는 데 걸린 시간치고는 너무도 긴 세월이었다. 모래와 재는 얼마든지 있었을 텐데 말이다. 사람들은 타고 남은 것들을 정리하다가 정체 모를 딱딱한 결정체가 생겨난 것을 보고 희한하게 생각했을 것이다. 다만 그것이 어떻게 해서 생겼는지 또 어디에 쓸 수 있는지를 몰랐다는 얘기다.

유리의 용도를 알고 만든 최초의 민족은 기원전 3000년경의 메소포타미아인이다. 그들은 무수균산과 알칼리성 재를 녹여 유리구슬을 만들었다. 그로부터 수백 년 동안 진주만 한 반투명 구슬은 통치자들과 귀족 사회에서 대단한 인기 품목으로 자리 잡았다. 그때 만든 구슬이 아직도 많이 남아 있는데, 나중에 만들어진 것들 중에는 유리가 녹았을 때 여러 가지 화합물을 섞어 색채를 넣은 유리구슬도 있다

유리를 최초로 만든 곳은 메소포타미아가 아니라 이집트라는 주장도 만만치 않다. 기원전 3400년경에 만든 것으로 추정되는 장식용 유리(오른쪽, 이라크에서 출토)보다는 같은 시대에 만든 것으로 추정되는 이집트의 유리 용기(왼쪽)가 훨씬 정교하고 색감도 좋다.

기원전 2000년경에 유리 세공사들은 유리에 더 높은 열을 가하면 액체 상태를 오래 유지한다는 것을 발견했다. 그리하여 그 액체를 용기에 보관했다가 완전히 굳기 전에 원하는 형체를 만들 수 있게 된 것이다. 이 발견으로 유리를 이용한 각종 장신구, 보석 등이 쏟아져 나오게 되었다. 유리병도 이때 처음 만들어졌다.

이때까지도 유리 용기는 모래나 주물로 된 형틀을 이용해서 만들었지만 그럼에도 세공사들은 놀랄 만한 솜씨로 다양한 제품을 만들어냈다. 유리병을 입으로 불어서 만드는 방식은 기원전 1200년경 바빌로니아 사람들이 처음 시도했다. 철제 대롱 끝에 일정량의 유리를 붙이고 반대편에서 입으로 불어 용기를 만드는 이른바 주취법이 개발된 것이다.

그런데 로마 시대의 유리병이 신라에 있었다면 놀라운 일이 아닌가? 1975년 7월 황남대총 발굴 당시 유리병이 출토되어 학계를 놀라게 했다.

물을 따르는 주구부(注口部)가 봉황 머리처럼 생겨서 '봉수형(鳳首形) 유리병'이라고 부르는 이 유리병은 다름 아닌 로마 시대의 것이었기 때문이다. 4세기 말에서 5세기 후반까지의 로마 제국과 그 속주에서 만들어진 유리제품을 '로만 글라스(Roman Glass)'라고 하는데, 이 유리병은 시리아를 중심으로 한 로마 속국에서 생산되어 동쪽으로 확산된 실크로드의 상징적인 물건이었다. 아마도 북쪽 초원 지대를 통해 중국으로 건너갔다가 신라까지 들어온 것으로 추정된다.

또 미추왕릉에서 출토된 '신라 인면유리구슬'의 경우, 고대 유리 전문가인 일본의 요시미즈 츠네오(由水常雄)는 상감된 인물이 로마 교황일 것으로 추정했으나, 영국의 고고학자 제임스 랜턴(James Lanton)은 동(東)자바에서 만들어진 것으로 결론지었다. 동자바에서 베트남 호치민(푸난왕국)과 중국 광저우(동진)를 거쳐 신라까지 들어왔다는 것이다. 유라시아 대륙 맨 끝의 신라는 이미 5세기에 북방의 기마문화와 남방의 해상문화가 공존한 열린 왕국이었음을 짐작할 수 있는 대목이다.

황남대총에서 출토된 봉수형 유리병(국보 제193호)과 인면유리구슬(국보 제634호)

화장은 '얼굴의 조화'를
뜻하는 말

누구나 아름다움을 추구하지만 그것을 유지하려면 약간의 비용을 들여야 한다. 미국인들이 단지 아름답게 보이기 위해 남녀 불문하고 미용실이나 이발소, 화장품 메이커에 갖다 바치는 돈은 연간 60억 달러를 넘는다고 한다.

하지만 이처럼 대대적으로 행해지는 화장이나 그 밖의 멋내기는 별로 놀랄 일도 걱정할 일도 아니다. 적어도 이미 8000년 전부터 이어져온 일이니까 말이다. 얼굴이나 몸을 장식하고, 향료를 뿌리고, 파우더를 바르고, 머리를 염색하는 등의 행위는 모두 종교의식이나 전투의식의 일부로 시작되었다. 고고학자들은 6000년 전에 얼굴이나 눈에 화장을 하기 위해 안료를 잘게 깨거나 섞을 때 썼던 팔레트를 발굴했다.

고대 이집트에서는 기원전 4000년에 이미 미용실이나 향료 공장이 번성했고 메이크업 기술도 매우 발달해 널리 퍼져 있었다. 당시에 사랑받던 아이섀도는 그린, 립스틱은 블루블랙, 볼연지는 레드였다. 그리고 상류층 여성들은 손가락이나 발가락을 연붉은색의 헤나(henna; 부처꽃과

6000년 전 이집트인들이 화장하는 모습

의 관목) 염료로 물들였다고 전해진다. 또 당시는 가슴을 드러내는 시대였기 때문에 가슴의 혈관을 푸른색 안료로 뚜렷하게 그렸고 유두는 금색으로 칠했다.

이집트의 남성들도 여성들 못지않게 화장을 좋아했다. 이승에서뿐만 아니라 저승에서도 화장을 하고 싶었던 것일까? 죽은 이의 무덤에 저승에서 사용할 엄청난 양의 화장품을 함께 매장했던 것이다. 실제로 1920년대에 기원전 14세기의 이집트 왕인 투탕카멘의 묘지를 발굴했을 때 스킨 크림, 립스틱, 볼연지가 든 작은 항아리가 발견되었다. 그것들은 지금도 사용할 수 있을 만큼 상태가 좋고 매우 향기로웠다.

사실 기독교 시대까지 기록에 남은 모든 문명을 보면, 그리스인을 제외한 모든 민족은 파우더나 향료, 안료로 열심히 몸을 치장했다. 특히 눈은 몸의 어느 부분보다 마음을 잘 드러내서인지 특히 정성스럽게 화장을 했다.

고대 이집트인은 기원전 4000년에 이미 눈을 얼굴 메이크업의 최대 포인트로 여겼다. 그들은 녹색의 공작석이나 청록색의 동광석 가루로 만든 녹색 아이섀도로 눈꺼풀 위아래와 양쪽을 진하게 발랐다. 또 아이라인을 그리거나 눈썹이나 속눈썹을 진하게 하려고 코르(kohl)라는 검은 반죽을 사용했다. 이것은 안티몬 가루, 소성 아몬드, 검은색 산화동, 갈색 황토를 섞어 반죽한 것으로 작은 설화석고 항아리에 보관했다. 눈에 바를 때는 침으로 적셔서 상아나 나무, 금속제 스틱(현재의 눈썹 펜슬과 그다지 다르지 않다)에 묻혀 사용했다. 이 코르가 들어 있는 항아리는 현재도 많이 남아 있다.

이집트의 상류층은 남녀 모두 사상 최초로 눈 주위를 반짝거리게 하는 아이 글리터(eye glitter)를 붙였다. 아이 글리터는 풍뎅이의 딱딱한 황금빛 날개를 사발에 넣고 거칠게 짓이겨 공작석 아이섀도에 섞어서 만들었다. 이집트 여성들 대부분은 눈썹을 밀어내고, 나중에 그리스의 고급 창녀들이 한 것처럼 눈썹을 붙였다. 진짜든 가짜든 코 위에서 양쪽 눈썹이 붙어 있는 것을 좋아했기 때문에 이집트인과 그리스인은 코르를 사용해 떨어져 있는 눈썹을 하나로 이었다.

눈화장은 히브리인 사이에서도 가장 대중적인 메이크업이었다. 이 습관은 기원전 850년경 이스라엘 왕 아합(Ahab)의 왕비인 이세벨(Jezebel)에 의해 이스라엘에 소개되었다. 페니키아의 도시국가인 시돈(Sidon)의 공주였던 이세벨은 당시 문화나 패션의 중심지인 페니키아(Phoenicia; 자주색 염료의 산지라는 뜻도 있다)의 습관을 따르고 있었다. 성서에도 그녀의 화장에 대해 기록되어 있다. "예후(Jehu)가 이스르엘(Jezreel)에 이르렀을 때, 이세벨은 소식을 듣고 눈화장을 하고 머리를 꾸민 다음, 창문으로 내려다보고 있었다."(《열왕기》 하 9:30)

이세벨은 진한 화장을 하고 궁전의 높은 창문에서 자신의 아들과 왕좌를 다투는 예후를 나무랐다. 하지만 예후의 명령을 받은 자신의 하인의 손에 떠밀려 창문에서 떨어지고 만다. 이세벨은 평민의 권리를 냉혹하게 무시했고 히브리의 예언자인 엘리야(Eliyah)와 엘리사(Elishah)를 공공연히 모욕했기 때문에 악녀의 전형이라는 평판을 받게 되었다. 이세벨은 결국 몇 세기에 걸쳐 화장품에 나쁜 이미지만 남겨놓았다.

이집트의 메이크업 기술을 흉내 내 바로 실천한 로마인과 달리 그리스인은 민낯을 좋아했다. 기원전 12세기 도리스(도리아)인이 침입하기 시작한 때부터 기원전 700년 무렵까지, 하루가 싸움으로 시작해서 싸움으로 끝나는 상황에서 그들은 몸을 장식하는 따위의 퇴폐적인 쾌락에 소비할 시간이 없었다. 사회가 안정된 기원전 5세기에는 황금시대라는 번영을 맞이했으나, 남자다움과 무풍류를 이상적으로 여겼던 그리스 사회에서 발전한 것은 학문과 육상경기였다. 여성은 남성들의 재산이었으며, 장식하지 않고 치장하지 않는 남성이야말로 이상적인 남성상으로 꼽혔다.

이 시기에 이집트에서 그리스로 조금씩 들어온 화장술이 고급 창녀들에 의해 정착했다. 고급 창녀들은 경제적으로 넉넉해 진한 화장을 하고 머리를 멋들어지게 묶었으며 몸에 향료를 발랐다. 또 입구린내를 없애려고 방향액이나 방향유를 입에 머금고 혀로 굴리다가 삼키지 않고 적당한 때 뱉어냄으로써 좋은 냄새를 풍겼다. 이것은 역사상 최초의 구취 방지제인 셈이었다.

당시 그리스의 고급 창녀들 사이에서는 금발 선호사상이 처음으로 나타났다. 금발은 순결과 높은 사회적 지위, 성적 매력을 뜻했기 때문에 창녀들은 노란 꽃잎에 칼륨을 섞고 사과 향을 첨가한 포마드를 만들어 머리칼을 금색에 가깝게 만들었다.

로마인은 그리스인과는 사뭇 대조적으로 남녀 모두 화장품을 무척 많이 사용했다. 동방 원정에서 돌아오는 병사들은 인도의 향료나 화장품, 금발용 황색 가루나 꽃가루, 금가루를 가지고 왔다. 아예 몸에 붙이고 오는 병사들도 많았다. 또 로마 여성들의 화장대에는 현대의 화장품에 버금가는 것들이 이미 갖추어져 있었다.

1세기경 에스파냐 출신의 풍자시인 발레리우스 마르티알리스는 사랑하는 연인인 갈라(Galla)의 지나친 화장을 꾸짖으며 이렇게 노래했다. "갈라, 당신이 집에 있을 때 당신의 머리는 머리를 빗어주는 하녀의 손 밑에 놓여 있구려. 밤이 되면 틀니를 뽑아놓고 수백 가지의 화장품 상자 안에서 잠이 들지. 당신의 얼굴조차 당신과 잠자리를 함께하지 않아. 그리고 다시 아침이 되면 상자에서 꺼내 붙인 가짜 눈썹 밑으로 남자에게 눈길을 보내는구려."

로마인들의 화장에 대한 이상할 정도의 집착에 근거해, 어원 연구가들은 오랫동안 '화장품'을 뜻하는 'cosmetic'이라는 말이 율리우스 카이사르가 지배했던 당시 로마제국의 유명한 화장품 상인인 코스미스(Cosmis)에서 나온 것이라고 믿어왔으나, 화장은 '얼굴의 조화를 기하기 위해 시간을 들이는'이라는 뜻을 가진 그리스어 'Kosmetikos'로부터 나온 것으로 결론지었다. 이 단어의 뿌리는 kosmos(우주, 조화)다.

악취가 탄생시킨 향수

《좀 머씨 이야기》와 《콘트라베이스》로 우리에게 널리 알려진 파트리크 쥐스킨트(Patrick Süskind)의 소설 《향수 *Das Parfum: Die Geschichte eines Mörders*》(1985)는 향수가 발달할 수밖에 없었던 18세기 중엽 루이 15세 치하의 파리를 배경으로 한 작품으로, 최고의 향수를 만들려는 악마적 천재 장바티스트 그르누이(Jean-Baptiste Grenouille; '그르누이'는 프랑스어로 '개구리'라는 뜻)의 왜곡된 장인정신이 잘 그려져 있다. 2006년에는 독일 출신의 톰 티크베어(Tom Tykwer) 감독이 이 소설을 스크린으로 옮겨 놓았다.

또 알 파치노와 크리스 오도널이 열연한 〈여인의 향기 *Scent of a Woman*〉에서는 맹인인 슬레드(알 파치노 분)가 뛰어난 청각과 후각으로 한 여인에게서 애인의 향수 냄새를 맡고 그녀에 관한 모든 것을 알아맞힘으로써 그 여인과 가까워지게 된다. 이 두 작품에서는 바로 향수가 스토리 전개의 매개 역할을 하고 있다.

향수를 뜻하는 단어로는 'Perfume', 'Scent', 'Odour', 'Odorant', 'Fragrance' 등 여러 개가 있으나, 그 배경이나 용도에 따라 의미가 조금씩 다르다. 예를 들면 Odour는 일반적인 향수를 뜻하며, 라틴어 Per+fumus(연기를 통한)에서 유래한 Perfume은 냄새를 풍기는 물질을 가리킨다.

기록상 최초로 향료를 사용한 사람은 기원전 2000년경인 이집트 제5왕조 시대의 파라오 사후라(Sahu-Ra)로, 훈트 지방을 여행하다가 향료를 사 왔다고 한다. 율리우스 카이사르의 애인이자 역사상 최고의 미인으로 꼽히는 클레오파트라도 연향(練香)을 무척 좋아해 '퀴피(kyphi)'라는 복합향을 만들어 피웠다. 원래는 종교·의료 목적으로 쓰였던 것으로, 이 향의 원액 1리터가량을 만들려면 2년이라는 세월이 걸렸다고 한다.

특히 화장실의 악취는 향기 문화와 관련해 역사적으로 가장 오랫동안 사람들을 괴롭혀온 골칫거리였다. 원래 집 밖에 있던 화장실이 편의상 집 안으로 들어오면서부터 사람들은 그 악취의 처리방법을 고민하기 시작했다. 중세 때부터 계속해온 향초(Herb)에 대한 연구가 고약한 화장실 냄새를 없애기 위해 더욱 가속화되었다. 사람들은 악취에 더욱 민감해졌고, 이 때문에 향료가 발달하게 된 것이다.

16세기 들어 도시화가 급속히 이루어지면서 화장실이 꽤 늘어났지만, 그 오물을 처리할 수 있는 공공 위생시설의 태부족으로 불결하고 악취도 심해졌다. 그에 따라 사람들은 따로 화장실 만들기를 포기하고 휴대용 변기를 만들어 쓰게 되었다. 수세식 화장실이 갖추어지기까지는 물로 씻어내지도 않았기 때문에 흙과 재로 덮는다든지 향료로 냄새를 중화시키는 등의 방법이 연구되었다. 하수도 시설의 미비가 오히려 향기 문화의 발달을 촉진시켰던 것이다.

루이 14세는 루브르 궁전이 온통 오물투성이였기 때문에 거처를 베르사유 궁전으로 옮겼다. 그러나 이 베르사유 궁전에도 왕의 침실에만 변기가 마련되어 있었으므로 무도회에 참석하는 귀족들은 각자 휴대용 변기를 지참해야만 했다. 여성들은 25센티미터 정도의 손잡이가 달린 요강을 모피로 감싸서 들여왔다고 한다. 그러나 휴대용 변기를 가져오지 않은 사람들은 정원 한 귀퉁이에서 볼일을 보았고, 변기를 지참한 사람들도 정원에 분뇨를 버렸기 때문에 궁전은 온통 악취로 가득 차고 말았다. 프랑스의 한 역사가는 1764년 당시의 상황을 다음과 같이 묘사했다. "궁전 전체가 악취 때문에 메스꺼워 못 견딜 정도였다. 회랑과 정원에는 분뇨가 넘쳐흘렀다. 베르사유 궁전도 루브르 궁전처럼 되고 말았다. 베르사유 궁전의 무도회는 분뇨의 악취 속에서 이루어졌다고 해도 과언이 아니다."

이런 사정 때문에 프랑스에서는 하이힐이 맨 먼저 등장했고 다른 어느 곳보다 향수의 개발이 활발하게 이루어졌다. 이후 1709년 독일에서는 요한 마리아 파리나(Johann Maria Farina, Giovanni Maria Farina)가 그 유명한 '오드콜로뉴(eau de cologne; '쾰른의 물'이라는 뜻)'를 탄생시켰으며, 프랑스에서는 23세(1775)의 장프랑수아 우비강(Jean-François Houbigant)이 파리 근교에 처음으로 '퍼퓸 하우스(A la Corbeille de Fleurs; '꽃바구니'라는 뜻)'를 개장했다. 여기서 만든 향수는 1793년 마리 앙투아네트가 단두대로 끌려갈 때 몰래 세 병을 가져갔다는 일화가 있으며, 나폴레옹 1세와 조제핀 황후, 러시아의 알렉산드르 3세, 영국의 빅토리아 여왕이 애용했다고 한다.

향기 문화는 19세기에 이르러 커다란 변화를 맞았다. 먼저 철도가 많이 가설됨에 따라 여행하는 사람이 늘어나면서 레스토랑이나 카바레가 많이 생겨났고 그만큼 사람들이 함께 모이는 기회도 많아졌다. 특히 세기말에 들어서는 여성들도 집 밖으로 나와 여행도 하고 스포츠도 즐기기 시작했다. 이처럼 사회적인 직업을 갖고 스포츠도 즐기는 여성이 늘어나면서 의복도 활동하기 간편한 모양으로 바뀌었다. 향수도 향이 강한 것보다는 경쾌한 것이 인기를 끌었고, 화장품과 향수 산업이 비약적으로 발전했다. 생활양식의 변화가 도시의 향기 문화를 또 다른 차원에서 발전하게 만들었던 것이다.

현대 도시의 향기가 지닌 한 가지 특징은 다양성이다. 향기는 패션과 함께 계절의 영향을 받아 변화했으며, 이는 화학기술의 발달로 향수를 인공적으로 합성할 수 있게 됨으로써 가능해졌다. 19세기 중엽에 인공향료 합성법이 개발된 이후 향수의 종류는 4000여 종이 넘었으며 급속도로 대중화되었다. 이전까지는 자연에서 채취한 꽃이나 동물 기름 등이 향수의 주원료였으므로 향기에 그토록 다양한 변화를 줄 수는 없었다. 그러나 합성기술이 개발된 뒤로는 다양한 향수가 생산되어 얼마든지 개성과 취향에 맞게 향수를 골라 쓸 수 있게끔 되었다.

코코 샤넬(Gabrielle Bonheur 'CoCo' Chanel)이나 크리스티앙 디오르(Christian Dior)와 같은 패션 디자이너는 향수의 대중화에 크게 기여했다. 그들은 향수를 패션의 일부로 보고 새로운 의상과 함께 팔았다. 1920년대부터는 해마다 파리에서 패션쇼가 열려 전 세계에 유행을 보급하는 계기가 이루어지자 향수 역시 유행처럼 전 세계로 퍼져나갔다. 이제 향수는 사람의 분위기나 멋을 좌우하는 기호품으로 자리 잡게 된 것이다.

향수는 사회적인 기호로서 패션의 세계에 참여하게 된 후로 후각만이 아니라 새로운 의상과 관련을 맺으면서 시각적인 아름다움과 언어적인 표현까지 추구하게 되었다. 특정 브랜드의 용기 모양과 향수의 이름이 판매에 지대한 영향을 미치는 시대가 온 것이다.

이 같은 흐름을 잘 구현해낸 인물이 향수병 디자이너 피에르 디낭

(왼쪽부터) '오드콜로뉴'의 대명사 '4711'(1885년 출시), 초기의 '우비강' 향수, '샤넬 No.5'. 샤넬은 1921년 조향사 에르네스트 보(Ernest Beaux)가 만든 향수 샘플 중 다섯 번째 것이 마음에 들었고, 또 자신의 생일이 5월 5일이라 그 향수를 '샤넬 No.5'라고 명명했다.

(Pierre Dinand)으로, '마담 로샤스', '오피움', '이자티스' 등의 향수병이 모두 그의 작품이다. 그는 향의 특성도 중요하지만 제품의 개성을 파악해 그 이미지에 걸맞은 영혼을 불어넣는 것을 '꿈을 담는 작업'인 향수병 디자인의 생명으로 삼았던 것이다. 결국 향수는 냄새뿐만 아니라 이미지로, 그 이름으로 존재하게 되었다.

간디가 칭찬한 기계,
재봉틀

재봉틀(sewing machine)은 천, 가죽, 종이, 비닐 등을 실로 엮는 데 사용하는 기계다. '미싱'이라는 표현은 영어 '소잉 머신'이 1901년 일본의 양재학원에 처음 전해질 당시 영어 발음이 어설퍼 '머신'을 '미싱'이라 발음하면서 우리나라에 들어올 때도 그대로 전해진 것이다.

인도의 마하트마 간디는 좋아하는 기계로 재봉틀과 자전거를 꼽았으며, 재봉틀을 "지금까지 발명된 몇 안 되는 쓸모 있는 물건 중 하나다."라고 말하기도 했다. 재봉틀은 기술을 사용하는 사람들이 충분히 유지 관리를 할 수 있을 정도로 단순한 기술, 즉 에른스트 프리드리히 슈마허(Ernst Friedrich Schumacher)가 주장한 환경친화적 적정기술(適正技術, appropriate technology; AT)이기 때문이다.

재봉틀은 산업혁명 당시 증기기관, 제련기와 함께 3대 주요 발명품으로 꼽힌다. 1755년 독일의 내과 의사이자 발명가인 찰스 비젠탈(Charles Fredrick Wiesenthal)이 바늘구멍이 있는 바늘을 사용해 재봉틀의 기초를 마련한 뒤, 1790년 영국의 토머스 세인트(Tomas Saint)가 기계화를 시도한

1851년 아이작 메릿 싱어의 재봉틀(위쪽)과
이후 곡선화된 금장 디자인의 재봉틀

다. 이것이 세계 최초의 기계식 재봉틀이다. 토머스 세인트의 재봉틀은
대부분 말의 안장과 굴레, 다른 가죽 제품들을 꿰매는 데 사용했다. 그
는 퀼팅, 스윙, 스위칭 등 세 가지 중요한 일을 할 수 있는 기계의 특허
를 얻었는데, 이것은 때로 돛에 쓰이는 캔버스를 만드는 데도 이용되었
다. 이후 1825년 프랑스의 시몽(Simon)이, 1830년에는 바르텔미 시모니
(Barthélemy Thimonnier)가 특허를 받으면서 진화를 거듭한 재봉틀은 미국
의 아이작 메릿 싱어(Isaac Merritt Singer)에 이르러 본격적으로 대중화가 이
루어졌다.

싱어 재봉틀의 원래 아이디어가 미국의 일라이어스 하우(Elias Howe)가 창안한 것임은 널리 알려진 사실이다. 그는 하루 종일 삯바느질에 매달리는 아내를 돕기 위해 1844년 재봉틀을 완성했고, 재봉틀을 팔기 위해 설명회까지 열었지만 한 대도 팔지 못해 결국 '신기한 구경거리'밖에 되지 못했다. 1846년 '이중 박음질 재봉틀'로 특허를 낸 일라이어스 하우는 경쟁자 싱어의 재봉틀이 대중화에 성공하자 특허 침해 소송을 제기했고, 결국 로열티를 받는 조건으로 싱어와 동업자 관계로 발전했다.

1851년 8월 12일 '직립 8자형 벨트 재봉틀' 특허를 낸 싱어는 뛰어난 상술을 발휘해 '할부판매'라는 방식을 도입했고, 이를 계기로 재봉틀이 가정에 본격적으로 보급되기 시작했다. 더구나 곡선의 매력적인 아라베스크 장식 디자인을 채택함으로써 투박한 기계가 아니라 가정에 두어도 전혀 손색이 없는 장식품의 일종으로 변신했다. 이후 미국에서는 대량 생산을 꿈꾸던 기성복 업자들이 재봉틀을 도입해 대규모 공장을 운영하면서 재봉틀의 수요가 급증했다. 승승장구한 싱어 재봉틀은 영국(스코틀랜드)과 러시아에까지 흘러 들어갔다. 특히 러시아의 마지막 황제 니콜라이 2세는 산업혁명을 일으키기 위해 1897년 싱어 재봉틀 공장을 페테르부르크에 유치하기도 했다.

재봉틀은 봉제 기술의 발달에도 영향을 미쳐, 의상 디자인 양식에 큰 변화를 일으켰다. 손바느질로는 표현할 수 없었던 터커와 주름장식 같은 요소가 의상 디자인에 포함돼 다양한 표현이 가능해진 것이다. 1970년대 우리나라의 산업 발전 시기에는 수많은 여성들이 청계천, 구로동, 가리봉동의 섬유공장과 가발공장의 재봉틀 앞에서 피땀을 흘리며 청춘을 불사르기도 했다.

가사노동을 줄여준
가장 위대한 가전제품

가사노동 중에서 가장 힘든 것은 아무래도 빨래일 것이다. 더구나 일일이 손빨래를 해야 했던 시절에 겨울철 빨래는 여간 힘든 일이 아니었다. 가사노동의 기계화의 상징이 된 세탁기(washing machine)는 1691년 영국에서 크랭크를 손으로 돌리는 제품이 처음으로 특허를 받았고, 18세기 말 산업혁명이 일어나면서 본격적인 연구가 이루어졌다. 당시에는 증기기관을 이용했기 때문에 힘들게 크랭크를 돌릴 필요가 없어졌지만 엄청난 증기 배출과 진동에 따른 울림과 소음 등이 겹쳐 실용성이 떨어졌다.

세탁기의 대중화와 소형화에 열심히 매달린 나라는 미국이었다. 기술사학자 지그프리드 기디온(Sigfried Giedion)에 따르면, 1873년까지 미국에서 세탁기에 관한 특허가 무려 2000개가 넘었다고 하니, 당시 빨래가 얼마나 힘든 가사노동이었는지 짐작할 수 있다. 초기의 기계식 세탁기는 손빨래를 그대로 기계화하려고 했기 때문에 옷이 많이 상했다. 이후 1869년 날개 모양의 봉(agitator)으로 물을 휘젓는 교반식(攪拌式) 세탁기(봉세탁기)가 나왔는데, 통 외부에 달린 핸들을 돌려 작동하는 방식이었다.

1910년 8월 9일, 시카고의 헐리 전기세탁기회사는 기사 앨바 피셔(Alva Fisher)가 디자인한 최초의 전기세탁기 '토르(Thor)'를 특허 등록했다. 그러나 1930년대가 되어서야 물이 튀어도 누전으로 전동기가 멈추지 않고, 또한 세탁기를 다루는 사람들이 감전으로 부상을 당하지 않도록 하면서 세탁 기능을 한 상자 안에 모두 넣은 진정한 의미의 '가정용 세탁기'를 제작할 수 있었다. 그리고 1940년대를 지나면서 수도관을 통해 물을 직접 세탁기에 급수하는 자동화된 세탁기가 나오고, 제2차 세계대전 이후에는 세탁기가 본격적으로 대중화되었다.

오늘날 전기세탁기는 제너럴 일렉트릭이 1947년에 처음 선보인 전자동세탁기처럼 세탁기의 뚜껑이 위쪽에 있는 탑-로더(top-loader) 방식(교반식 세탁기, 와류식 세탁기)과, 벤딕스사가 같은 해에 처음 출시한 전자동세탁기처럼 뚜껑이 앞쪽에 있는 프런트-로더(front-loader) 방식(드럼 세탁기)으로 나눌 수 있다. 세탁조 바닥에 있는 날개가 회전하면서 물이 소용돌이치며 세탁하는 방식인 와류식(渦流式) 세탁기(통돌이세탁기)는 1953년 일본의 산요전기에서 최초로 개발한 것으로, 물은 많이 들지만 전기가 적게 드는 장점이 있어 한국 등 주로 아시아에서 많이 쓴다.

우리나라 최초의 세탁기는 1969년 금성사(현 LG전자)가 만든 '백조 세탁기'다. 일본 히타치와 기술제휴로 만든 1.8킬로그램급의 2조식 세탁기로, 세탁과 탈수가 구분된 수동식이었다. 첫해에 195대를 출시한 이 세탁기는 판매가가 5만 3000원이었는데, 당시 대기업 대졸 사원 초봉이 2만 원이었다. 당연히 판매는 부진했고 급기야 1970년에는 이런 광고를 실었다. "빨래는 시간의 낭비입니다. 빨래는 금성 백조 세탁기에 맡기시고, 여유 있는

최초의 전기세탁기 '토르'의 1920년 광고(왼쪽)와 우리나라 최초의 세탁기인 '백조 세탁기'

현대가정을 가꿔보시지 않으시겠습니까?"

그런데 백조 세탁기는 1966년에 출시된 국내 최초 합성세제 '하이타이'와도 관계가 깊다. 1970년 세탁기 광고 하단에 "세탁기용 합성세제로 럭키 하이타이를 권합니다."라고 쓰여 있을 정도였다. 1964년 금성사가 백조 세탁기를 개발할 당시 락희유지(현 LG생활건강)의 허신구 상무가 하이타이를 개발하도록 측면 지원했기 때문이다.

아무튼 전기세탁기의 대중화는 가사노동에 상당한 변화를 가져왔다. 세탁기 덕분에 가사노동이 줄어들었고, 여성의 사회진출이 활발해졌다. 그러나 이러한 통념에 본격적인 의문을 제기한 학자도 있었다. 여성경제학자 조안 바넥(Joann Vanek)이 1974년에 발표한 연구 결과에 따르면, 1926~66년의 40년 동안 미국의 전업주부들이 가사노동에 사용한 시간은 주당 51~56시간으로 거의 변화가 없었다는 것이다.

제
2
부

주식과 먹거리,
그에 얽힌 이야기들

비타민 보충제인
과일 이야기

우 리는 수많은 과일의 기원을 정확히 알지 못한다. 따라서 탐험가들이 과일을 발견한 시점이 바로 그 과일의 기원이라고 생각할 수밖에 없다. 예를 들어 라임은 17세기 전까지는 별로 알려지지 않은 과일이었으나, 신대륙을 찾아 떠나는 배를 탄 많은 선원들이 괴혈병을 막기 위해 라임 즙을 마시면서 알려지기 시작했다. 라임의 비타민 C 성분이 비타민 C의 부족으로 생기는 괴혈병 예방에 주효했던 것이다. 그 이후로 자몽, 귤 등 감귤류의 과일은 정력과 건강의 원천으로서 많은 사람들의 관심을 끌게 되었다.

사과는 장미과에서 진화된 많은 과일 중 하나다. 그중에는 배, 복숭아, 자두, 살구, 버찌 등이 있다. 그보다 수는 적지만 세계 무역에서 중요한 비중을 차지하고 있는 종류가 덩굴 과일인데 그중 포도는 단연 독보적인 존재다. 그 밖의 덩굴 과일로는 수박, 영양분이 풍부한 캔털루프(cantaloupe) 멜론, 고대 이집트 파라오들의 식탁을 화려하게 장식했던 감로 멜론 등이 있다.

많은 미식가들이 이국적인 정취를 느끼고자 키위나 금귤, 망고 등의 과일을 즐겨 찾는다. 그러나 이국적인 과일 중 압권은 뭐니 뭐니 해도 코코아다. 코코아는 맛있는 과육에 달콤한 우유 성분, 풍부한 기름 등 모든 것이 사람에게 유용한 과일이다. 기름은 마가린, 비누, 선탠로션 등을 만드는 데 이상적이다. 그뿐 아니라 껍질의 섬유질로는 밧줄을 만들며, 줄기는 움막이나 울타리를 만드는 데 쓰인다.

Apple은 원래
'과일'이라는 뜻

로마 신화에서 파우누스(Faunus)는 '야생동물의 신'이고, 그의 누이인 플로라(Flora)는 '꽃과 식생의 신'이다. 그래서 특정 지역의 동물 서식지는 fauna, 식물 서식지는 flora라고 한다. 그런데 이 식물의 신밑에 있는 '과일나무의 님프'는 포모나(Pomona)라고 불렀기 때문에, 여기서 파생된 라틴어 pomum은 '과일'을 뜻한다.

그런데 나무딸기(an apple of Cain[카인의 과일], 우리나라의 복분자), 가지(Jew's apple[유대인의 과일]), 석류(Carthaginian apple[카르타고의 과일]), 토마토(an apple of love[사랑의 과일]) 등처럼 옛날 영어에서는 apple이 '과일'이라는 뜻이었음을 알 수 있다. 그런데 1066년 '노르만 정복' 이후 프랑스어에서 들어온 fruit가 apple을 '사과'라는 현재의 자리로 밀어냈다. fruit는 라틴어 fructus(enjoying; 즐김)에서 파생된 단어다.

이집트의 람세스 2세는 사과를 처음으로 재배한 인물로 알려져 있다. 기원전 13세기경 그는 나일강변에 자리 잡은 모든 과수원에 사과를 심으라고 장려했다. 이에 이집트인들은 어린 사과나무를 이식하고 적당량의 물을 공급했다. 습기가 없는 이집트의 토양은 사과 재배에 적격이었다. 사과(沙果)의 한자도 '모래 사(沙)+과일 '과(果)'이다.

그리스인들은 기원전 7세기경 아티카 지방에서 처음으로 사과를 재배하기 시작했으며 건조한 땅에 적합하도록 개량했다. 그들은 사과를 황금 과일이라고 부르며 즐겨 먹었는데, 그리스 신화에도 헤라가 제우스와 결혼하면서 선물로 사과를 바치는 장면이 나온다.

로마인도 그리스인 못지않게 사과를 즐겨 먹었다. 정치가이며 학자인 대(大)카토(Marcus Porcius Cato)의 《경작론On Agriculture》(기원전 160)에 따르면, 로마인들은 최소한 일곱 종류의 사과를 재배했다. 고대부터 당시까지의 모든 지식을 총망라한 일종의 백과사전인 《박물지Historia Naturalis》(37권)를 쓴 로마의 플리니우스(Gaius Plinius Secundus)는 1세기경 로마인들은 36가지나 되는 사과를 재배해서 즐겨 먹는다고 자랑했다. 가장 유명한 종자인 '아피(Api; Lady Apple)'는 기원전에 이탈리아 중서부 에트루리아 출신의 원예가 아피우스(Appius)가 개량한 것으로, 바로 오늘날 우리가 먹는 사과의 시조라 할 수 있다.

세계를 바꾼
다섯 개의 사과

사과에 얽힌 이야기 중 가장 유명한 것이 에덴동산의 사과지만, 그
것은 분명히 허구다. 물론 성서에는 사과에 관한 이야기가 꽤 많
이 나온다. 그러나 에덴동산의 이야기가 나오는 〈창세기〉에는 사과에 대
한 언급이 전혀 없다. 〈창세기〉에는 단지 아담과 이브가 지식과 선악을 알
게 하는 금지된 과일(선악과)을 따 먹었다고만 기록되어 있다. 라틴어에서
사과와 악을 뜻하는 단어는 비슷해서, 사과는 malus, 악은 malum이다.

한참 뒤에 예술가들이 그 이야기를 작품화하면서 그것이 무슨 과일
인가를 정해야 할 필요성을 느꼈다. 그래서 몇몇 사람이 그것을 과일의
왕이라고 할 수 있는 사과로 정하자는 의견을 제시했다는 것이다. 이것
이 바로 '원죄의 사과'다. 그리하여 선악과가 사과였다는 얘기는 근거도
없이 퍼져나갔으며, 일부 성서학자들은 석류라고 주장하기도 하고 기독
교가 인도로 전파되었을 당시에는 바나나로 둔갑하기도 했다. 이것은 아
마 이슬람교의 영향 때문이었을 것이다.

두 번째는 '파리스의 사과'다. 바다의 여신 테티스(Thétis)의 결혼식에

초대받지 못한 불화의 여신 에리스(Eris)가 격분하여 신들 사이로 던진 황금 사과에는 '가장 아름다운 여신에게'라는 글이 새겨져 있었다. 헤라, 아프로디테, 아테나 이 세 여신은 나름대로 이유를 대며 자신이 그 사과의 주인임을 주장한다. 해결책을 찾지 못하자, 트로이의 왕 프리아모스의 아들로 불길한 신탁 때문에 버려져 양치기의 손에서 자란 파리스에게 판결을 부탁한다. 그런데 젊은 파리스가 소아시아의 통치권(헤라)이나 전투에서의 무적의 힘(아테나)보다 아름다운 여인(아프로디테)을 택하는 바람에 트로이 전쟁이 일어난다. 그래서 파리스의 사과는 '분쟁의 씨앗'으로 자주 인용된다.

　세 번째는 '빌헬름 텔의 사과'다. 14세기의 스위스 사람들은 폭군 헤르만 게슬러(Herman Gessler) 공작의 학정 밑에서 무척이나 힘들게 살아갔다. 어느 날 게슬러는 광장에 모자를 걸어놓은 긴 장대를 세워놓고, 마을에 들어오는 사람들 모두에게 그 앞에서 절을 하라고 명령했다. 하지만 빌헬름 텔은 그 명을 따르지 않았다. 골칫거리인 빌헬름 텔을 없애야

아프로디테에게 사과를 건네는 파리스

겠다고 생각한 게슬러는 그의 어린 아들 머리 위에 사과를 올려놓고 단 한 발로 사과를 명중시키라고 명령했고, 명사수 빌헬름 텔은 성공했다. (참고로 로빈 후드는 활, 빌헬름 텔은 석궁의 명수다.)

독재자에게 의연히 맞선 빌헬름 텔의 이야기는 스위스 독립운동의 시발점이 된 중요한 사건이었으며, 약소국의 독립운동을 확산시키는 도화선이 되었다. 그래서 빌헬름 텔의 사과는 '자유의 사과'로 불렸다.

네 번째는 '뉴턴의 사과'다. 1665년경 유럽 일대에 흑사병이 만연해 대학이 휴교하자 뉴턴은 고향에 내려와 있었다. 어느 날 정원의 나무에서 우연히 사과가 떨어지는 것을 보고 지구와 사과 사이에 어떤 힘이 존재한다는 것을 순간적으로 깨달았다. 즉 지구가 사과를 당기는 힘이 있다는 것에 착안해 모든 물체 사이에는 만유인력(universal gravitation)이 존재한다는 사실을 밝혀낸 것이다. 만유인력의 발견은 근대 과학을 발전시키는 획기적인 사건이었으므로 이 사과는 '과학의 사과'가 되었다.

다섯 번째 사과는 좁은 차고에서 피어난 혁신의 사과, 바로 컴퓨터 애플사의 로고인 '베어 먹다 만 사과'다. 이 사과에 대한 일화가 있다. 승승장구하며 자신들의 아성까지 침범한 애플에 심기가 불편했던 IBM은 한 입 베어 먹은 사과 로고를 보고 '애플은 썩은 사과'라며 빈정댔다. 그러자 스티브 잡스(Steve Jobs)는 "애플은 썩은 부분을 완전히 도려냈기 때문에 이제는 아주 깨끗하다."고 답변했다고 한다.

1976년, 비디오 게임 제조업체 아타리(Atari)에서 일하던 스티브 잡스와 휼렛 패커드(HP)에서 일하던 스티브 워즈니악(Steve Wozniak)은 컴퓨터 제작 동호회 '홈브루 컴퓨터 클럽'에서 활동하다가 서로 의기투합해 직접 컴퓨터를 만들어보자고 했다. '애플-1(Apple-1)' 컴퓨터를 제작하는 데 성

1976년 동업자 로널드 웨인이 그린 최초의 애플 로고부터 1977년 롭 자노프(Rob Janoff)가
디자인한 '한 입 베어 먹은 사과'. 당시에는 컬러 모니터를 강조하기 위해 여섯 가지 색상으로
채색되었지만, 현재는 심플함을 강조하기 위해 한 가지 색만 채택했다.

공한 워즈니악은 자신이 근무하던 HP에 팔려고 했으나 거절당했다.

그래서 잡스는 직접 판매처를 찾아다녔고, 마침내 바이트 숍(Byte Shop)과 컴퓨터 판매 계약을 맺었다. 이후 그들은 아타리에서 함께 일하던 로널드 웨인(Ronald Wayne)으로부터 투자금을 받아 본격적으로 컴퓨터를 생산하기 시작했다. 그리하여 1976년 4월 1일, 마침내 세 사람은 스티브 잡스의 차고에서 '애플 컴퓨터(Apple Computer)'라는 회사를 출범시켰다. 그래서 이 사과는 '혁신의 사과'로 불리기도 한다.

하루에 배 하나면
의사가 필요 없다

동양에 배라는 과일이 있었다는 최초의 증거는 기원전 2100년경의 것으로 추정되는 중국의 왕릉에서 발견된 씨앗이다. 그러나 고대 중국인들이 배를 어떤 용도로 사용했는지는 알 수가 없다.

많은 역사가들의 연구에 따르면, 배는 그보다 이전에 수메르에서 다방면으로 쓰였다. 식사할 때 후식으로 먹었으며 때로는 약용으로도 사용했다. 쉽게 말하면 '하루에 배 하나면 의사가 필요 없다'고 믿었을 정도로 애용했다는 얘기다.

수메르 외에 히타이트, 히브리, 페니키아 같은 고대 문명국가에도 배가 있었음이 틀림없지만 기록으로는 그리스부터 나타난다. 호메로스는 저서에서 배의 재배법을 상세히 묘사해놓았다. 그리스인이 이 지식을 이집트인에게 전파했고, 이어 로마인에게도 전해졌다. 플리니우스는 《박물지》에서 로마에 38가지나 되는 배의 종자가 있다고 자랑했다. 이후 배의 종자는 워낙 많아서 셀 수가 없다는 기록이 있는 것을 보면 개량이 거듭된 것을 알 수 있다. 17세기의 이탈리아 문헌에는 209가지나 되는 배의

서양에서 가장 인기 있는
코미스 배(Doyenne du Comice).
1849년 프랑스에서 개량했다.

종자가 소개되어 있다.

　배가 프랑스에 전파될 즈음에는 무려 400여 종에 이르렀다. 물론 전
문가들은 그중 25종만이 먹을 만했다고 기록하고 있다. 19세기 말 영국
에서는 850여 종의 배가 있다는 발표가 있었다고 한다. 하지만 이 모든
종자가 다 맛있었던 것은 아니다. 배는 교배할수록 깔깔한 성분이 강해
지며 나무에 오래 둘수록 더 딱딱해지는 단점이 있다. 그래서 지금도 배
를 일찍 따서 저장고에서 숙성시킨다.

　배는 여러 경로를 통해 미국에 전해졌다. 먼저 제수이트 교단의 프랑
스 선교사들이 전한 것이 17세기였다. 1640년에 필그림이 최초의 정착지
인 매사추세츠주 플리머스에 배나무를 심었다는 기록이 있다. 나중에
뉴욕으로 불리게 된 뉴암스테르담에 배나무를 심은 것은 1647년의 일이

다. 매사추세츠주에 사는 이넉 바틀릿(Enoch Bartlett)은 기존의 품종을 개량해 자기 이름을 딴 '바틀릿'이라는 배를 경작했는데, 이것은 세계적으로 가장 널리 퍼진 품종으로 오늘날 미국에서도 재배종의 거의 70퍼센트를 차지한다고 한다.

서서히 서부로 이식된 배는 18세기경에는 에스파냐의 수도사들에 의해 캘리포니아에 이식되었다. 배나무는 그곳에서도 번창해 그 종류가 1000여 종 이상으로 늘어났다. 19세기 무렵의 유럽만 해도 5000여 종이 있다고 보고될 정도로 배는 교배가 쉽다는 장점이 있긴 하지만 그것은 또 배의 단점이 되기도 한다. 종자가 많아진다고 해서 맛이 나아지는 것은 아니기 때문이다. 세계에서 가장 사랑받는 종자는 배의 여왕으로 불리는 코미스 배로 수요 역시 가장 많다.

척박한 땅에서
풍요를 일구는 올리브

올리브는 화장용, 의학용, 윤활유 그리고 음식에 유용하게 쓰이는 과일이다. 플라톤이 가장 좋아했다고 알려진 올리브나무는 척박한 환경에서도 잘 자라고 열매가 맛있어 지중해 지역에서는 고대 그리스 시대부터 매우 귀하게 여긴 과일이자 주된 수입원이었다.

1764년 스웨덴의 박물학자 칼 폰 린네(Carl von Linné)는 올리브나무에 '올레아 유로파이아(Olea europaea)'라는 이름을 붙였다. 올레아는 라틴어로 '올리브나무'를 뜻하며, '오일을 생산하는 식물'이라는 뜻의 그리스어 '엘라이온(elaion)'에서 유래했을 것이다. 유로파이아라는 종명(種名)은 '유럽이 기원인'이라는 뜻이다.

올리브는 성서에도 나온다. 〈창세기〉를 보면 노아 대홍수 때 비둘기가 올리브 가지를 물고 와 홍수가 멈췄음을 알렸다는 대목이 나온다. 예언자 예레미야(Jeremiah)는 올리브나무를 정의로운 사람에 비유했으며, 《구약성서》 외전인 〈집회서〉에는 올리브나무의 풍요로움을 칭송하는 대목이 있다. 히브리인은 조상이 광야에서 초막 생활을 했던 때를 기념하

'노아 대홍수' 때 비둘기가 올리브 가지를 물고 와 홍수가 멈췄음을 알렸다. 이후 비둘기는 신의 노여움이 가라앉고 인간에게 평화를 가져다준 계기로 인식되어, 월계수와 더불어 '평화의 상징'이 되었다.

는 초막절(草幕節) 동안 올리브 가지를 사용했으며, 결혼식에서도 신랑 신부는 올리브 가지를 들고 다녔다.

히브리인은 술과 곡식과 더불어 올리브를 신이 내려준 주요 음식의 하나로 여겼다. 그래서 기독교는 유대인의 뿌리에 충실해 올리브색을 신화와 의식에 포함시켰다. 한 고대 자료에 따르면, 예수의 십자가는 올리브나무였다고 한다. 가톨릭 신자들은 세례, 견진성사(堅振聖事), 병자성사에 올리브유를 사용한다.

고대 이집트의 그림에도 올리브가 등장하는데, 그것은 아마도 야생과일일 것이다. 초기 이집트인은 올리브를 식용이 아니라 윤활유나 등잔의 기름으로 사용했기 때문이다. 올리브 재배는 기원전 3500년경 지금의 시리아와 크레타섬에서 시작되었다. 그로부터 1000년 후쯤 올리브유는 크레타의 주요 무역품으로 자리 잡아 이집트나 소아시아로 수출되었다.

플리니우스의 말을 빌리면, 포도를 빼고 올리브만큼 귀한 열매를 맺는 나무는 없다고 한다. 그 말은 특히 그리스처럼 건조하고 바위가 많은 토양에서는 맞는 말이다. 적응력이 강한 올리브나무는 다른 과일들이 다 말라죽을 만큼 척박한 땅에서도 잘 자랄 뿐 아니라 오히려 그 땅을 비옥하게 만들어준다. 그리스산 올리브유는 그 품질이 우수하기로 주변 국가에 소문이 나 자주 곡식이나 다른 물건과 교역의 대상이 되었다. 기원전 400년경 스파르타가 아테네를 침략했을 때 가장 먼저 아티카 지방에 있는 올리브 숲부터 파괴했다는 것만 봐도 올리브나무가 그리스 경제에 끼치는 영향이 얼마나 컸는지 알 수 있다.

올리브 재배는 유럽 전역으로 전파되었다. 기원전 4세기에는 카르타고 상인들에 의해 에스파냐로 이식되었고, 곧이어 현재 프랑스의 마르세유 지방으로 이식되었다. 올리브와 올리브유는 곧 이탈리아 음식 문화의 한 부분을 차지하기 시작했다. 로마인들은 식사하기 전에 식욕을 돋울 목적으로 소량의 올리브를 먹었으며, 식사 후에는 양치용으로 사용했다. 빵을 곁들인 올리브는 한 끼의 식사가 되기도 했다. 가끔은 소금이나 포도주 대용으로 노예나 하인들에게 수당으로 지급하기도 했다. 물론 그들에게 주는 올리브는 품질도 안 좋고 양도 많지 않았을 것이다.

올리브는 1790년대 중반 프란체스코 수사회 소속 사제들이 멕시코를 통해 미국으로 들여와 캘리포니아 지방에 처음 심었다. 캘리포니아 사람들은 처음 100여 년 동안 그 식물에 전혀 매력을 느끼지 못했던 것 같다. 열매와 호박색 기름 등 올리브나무가 가져다주는 자원들은 완전히 무시당했다. 그러다가 19세기 말이 되어서야 사람들은 올리브 재배가 유망한 사업이라는 것을 알아차렸다.

오렌지 맛에 매료된
서양인들

식물학적 분류에서 장과(漿果)에 속하는 오렌지의 원산지는 중국 남부로 알려져 있다. 그러나 당시의 오렌지는 지금의 것과 모양이 전혀 다를 뿐 아니라 지금과 같은 달콤하고 새콤한 맛도 거의 없는 그야말로 야생식물이었다. 동양 각국에 존재하던 오렌지류의 원산지를 중국 남부로 보는 것은, 그곳이 오렌지류를 특히 좋아하는 해충들의 서식처라는 점과 중국 문헌에 기원전 2200년경 오렌지(mandarin orange)를 재배하기 시작했다는 기록이 있기 때문이다.

그래도 서양에는 그 후 몇 세기 동안 오렌지가 소개되지 않았다. 기원전 4세기경 오리엔트 지방을 지나던 알렉산드로스 대왕의 군대가 바나나를 발견했다는 기록은 있으나 오렌지에 대해서는 완전히 무지했던 듯하다. 서양인들이 오렌지라는 과일을 처음 접한 것은 1세기경 로마에 전해지면서부터다.

오렌지가 로마로 들어온 경로는 아주 복잡하다. 아랍을 거쳐 이집트의 수에즈만에 상륙했다가 대상들에 의해 나일강변으로, 또다시 배를 타고 알렉산드리아로 갔다가 마침내 지중해를 오가는 선원들에 의해 로마제국의 해군기지인 티레니아해의 오스티아에 들어왔다. 어쨌든 그 기간이 족히 몇 달은 걸렸다. 원래 잘 썩는 오렌지라서 당시의 상태가 궁금하긴 하지만, 그래도 그 신기한 과일은 귀중품으로 여겨 상당히 고가로 판매되었다고 한다.

그 복잡한 여행 중에 상인들은 북아프리카에 씨앗을 심어보았다. 무어인들이 잘 자란 오렌지나무를 탐내 에스파냐로 들여간 것은 8세기경이었다. 12세기에 이르러서 그라나다와 세비야 지방은 세계에서 가장 풍부한 오렌지 숲을 자랑하게 되었다.

프랑스는 그보다 100여 년 뒤부터 오렌지를 재배하기 시작했다. 이탈리아의 오렌지 재배는 13세기경 성 도미니크(Saint Dominic)가 로마에 있는 산타 사비나 수도원에 몇 그루를 심은 것이 최초다. 이탈리아에서 오렌지의 인기는 대단했다. 이탈리아 명문 메디치가(家)의 문장(紋章)에는 다섯 개의 원이 박혀 있는데, 그 문장을 만든 시기가 14세기인 점과 당시 오렌지가 인기 식품이었다는 점으로 미루어 틀림없이 오렌지에서 힌트를 얻은 것으로 보인다.

아메리카 대륙에 오렌지를 처음 전한 사람은 콜럼버스였다. 그는 아프리카 서북부에 있는 카나리아 제도에서 얻은 씨를 1493년에 히스파니올라섬에 심었다. 서쪽의 아이티 공화국과 동쪽의 도미니카 공화국으로 이루어진 이 섬은 서인도 제도에서 두 번째로 큰 섬이다. 하지만 아메리카 대륙에서 처음으로 오렌지를 생산한 나라는 1516년의 파나마였다.

지금은 오렌지 재배의 중심지로 알려진 플로리다에는 1539년에 처음 심었다. 그곳의 원주민인 세미놀(Seminole) 인디언은 오렌지 맛에 매료되어 오렌지를 잘게 잘라 며칠 동안 꿀에 절였다가 먹는 음식을 만들어내

다섯 개의 붉은 원이 박혀 있는 메디치가의
문장(맨 위의 둥근 문양은 오렌지가 아님)

기도 했다.

　오렌지는 서부로 점점 영역을 넓히다가 1707년에는 애리조나에, 1769
년에는 캘리포니아에 이르렀다. 그러나 캘리포니아에서는 번창하지 못하
다가 1837년 브라질과 워싱턴에서 각각 하나씩 두 종류의 씨 없는 오렌
지가 들어온 이후로는 사정이 달라졌다. 이 두 종류의 오렌지가 지금 유
명한 캘리포니아산 씨 없는 오렌지의 원조가 된 것이다.

희귀해서 비싸게 팔린
바나나

바 나나야말로 역사가들에게는 많은 수수께끼를 안겨주는 식물이
다. 그 과일을 본 최초의 유럽인은 그저 커다란 무화과인 줄 알
았다. 식물학자들이 믿기로, 바나나는 기원전 4000년경 인더스 계곡에
처음 모습을 나타냈다. 그들도 그것이 야생식물이었는지 인간이 재배한
것인지는 확인하지 못한다. 그러나 바나나의 원조인 야생 정글 식물은
열매가 맛이 없고 질기고 굉장히 큰 씨앗이 있다는 점 등으로 미루어 일
찍이 인간이 여러 번에 걸쳐 개량했다는 것은 확실하다. 처음부터 바나
나는 맛을 좋게 하고 씨를 없애기 위해 개량되었다. 결국 씨가 없어진 바
나나는 인간의 도움 없이는 재생할 수 없게 되었다.

바나나는 원래가 연약한 식물이어서 수백 년 동안 원산지에서 벗어
나지 못했다. 인도 정벌에 나섰던 알렉산드로스 대왕의 군대가 바나나
를 발견하긴 했지만, 고대 그리스나 로마에 바나나가 있었다는 기록이
없는 것으로 보아 그들이 바나나를 본국으로 가져가지 못했다는 것을
알 수 있다.

바나나 수출은 아랍인들에 의해 이루어졌을 것이다. 아라비아 지역으로 전파된 바나나는 고대 아라비아어로 '손가락'이라는 뜻의 바난(banan)이라고 불렸다. 당시 바나나는 오늘날의 개량종처럼 크지 않고 몽키 바나나처럼 주먹만 했으며, 손가락을 세로로 오므리면 바나나와 같은 모양이 되니 그럴듯한 이름이었다. 그들이 아라비아를 거쳐 북부 이집트로 바나나를 들여간 것은 7세기로 《쿠란》이 쓰일 때인데, 《구약성서》에 나오는 '금단의 열매'가 바나나라고 규정한 것도 바로 그때였다.

영국에서는 빅토리아 여왕 시절에도 바나나를 구할 수는 있었지만 일반에게 그리 널리 알려지지는 않았다. 프랑스에서도 공상과학 소설가 쥘 베른(Jules Verne)이 《80일간의 세계 일주》(1872)에서 겨우 독자들에게 바나나를 상세하게 소개했다. 바나나는 1516년에 북미 대륙에 상륙했다. 에스파냐의 수도사 토마스 데 베를랑가(Tomás de Berlanga)가 히스파니올라 섬에 처음으로 바나나를 심었고, 미국에 바나나가 처음으로 수입된 것은 1876년의 일이다. 그 당시 바나나는 매우 희귀한 과일이었으므로 주석 포일로 포장해 한 조각당 10센트(현재 시가 4달러)라는 고가에 판매되었다. 오늘날은 바나나가 흔하지만 제1차 세계대전 전까지만 해도 바나나는 북미 대륙에서 쉽게 접할 수 있는 과일이 아니었다. 그때서야 비로소 선박에 냉동장치가 설치되었기 때문이다.

참고로 대문자 BANANA는 Build Absolutely Nothing Anywhere Near Anybody의 이니셜이다. 우리말로 번역하면 '어디에든 아무것도 짓지 말라'는 뜻인데, '우리 집 뒷마당에는 안 된다'는 님비(Not In My Backyard)보다 광범위하게 확장된 개념이다.

동서양에서
영생의 상징인 복숭아

안 색이 노래지면 건강이 좋지 않다는 신호다. 얼굴이 예쁜 복숭아 빛을 띠면 일단 안심해도 좋다. 그래서 영어 peach는 '혈색이 좋은' 또는 '근사한'이라는 뜻이며, '훌륭한 사람(물건)'이나 '예쁜 소녀'를 가리키기도 한다. peach는 라틴어 persicum(페르시아의 과일; 학명도 프루누스 페르시카[Prunus persica]이다)에서 유래되었기 때문에 수 세기 동안 식물학자들은 복숭아의 원산지를 페르시아로 생각했다.

그러나 그 원산지는 중국으로 밝혀졌다. 고대 중국인은 복숭아를 먹는 행위를 영생을 구하는 행위로 간주했다. 진나라의 시인은 시로, 조각가는 조각으로, 화가는 그림으로 복숭아를 찬미했는데, 그들 모두가 복숭아를 영생의 의미를 갖는 과일로 묘사했다는 것을 알 수 있다. 중국어 발음으로 '타오(桃)'라 불리던 복숭아는 친구나 연인들 간에 사랑의 정표로 주고받았으며, 기원전 5세기경 공자(孔子)가 편찬했다고 전해지는 《시경》〈국풍〉편에 나오는 글이 회자되면서 영생의 상징물로 자리 잡게 되었다.

복숭아를 들고 있는 신선 조각상

복숭아는 극동 지방에서 서쪽으로 뻗어나가 기원전 3세기에는 페르시아에 도착했다. 그리고 기원전 1세기경에는 페르시아의 복숭아가 로마로 수출되었다. 로마인들은 그때까지 복숭아가 최소한 두 번의 추운 겨울을 겪어야만 번식할 수 있다는 사실을 알지 못했다.

중세에 들어서도 유럽인들은 페르시아에서 복숭아를 수입했다. 그러나 그들의 안뜰에 옮겨 심은 복숭아는 작고 맛없는 열매를 맺을 뿐이었다. 그 열매는 워낙 바짝 말라 따기만 하면 씨앗이 빠져나오곤 했다. 그래서 교배에 교배를 거듭해 더 나은 종자를 만들려는 노력이 이어졌다. 결국 에스파냐 사람들이 개량된 복숭아를 아메리카 대륙으로 가지고

갔다. 미국의 인디언들은 그 새로운 과일의 맛에 완전히 매료되었다. 미시시피강 하류의 프랑스인 정착지에 살던 내처즈(Natchez)족은 복숭아를 그들이 정한 열세 개 달 중 네 번째 달(the Month of Peach; 지금의 7월) 이름으로 삼기도 했다.

북미 대륙의 토양은 복숭아를 키우기에 적당해서 복숭아 전파 속도가 굉장히 빨랐다. 영국의 퀘이커교 지도자이자 펜실베이니아주 이름의 기원이 된 윌리엄 펜(William Penn)이 쓴 기록에 따르면, 모든 인디언 농장에는 반드시 복숭아나무가 있었다고 한다. 그리고 복숭아를 끔찍이 좋아했던 토머스 제퍼슨이 대통령이 되었을 때 그는 미국 버지니아주 샬러츠빌에 있는 대농장 몬티셀로 근처의 과수원들을 모두 복숭아나무로 채웠다고 한다.

아즈텍족이 코르테스에게 올린
진상품, 자두

바 빌론에 있던 세계 7대 불가사의 중 하나인 '공중정원'에서는 딱딱
하고 짙은 자주색 열매를 맺는 나무들이 자라고 있었다. 당시에
는 야생 열매는 약으로 쓰였던 듯하다. 그 후 수 세기 동안 자두에 관한
기록이 거의 없다가 1세기에 로마제국의 박물학자 플리니우스가 그의
저서에서, 식용으로 재배하는 자두가 시리아에서 그리스로 그리고 이탈
리아로 전파되었다고 밝혔다. 플리니우스가 묘사한 시고 수분이 많은
자두는 그리스인이 주로 약용으로 쓰고 어쩌다 먹기도 했던 딱딱한 야
생 자두와는 분명 다른 것이었다. 그런 점으로 보아 오늘날과 거의 비슷
한 자두를 먹기 시작한 것은 1세기경 로마인이라고 보아야 할 것이다.

그렇다고 해서 자두가 유럽에만 있었던 것은 아니다. 아스테카 왕
국(지금의 멕시코 고원 일대)을 정복한 에스파냐의 정복자 에르난 코르테스
(Hernán Cortés)의 일대기를 쓴 에스파냐의 군인이자 작가인 베르날 디아스
델카스티요(Bernal Díaz del Castillo)의 기록을 보자. 그의 저서 《누에바 에스
파냐 정복 실록*Historia verdadera de la conquista de la Nueva España*》(1632)을 보면,

코르테스에게 음식을 바치는 아즈텍족(베르날 디아스델카스티요의 책에서)

1519년 부활절에 아즈텍족이 그들 일행에게 식사를 대접하는데, 그 속에 자두가 있었으며 며칠 후 고위급으로 보이는 인디언들이 자두를 가득 담은 바구니를 내왔다는 것이다. 그것은 분명 페루에서 고고학자들이 발굴한 것과 같은 종자였을 것이다. 그렇다면 잉카족이나 아즈텍족은 기원전 1세기경부터 자두라는 과일을 먹었다는 이야기다. 다만 에스파냐 사람들에게 익숙한 부드러운 '프루누스 도메스티카(Prunus Domestica)종'이 아니라, 그들의 자두는 '프루누스 아메리카나(Prunus Americana)종'으로 신맛이 강하고 질긴 야생에 더 가까운 종자였을 것이다.

17세기 초까지도 아메리카 대륙의 자두는 야생 과일에 지나지 않았다. 미국인들은 추수감사절에 자두를 먹으면서 유럽산에 비해 훨씬 질이 떨어진다는 불평을 하곤 했다. 유럽산은 1500년 넘게 개량에 개량을 거듭한 것이었으니 비교가 되지 않았기 때문이다.

매사추세츠에 있던 개척자들이 마침내 유럽산 자두를 들여오기 시작했다. 그러는 한편 본토의 야생 자두를 유럽산과 계속 교배해 개량해

나갔다. 그렇게 해서 1825년에는 제퍼슨 자두를 만들어내기에 이르렀다. 미국의 제3대 대통령 토머스 제퍼슨의 이름을 딴 제퍼슨 자두는 거꾸로 영국에 전해져 지금도 무성하게 자라고 있으며, 영국인들의 애호 식품으로 자리 잡았다.

'아르메니아 자두'라는
뜻의 살구

자두의 일종인 살구(apricot)는 라틴어 학명이 프루누스 아르메니아 카(Prunus armeniaca)인데, 이는 '아르메니아 자두'라는 뜻이다. 원산지는 인도, 아르메니아, 중동, 터키로 알려져 있다. 에스파냐계 남미 사람들은 살구를 다마스코(damasco)라고 하는데, 이는 시리아의 수도 다마스쿠스에서 유래한 말로 그 지역이 주산지임을 말해주고 있다.

성서에 나오는 '아론의 지팡이'도 바로 이 살구나무로 만든 것이라고 한다. 〈민수기〉 제17장 8절을 보면, 아론(Aaron)의 권위를 이스라엘 백성들에게 확증하기 위해 하나님이 12개 지파에게 각자 지팡이를 가져오라는 대목이 나온다. 그중 레위지파에 속하는 대제사장 아론의 지팡이에만 싹이 돋아 꽃이 피었으며 살구가 열렸다. 이것은 하나님이 레위지파를 택했음을 뜻하며, 대제사장직이 절대적인 것임을 보증해주는 것이기도 하다.

미군의 전차부대원들은 살구를 터부시한다. 그들은 살구를 먹지 않는 것은 물론 전차에 반입하는 것도 금한다. 심지어 '살구'라는 말을 꺼

레위지파의 대제사장 아론의 지팡이(오른쪽)에 싹이 돋아 살구꽃이 피었다.

내지도 못하게 한다. 비록 미신이지만, 제2차 세계대전 당시인 1942년 'M4A3E8 셔먼 탱크(Sherman Tank)'가 살구 통조림 캔 때문에 고장을 일으켰기 때문이라고 한다. 하지만 영국의 동화에서는 살구 꿈이 행운을 가져온다고 한다.

공자가 은행나무 단에서 제자를 가르쳤다는 고사에서 유래한 행단(杏壇)은 '학문을 닦는 곳'을 가리킨다. 여기서 행(杏)은 살구를 뜻한다. 은행(銀杏)은 열매가 살구 씨와 모양이 비슷하고 은빛이 난다고 해서 붙인 이름이다. 중국 각 지방의 향교에는 전부 은행나무가 심어져 있는데, 이는 벌레가 끼지 않는 은행나무처럼 유생들이 장차 청백리로 살아가라는 의미를 담고 있다. 또 은행잎은 공자의 사당인 문묘(文廟)가 있는 성균관대학교의 로고이기도 하다.

최단 기간 최다 생산량을
자랑하는 딸기

이미 오래전부터 수많은 문명권에서 많은 사람들이 딸기를 따 먹었으면서도 수 세기 동안 딸기를 재배할 생각은 하지 못했던 것 같다. 수많은 과일들이 상품화되어 수출 품목이 되었어도 딸기는 과일 자체가 워낙 연약해서인지 운송이 가능해진 것도 100여 년 전 냉동 운송장치가 개발된 후였다. 딸기는 영어로 strawberry, 즉 straw(짚)와 berry(산딸기류)의 합성어인데, 영국의 습한 토양에서도 잘 자라도록 짚을 깔았기 때문에 그렇게 지었다고 한다.

덴마크, 스위스, 영국 등에서는 약 7000년 전의 것으로 추정되는 딸기 씨가 발견된 바 있다. 그 옛날 숲에 가면 많은 과일을 얻을 수 있었던 고대인에게 야생 딸기는 찾기 어렵거나 따기 어려운 기호식품이 아니었을 거라고 고고학자들은 생각한다. 더구나 음식에 대한 그들의 관점은 질보다는 양이었을 것이므로 조그마한 딸기를 구태여 찾아 먹거나 재배할 생각을 하지 않았을 것이다. 어쨌든 고대 문명권에서 딸기에 대한 기록은 찾아볼 수 없는 게 사실이다. 그리스인조차도 야생 딸기를 따 먹기는 했지만 재배하지는 않았다.

최초로 딸기에 눈을 돌린 사람은 고대 로마인이었다. 그러나 그들도 나무에서 자라는 딸기와 덩굴에서 자라는 딸기를 같은 것으로 생각했음에 틀림없다. 고대 로마의 시인인 오비디우스와 베르길리우스는 딸기를 fraga라고 불렀는데, 여기서 딸기속(屬) fragaria가 비롯되었다. 플리니우스는 《박물지》에 딸기가 "땅을 기어가며 자라는 유일한 식물로, 열매의 맛은 숲에 있는 버찌와 비슷하다."고 기록하고 있다. 이로 미루어보면 1세기경 로마에는 덩굴딸기가 있었음을 확실히 알 수 있다.

중세에 들어서도 딸기에 관한 기록은 별로 없다는 사실로 볼 때 여전히 딸기 재배는 사람들의 관심권 밖이었던 것 같다. 그러다가 1368년에야 딸기에 관한 기록이 등장한다. 재정을 튼튼히 해서 '현명왕'으로 불린 프랑스의 샤를 5세는 유난히 딸기를 좋아해 루브르 궁전 정원에 딸기를 심으라고 명령했다. 그런가 하면 부르군디(Burgundy) 공작부인은 크림 속에 딸기를 담갔다가 먹는 것을 좋아해 자기 집 정원에 심었다는 기록이 있다.

이즈음에 독일인은 딸기를 약용으로 썼다. 얼마 후에는 포도주에 담가 후식으로 먹었으며, 여인들은 아이스크림에 섞어 먹기를 좋아했다. 물론 이때의 딸기는 모두 알이 작은 야생 딸기였다.

알이 크고 맛있는 재배 딸기에 대한 기록은 1608년이 되어서야 등장한다. 휴이 플랫(Huey Flat)이 쓴 책에 딸기의 품질을 개량하는 방법이 적혀 있다. 딸기를 우유나 포도주에 담가 먹거나 조각을 내어 과자에 넣어 먹는 것이 당시의 풍습이었다. 그때 이후로 딸기는 더 맛있게, 더 단단하게 그리고 단위 면적당 수확량이 더 많게 끊임없이 개량되었다. 이런 일련의 노력들이 성공을 거두어 지금 딸기는 모든 과일 중 최단 기간에 최다 생산량을 자랑하는 과일이 되었다.

파인애플을 껍질째 먹다
입술을 다친 루이 14세

파 인애플(pineapple)은 1600개 이상의 종(種)을 거느리고 있는 파인애플과에 속하는 과일이다. 열매가 큰 솔방울 모양 같고 맛은 달콤한 사과 같다 해서 이 과일을 최초로 발견한 사람이 그렇게 이름을 붙였다는 파인애플은 다른 어떤 과일보다도 많은 찬사를 받아왔다. 최초 발견자로 알려진 프랑스의 사제 장 드 레리(Jean de Lery)는 《브라질 땅에서 일어난 항해 이야기*Histoire d'un voyage fait en la terre du Bresil*》(1578)에서 "신들이 모여 잔치를 할 때 틀림없이 파인애플을 먹으면서 했을 것이며, 파인애플을 가져오는 일은 틀림없이 미의 여신 아프로디테(비너스)의 몫이었을 것이다."라며 찬사를 아끼지 않았다.

1596년 영국의 군인·정치가·탐험가로 엘리자베스 1세의 총애를 받은 월터 롤리(Walter Raleigh)는 파인애플을 '과일 중의 공주'라고 불렀으며, 당시 또 다른 작가는 파인애플의 자태가 워낙 위엄 있어 "왕 중의 왕이 왕관을 씌워준, 과일 중의 왕족임이 틀림없다."고 찬미했다.

원산지는 남부 브라질이라는 설, 브라질·아르헨티나·파라과이가 접

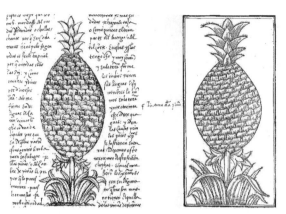

곤살로 페르난데스 데 오비에도 이 발데스의 저서 《서인도 제도의 일반 역사*La Historia general de las Indias*》에 묘사된 파인애플. 1535년 이전에 그린 것으로 최초의 파인애플 일러스트로 알려져 있다. 월터 롤리가 파인애플을 '과일 중의 공주'라고 부른 것과 달리, 발데스는 '과일 중의 왕자'라고 했다.

해 있는 파라과이강 부근이라는 설이 있다. 장 드 레리가 그 과일을 최초로 발견하고 이름까지 붙였다고 한다. 그러나 사실 파인애플은 1493년 카리브 제도의 과들루프섬에 들어간 에스파냐 탐험가들이 발견했다. 그들은 또 파인애플이 남미 대륙과 적도 근처 카리브 제도에 자생한다는 사실을 알게 되었다.

섬사람들에게 파인애플은 대단히 중요한 과일이었기에 '최고의 과일'이라는 뜻의 나나(Nana)라고 불렀으며, 속명 아나나스(Ananas)도 여기서 비롯되었다. 과육을 건강식으로 먹었을 뿐 아니라 방문객을 환영한다는 표시로 껍질을 왕관 모양으로 오려내 지붕에 매달기도 했다. 그런가 하면 집 둘레에 파인애플을 심어 울타리를 만들었는데, 가시 같은 잎사귀가 침입자들을 막아준다고 믿었기 때문이다. 카리브 제도의 소년들이 성인식을 할 때도 파인애플은 필수였다. 소년들은 사회의 구성원으로 인정받기 위해 가시에 찔리는 고통을 감수하면서 파인애플 숲을 맨발로 달려야만 했다.

에스파냐 사람들이 이 과일에 대해 최초의 기록을 남긴 것은 15세기였지만, 아메리카 대륙의 인디언들은 이미 1000여 년 전부터 파인애플을 재배한 것으로 추정된다. 그 증거는 여러 가지가 있지만 그중에서도 결정적인 증거는, 에스파냐 사람들이 처음 파인애플을 접했을 때는 이미 씨가 없었다는 사실이다. 씨가 없다는 것은 인간의 힘을 빌리지 않으면 번식할 수 없다는 반증이다. 그러려면 수백 년에 걸친 교배와 개량이 이루어졌다는 얘기다.

콜럼버스가 파인애플을 대륙으로 가지고 가자 유럽인들은 그 이상한 과일에 완전히 매료되었다. 당시 파인애플에 관한 그들의 기록을 보면, "멜론과 딸기와 피핀 사과의 맛을 모두 갖고 있는 그 달콤한 과일이야말로 진정 세상에서 가장 고귀한 과일이다."라고 되어 있다.

파인애플은 1616년에 이탈리아에 전해졌다. 이탈리아 사람들은 파인애플을 온상에서 재배하려고 노력했으나 실패했다. 이어 파인애플은 네덜란드와 영국으로 흘러 들어갔다. 프랑스에서 최초로 재배한 파인애플의 열매가 루이 14세에게 진상되었을 때는 웃지 못할 일이 일어났다. 천성적으로 급하고 욕심 많은 왕은 처음 보는 그 과일을 정원사의 손에서 낚아채 껍질도 벗기지 않은 채 입으로 가져갔다. 하지만 가시 같은 껍질에 찔려 왕의 입술에 피가 났고, 분노한 왕은 프랑스에서는 아무도 파인애플을 재배하지 못하게 명을 내렸다. 그 때문에 프랑스에서는 그가 왕위에서 물러난 18세기 초에야 다시 파인애플을 재배할 수 있었다.

대양을 가로지르는 파인애플의 이동 경로는 다른 대부분의 과일과는 정반대였다. 아메리카 대륙에서 유럽으로, 페루에서 중국, 필리핀으로 전파되었다. 그리고 1777년에는 영국의 탐험가 제임스 쿡에 의해 하와이로 전해져, 오늘날 하와이는 파인애플의 천국이 되었다.

자몽은 감귤류의
돌연변이?

근거는 거의 희박하지만, '금단의 열매(The forbidden fruit)'로도 불리는 자몽은 다른 과일들과는 달리 그 역사가 300년밖에 되지 않았다. 물론 발견한 것이 그렇다는 얘기고, 언제 처음 생산했는지는 아무도 모른다. 특히 건강을 중시하는 아메리카 대륙 사람들은 칼로리가 적고 훌륭한 에너지원인 자몽을 알자마자 끔찍이 사랑했다.

자몽이 문명 세계에 선을 보인 때는 이미 식물학이 꽤 발전한 때였으나 그 기원에 대해서는 여전히 신비에 싸여 있었다. 한때 '포멜로(pomelo)' 또는 '셰독(Shaddock)'이라 불리던 그 과일은 영국 출신의 자메이카 치안 판사이자 농장주인 존 루난(John Lunan)이 처음 발견했다. 1814년 자메이카에서 전혀 새로운 과일을 발견했다고 주장한 그는 그 과일을 포멜로의 변종으로 여겼으며, 맛이 포도와 흡사하다 해서 grapefruit라고 불렀다. 나중에 맛을 본 사람들 중 그 맛이 포도와 흡사하다고 생각한 사람은 하나도 없었지만, 포도처럼 송이로 자라니까 이름을 바꾸지 말고 그대로 부르자는 데 동의해 계속 그 이름으로 불리게 된 것이다. 한자로는 하귤(夏橘)이라고 한다.

식물학자들은 기원을 알기 위해 자몽과 비슷한 과일이 틀림없이 있을 거라는 믿음을 가지고 인도네시아나 남태평양 등을 돌아보았지만 오직 자메이카에서만 자란다는 루난의 주장을 뒤엎을 도리가 없었다. 그렇다면 그들을 괴롭히는 문제가 대두될 수밖에 없었다. 도대체 그 과일이 어떻게 선조도 없이 그 외딴 섬에서 생겨날 수 있었는가 하는 의문점이 그것이다.

그 질문에 대한 답은 두 가지로 집약된다. 그 하나는 신세계로 들어간 두 가지의 감귤류를 여러 차례 잡종교배한 결과라는 설이다. 다른 하나는 아메리카 대륙에 있던 감귤류 나무에서 돌연변이가 일어났다는 설이다. 그중 첫 번째 주장의 근거는 그 과일의 아버지뻘 되는 식물이 기원전 1500년경 말레이시아에 있던 과일로 원주민들이 '레몬 멜론' 또는 '푸멜로(pumelo)'라고 부르던 과일이라는 주장이다. 그래도 어머니뻘 되는 과일이 무엇인가 하는 의문이 남는다.

두 번째 이론도 역시 포멜로를 겨냥하고 있다. 1696년 동인도회사 출신의 영국인 무역업자인 셰독 선장이 포멜로 씨앗을 바베이도스섬에 옮겨 심었다는 것이다. 그 과일의 씨앗이 새들에 의해 자메이카로 들어갔고, 새로운 환경에 놓인 포멜로는 돌연변이를 통해서 완전히 다른 과일인 자몽으로 태어났다는 논리다. 이와 같은 열띤 논쟁 끝에 식물학자들은 자몽을 전혀 새로운 과일로 공식 인정했으며, 1837년 식물학자 제임스 맥페이든(James MacFadyen)은 이 둘을 구분하고 자몽에 '시트루스 파라디시(Citrus × paradisi)'라는 학명을 붙여주었다. 여기서 ×는 교배종이라는 뜻이다.

곡물 재배의 시작,
밀과 보리

근동 지방의 모래언덕이나 비옥한 삼각주에서 지금도 무럭무럭 자라고 있는 키 큰 야생식물을 인간이 재배하기 시작한 것, 그것이 바로 문명의 시작이라고 해도 과언은 아닐 것이다.

태초에 고대인은 알갱이가 포동포동해 껍질을 벗기기 좋은 야생 밀을 따서 먹어보았다. 그러다가 기원전 9000년경 아주 중요한 발견을 하게 되었다. 밀 등의 곡식을 한곳에 심으면 나중에는 많은 먹거리가 한꺼번에 생기리라고 여겼던 것이다. 돌아다니며 사냥을 하는 데는 16~20제곱킬로미터의 땅이 필요하지만, 그 정도의 땅에다 곡식을 심으면 5000여 명을 먹여 살릴 만한 곡식을 수확할 수 있다는 사실을 깨닫게 된 것이다.

야생 밀을 재배하게 된 것 자체도 순전히 우연한 발견이었을 것이다. 관찰력 있고 영리한 사람이 밀 씨앗이 떨어진 곳에서 어느 시점이 되면 한꺼번에 싹이 트고 한꺼번에 여무는 것을 발견했을 것이다. 물론 이러한 발견에 이어 여러 가지 실험을 해보는 데 걸린 시간만도 족히 수백

년은 되었겠지만, 이제는 곡식의 씨를 뿌리고 거둬들이기 가장 좋은 계절과 토양을 알아낸 것이다.

그리하여 기원전 7000년경 티그리스·유프라테스 계곡에는 인간이 재배한 밀이 대량으로 자라게 되었다. 당시의 씨앗을 발굴해 요즘 그곳에서 자라는 야생 밀과 유전자 비교를 해본 고고학자들은 그 둘이 거의 흡사하다는 것을 밝혀냈다.

영어로 '곡식'을 뜻하는 cereal(시리얼)은 로마 신화에 나오는 '곡식의 여신' 케레스(Ceres)에서 유래한 말로, 이 여신은 그리스 신화의 데메테르(Demeter)와 동일시된다. 그런데 현대에 들어 어린이나 맞벌이 부부 등 비교적 젊은 층이 아침식사 대용으로 먹는 것도 '시리얼'이라고 한다.

밀을 재배하는 데 성공한 우리 조상은 또 다른 곡식의 재배에 눈을 돌렸을 것이다. 많은 시행착오를 거친 끝에 기원전 6000년경에는 두 번

곡식단을 들고 있는 여신 케레스

째로 보리를 재배하는 데 성공했다.

오늘날의 보리가 유전자 변이로 씨앗 배열이 여섯 줄이고 당시 보리는 두 줄밖에 안 되지만 영양분은 큰 차이가 없었다. 차이가 있다면, 당시는 주식으로 먹기 위해 재배했지만 오늘날에는 주로 가축의 먹이나 위스키·맥주 등 술을 만들기 위해 재배한다는 것이다. 보리가 술을 만드는 데 주로 쓰이는 반면 밀은 과자와 빵 등을 만드는 데 쓰인다.

동아시아인의 주식인 쌀

쌀은 동아시아와 동남아시아인의 주식으로 전 세계 생산량은 밀 다음으로 많다. 쌀은 껍질이 있는 벼, 껍질만 벗긴 갈색의 현미(玄米), 도정 정도에 따라 정백미·7분도미·5분도미 등으로 구분한다. 서양에서는 결혼식 후 '다산'을 기원하며 쌀을 신랑 신부에게 뿌려준다.

근동 지방 사람들이 밀과 보리에 이어 훗날 귀리를 재배하는 기술을 습득하는 동안 중국에서는 두 가지 중요한 농작물을 재배하기 시작했다. 하나는 탄수화물 등의 영양분이 풍부해 지금도 동양인의 주식이 되는 쌀이고, 또 하나는 가장 중요한 단백질 공급원인 콩이다.

중국의 몬순 지역은 밀이나 보리와는 달리 습한 곳을 좋아하는 벼를 재배하는 데 적격이었다. 중국인들이 시행착오 끝에 그 복잡한 쌀의 재배 기술을 습득하게 된 것은 기원전 5000년경이었다.

벼는 씨에서 돋아난 어린 싹이 어느 정도 크면 손으로 일일이 뽑아 물기가 많은 곳으로 옮겨 심어야 하는 유일한 작물이다. 그 과정이 매우 복잡하기 때문에 오늘날 미국의 과학자들은 그런 복잡한 과정을 생략하고 벼농사를 지을 수 있는 방법을 연구하고 있다. 그것이 만약 성공한다면 쌀값이 싸져서 좋겠으나, 쌀 하면 떠오르는 중국을 비롯한 동양의 모내기 정경이 사라진다면 안타까운 마음이 들 것이다.

땅에서 나는 소고기, 콩

콩은 단백질이 풍부해 '밭에서 나는 소고기'라고 불린다. 기원전 3000년경에 동북아시아 지역에서 재배하기 시작한 콩은 산악 지대에 퍼져 있던 들콩을 개량한 것으로 우리나라에서는 삼국시대에 재배한 기록이 있다. 이어 일본을 비롯한 아시아 여러 나라로 퍼져나갔고 유럽에 전해진 때는 19세기였으니, 그 전파 기간이 무려 5000년이나 걸린 셈이다.

유럽에서는 콩을 주로 가축의 먹이로 쓰지만 동양에서는 매우 중요한 작물이었다. 예부터 동양에서는 콩으로 두부를 만드는 등 다양한 조리법을 개발해 육류 대신 단백질을 섭취해왔다. 요즘에는 서양인도 콩의 중요성을 깨달아 그 진가를 재조명하고 있다. 미국인도 최근에 와서야 주요 단백질원으로서 콩의 중요성을 절감하기 시작했다. 서부 개척 시대에는 콩이 너무도 흔한 작물이었기 때문에 Bean(콩)은 '콩이 주로 나오는 싸구려 식당'을 뜻하기도 한다. 오늘날에도 연간 5000만 톤가량을 생산하는데, 이는 세계 총생산량의 거의 절반에 해당하는 양이다.

현대 과학의 발달에도 불구하고 대부분의 곡물은 기원전 3000년경에 개량되었으며, 그 이후에 나온 곡식이 없다는 점은 눈여겨볼 만하다. 그런데 GMO라는 기술이 등장했다. GMO는 genetically modified organism의 약자인데, GMO 식품 반대론자는 '유전자 조작 식품'으로, 찬성론자는 '유전자 변형 식품'으로 부른다. 1994년 미국에서 처음 껍질이 무르지 않도록 유전자를 조작한 토마토를 선보인 이래, 주로 콩과 옥수수가 그 대상이 되었다.

야생 땅콩(위)과 유전자 변형 땅콩(아래)

흑인 노예와 함께
아메리카로 건너온 참깨

참 깨는 '먹는 환약'이라고 할 만큼 양질의 리놀산을 많이 함유하고 있고 단백질, 미네랄, 비타민도 풍부해 영양가가 높다. 《아라비안나이트》에 나오는 〈알리바바와 40인의 도둑〉 이야기에서 도둑들이 보물을 감추어둔 동굴 앞에서 '열려라, 참깨!'라고 주문을 외는데, 이것은 참깨가 익으면 깍지가 터져 깨알이 쏟아지는 모습에서 착안한 것이다.

세계 4대 문명 발상지의 하나인 인더스 문명은 기원전 2500년경에 번성했다. 모헨조다로와 하라파의 유적에서는 탄화된 수많은 참깨 종자가 출토되었다. 정연하게 뻗어 있는 모헨조다로 도로변에 가로등을 설치한 유적도 발견되었다. 어쩌면 참기름으로 불을 밝혔을지도 모른다.

이처럼 참깨는 고대 문명기부터 있었기 때문에 근래까지 인도가 참깨의 원산지라고 생각해왔다. 그러나 참깨의 원산지는 열대 아프리카의 사바나 지대다. 사바나 식생 지대에는 야생 참깨 종류가 많고 그 변종도 풍부하다. 참깨는 여기에서 내륙 교역로나 해상 교역로를 통해 전 세계로 퍼진 것이다.

참깨는 인더스강 유역에서 서역을 통해 중국으로 전해졌고, 이것이 다시 조선을 거쳐 일본에 전해졌다. 북송의 학자 심괄(沈括)이 쓴《몽계필담夢溪筆談》에 중국 참깨는 기원전 2세기경 한나라의 장건(張騫)이 서역에 파견되었을 때 대원국(大宛國; 우즈베키스탄 동부 페르가나 지방에 있던 나라)에서 가지고 들어왔다고 기록되어 있다.

그런데 근래 저장성(浙江省)의 유적지에서 탄화한 검은 참깨가 많이 출토되었고, 사마천의《사기》에도 장건이 참깨를 가지고 들어왔다는 기록이 없는 점으로 미루어 장건설은 오류라는 지적이 있다. 그러나 이 루트는 고대부터 유라시아 대륙의 동서를 잇는 교역로였으며, 중국에서는 비단이 건너갔고 서방에서는 불교문화와 함께 많은 물산이 중국으로 들어온 길이다. 호두(胡桃)·오이(胡瓜)·후추(胡椒)처럼 '호(胡)'자가 붙은 것은 대부분 서역 물산이거나 서역을 통해 중국으로 들어온 것이다.

참깨가 아프리카에서 인도, 중국, 한국, 일본 등지로 전해진 것은 아주 오래전이며, 아메리카 대륙에는 16세기에 전해졌다. 아프리카와 신대륙, 신대륙과 유럽 사이에는 '대항해 시대'까지 교역로가 없었기 때문인데, 대항해와 이것이 낳은 노예무역이 최초의 본격적인 대서양 교역이었다. 이때 참깨는 아프리카의 노예해안 같은 곳에서 노예와 함께 먼저 카리브해 지역으로 건너갔으며, 거기에서 중남미로 전해졌다.

미국에는 17세기 후반 남부의 면화와 담배 플랜테이션 대농장으로 끌려간 아프리카 흑인 노예를 통해 전해졌다. 그러나 미국에서는 참깨와 면화의 수확기가 일치해, 수확기를 놓친 참깨 깍지가 저절로 터져 깨가 땅에 쏟아져도 노동자들은 면화를 수확하느라 참깨에는 손도 댈 수 없었기에 널리 재배되지 못했다.

제2차 세계대전 후인 1946년에 다 익었는데도 '깍지가 터지지 않은 참깨'가 한 포기 발견되었다. 이로부터 품종개량을 거듭한 결과 마침내 '닫혀라, 참깨(close sesame)'라는 우수한 품종이 탄생했다.

이 참깨에 눈을 돌린 사람은 텍사스주 패리스에 살던 로이 앤더슨(Roy Anderson)과 제임스 앤더슨(James Anderson) 형제였다. 1952년 앤더슨 형제는 패리스 참깨 프러덕츠(Paris Sesame Products)를 세워 참깨 칩, 참깨 크래커, 참깨를 넣은 햄버거 등을 만들어 팔아 대성공을 거뒀다. 그들은 참깨를 대량생산하기 위해 패리스 외곽에 대농장과 노동자 주거지를 만들고 흑인, 멕시코인, 푸에르토리코인들을 불러 모았으며, 이 주거지의 중심가를 '새서미 스트리트'라고 불렀다.

앤더슨 형제는 참깨농장 노동자 자녀들의 교육에도 관심을 쏟아, 학교를 세워 이들을 차별하지 않고 교육시켰다. 이후 1969년 11월 10일 미국의 공영 채널 PBS에서 이 형제들의 활동을 봉제인형을 이용한 유아교육 프로그램인 '새서미 스트리트(Sesame Street)'로 제작, 방영해 폭발적인 인기를 끌었다.

인디언이 터득한 고도의
기술로 태어난 옥수수

옥 수수는 아메리카 대륙이 원산지다. 콜럼버스가 대륙을 발견하기 훨씬 이전부터 인디언들은 옥수수를 재배하기 시작해 그들 음식의 거의 80퍼센트를 차지할 정도였다. 중앙아메리카에서는 '메이즈(maize)'라고 불리는 옥수수로 다양한 음식을 만들며, 미국인의 식단에서는 밀 다음으로 중요한 위치를 차지하고 있다.

세계 3대 작물인 밀, 쌀 옥수수 중에서 가장 생산량이 많은 옥수수는 라틴아메리카의 문명을 지탱해준 일등공신이었다. 감자와 함께 원주민들의 주식이었던 옥수수는 1493년 3월 콜럼버스가 신대륙을 발견하고 1496년 두 번째 항해를 한 이후 에스파냐를 거쳐 유럽으로 전파되었고, 18세기경에는 유럽 전역으로 퍼지게 되었다.

corn은 '곡물'의 총칭이나 '낟알', '알갱이'를 뜻하기도 하지만 미국에서는 주로 '옥수수'라는 뜻으로 쓰이며, 영국에서는 '밀'(영국에서는 옥수수를 메이즈[maize]라고 한다), 스코틀랜드와 아일랜드에서는 '귀리'를 가리킨다. 이렇듯 corn은 여러 지역에서 곡물이나 곡식의 뜻으로 쓰였기 때문에 Corn in Egypt 하면 '풍요'를 뜻한다.

기록에 따르면, 1620년 메이플라워호를 타고 매사추세츠주 플리머스에 도착한 최초의 청교도 '필그림 파더스(Pilgrim Fathers)'는 1621년 가을 첫 옥수수 수확을 기념하기 위해 재배법을 알려준 왐파노아그(Wampanoag) 족을 초대했는데, 매서소이트(Massasoit) 추장이 용감한 병사 90명을 이끌고 와 사슴 다섯 마리와 사슴가죽 부대에 넣은 팝콘을 몇 자루 내놓았다고 한다. 이들이 가져온 것들을 함께 나누어 먹으며 기념한 것이 바로 '추수감사절'의 기원이다.

옥수수에 대한 새로운 연구는 인디언들이 이제까지 우리가 생각했던 것보다 훨씬 더 곡물 재배에 능했다는 것을 보여준다. 베네수엘라에서 발견한 곡물의 잔해를 연구한 고고학자들은 옥수수가 자연적으로 생긴 것이 아니라 인디언들이 고도의 기술로 오랜 세월에 걸쳐 야생 식물을

영국에서 영어를 배우고 온 티스콴툼(Tisquantum 또는 Squanto)이 청교도들에게 처음으로 옥수수 재배법을 가르쳐주었다. 왼쪽부터 옥수수의 조상인 테오신트, 테오신트와 옥수수의 잡종, 현재의 옥수수.

수없이 교배한 끝에 개량한 곡물이라는 사실을 알아냈다. 실로 놀라운 일이었다. 멕시코시티 동남쪽에 자리 잡은 테우아칸 계곡의 유적지에서도 옥수수 화석이 발견되었는데, 덴마크의 고고학자들이 DNA 감식을 통해 5310년 전 것임을 밝혀냈다. 지금도 멕시코 인디언들이 '옥수수의 어머니'라 부르는 테오신트(teosinte)가 바로 옥수수의 조상이라는 것을 알아낸 것이다.

일본에는 16세기에 나가사키에 설치된 포르투갈 상관을 통해, 중국에는 1590년 에스파냐 또는 포르투갈 사람에 의해 전파되었다고 한다. 우리나라에는 조선시대에 중국을 통해 들어온 것으로 추정된다. 그 이름도 중국어 발음 '위수수(玉蜀黍[옥촉서])'에서 유래해 옥수수가 되었기 때문이다.

감자 때문에 아일랜드인은
미국으로 떠났다

인류가 재배한 작물 가운데 아메리카 대륙이 원산지인 작물로는 옥수수, 호박, 토마토, 고추, 땅콩, 파인애플, 초콜릿, 코코아, 고구마, 감자가 있다. 특히 감자는 저온에서 잘 자라고 짧은 기간에 많이 수확할 수 있어 유럽에 전해지자마자 급속도로 보급되었으며, '대항해 시대'에는 전 세계로 퍼져나갔다. 감자에는 탄수화물뿐 아니라 비타민 C도 많아, 오랫동안 항해를 해야 하는 선원들은 괴혈병에 걸리지 않으려고 감자를 많이 먹었다. 비타민에 대한 지식은 없었지만 당시 항해자들은 오랜 경험으로 이것을 알았던 것이다.

유럽의 중세는 굶주림의 연속이라 해도 과언이 아니었다. 영국의 기록에 따르면, '노르만 정복' 이후 15세기까지 세기마다 평균 14년 동안 내내 기근이 덮쳤으며, 한번 기근이 오면 몇 년씩 이어졌다고 한다. 그래서 기근을 극복하려는 노력이 유럽 문명을 이룩했다고도 한다. 이 기근 속에서 구세주는 다름 아닌 감자였다. 한랭한 곳에서도 빨리 자라고 어린 감자도 먹을 수 있으니 아주 좋은 구황작물이었다.

감자는 유럽에 전해진 후에도 한동안 아일랜드와 프랑스(이들은 감자를 '땅에서 나는 사과'라는 뜻의 pomme de terre라고 불렀다)를 제외한 다른 지역에서는 인기가 없었다. 감자가 나병을 일으킨다는 소문도 돌았고, 교회는 성서에 기록이 없고 색깔이 관능적이며(보라색도 있었다) 마치 시체를 땅에 묻듯 묻어야 나는 작물이라는 이유로 악마의 작물이라는 소문을 퍼뜨렸다. 그러나 감자는 점차 유럽인의 주식으로 자리 잡았고, 정치적인 압력에 의해 강제로 감자를 주식으로 만든 나라도 있었다.

1649년 청교도 혁명으로 권력을 잡은 영국의 올리버 크롬웰은 곧바로 아일랜드를 침략했다. 그리고 1652년 '아일랜드 식민법'을 제정해 토지를 수탈하기 시작했다. 아일랜드 전체 경지의 3분의 2가 영국인의 손에 들어갔으며, 몰락한 아일랜드인은 영국인 지주 밑에서 소작인으로 일하든가 아메리카 대륙이나 영국으로 이주했다. 소작인의 생활은 매우 비참해서 '백인 노예'라고 불릴 정도였다. 인구도 1641년 150만 명에서 '아일랜드 식민법'이 시행된 1652년에는 85만 명으로 절반가량 줄었다.

영국은 아일랜드를 식량 공급지로 삼았다. 농사지은 밀 대부분이 영국으로 보내졌고, 감자가 아일랜드인의 주식으로 자리 잡았다. 그런데 1845년부터 감자가 병충해를 입어 대기근이 발생했다. 해마다 수천 명이 굶어 죽었으며, 이때 160만 명 이상이 기근을 피해 해외로 이주했다(1845~1847년 통계). 케네디 미국 대통령이나 맥도널드 형제의 조부도 이때 아메리카로 건너갔다고 한다.

이처럼 대기근으로 인한 참사가 벌어지고 있는 와중에도 매년 50만 톤의 밀을 영국으로 보내고 있었다. 이것은 아일랜드의 전체 인구를 먹여 살릴 수 있는 양이었다. 영국으로 이주한 아일랜드인은 저임금으로 일했다. 영국인은 아일랜드 노동자를 '감자만 먹고 일한다'고 깔보았지만, 이들은 '세계의 공장'이라 불리던 산업혁명 이후의 영국 경제를 음지에서 떠받치고 있었다.

이처럼 식량을 둘러싸고 일어난 전쟁도 많았지만, 식량 때문에 끝난 전쟁도 있다. 1756년 프로이센과 오스트리아가 싸운 7년전쟁은 '감자전쟁'이라고도 불린다. 여러 해 동안 냉해가 덮쳐 흉년으로 고통받던 프로이센에서는 프리드리히 대왕이 강제로 농가에 감자를 심도록 하고, 솔선해 감자를 먹고 장려해 프로이센의 부흥에 노력했다.

7년전쟁에서 프리드리히 대왕은 식량 부족과 오스트리아군의 우세 때문에 결전을 피하고 지구전으로 들어갔다. 전세는 프로이센군에 불리했다. 프리드리히 대왕은 몇 번이나 자살을 생각할 정도로 궁지에 몰렸으나, 러시아의 정변을 계기로 '기적의 역전'을 이루며 승리를 거두었다. 그러나 실제로는 대치하고 있던 오스트리아군이 바이에른 지방의 감자를 몽땅 먹어버려 더 이상 버틸 수가 없던 사정이 있었다.

1840년대 극심한 감자 흉작으로 아일랜드에서는
폭동이 일어났고, 수많은 사람들이 미국으로 이주했다.

감자를 먹는 사람들(빈센트 반 고흐, 1886)

고흐의 초기 걸작 중에 〈감자를 먹는 사람들〉이라는 그림이 있다. 그는 이 그림을 그리게 된 동기를 이렇게 말했다. "남포등 아래서 감자를 먹고 있는 사람들이 피로 물든 이 똑같은 손으로 흙을 파는 것이다. 그들이 자기 음식을 얼마나 성실하게 먹고 있는가를 좀 더 명확하게 표현하려고 노력했다."

고흐의 그림처럼, 감자만을 먹는 저녁식사는 19세기까지 유럽 서민의 집에서 볼 수 있는 흔한 광경이었다. 지금은 감자만 먹지는 않지만 아직도 독일, 폴란드, 러시아에서는 감자가 검은 빵과 함께 주식이다.

이렇듯 유럽의 기근을 구제하는 데 큰 도움을 준 것이 '대항해 시대'에 신대륙에서 가져온 먹을거리들이었다. 유럽 사람들은 아스테카 왕국과 잉카제국을 잔인하게 멸망시켰지만, 이곳에서 문명을 쌓아올린 인디오가 오랜 세월 동안 길러온 것들은 유럽 사람들에게 베풀었던 것이다.

감자가 우리나라에는 1824년 만주 간도 지방으로부터 전래된 것으로 알려져 있으며, 서울에서는 1883년 선교사에 의해 처음 재배되었다고 한다. 감자를 중국에서는 보통 말방울을 닮았다고 해서 마령서(馬鈴薯), 우리나라에서는 북쪽에서 전래되어 북감저(北甘藷)라고도 했으며, 당시 감자와 고구마는 모두 감저라고 칭했다. 감자와 고구마는 과거 보릿고개 시절에 가을철 추수 때까지 끼니를 때울 수 있는 최고의 구황작물이었다.

멕시코에서
퍼져나간 고구마

고구마는 멕시코·콜롬비아 등 아메리카 대륙의 더운 지역이 원산지이며, 마야·아스테카·잉카제국에서 품종을 개량해가며 재배했다. 유럽에는 콜럼버스가 네 번째 탐험 때 가지고 왔다고 한다. 이후 고구마(현지 명칭은 파타타[patata])는 '대항해 시대'의 파도를 타고 각지로 전파되었다.

에스파냐 왕의 원조를 받아 세계 일주에 나선 포르투갈인 페르디난드 마젤란(Ferdinand Magellan)은 1521년 필리핀의 세부섬에 도착해 그곳 원주민과 싸우다가, 막탄섬(Mactan Island)의 부족장 라푸라푸(Lapu–Lapu)에게 패해 목숨을 잃었다. 필리핀이라는 명칭은 1543년에 이곳 섬들을 원정했던 에스파냐 탐험가 루이 로페스 데 빌라로보스(Ruy López de Villalobos)가 펠리페 왕자(후에 펠리페 2세)의 이름을 붙여 라스 이슬라스 필리피나스(Las Islas Filipinas; 필리핀 제도)라고 부른 데서 유래한다. 그래서 라푸라푸는 필리핀 사람이면 누구나 알고 있는 국민적 영웅이 되었다.

1565년에 필리핀 제도를 정복해 초대 필리핀 총독이 된 에스파냐의

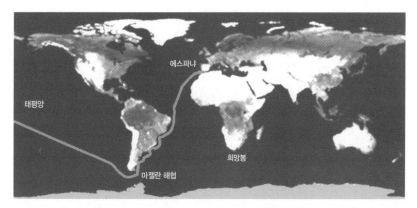

1519년 마젤란은 빅토리아호를 비롯하여 다섯 척의 배에 270명의 선원을 태운 선단을 이끌고
에스파냐의 산루칼항을 출발했다. 그는 대서양을 횡단해 남아메리카의 대서양쪽 해안을 따라
남쪽으로 내려갔다. 최남단의 처음 들어가는 해협에서 폭풍우 등에 휘말린 그의 선단 중
산티아고호가 난파되고, 산 안토니오호는 도망쳤다. 천신만고 끝에 해협을 건너 반대쪽 바다에 이른
마젤란은 너무도 험난하게 해협을 건너 마주한 잔잔한 바다를 태평양이라 이름 붙였다. 그리고 그가
지나온 해협은 사후에 마젤란 해협으로 명명되었다.

미겔 로페스 데 레가스피(Miguel López de Legazpi)는 1571년에 타갈로그족의
수도 마닐라를 탈취해 이곳을 에스파냐령 멕시코와 중국을 연결하는 교
역의 근거지로 삼았다. 고구마는 이때 멕시코와 교역을 하는 과정에서
필리핀에 전해졌다.

중국과의 교역이 활발해지면서 당시 필리핀(여송국[呂宋國])에는 중국
인 거류지도 생겨났다. 1594년 명나라 푸젠성 출신의 진진룡(陣振龍)이
라는 상인이 필리핀 최대의 섬인 루손섬에서 고구마를 훔쳐 베이징으
로 가지고 갔다. 이후 고구마는 청나라 때 메뚜기 창궐로 벼농사가 흉
작이었을 때 구황작물로 큰 역할을 해서 중국의 인구 증가에도 크게
기여했다고 한다. 물론 전쟁이 거의 없었던 까닭도 있지만, 강희제(康熙
帝; 재위 1661~1722) 때 1억 명이었던 인구가 건륭제(乾隆帝; 재위 1736-1996)
말기인 1790년에는 3억 명이 넘었다고 하니 말이다. 이렇듯 효자 작물 고

구마는 1605년에는 류쿠국(琉球國: 지금의 오키나와 지역)과 타이완으로 전래되었고, 1612년에는 일본 본토인 가고시마에 도달했다.

요즘도 중국의 남부, 대만, 필리핀에서 고구마를 주식으로 하는 지역이 있다. 필리핀에서는 고구마를 타갈로그어로 카모테(kamote)라고 하며, '카모테로 살아가다'라는 말은 극빈생활을 뜻한다.

현재 세계의 고구마 재배 면적은 아시아가 70퍼센트 이상(이 가운데 중국이 60퍼센트), 아프리카가 20퍼센트 이상을 차지하고 있다. 고구마 원산지인 아메리카 대륙의 재배 면적은 약 1~2퍼센트이며, 유럽이나 오세아니아에서는 거의 재배하지 않는다. 유럽은 위도가 높고 한랭해 추위에 약한 고구마보다는 감자가 더 잘 자란다. 현재 세계의 '고구마 지대'는 아시아와 아프리카다. 어쨌든 고구마는 많은 인구를 먹여 살릴 수 있는 만큼 생산지는 대부분 세계의 극빈 지대이며, 그곳의 주민들은 '고구마로 살아간다'고 할 만한 처지에 있다.

우리나라에는, 영조 때의 문신 조엄(趙曮)이 1763년 통신사로 일본에 갔을 때 고구마 종자를 처음으로 들여와 재배법과 저장법을 소개했다. 그의 저서 《해사일기海槎日記》(1764)에는 "고구마(감저[甘藷], 단감자)는 덩굴과 잎이 마(서여[薯蕷], 감자마)와 같은데, 그 덩굴은 땅에 묻으면 곧 곳곳에서 뿌리가 나고, 그 뿌리는 길이가 네댓 치이고 둘레가 두세 치다. 양끝은 좁고 껍질은 붉은 자색이며 살은 새하얀데, 날로 먹으면 삼삼하게 달고, 푹 익혀 먹으면 매우 달고 호박 같은 맛이 나며, 거위 알처럼 둥근 것이 가장 좋다. …… 그 이름은 감저(甘藷) 또는 효자마(孝子麻)라고 하며, 왜국의 발음으로 고귀마(古貴麻)라고 한다."고 기록되어 있다.

물론 고구마는 그 이전인 1554년 이탁(李鐸)의 《구황촬요救荒撮要》에

'저(藷)'라는 이름으로 등장하지만, 재배 기록이 없는 것으로 미루어 본격적인 재배는 조엄이 들여온 이후에 이루어진 것이 확실하다. 이후 고구마는 지금까지 250년 넘게 감자·옥수수와 더불어 구황작물 역할을 톡톡히 해냈고, 간식의 일인자로도 손색이 없는 존재로 자리 잡았다.

네덜란드와
인연이 깊은 당근

당근의 원산지는 지금의 아프가니스탄 일대로, 고대 그리스·로마 시대부터 식용으로 쓰였다. 하지만 널리 퍼지기 시작한 것은 10세기 무렵이다. 당근은 서쪽의 유럽으로 퍼져나갔고, 동쪽으로는 13세기에 원나라를 거쳐 우리나라까지 전해졌다. 이 무렵까지만 해도 당근은 생김새도 다양했고 색깔도 여러 가지였다. 빨간색·노란색·흰색·보라색 그리고 검은색까지 총천연색의 당근이 화려한 색상을 뽐냈다.

그런데 17세기 네덜란드에서 새로운 당근이 탄생했다. 동양의 자주색 당근과 서양의 흰색 당근을 교배해 주황색 당근을 만들어낸 것이다. 네덜란드의 항구도시 호른에서 탄생한 이 종자는 지금 우리가 먹는 당근의 원조가 되는 품종이다. 색깔도 아름다웠지만 맛도 좋았던 모양이다. 이때부터 네덜란드 농민들은 새로 선보인 주황색 당근만을 집중적으로 재배했다. 그리고 이 당근이 네덜란드의 동인도회사를 통해 세계적으로 퍼지면서, 지금 우리가 먹는 당근의 주류를 이루게 되었다.

오라녜 공 빌럼 1세

그런데 네덜란드 농민들이 주황색 당근만 심었던 이유가 있었다. 바로 17세기 에스파냐의 압제로부터 네덜란드를 구한 네덜란드 독립 영웅 오라녜 공 빌럼 1세를 기리기 위해서였다. 종교에 대해 의견을 내지 않고 침묵으로만 일관해 '침묵 공'이라고도 불린 오라녜 공에게 존경을 바치는 의미에서 네덜란드 농민들은 오렌지 빛깔 당근만을 키웠다는 것이다. 그 진위는 정확히 알 수 없으나, 그의 공위명(公位名)인 '오라녜(Oranje, 오렌지)'에서 유래된 오렌지색은 네덜란드의 상징색이 되었고, 스포츠의 각 종목 국가대표팀 유니폼도 주황색이다.

홍당무라고도 하는 당근은 각설탕과 더불어 말이 가장 좋아하는 먹이이기도 하다. 그래서 은유적으로 '설득의 수단'이나 '미끼' 그리고 '포상'의 뜻으로 많이 쓰인다. 국제정치학에서 carrot-and-stick, 즉 '당근과 채찍'은 상대 국가의 합병이나 침공의 빌미를 마련할 때 쓰는 정책을 뜻한다. 또 당근은 주황색이기 때문에 carrot top은 '머리카락이 붉은 사람', 즉 '빨강머리'의 애칭으로도 많이 쓰인다.

불로장생의 식자재, 버섯

버섯과 관련된 학문을 균이학(菌茸學)이라고 한다. 영어로는 mycology, 즉 라틴어로 mykes(mushroom, 버섯)와 logos(discourse, 학문)가 합쳐진 말이다. 이 말의 어원은 그리스 신화까지 거슬러 올라간다.

아르고스의 왕 아크리시오스(Akrisios)는 딸 다나에의 자식이 자기를 죽일 거라는 신탁을 받자, 제우스가 황금 소나기로 변해 다나에를 임신시켜 낳은 아들 페르세우스(Perseus)를 내쫓는다. 결국 신탁대로 페르세우스는 실수로 외할아버지를 죽이고, 죄책감에 사로잡힌 그는 아르고스를 다스릴 수 없어 티린스의 왕과 나라를 바꾸었다.

티린스의 왕이 된 후 얼마 되지 않아 페르세우스는 신하들과 함께 여행을 하다가 물이 떨어져 심한 갈증에 시달렸다. 그런데 갑자기 그의 앞에서 물을 흠뻑 머금은 뮈케스(mykēs)라는 버섯 하나가 솟아올라 그의 갈증을 풀어주었다. 이를 성스럽게 여긴 페르세우스는 그곳에 도시를 세우고 버섯의 이름을 따 '미케네(Mycenae)'라 불렀다고 한다. 훗날 이 도시는 크게 번성해 그리스 최고의 청동기 문명 발상지로 발전했는데, 여기서 비롯한 것이 바로 '미케네 문명'이다.

서양에서 버섯에 관한 가장 오래된 기록은 1910년에 처음 보고된 알 제리의 타실리나제르 고원의 암벽화다. 이 암벽화는 신석기시대 초기의 것으로, 온몸에 버섯이 돋아나 있는 꿀벌 머리의 주술사가 손에 여러 개의 버섯을 쥐고 있는 모습이다.

이집트에서는 버섯을 지하세계의 신이자 생산의 신인 오시리스(그리스 신화의 하데스, 로마 신화의 플루톤)가 인간에게 내려준 선물로 믿었으며, 버섯 갓의 주름 모양을 태양의 빛살로 표현함으로써 버섯이 대지를 비추는 태양이라고 여겼다. 중국에서도 버섯을 불로초로 여겨 황제에게 진상했다는 기록이 전한다. 우리나라에서는 고려의 문신 김부식이 펴낸 《삼국사기》에 신라 성덕왕 3년(704)에 공주에서 영지(靈芝)버섯의 하나인 황지(黃芝)버섯을 나라에 바쳤다는 기록이 있다.

타실리나제르 고원의 암벽화에는
꿀벌 모양의 머리에 온몸에 버섯이
돋아 있는 주술사가 손에 여러 개의
버섯을 들고 있는 모습이 새겨 있다.

프랑스인이 가장 좋아하는 버섯인 송로버섯은 캐비아·푸아그라와
더불어 세계 3대 진미로 꼽힌다. 하지만 우리나라의 미식가들은 버섯의
순위를 '일 능이(能耳), 이 표고(蔈古), 삼 송이(松栮)'로 매기기도 하는데,
그중 송이가 가장 비싸다. 대부분 일본으로 수출해 그만큼 내수용이 적
기 때문이기도 하다. 매월당 김시습은 금강산 등 송이의 주요 산지인 관
동 땅에 살며 "고운 몸은 아직도 송화 향기 서렸네. 희고 짜게 볶아내니
빛과 맛도 아름다워 먹자마자 이가 시원한 것 깨달았네. 말려 다래끼에
담았다가 가을이 되면 노구솥에 푹푹 쪄서 맛보리다."라는 송이 예찬시
를 남기기도 했다.
　　최근에 영국 암 연구소의 연구자들은 중국과 한국과 일본에서 쓰이
는 약용 버섯에 대한 보고서에서, 버섯이 화학요법과 방사선요법의 부작
용을 줄여주는 효과가 탁월하다고 밝혔다.

소고기가 Beef인 까닭은

소는 뛰어난 노동력 때문에 그 자체가 재산이나 다름없어서, 옛날에는 화폐를 대신하기도 했다. 이처럼 서양에서는 소를 화폐 대신 사용하면서 소에서 여러 가지 단어가 파생되었다. chattel(동산[動産])이나 capital(자본)도 바로 소(cattle)에서 파생된 단어들이다. fee(수수료)도 고(古)노르드어 fe(소)에서 나온 말이다. 오늘날 영어에서 소의 '머리와 꼬리'를 이르는 heads and tails가 '동전의 앞면과 뒷면'을 뜻하는 것도 같은 맥락이다.

1066년 잉글랜드 왕이었던 에드워드 참회왕이 죽은 뒤 웨섹스 백작 고드윈의 아들 해럴드 2세가 왕위에 오르자 노르망디 공 기욤 2세가 왕위계승권을 주장하며 영국으로 진격해왔다. 기욤 2세는 잉글랜드 동남쪽에서 벌어진 '헤이스팅스 전투'에서 해럴드 2세의 군대를 격파하고 윌리엄 1세로서 영국의 노르만 왕조를 열었다. 이 사건을 '노르만의 잉글랜드 정복(Norman conquest of England)'이라고 한다. 이로 인해 윌리엄 1세는 정복왕이라는 별명을 얻었다. 그 후 영국은 백년전쟁이 일어날 때까지 300

여 년간 프랑스의 식민지 처지가 되었다. 그 결과 상류층은 프랑스 문화를 동경하게 되었으며, 귀족들은 프랑스어를 사용하고 평민들은 영어를 사용했다.

　이런 관습은 당연히 음식 문화에도 영향을 끼쳤다. 그리하여 영국의 농부는 소(ox, cow)를 길렀지만, 그 고기는 프랑스어를 쓰는 상류층이 먹어치운 까닭에 프랑스어 viande de bœuf(소고기)에서 나온 beef로 불렸으며, 송아지(calf) 고기도 프랑스어 veau에서 나온 veal이라 했다. 이는 소에만 한정된 것이 아니었다. 양은 sheep 또는 lamb이지만 그 고기는 viande de mouton에서 나온 mutton으로 불렸으며, 돼지는 pig 또는 hog이지만 그 고기는 viande de porc에서 나온 pork로 불렸다.

뺀질이의 상징,
미꾸라지와 장어

미꾸라지는 외부의 위협을 느끼면 미끌미끌한 점액을 분비하는데, 이 점액의 구성 성분인 콘드로이틴황산이 노화 방지에 좋다고 한다. 그래서 우리나라 사람들은 예부터 미꾸라지로 끓인 추어탕을 가을의 최고 보양식으로 여겨왔다.

미꾸라지는 이 미끌미끌한 점액 때문에 '뺀질이'를 뜻하기도 한다. 세계 최고의 탈출 마술사였던 헝가리 출신의 해리 후디니(Harry Houdini)의 이름에서 비롯된 Houdini는 '빠져나가는 데 선수인 사람(동물)'을 가리킬 때 쓰인다. 2020년 3월 6일자 《뉴욕타임스》는 〈정치 미꾸라지 아베, 코로나 역풍은 못 피해(Shinzo Abe, Japan's Political Houdini, Can't Escape Coronavirus Backlash)〉라는 제목의 도쿄발 기사를 게재하면서, '변명의 달인' 아베 신조의 정치 행보를 비꼬기도 했다.

이와 비슷한 어류로 장어(長魚)가 있다. 장어는 말 그대로 몸이 뱀처럼 긴 물고기다. 장어의 종류로는 먼저 바닷장어(sea eel)로 불리는 '붕장어'가 있다. 일본에서는 '아나고(穴子)'라고 부르는데, 모랫바닥을 뚫고 들어가는 습성 때문에 붙여진 이름이다. 영어로 conger라 하며, 이것도 그리스어로 '구멍을 뚫는 고기'란 뜻을 지닌 gongros와 라틴어 conger에서 유래했다.

개처럼 날카로운 이빨이 달린 것은 '갯장어(pike conger)'라고 한다. 일본에서는 '하모(ハモ)'라고 부르며, 잔가시가 많아 손질이 까다로워 값이 비싸다.

둥근 입에 턱이 없어 사실은 어류가 아니라 원구류(圓口類)에 속하는 '먹장어'도 있다. 서양에서는 이 괴상하게 생긴 장어를 '마귀할멈 물고기(hagfish)'라 부르는데, 우리는 꼼지락거린다고 해서 보통 '꼼장어'라고 부른다.

유일하게 양식이 가능한 민물장어는 '뱀장어(eel)'라고 하며, 일본어로는 '우나기(ウナギ, 鰻)'라고 한다. 뱀장어 중에서는 풍천장어가 최고인데, 풍천(風川)은 지역을 가리키는 말이 아니다. 뱀장어가 바다에서 강으로 되돌아올 때쯤이면 바람이 육지 쪽으로 불기 때문에 '바람을 타고 바다에서 강으로 들어오는 장어'라는 뜻에서 그렇게 부른다. 풍천장어의 유래가 된 곳이자 특산지로 유명한 전라북도 고창군 선운사 앞 인천강(주진천)은 서해안의 강한 조류와 갯벌에 형성된 풍부한 영양분이 유입된 덕분에 천혜의 장어 서식지로 알려져 있다.

서양에서는 생김새가 징그러워 뱀장어를 식용보다는 껍질(eel skin)을 가공하여 지갑이나 손가방, 벨트 등을 만드는 데 쓰인다. 참고로 영어 관용구인 as slippery as an eel은 '미끈미끈한' '요리조리 잘 빠져나가는'이라는 뜻이며, a slippery[an eely] fellow는 '미꾸라지 같은 놈'을 뜻한다.

바다의 보리로 불리는
등 푸른 생선

떼를 지어 다니는 어류 중 대표적인 것으로 청어(herring), 정어리(sardine), 꽁치(saury), 고등어(mackerel) 등이 있다. 이들은 모두 등 푸른 생선으로 고도 불포화지방산의 일종인 DHA가 풍부하며, 이는 두뇌 작용을 활발하게 하고 혈중 콜레스테롤을 낮추는 작용을 한다.

옛날 우리나라에서는 겨울에 잡은 청어를 배를 따지 않은 채 엮어 그늘진 곳에서 겨우내 얼렸다 녹였다를 반복하면서 바닷바람에 말려 과메기를 만들었는데, 말리기 전보다 아미노산이 더 풍부해진다. 지금은 청어가 잘 안 잡혀 건조기간이 짧은 꽁치로 대신하고 있다. 과메기라는 말은 청어의 눈을 꼬챙이로 꿰어 말린다는 뜻의 관목(貫目)에서 나왔다. 구룡포 사투리로 '목'을 '메기'라 해서 '관메기'라 불렀다가 다시 'ㄴ'이 탈락해 '과메기'로 굳어진 것이다.

red herring은 훈제한 청어를 가리키는 말인데, '문제의 핵심을 흐리게 하는 말', '거짓 정보'나 '그럴싸한 보고서'라는 뜻도 있다. 이는 중세 때 탈주범들이 냄새가 지독한 훈제 청어를 뿌려 경찰 경비견들을 따돌린

런던시장
취임식에 몰려든
구경꾼들(1780)

데서 나온 비롯되었다고 한다.

청어류의 새끼는 sprat라고 하는데, 'Sprat Day'는 11월 9일 '런던시장 취임일'을 가리킨다. 이날부터 청어잡이 시즌이 시작되었기 때문이다. 지금은 취임일이 11월 둘째 토요일로 바뀌었지만, 800년 전통의 화려한 '로드 메이어스 쇼(Lord Mayor's Show)'는 지금도 계속되고 있다.

이탈리아 '반(反)극우 풀뿌리 시민운동'을 '정어리 집회'라고 부른다. 볼로냐 출신 30대 남성 네 명이 페이스북 등의 소셜네트워크서비스(SNS)로 극우 정치에 저항하는 집회를 제안한 게 시초로, 정당·시민단체의 관여나 지원을 거부하고 순수 민초들의 자율적인 정치 운동을 표방한다. 볼로냐 첫 집회를 시작으로 밀라노·토리노·로마 등 이탈리아 전역으로 확산되었는데, 로마 집회에선 무려 10만 명이 모여 현지 정계에 신선한 충격을 던졌다. '정어리 집회'는 수백만 마리가 떼를 지어 이동하며 자신보다 몸집이 큰 어류에 대항하는 정어리처럼 미약한 시민들이 하나로 뭉쳐 거대한 변화를 이뤄내겠다는 의지의 표현이다.

도박사 샌드위치 백작의 대용식

우리가 즐겨 먹는 샌드위치도, 하와이 제도의 옛 이름인 샌드위치 제도도 18세기의 유명한 도박사인 제4대 샌드위치 백작 존 몬터규(John Montague)에게서 유래한다. 그는 미국에서 남북전쟁이 벌어지던 시기에 영국의 초대 해군장관을 지낸 인물로, 재직기간 동안 뇌물을 주고받는 등 여러 가지 실책을 범했다. 사생활도 결코 모범적이라고는 할 수 없었는데, 결혼을 했음에도 마사 레이(Martha Ray)라는 애인과의 사이에 네 명의 아이를 두었다. 그럼에도 영국의 탐험가 제임스 쿡 선장은 하와이 제도를 발견한 후 군인으로서 높은 지위에 있던 백작에게 경의를 표해서 샌드위치 제도라고 명명하기까지 했다.

타고난 도박사였던 몬터규는 밥 먹을 때조차도 도박판을 떠나려 하지 않았다. 그가 마흔넷의 나이로 외무장관을 맡고 있던 1762년 어느 날, 그날도 그는 24시간 내내 도박을 하면서 밥 먹는 시간조차 아까워 두 개의 빵 사이에 고기와 치즈를 끼워서 가져오게 했다. 한쪽 손으로 먹어가면서 다른 한쪽 손으로 계속 도박을 할 수 있는 이 식사법은 한

마사 레이와 존 몬터규

동안 그의 트레이드마크가 되었고, 이 유명한 에피소드 때문에 그 음식에 샌드위치라는 이름이 붙었다.

빵 사이에 재료를 끼우는 음식은 몬터규의 샌드위치가 처음은 아니었다. 기독교로 교화하기 이전의 고대 로마인은 식사와 식사 중간에 샌드위치와 비슷한 오풀라(offula)라는 스낵을 먹었다. 로마인들은 빵 굽는데 명인이었으므로 빵 사이에 재료를 끼웠다 해도 놀랄 것은 없다.

당시 로마에서 만들던 빵은 만두 모양으로 보통 한 덩어리의 무게가 1파운드였다. 빵을 굽는 방법에는 두 가지가 있었다. 화덕 위에서 구우면 '냄비 빵'이라 했고 토기 항아리에 넣고 구우면 '항아리 빵'이라고 했다. 기원전 2세기의 역사가들에 따르면, 로마의 여성은 오븐을 싫어해서 빵 굽는 일을 하인들에게 맡겼다고 한다.

황태자의 낙마사로
생겨난 햄

유 럽의 꽃이요, 문화예술의 도시라는 파리에서 12세기경에는 시내를 활보하는 돼지들을 구경하는 게 흔한 장면이었다면 믿어줄 사람이 얼마나 될까? 하지만 그것은 엄연한 사실이다. 현대에 들어서는 돼지를 전문적으로 사육하는 농가가 아니면 보기 어렵지만, 당시의 파리 사람들에게는 돼지가 중요한 단백질 공급원이자 긴요한 청소부였기 때문이다.

엄격했던 중세의 기독교 윤리가 로마의 목욕 문화를 파괴하면서 가정집의 목욕탕과 화장실도 함께 없애버렸다. 그 때문에 돼지는 먹고 남은 음식을 마저 먹어 치울 뿐만 아니라 집 안에 화장실도 없던 시대에 사람의 대소변을 처리해주는 청소부 역할을 톡톡히 해냈다. 그러다 보니 파리에서는 돼지가 길거리를 버젓이 활보해도 나무라는 사람이 없던 것이다.

루이 6세 치하인 1131년 파리, 하루는 암돼지 한 마리가 거리를 활보하다가 사람을 태운 말이 지나가는 것을 보고는, 갑자기 무슨 생각이 들었는지 그 말에게 달려들었다. 그러자 말이 깜짝 놀라 주춤거리는 바람에 말에 타고 있던 사람이 그만 땅에 곤두박질치고 말았다. 그런데 공교롭게도 낙마한 그 사람은 이튿날 아침 죽고 말았다.

금세 잊히고 말 이 사건이 돼지를 파리에서 추방하는 결과로 이어진 것은 낙마를 한 사람이 보통 사람이 아닌 바로 필리프 황태자였기 때문이다. 슬픔과 분노가 극에 달한 루이 6세는 곧바로 파리 시내에서 돼지 사육을 금지하는 명을 내렸다. 물론 그 돼지는 사형에 처해졌다.

오늘날처럼 냉장고가 없던 시절에 돼지 사육이 금지되자 파리 시민들은 더 이상 신선한 돼지고기를 먹을 수 없게 되었다. 이렇게 되자 그들에게는 안정적으로 단백질을 공급해줄 식품을 조달할 수 있는 방법이 필요했다. 이제 저장식품인 햄·소시지·베이컨이 본격적으로 등장할 때가 된 것이다.

돼지에 받혀 낙마한 필리프 황태자가 사망하자 동생 루이 7세가 왕위를 계승했다.

파리 시민들은 돼지고기를 부패하지 않게 오래 보존할 수 있는 방법을 궁리하기 시작했다. 마침내 그들은 선조들로부터 물려받은 '소금에 절인 돼지고기 넓적다리살'을 훈제해 햄이나 베이컨 등 부패를 방지할 수 있는 음식을 만들어내게 되었다. 원래 베이컨(bacon)이라는 말은 '돼지고기 넓적다리살'이라는 뜻인데, 그것이 나중에 음식의 이름으로 바뀐 것이다. 처음에는 각자의 집에서 필요한 정도만 만들어 먹었으며, 햄을 만들고 난 부스러기를 곱게 갈아 동물의 창자에 채운 소시지도 만들었다. 에스파냐에서는 뒷다리를 소금에 절여 건조·숙성시켜서 만든 하몽(jamón)을 즐겨 먹는다.

소시지는 어떤 의미에서는 햄보다 기원이 더 오래되었다고 할 수 있다. 이미 호메로스의 《일리아드》와 《오디세이》에 병사들이 고기 반죽을 창자에 채워서 먹었다는 기록이 있으며, 중세 유럽의 프랑크푸르트, 볼로냐, 로마노 등의 도시에서는 그 지역의 이름을 딴 소시지를 생산하고 있었다. 특히 살라미는 햄의 일종으로 공기 중에 말려 발효시키는 음식으로, salami(단수는 salame)라는 단어는 소금을 뜻하는 sal에 ame라는 집단명사 접미어가 붙은 말이다.

물론 햄이나 베이컨이 순수하게 12세기의 창작품만은 아니다. 햄의 원시적인 형태는 기원전 1000년경의 그리스로 거슬러 올라간다. 당시에 이미 훈제한 고기류와 소금에 절인 고기를 만들었으며, 고대 로마에 이르러서는 연회나 원정군의 휴대 식량으로 쓰였다. 따라서 파리 시민들이 한 일은 가공방법을 좀 더 발전시켜 맛과 풍미를 개선한 것이다.

소시지를 먹는 것은
죄악이다

프랑크 소시지의 기원은 3500년 전 바빌로니아인이 동물의 내장에 향신료로 맛을 낸 고기를 집어넣었을 때부터 시작된다. 그 후로 여러 문명이 이 요리에 변화를 주거나 새롭게 만들어 발전시킴으로써 오늘날에 이르렀다.

호메로스가 《오디세이》에서 소시지의 뛰어난 맛을 노래한 것이 문학에 나타난 최초의 기록이다. "이글거리는 모닥불 옆에서 한 사나이가 소시지에 비계와 피를 집어넣고, 이쪽저쪽 뒤집으면서 어떻게든 빨리 구우려고 안간힘을 쓰고 있다."

소시지는 로마제국이 멸망하기에 앞서 쇠퇴했다. 228년에 쓰인 로마의 가장 오래된 요리책에 따르면, 해마다 2월 15일에 목양신 루페르쿠스(Lupercus)를 모시는 이교도의 축제인 루페르칼리아(Lupercalia)에서 소시지를 많이 먹었다고 한다. 이 축제는 성적(性的) 통과의례도 겸했기 때문에 소시지는 단순한 음식 이상의 의미가 있었다고 한다. 초기의 로마 가톨릭교회는 이 축제를 교회법으로 금지하고 소시지를 먹는 것은 죄악이라

고 했다. 4세기 무렵 기독교를 신봉한 로마제국 황제 콘스탄티누스 대제
도 역시 소시지 먹는 것을 금지했다. 그러나 20세기에 미국에서 금주법
이 시행되었을 때와 마찬가지로 고대 로마인도 소시지를 몰래 만드는 데
혈안이 되었다. 일이 이렇게 되자 금지령을 강화하는 것이 곤란하다고
깨달은 황제가 양보해서 마침내 금지령을 철회했다.

굵은 소시지에서 오늘날 볼 수 있는 가느다란 프랑크푸르트 소시지
로 변한 것은 중세였다. 유럽의 여러 도시국가의 정육점 길드는 각기 지
방의 특색을 지닌 소시지를 만들기 위해 노력한 결과 모양·굵기·맛이
독특한 소시지를 만들어 생산지를 나타내는 이름을 붙였다. 나라의 특
색을 나타낸 것은 모양과 크기뿐만이 아니었다. 지중해의 여러 나라는
무더운 기후에도 썩지 않는 딱딱한 드라이 소시지를 만드는 데 힘을 기
울였고, 스코틀랜드에서는 이 지역에 풍부한 오트밀을 사용해서 최초로
곡물이 들어간 소시지를 만들었다. 예전이나 지금이나 돼지고기와 소고
기는 부수적인 재료로 쓰이는 경우가 허다했다.

굵고 부드러우며 지방이 많은 독일의 '프랑크푸르트 소시지'는 1850년
대에 태어났다. 1852년에 프랑크푸르트의 정육점 길드는 투명하고 얇은
창자에 향신료로 맛을 낸 고기를 넣어서 훈제한 소시지를 만들기 시작
했다. 약간 구부러진 모양의 이 소시지 이름은 관습대로 도시 이름을 따
서 '프랑크푸르트'라 붙였다. 독일에서 전해오는 얘기에 따르면, 한 정육
점 주인이 기르던 닥스훈트라는 개가 사람들에게 귀여움을 받았기 때문
에 그가 부탁해서 개 모양으로 만든 것이라고 한다. 닥스훈트 모양의 소
시지를 만들면 틀림없이 프랑크푸르트 사람들이 좋아할 거라고 동업자
들에게 선전했을 것이다.

프랑크푸르트 소시지에 관한 세 가지 확실한 사실이 있다. 즉 1850년

대에 독일의 프랑크푸르트에서 처음으로 만들어졌다는 것, 모양이 구부러졌다는 것, 그리고 닥스훈트 소시지라고도 불렸는데 이것이 미국에도 전해졌다는 것 등이다.

미국에서는 프랑크푸르트 소시지를 핫도그라고도 불렸는데, 지금은 이 이름이 널리 쓰이고 있다. 1880년대 독일의 프랑크푸르트에서 이민 온 두 사람이 미국에 소시지를 전해주었다고 한다. 한 사람은 미주리주 세인트루이스에 정착한 앙투안 포이히트방거(Antoine Feuchtwanger)이고, 또 한 사람은 핫도그의 역사에 빼놓을 수 없는 인물인 찰스 펠트만(Charles Feltman)이라는 빵 가게 주인이다. 펠트만은 코니아일랜드에서 포장도 안 된 시골길을 손수레를 끌고 다니며 파이를 팔았다고 한다.

코니아일랜드에 있는 레스토랑들이 1890년대 초부터 여러 종류의 따뜻한 요리를 내놓기 시작하자 펠트만이 팔던 파이의 매상은 점차 떨어졌다. 주변에서는 펠트만에게 따뜻한 샌드위치를 팔면 어떻겠느냐고 권유

'펠트만의 저먼 가든'과 네이선 핸드워커의 5센트짜리 핫도그 광고

했으나, 그의 작은 손수레에는 많은 종류의 재료나 조리도구를 실을 여유가 없었다. 생각 끝에 그는 고향에서 먹었던 프랑크푸르트 소시지를 팔기로 했다. 펠트만은 손수레에 작은 난로를 싣고 다니며 냄비에다 소시지를 삶아 팔면서 그 소시지를 '프랑크푸르트 샌드위치'라고 광고했다. 그리고 독일의 전통대로 소시지에 겨자와 자우어크라우트(Sauerkraut; 발효시킨 양배추 김치)를 얹었다. 이 샌드위치의 성공으로 펠트만은 코니아일랜드에 '펠트만의 저먼 가든(Feldman's German Gardens)'을 열었다.

1913년에 그는 빵을 자르고 배달을 담당할 폴란드 이민자인 네이선 핸드워커(Nathan Handwerker)라는 젊은이를 주급 11달러로 고용했는데, 이 젊은이의 등장으로 핫도그의 역사는 새로운 장을 열게 된다. 당시의 코니아일랜드는 호화로운 휴양지이자 오락의 중심지였다. 사람들은 프랑크푸르트 소시지를 먹으면서 해변을 걷곤 했는데 펠트만의 고객 가운데 그 고장에서 노래를 부르던 웨이터 에디 캔터(Eddie Cantor)와 독특한 용모의 반주자 지미 듀란트(Jimmy Durante)가 있었다. 돈벌이가 시원치 않았던 두 사람은 펠트만이 장사가 잘되는 프랑크 소시지의 값을 10센트로 올린 것을 보고 점원인 네이선에게 펠트만의 밑에서 일하지 말고 직접 프랑크 소시지를 싼 값에 팔면 어떻겠느냐고 제안했다.

1916년에 네이선은 저축해놓은 300달러를 털어서 가게를 얻은 다음 서프가(街)와 스틸웰가(街)의 모퉁이에서 장사를 시작했다. 네이선은 아내 아이다(Ida)가 생각해낸 방법대로 5센트짜리 프랑크 소시지를 만들기 시작했다. 그리고 판매 촉진을 위해서 특별한 방법을 강구했다. 코니아일랜드 근처의 병원 의사들에게 흰 가운을 입고 청진기를 눈에 띄도록 목에 두른 채 자신의 가게에서 프랑크 소시지를 먹는다면 돈을 받지 않겠다고 제안한 것이다. 그 당시에는 의사라고 하면 무조건 존경받는 존재였으므로 소시지를 먹는 의사들의 모습은 네이선이 만드는 프랑크 소시지가 품질 좋고 건강에도 좋다는 증명이 되었다. 이렇게 해서 그는 5센트의 싼 값으로 경쟁 상대를 누를 수 있었다.

1906년까지만 해도 가느다란 유선형의 소시지는 많지 않았고 이름도 프랑크푸르트, 프랑크, 비엔나, 레드핫, 닥스훈트 소시지 등 여러 가지로 불리고 있었다. 그중 프랑크 소시지는 이 무렵에 이미 해리 스티븐스(Harry Stevens)의 레스토랑과 뉴욕시의 야구장에서 단골 메뉴로 자리 잡고 있었다. '뉴욕 자이언트'의 홈그라운드에서는 해리 스티븐스의 판매원들이 관객에게 "따끈따끈한 프랑크 소시지를 드세요!" 하고 소리치며 돌아다녔다.

1906년 어느 여름, 스포츠 만화가 태드 도건(Thomas A. Dorgan)이 폴로 그라운즈 야구장 스탠드에 앉아 있었다. 그때 그는 개를 닮은 소시지 모양과 짖어대는 것 같은 판매원의 목소리에 자극을 받고 그것을 만화로 그렸다. 진짜 닥스훈트라는 개가 겨자를 바르고 둥그런 샌드위치가 되어버린 그림이었다. 그림 설명은 "핫도그를 드세요!"였는데 전하는 얘기로는, 도건이 사무실로 돌아와서 그림을 마무리하면서 닥스훈트의 스펠링을 알 수가 없어서 '도그'라고 붙였다고 한다. 이 만화는 그해 12월 12일자 《뉴욕 이브닝 저널》에 실렸다. 이 그림을 계기로 핫도그라는 이름은 크게 히트해, 그때까지 불리던 여러 가지 이름은 자취를 감추게 되었다.

유럽 서민들의
양식이었던 햄버거

빵 사이에 재료를 끼워 간편하게 먹을 수 있다는 점에서 샌드위치와 매우 비슷한 햄버거는 샌드위치보다 훨씬 더 오랜 역사를 지니고 있다.

햄버거는 타타르족이라고 알려져 있는 용맹스러운 몽골족과 터키족 사이에서 널리 애용되던 중세의 요리에서 비롯되었다. 유라시아의 대초원에서 풀을 뜯어 먹고 자란 아시아의 가축은 고기가 맛이 없고 질겼기 때문에 맛을 내고 소화도 잘 되도록 다져서 조리했다.

타타르는 '난폭한 사람'이라는 뜻으로, 그리스 신화의 밑바닥이 없는 지옥 타르타로스(Tartaros)와 연관해서 붙인 이름이다. 그리스에서도 '힘겨운 상대를 만나다(catch a tartar)'라는 관용구에 쓰이며, 잘게 다진 생고기 요리 타르타르스테이크(Tartar Steak)에도 그 이름이 남아 있다. 오늘날에는 프랑스어인 '스테이크 타르타르'로 널리 알려져 있다.

14세기가 시작될 무렵 러시아의 타타르족이 독일에 타르타르스테이크를 전파했을 때만 해도 독일인은 질이 좋지 않은 소고기를 잘게 다져서 향신료로 향을 내는 정도였을 뿐 케이퍼와 날달걀을 곁들여 먹지는 않았다. 날것으로 먹든 구워서 먹든 타르타르스테이크는 아무튼 가난한 사람들의 보통 음식이었다. 항구도시 함부르크에서는 '함부르크 스테이크'라고 불렀다.

독일을 떠난 함부르크 스테이크는 두 개의 경로를 거치면서 도착지에 따라서 이름과 조리법이 조금씩 달라졌다.

함부르크 스테이크가 영국으로 건너간 19세기는 내과 의사인 제임스 헨리 솔즈베리(James Henry Salisbury)가 모든 음식물은 소화하기 쉽도록 잘게 다져서 먹어야 한다고 주장하던 시기였다. 솔즈베리는 하루에 세 차례 더운물로 씻은 소고기를 먹는 것이 건강을 지키는 비결이라고 굳게 믿고 있었다. 그의 신봉자들은 품질에 상관없이 잘게 다진 고기로 스테이크 요리를 했기 때문에 함부르크 스테이크는 '솔즈베리 스테이크'로 이름이 바뀌어 둥근 빵 속이 아닌 접시에 담겨 나오게 되었다.

한편 1880년대 독일인들이 미국으로 이민 올 때 함께 바다를 건너온 함부르크 스테이크는 처음에 영어식 발음으로 '햄버거 스테이크'라고 불리다가 줄여서 '햄버거'로 정착되었다. 1904년 세인트루이스 만국박람회에서는 햄버거 패티(patty)를 넣은 샌드위치가 불티나게 팔렸다고 한다.

지금은 '맥도널드 박물관'이 된 캘리포니아주 샌버너디노의 맥도널드 최초 매장과 최초의 버거킹 매장

맥도널드의 초창기 '골든 아치' 로고와
1968년부터 사용한 지금의 로고

　미국으로 들어온 지 60여 년 만에 햄버거는 '맥도널드'를 탄생시켰고, 마침내 햄버거의 대명사이자 '코카콜라'와 더불어 미국의 상징이 되어버렸다. 1940년 5월 15일, 모리스 맥도널드와 리처드 맥도널드 형제는 캘리포니아주의 샌버너디노에 핫도그 가게를 열었다. 이후 1954년 맥도널드 형제는 밀크셰이크 제조기 판매 회사 사장인 레이먼드 크록(Raymond Albert Kroc)에게 프랜차이즈 사업권을 넘겼고, 그는 맥도널드를 오늘날의 세계적인 패스트푸드 체인으로 만들었다. '맥도널드'의 이니셜을 본뜬 '골든 아치' 로고는 1962년부터 사용하기 시작했으며 1968년부터 지금의 로고로 바뀌었다. 1975년에는 운전자들이 쉽게 음식을 주문하고 받을 수 있는 맥드라이브 플랫폼을 만들었고, 1993년부터는 미국의 일부 지역 매장에서 배달 서비스를 제공하기도 했다.

　아시아에는 1970년 일본에 처음 들어와 이듬해에 긴자 거리에 문을 열었고, 우리나라에는 1988년 압구정동 로데오 거리에 처음 선보였다.

　라이벌인 '버커킹'은 1953년 플로리다주 마이애미에서 '인스타 버거킹 (Insta-Burger King)'으로 출발했다. 하지만 경영난으로 1954년 제임스 맥라모어(James McLamore)와 데이비드 에드거턴(David R. Edgerton)에게 경영권을 넘겼고, 이때 '버거킹'으로 이름을 바꾸었다. 우리나라에는 1984년 종로에 첫 매장이 문을 열었다.

이슬람교가 돼지고기 섭취를
금지시킨 이유

세 계 각지에서 특별한 이유도 없이 편견이나 금기의 대상이 된 육류 중 으뜸은 돼지고기일 것이다. 아랍인과 유대인은 지금도 식용을 엄격히 금지하고 있다. 엄격한 이슬람교도는 돼지고기가 조리도구에 닿았을지도 모르기 때문에 일부러 이슬람교도 전용 레스토랑에서 식사할 정도로 철저하다.

계율이 비교적 너그러운 인도네시아에서도 일본제 조미료에 돼지의 성분을 사용했다는 사실이 밝혀지자 관계자를 체포하는 사건으로 번진 적이 있었다. 제품이 만들어진 후에 돼지의 성분이 소멸되었더라도 이슬람교에서 식용을 금지하는 음식에 해당한다는 것이었다. 그래서 최근에 이스라엘에서는 이슬람교도 테러리스트가 자폭 테러를 할 경우 시신을 돼지와 함께 묻어주자는 주장도 나왔다.

돼지고기를 기피하는 이유에 대해 유대교도나 이슬람교도는 명쾌한 답변을 하지 못한다. 그러나 이슬람교도가 돼지고기를 싫어하는 가장 큰 이유는 《쿠란》 5장 〈식탁의 장〉에 나와 있는 이런 계율 때문일 것이다. "죽은 동물의 고기, 피, 돼지고기는 알라가 아닌 다른 사악한 신들에게 바쳐지는 제물이다. 그리고 목이 졸려 죽은 동물, 맞아 죽은 동물, 추락사한 동물, 뿔에 받혀 죽은 동물, 맹수에게 물려 죽은 동물은 더러운 동물이다. 따라서 이런 동물의 고기는 먹지 말아야 한다."

6장 〈가축의 장〉에도 비슷한 내용이 있다. "죽은 동물의 고기, 동물의 몸에서 흘러나온 피, 돼지고기는 더러운 것이다."

《구약성서》〈레위기〉11장과 〈신명기〉14장에서 야훼(여호와)는 육식에 대한 금기를 상세히 논하고 있는데, 유대교를 모체로 삼는 이슬람교는 《구약성서》의 가르침 일부를 수용하기 때문에 출처는 비슷하다고 생각할 수 있다. 이런 배경 때문에 '금돈(禁豚)' 관습은 종교에 뿌리를 둔 것이라 할 수 있다.

그렇다면 야훼나 무함마드가 돼지고기를 못 먹게 한 까닭은 무엇일까? 돼지는 인분을 포함한 모든 것을 닥치는 대로 먹어 치우는 대식가이며 몸이 비대해 느릴 뿐 아니라, 발정기가 21일 주기로 돌아와 1년 내내 사람과 마찬가지로 성욕이 강렬한 습성을 가지고 있다는 점이 불결한 동물이라는 이미지를 안겨주었다. 그래서 금욕적인 이슬람교나 유대교와는 어울릴 수 없는 가축으로 일찌감치 낙인이 찍혀버렸을지도 모른다. 하지만 실제로 돼지는 깨끗한 것을 좋아하는 동물로 알려져 있으며, 사람들에게 지저분한 인상을 주는 이유는 사육하는 환경에 문제가 있는 것이다.

한편 소나 염소는 젖을 비롯한 유제품을, 양은 고품질의 섬유를, 닭은 달걀을 제공하는 식으로 고기만을 제공하는 것이 아니라 다양한 부산물을 제공해주는 가축이지만, 돼지는 농사에도 도움이 되지 않을 뿐 아니라 털도 섬유로 이용하기에는 적합하지 않다. 결국 고기 이외에 이용할 수 있는 가치가 전혀 없다는 점에서 차별의 대상이 되었을 것이라는 견해도 있다.

이런 습성론을 대신해 음식 위생과 생태환경이라는 점에서 해석하려는 시도도 있다. 중동처럼 덥고 건조한 지역에서는 돼지고기가 부패하기 쉽기 때문에 이것을 잘못 먹으면 식중독에 걸릴 확률이 높다는 것이다. 그리고 불결한 음식물을 섭취하는 돼지는 질병에 감염될 위험성이 매우 높다. 더구나 유목생활을 하는 중동에서는 정착 가축인 돼지가 생태환경에 적합하지 않다. 이런 점들을 생각한 고대 오리엔트인이 생활을 합리적으로 운영하는 지혜로서 신의 계시라는 율법을 내세워 돼지고기 식용을 금지시켰다는 것이다.

돼지의 선조는 적당한 습도와 수량이 풍부한 강가를 생활 터전으로 삼았기 때문에, 고온 건조한 곳에는 돼지의 체온 조절 시스템이 적합하지 않다는 것은 분명하다. 돼지는 땀샘이 거의 없어서 스스로 체온을 조절할 수 있는 능력이 없다. 돼지가 진흙탕을 뒹구는 것은 땀을 배출하지 못해 높아진 체온을 내리기 위해 생리적으로 보여주는 행동이다. 따라서 중동에서 양돈업을 운영하려면 통풍이 좋은 장소에 직사광선을 차단할 수 있는 그늘과 물을 저장할 수 있는 공간을 인공적으로 만들어야만 한다. 그럴 경우에는 사육비가 엄청나게 들어갈 것은 자명하다. 이는 중동에만 해당하는 이야기가 아니라, 건조한 지역에서 생활하는 모든 유목민에게 적용되는 법칙이라고 할 수 있다.

하지만 이런 환경 조건만이 오랜 세월 동안 돼지고기 식용을 금기시한 근거라고 보기는 어렵다. 고대 오리엔트 지방에서는 기원전 10세기 무렵까지 돼지고기를 먹었다는 사실을 각지의 유적에서 발견된 다량의 돼지 뼈가 증명해주고 있기 때문이다. 따라서 환경론 이외에도 고대 유대인의 이원론적 세계관에 근거한 '육식 불가 분류법'을 근거로 삼아야 한다.

그동안의 경험을 통해서 볼 때, 먹어도 문제가 없는 동물과 그렇지 않은 동물을 구별해놓으면 식생활의 안전을 도모할 수 있는 기준이 될 뿐만 아니라, 고기를 얻기 위해 가축화하는 판단 기준도 될 수 있다는 이유에서 생각해낸 일종의 이분법이다. 이 법칙에 따라 초식동물은 OK 이지만 육식동물은 NO라는 단순한 도식이 정착됐다. 하지만 잡식성이라는 애매한 양면성을 가진 동물, 특히 돼지는 어느 쪽에 포함시켜야 할지 판단을 내리기 어려운 정체불명의 동물로 여겨지지 않았을까?

참고로 이슬람 세계에서는 금기의 대상인 육류는 '하람(Haram)'이라고 부르며 반대로 식용할 수 있는 육류는 '할랄(Halal)'이라고 부른다.

힌두교는 왜 소를
신성시하는가

이슬람교나 유대교에서는 돼지를 불결한 동물로 여겨 금기시하지만, 힌두교에서는 소가 청결하고 신성한 동물이라는 이유로 금식의 대상이다. 오랜 옛날 중앙아시아에서 유목생활을 하던 아리아인에게 소는 노역의 대상이었고, 우유나 버터의 공급원이었으며, 쇠똥은 비료와 연료로 사용하는 소중한 자원이었다. 따라서 소는 그들의 생존에 결정적인 영향을 미치는 존재이기 때문에 숭배의 대상이 된 것이다.

수소는 링가(linga: 남근)와 함께 시바 신앙의 상징이며, 암소는 힌두교 신화에 나오는 영웅신 크리슈나(Kṛṣṇa)의 시종이라는 이유에서 지금도 소를 죽이는 행위는 엄벌에 처한다. 특히 크리슈나에게 제사를 지내는 시기에는 소 떼가 완전히 지나갈 때까지 사람들은 무릎을 꿇고 기다리면서 방금 배설한 쇠똥을 이마에 발라 은혜 입기를 기원하기도 한다. 수도승들은 소를 돌보는 것 자체가 신앙의 증거이며, 어떤 가정에서든 소를 사육함으로써 종교적인 기쁨을 얻을 수 있다고 설법한다.

1996년 맥도널드 햄버거가 인도에도 진출했을 때, 그들은 소고기를

물소를 타고 있는 야마

전혀 사용하지 않고 '마하라야 맥(Maharaja Mac)'이라는 양고기나 닭고기, 물소고기 등으로 대신했다. 특이한 것은 같은 소이면서도 물소는 죽음의 신 야마(夜摩; 염라대왕)가 타고 다니는 동물로 여겼기 때문에 아무런 문제가 되지 않는다.

이에 반해 이슬람교도는 소고기를 식용하는 것에 아무런 저항감이 없다. 소는 맛있는 소고기를 제공하기 위해 존재하기 때문에 밀도살도 마다하지 않는다고 한다. '신의 시종'이 몰래 처분되는 건수가 급증하는데 놀란 힌두교 단체는 최근 들어 소들의 양로원 격인 '늙은 소의 집'이라는 시설을 각지에 설치하며 보호정책에 나설 정도다.

이처럼 소에 대한 가치관의 차이 때문에 이슬람교도와 힌두교도는 수백 년에 걸쳐 대립해왔다.

"소를 신처럼 받드는 어리석은 행동을 멈춰라!"

"돼지는 먹지도 못하는 주제에 성스러운 소를 잡아먹는 야만인!"

과거에 유목생활을 하던 아리아인이 기원전 1500년경 북인도로 침입했을 당시에는 소를 식용하는 데 아무런 금기가 없었다. 오히려 종교적인 행사에는 반드시 제물로 바쳤다고 한다. 기원전 1000년경의 북인도에서는 가장 선호한 음식이 소고기였다고 전해지고 있다.

그 후 인도의 고온 다습한 기후 조건에 맞춰 아리아인의 생활양식은 유목 이동형에서 농경 정착형으로 바뀌어갔다. 그러나 정착을 통해 인구가 급증하면서 그들이 먹어야 하는 식재료들을 생산하려면 더 많은 농지가 필요했다. 따라서 초원과 산림이 점차 농경지로 바뀌었고, 상대적으로 소의 사료는 줄어들 수밖에 없었다. 그러자 수지를 맞추기 위해 다음과 같은 결론을 내렸다. "소고기를 얻기 위해 드넓은 방목지를 확보해 소에게 곡물 사료를 제공하는 것보다는, 토지의 일차 생산품인 곡물을 직접 수확해 먹는 쪽이 훨씬 더 효율적이다."

나아가 북인도의 단단한 땅을 경작하려면 수소는 빼놓을 수 없는 귀중한 노동력이었고, 암소는 우유·버터·치즈 등 유제품의 공급원이었다. 게다가 쇠똥은 연료로 이용할 수도 있다. 그래서 소를 잡아먹는 짓은 무의미한 행위로 결론지은 것이다. 사실 정착생활을 하는 농경민족은 가축을 함부로 식용하지 않았다. 가축으로 사육하면서 활용하는 쪽이 죽여서 식용하는 것보다 몇 배나 더 이익이라는 사실을 경험을 통해서 잘 알고 있기 때문이다.

이런 배경에서 힌두교도 사이에서는 점차 소는 인간의 생활과 깊은 관련이 있는 소중한 가축이라는 인식이 확산되었다. 나아가 그 몸 안에는 수많은 신이 깃들어 있다는 관념이 뿌리를 내리면서 단순한 가축이던 소는 성우(聖牛)로 격상되기 시작했다. 하지만 지배자 계급 등 일부 계층에서는 여전히 소를 종교적인 이유로 살해하거나 식용하는 습관을 버리지 않았다.

　기원전 6세기경 석가모니가 창시한 불교는 세계 최초로 '살생 금지'라는
계율을 주장하면서 동물을 제물로 바치거나 동물을 죽이는 자를 맹렬히
비난했다. 그리고 이런 사고방식은 소를 신성시했던 힌두교에 큰 영향을
끼치게 된다. 물론 불교는 소고기를 먹는 행위 자체를 악행이라고 설법한
것은 아니다. 오히려 동물 살해에 직접 관여하지만 않는다면 육식에는 너
그러운 편이었고, 석가모니 자신도 입적할 때까지 육식을 했다고 한다.
　그러나 살생을 금지하는 불교의 가르침은 가난한 농민들의 공감을
얻었다. 음식이 궁핍한 상태에서도 농사를 짓는 데 필요한 소를 잡아먹
는다는 것은 꿈도 꾸지 못했던 농민들은 소고기를 먹는 지배자들에게
강한 반감을 느꼈다. 기원전 2세기에서 기원후 2세기 사이에 만들어진
고대 인도의 《마누 법전》에는 소를 중심으로 하는 육식 금지에 관한 다
음과 같은 기록이 있다. "육류는 생물의 목숨을 빼앗지 않고는 절대로
얻을 수 없다. 그러나 생물의 목숨을 빼앗는 행위는 천계(天界)의 복지를
거스르는 행위다. 따라서 육류를 취하지 말아야 한다."
　이것이 나중에 불교의 살생 금지 계율을 도입한 힌두교에 영향을 끼
쳤다. '신은 육식을 하지 않으므로 육류를 제물로 바치는 것은 의미가 없
다'는 논리는 대중의 큰 지지를 얻었으며, 5세기경에는 힌두교 교리의 하
나로 정착되었다.

유대교의 까다로운 식생활 규범

유대교에서는 먹을 수 있는 동물의 고기를 구체적으로 선별해놓았는데, 이런 식생활 규범을 '코셰르(kosher)'라고 한다. 히브리어로 '적절한'이라는 뜻의 '카슈루트(Kashrut; 식사율법)'가 어원이라고 한다. 엄격한 계율인 코셰르는 야훼에 의해 정해진 규율이다. 《구약성서》〈레위기〉 11장에 다음과 같은 내용이 기록되어 있다.

너희는 이스라엘 자손들에게 이렇게 일러라. "땅 위에 사는 모든 짐승 가운데 너희가 먹을 수 있는 동물은 이런 것들이다. 짐승 가운데 굽이 갈라지고 그 틈이 벌어져 있으며 새김질하는 것은 모두 너희가 먹을 수 있다. 그러나 새김질하거나 굽이 갈라졌더라도 이런 것들은 먹어서는 안 된다. 단 되새김질하는 것, 또는 발굽이 갈라진 것 중에서 낙타·너구리·토끼 등은 되새김질은 하지만 발굽이 갈라져 있지 않기 때문에 너희에게는 불결한 것이고, 돼지는 발굽은 갈라져 있지만 되새김질을 하지 않으므로 너희에게 부정한 것이다.

〈신명기〉 14장 3~8절에는 다음과 같이 나와 있다.

너희는 역겨운 것은 무엇이든지 먹어서는 안 된다. 너희가 먹을 수 있는 짐승은 이런 것들이다. 곧 소와 양과 염소, 사슴과 영양과 꽃사슴, 들염소와 산염소, 들양과 산양이다. 짐승 가운데 굽이 갈라지고 그 틈이 둘로 벌어져 있으며 새김질하는 짐승은 모두 너희가 먹을 수 있다. 그러나 새김질하거나 굽이 갈라졌더라도 이런 것들은 먹어서는 안 된다. 낙타와 토끼와 오소리는 새김질은 하지만 굽이 갈라지지 않았으므로 너희에게 부정한 것이다. 돼지는 굽은 갈라졌지만 새김질을 하지 않으므로 너희에게 부정한 것이다. 너희는 이런 짐승의 고기를 먹어서도 안 되고, 그 주검에 몸이 닿아서도 안 된다.

이 이후에 물고기, 새, 곤충 등 각 분야마다 목록이 만들어졌으나 동물에 대해서만 다뤄보자. 먹어도 되는 고기는 발굽이 갈라지고 되새김질을 하는 소, 양, 염소 등이다. 그 밖에 발굽이 갈라져 있지 않은 토끼·말·낙타, 발굽은 갈라져 있지만 되새김질을 하지 않는 돼지, 발바닥으로 걸어다니는 고양이나 여우 등은 먹지 말아야 하는 대상에 속한다.
이렇게 그 먹을 수 있는 대상과 먹을 수 없는 대상을 분류한 이유를 문화인류학자 마빈 해리스(Marvin Harris)는 다음과 같이 해석한다.

먹어도 되는 동물을 정리하면 발굽이 갈라져 있으면서 되새김질하는 포유류다. 나아가 그들이 섭취하는 재료가 인간과 경합을 벌이는 재료가 아니며, 대부분의 경우 무리를 이루어 서식하기 때문에 관리를 통한 가축화가 쉽고 젖을 얻을 수 있는 점을 들 수 있다.

되새김질하는 포유류는 모두 초식동물이다. 이들은 풀, 짚, 그루터기, 나뭇잎 등을 먹고 산다. 사육할 때도 인간에게 매우 소중한 곡물류를 줄 필요가 없을 뿐 아니라 고기, 젖, 가죽을 제공해주며 농사에도 이용할 수 있다. 이런 특성은 식용으로 삼는 경우에 매우 중요한 기준이 된다. 잡식이나 육식을 하는 동물과 비교하면 원가가 거의 들지 않기 때문에 고기를 얻기 위한 가축화가 쉽다는 얘기다. 이것이 바로 발굽이 갈라지고 되새김질하는 동물을 식용으로 삼은 가장 큰 이유였다.

그렇다면 발굽이 갈라져 있지 않은 동물은 어째서 식용에 적합하지 않을까? 식용할 수 있는 동물의 조건은 되새김질 여부만으로도 충분하고 발굽은 그다지 중요하지 않았던 것이 아닐까? 하지만 그런 조건이 새롭게 달린 이유는 낙타를 식용할 수 있는 무리에서 제외하기 위한 목적 때문이었을 것이라는 견해가 있다. 정착생활을 하는 농경민족인 유대인은 낙타를 거의 이용하지 않고 그 대신 소나 양 등을 이용했다. 낙타는 번식이 매우 느리고 새끼도 한 마리밖에 낳지 않으며 수유기간도 1년 가까이 걸리는 등 식용의 대상으로 삼기에는 효율성이 너무 떨어진다. 되새김질하는 것만을 조건으로 삼지 않고 보다 복잡한 조건들을 제시해 금식하라는 설명을 한 이유는 바로 이런 점 때문이었을 것이다.

코셰르는 《구약성서》에 소개되어 있는 식용의 대상과 그렇지 못한 대상의 목록에 제시된 것처럼 동물 이외의 조류나 어패류에 대해서도 다루고 있다.

물고기의 경우에는 지느러미와 비늘이 있는 것만을 식용할 수 있다고 규정해 오징어나 문어, 굴, 대합 등은 식용하지 말아야 할 대상으로 구분되었다. 새는 깃털이 있고 하늘을 날 수 있는 조류는 식용할 수 있는 대상, 육식을 하는 맹금류나 잡식성 조류인 독수리·매·까마귀 등은 금지 대상이다.

곤충 중에서는 메뚜기가 식용 대상으로 분류되었다. 이것은 비교적 몸집이 크고 한 번에 많은 양을 잡을 수 있기 때문에 효율성이 좋다는 점에서 높은 평가를 받은 듯하다. 더구나 곡물을 해치는 곤충이기도 해 해충 구제라는 일석이조의 효과를 거둘 수 있기 때문이다.

음식 재료 외에 조리 방법이나 도살 방법에 대해서도 세밀한 규정이 있다. 조리 방법을 보면 물고기를 제외한 육류와 유제품을 같은 솥이나 냄비에 끓여서는 안 된다는 규정이 있는데, 육류와 유제품은 모자 관계에 놓여 있다는 이유에서다. 따라서 소고기와 우유(또는 치즈나 버터)를 요리에 동시에 사용하는 경우는 절대로 없으며, 육류 요리에 버터를 사용하거나 크림이 들어간 소스를 얹는 일도 없다. 우유를 마시면서 햄버거를 먹는 것은 있을 수 없는 행위인 것이다.

어쩔 수 없이 우유를 마셔야 한다면 소고기를 먹은 뒤에 여섯 시간을 기다려야 한다. 유제품을 먹었을 경우에는 30분 동안은 소고기를 먹지 말아야 한다. 더구나 따로 조리하는 것이 원칙이기 때문에 소고기용과 치즈용 도마를 따로 준비해야 했으므로 아주 귀찮았다. 그래서 경건한 유대교도는 소고기와 우유를 같은 냉장고에 넣지 않고 음식 재료마다 사용하는 조리도구를 따로 준비한다. 우리의 입장에서는 귀찮게 생각할 수 있지만, 사람에 따라서는 우유가 들어간 커피조차 마시지 않는다고 한다.

게르만족이 문어와
오징어를 먹지 않는 이유

잡식동물의 피라미드 꼭대기에는 인간이 있다. 원숭이나 개는 말할 필요도 없고 개미와 바퀴벌레, 애벌레, 구더기까지 맛있다는 사람도 있다. 게다가 흙이나 분뇨를 먹는 예도 보고되고 있다. 제비집·곰 발바닥·원숭이 골 등은 중화요리에서는 최고급 재료이며, 성게·해삼·멍게 등을 먹는 우리도 유럽인이나 미국인의 입장에서 보면 이상한 음식을 즐기는 인간으로 비칠 수 있다.

반대로 대부분의 사람들이 일상적으로 먹는 음식임에도 특정 음식물을 금기시하는 습관도 많이 엿볼 수 있다. 힌두교도의 소고기, 이슬람교도와 유대교도의 돼지고기 외에도 티베트인, 아메리카 인디언의 나바호족·아파치족, 동아프리카의 쿠시트계 민족처럼 어류를 절대로 입에 대지 않는 민족도 적잖다. 북유럽의 게르만족은 연체동물인 문어나 오징어를 먹지 않는다. 그중에서도 옥토퍼스(octopus; 다리가 8개라는 뜻)라는 이름의 문어는 '악마의 물고기'로 불릴 정도로 기피 대상이다.

게르만족이 문어를 먹지 않는 이유 중 하나로 종교적인 배경을 들 수 있다. 기독교의 모체가 된 유대교의 '코셰르'에 식용해서는 안 되는 불결한 대상, 즉 테레파(terefa; '금지된'이라는 뜻)가 있기 때문이다. 유대교의 음식에 대한 금기는 매우 복잡하고 광범위하다. 어류는 '지느러미와 비늘이 있는 수중 동물'로 규정하기 때문에 이 기준을 충족하지 못하는 어패류는 모두 금기 대상이었다. 그래서 문어·오징어·게·새우·뱀장어·가오리·조개류 등은 금기 대상이며, 엄격한 유대교도는 지금도 이 규범을 충실하게 지켜 절대로 먹지 않는다.

그러나 사실 유럽의 기독교도 사이에서는 유대교의 성전《구약성서》에 나와 있는 음식에 대한 금기 규정에 의외로 불만이 많았다. 중동과는 다른 풍토와 다양한 동식물을 볼 수 있는 유럽에서는 풍부한 재료를 금지할 명분이 약했기 때문이다. 그래서 이들은 구실을 붙여 금식 대상에 포함되어 있는 재료들을 식용했으며, 특히 게·새우·조개 등은 그 달콤한 맛을 좋아하는 사람이 많아 일찌감치 금기 대상에서 제외되었다.

다만 오징어와 문어는 그 그로테스크한 생김새나 빨판에서 연상되는 기분 나쁜 이미지 때문에 나쁜 길로 유혹하는 자, 배신자, 거짓말쟁이 등 '색안경'을 끼고 바라보았던 것이 사실이다. 특히 독일이나 영국 등에서는 호색한 집념이 강하고 난폭한 동물이라는 통속적인 이미지가 강하게 부각되었다. 17세기 이후에는 노르웨이나 아이슬란드 앞바다에 출몰하는 대형 문어나 대형 오징어의 모습을 한 '크라켄(kraken; '병든 동물'이라는 뜻. 독일어로 문어는 krake이다)'이라는 괴물로 전설화되기도 한다.

크라켄은 천지창조 때부터 세계가 종말을 맞을 때까지 살아남는다는 길이가 2.5킬로미터나 되는 거대한 괴물로, 긴 촉수로 배를 습격해 바다 밑으로 끌어들인다고 알려져 선원이나 어부들조차도 그 존재를 두려

범선을 습격하는 크라켄의 상상도

워했다. 사실은 몸길이 10미터 정도의 대왕오징어가 그 정체였을 것으로 여겨진다. 이처럼 북유럽 해역에서 실상이 왜곡된 것은, 문어가 주로 온대나 아열대의 따뜻한 바다에 서식하기 때문에 북유럽 사람들은 일상적으로 접할 수 없고 먹어볼 기회가 적었기 때문일 것이다. 이렇게 해서 오랜 세월에 걸친 이유가 명확하지 않은 차별 때문에 문어와 오징어에 대한 게르만인의 금기 현상은 한층 더 심화되었다.

한편 지중해 연안에서는 기독교가 침투하기 이전부터 식용해 친밀했으며 예부터 중요한 바다의 양식이었다. 지금도 에스파냐의 대표적인 전통 요리인 파에야(Paella)에는 오징어나 낙지가 들어가고, 포르투갈이나 그리스 등에서는 프라이나 숯불구이로 식탁을 장식해 관광객들의 입맛을 충족시켜주고 있다.

유럽인은 자신들의 입맛을 매우 중요하게 생각해 개구리, 달팽이, 굴 등 언뜻 보아서는 쉽게 식용하기 어려운 동물도 스스럼없이 먹어왔다. 그중에서도 프랑스인은 재료를 가리지 않고 닥치는 대로 입에 넣어, 영국인이나 독일인은 철저하게 그들을 경멸했다. 지금도 프랑스인을 비하할 때, 프랑스와 개구리의 이니셜이 fr로 똑같아 '프로기(froggy; 개구리 같은)'라고 부르거나 '조니 크라포(Johnny Crapaud; 두꺼비 조니)'라고 하는 것도 바로 그런 이유 때문이다.

동양에서는 문어나 오징어가 두려움의 대상이 된 적은 역사적으로 없다. 오히려 지혜가 뛰어나고 인간에게 호의적인 동물로 여겼다. 우리나라에서는 예부터 보양식으로 손꼽히며, 문어는 먹물을 내뿜으니까 글자를 아는 양반 물고기라면서 문어(文魚)라고 했을 정도다. 일본의 경우 교토를 비롯해 각지에 있는 다코야쿠시(たこやくし, 蛸薬師)는 약사여래(藥師如來)가 문어를 타고 바다를 건너온 것이라는 전설이 있다.

주식을 넘보는 간식, 라면

마치 공산품 같은 가공식품이 가장 먼저 발달한 나라는 미국이다. 그 원조 격은 1925년에 설립된 버즈 아이 시푸즈(Birds Eye Seafoods)이다. 북극해 연안 래브라도의 이누이트(에스키모)가 갓 잡은 생선을 바로 얼린 뒤 보관해 몇 달 동안 요리재료로 쓰는 모습을 지켜본 클래런스 버즈아이(Clarence Birdseye)는 이를 분석해 급속 냉동장치를 만들어내고 회사를 차렸다. 이후 해산물뿐만 아니라 육류, 과일, 채소 등으로 확대된 급속 냉동식품은 '식탁의 혁명'이라 불릴 정도로 오늘날 식탁 문화에 기여한 바가 크다.

그리고 제2차 세계대전을 계기로 미국에서는 인스턴트식품이 여럿 선보였다. 일본에서도 타이완계 일본인 안도 모모후쿠(安藤百福, 중국 이름은 우파이푸[吳百福])가 오사카에 설립한 닛신식품(日清食品)에서 인스턴트 치킨 라멘을 1958년에 처음 출시했으며, 최초의 '컵 라멘'도 1971년에 선보였다.

라멘(ラーメン)은 원래 면과 국물로 이뤄진 일본의 대중 음식으로, 중

왼쪽부터 클래런스 버즈아이, 최초의 '인스턴트 치킨 라멘', 우리나라 최초의 '삼양라면'

국의 국수 요리인 라미안(拉麵[납면])을 모태로 했기 때문에 '지나소바(支那そば)', '주카(中華)소바' 또는 '난징(南京)소바'라고 불렀다. 안도 모모후쿠는 사람들이 라멘을 먹기 위해 포장마차에 줄을 선 모습을 보고 "간편하게 라면을 먹을 수는 없을까?"라는 생각에서 인스턴트 라멘 개발에 착수했다. 그는 개발에 착수한 뒤 여러 차례의 시행착오를 거듭하다, 어느 날 아내가 만들던 튀김을 보고 반(半)조리된 면을 기름에 튀겨 기름의 열로 말리는 '순간유열건조법(瞬間油熱乾燥法)'을 생각해냈다. 그 후 1958년 8월 25일 마침내 최초의 인스턴트 치킨 라멘이 탄생했다.

처음 출시된 라멘의 광고 문구는 "조리가 필요 없는 라멘의 혁명아", "돈부리(덮밥사발)와 뜨거운 물만 있으면 맛있는 라멘이 된다", "3분만 기다릴 뿐"이었다. 최초의 라멘은 컵라면처럼 용기에 면을 담아 뜨거운 물을 부은 후 덮어서 별도의 가열 없이 조리한다는 점이 우리의 봉지라면과 차이가 있었다.

그때까지 라멘은 가정에서 만들기 번거로운 음식이었으나 인스턴트 라멘의 등장으로 집에서도 간편하게 즐길 수 있게 되었다. 아마도 인스턴트 라멘을 정착시킨 요인이기도 하고 또 공산품의 특징이기도 한데, 기본적으로는 누가 끓여도 거의 비슷한 맛이 난다는 사실이다. 그 후 라멘은 면과 수프를 따로 해서 끓이는 형태가 주류를 이루었고, 뒤이어 1971년에 첫선을 보인 '컵누들'은 용기 자체도 필요 없게 만들었다.

안도 모모후쿠가 인스턴트 치킨 라멘을 개발한 지 5년 뒤인 1963년 9월 15일 우리나라 최초의 라면인 '삼양라면'이 탄생했다. 라면 겉봉에는 일본의 치킨 라멘을 염두에 둔 닭 그림과 함께 'INSTANT RAMEN'이 라고 쓰여 있어 일본에서 기술을 도입했다는 점을 강조했다.

국민들이 싼값에 한 끼 식사를 해결할 수 있도록 100그램 라면 한 봉지 값은 10원이었는데, 당시 짜장면이 30원이었으니 그리 비싼 편은 아니었다. 그때까지만 해도 중국집 짜장면과 우동, 국수밖에 모르던 우리나라 사람들은 초기에 라면의 기름진 맛에 익숙하지 않아 라면에 국수를 섞어 끓여 먹는 집들이 많았다고 한다.

카레가 아니라 커리

카레는 맛이 좋을 뿐 아니라 주성분인 노란색 강황(울금)은 노화 방지, 치매 예방, 항암 효과도 있다. 그래서 미국의 시사 주간지 《타임》은 2015년 3월 강황을 '50대 건강식품'으로 선정하기도 했다.

외국에서 태어난 음식 가운데 라면 빼고 카레만큼 가정식과 급식에 깊게 침투한 음식이 또 있을까? 커리(curry; 원래는 서남아시아에서 '국물' 또는 '소스'라는 일반명사였다) 또는 카레(カレ)는 강황 등 갖가지 향신료와 채소, 고기 등을 섞어 만든 인도 요리다. 일본에서는 메이지 시대에 영국 해군을 통해 전해진 커리 가루가 일본식 카레로 자리 잡으면서 인기를 끌었고, 일제강점기에 우리나라에도 전파되었다. 1925년 4월 21일자 《동아일보》에 카레 요리법이 소개되기도 했으나 당시엔 지금처럼 우리나라 사람들이 흔히 즐기는 음식이 아니었다.

이후 1963년 8월 3일자 《경향신문》을 보면, 제일식품 화성주식회사에서 출시한 통조림 형태의 '스타카레' 제품 광고가 보인다. 1969년 5월에는 오뚜기(당시는 인공감미료를 생산하는 조흥화학의 식품사업부인 풍림상사였다)

가 가루 형태의 '오뚜기 즉석 카레'를 처음 출시했다. 당시 광고 문구는 "인도가 키운 세계 최고의 카레를 맛보십시오"였다. 1960년대 우리 국민은 밥을 주식으로 하면서 매콤한 맛을 즐기는 식습관이 있어 카레가 인기를 끌 수 있었다. 더구나 카레는 이색적인 맛뿐만 아니라 건강에도 좋은 웰빙식품임을 강조하면서 소비자에게 어필한 끝에, 결국 1970년대 들어 한국식 카레(일본 카레는 갈색 계통이지만 우리나라는 강황이 많이 들어가 노란색을 띤다)는 카레라이스로 대중화에 성공했다.

이어서 나온 '오뚜기 3분카레'는 우리나라 최초의 '레토르트(Retort; 용기포장 고압가열살균)' 식품이자 최초의 '가정간편식(Home Meal Replacement; HMR)'이다. 레토르트 식품은 가볍고 납작한 모양으로 보관이 쉬울 뿐만 아니라 전자레인지나 뜨거운 물에 데워 간단히 먹을 수 있다. 더구나 제조 과정에서 멸균되어 방부제를 넣지 않고도 장기간 보존할 수 있는 장점이 있다. 그러나 날카로운 물체에 포장이 쉽게 찢어져 내용물이 변질될 우려가 있으며, 포장재가 대부분 불투명하기 때문에 내용물의 변질

우리나라 최초의 분말 카레인 '오뚜기 즉석 카레'와 최초의 레토르트 식품인 '오뚜기 3분카레'

을 눈으로 확인하기 어려운 단점도 있다.

분말 형태로 나온 기존의 카레는 번거로운 조리 과정 때문에 손쉽게 식탁에 올릴 수 있는 음식은 아니었다. 그래서 소비자들이 더욱 편리하고 쉽게 카레를 즐길 수 있도록 1981년 4월 전자레인지에 돌려서 바로 먹을 수 있는 '오뚜기 3분카레'가 등장한 것이다. 1979년 삼성전자에서 처음 출시한 전자레인지와 시너지 효과를 가져온 '오뚜기 3분카레'는 출시와 동시에 소비자들의 폭발적인 호응을 불러일으키면서 이후 '햇반' 등 레토르트 식품 열풍에 불을 붙였다.

코카콜라와 펩시콜라의
'콜라전쟁'

전 세계적으로 200개국 이상에서 팔리는 음료로, 상표 인지도 1위
이자 미국 자본주의를 상징하는 코카콜라는 원래 1886년 조지
아주 애틀랜타의 약사 존 스티스 펨버턴(John Stith Pemberton)이 만들어냈
다. 그는 이미 1880년에 코카 잎과 콜라나무 껍질의 농축액을 넣은 '프렌
치 와인 코카(French Wine Coca)'를 강장 음료로 팔았다. 이후 알코올이 몸
의 피로를 가중시킨다고 여겨 와인을 빼는 대신 미네랄워터의 탄산이 활
성작용을 하는 것으로 믿고 탄산을 넣기 시작했다. 그러고는 여기에 직
원인 프랭크 메이슨 로빈슨(Frank Mason Robinson)이 주성분의 이름을 조합
해 지은 '코카콜라'라는 이름을 붙였다.

그러나 판매가 부진하자 펨버턴은 1888년 이 청량음료의 제조·판매
등 모든 권리를 약재상인 에이사 캔들러(Asa Griggs Candler)에게 1750달러
(현 시가로 4만 7300달러, 약 5700만 원)에 팔아버렸다. 캔들러는 1892년에 존
스티스 펨버턴의 동업자였던 프랭크 로빈슨과 함께 코카콜라 컴퍼니를
설립했다.

'유쾌 상쾌한(Delicious and Refreshing) 음료' 5센트짜리
코카콜라 포스터(1886)와 공모전에서 채택된 코카콜라 병(1915)

세계 인구의 90퍼센트가 알고 있다는 현재의 코카콜라 병은 컨투어 보틀(Contour Bottle)이라 부른다. 1915년 당시 코카콜라를 모방한 제품들이 속출하자 코카콜라 컴퍼니만의 독특한 병을 공모했다. 이에 루트 유리회사의 사장 채프먼 J. 루트(Chapman J. Root)는 감사 클라이드 에드워즈(T. Clyde Edwards)와 감독관 알렉산더 새뮤얼슨(Alexander Samuelson), 디자이너 얼 딘(Earl R. Dean)에게 이 임무를 맡겼다. 얼 딘과 에드워즈는 에밀라인 페어뱅크스 기념 도서관을 찾아가 자료를 뒤지다가 《브리태니커 사전》에 나온 코코아 콩 꼬투리 그림에 착안하여 하루 만에 디자인을 제출했고 이것이 채택되었다. 공을 세운 얼 딘은 500달러의 보너스나 평생직장을 제의받았고, 그는 후자를 택했다고 한다.

아돌프 히틀러도 코카콜라를 매우 좋아했다. 당시 독일은 미국에 이어 세계에서 두 번째로 콜라를 많이 마시는 나라였으나 1940년 미국이

나치 독일에 경제 제재를 가하면서 코카콜라 원액 수입이 중단되었다. 그래서 이를 대신하기 위해 독일의 코카콜라 지사에서 만든 것이 바로 '환타(Fanta)'이다. Fantasie(환상)라는 독일어에서 따온 환타는 당시 코카콜라 독일 지사장이었던 막스 카이트(Max Keith)가 공모를 해서 붙인 이름이다. 이후 1961년 미국 내에서는 펩시코의 '7Up'에 대항하기 위해 코카콜라가 독일에서 판매하는 환타 클리어 레몬 맛을 들여와 '스프라이트(Splite)'라는 상표로 판매했다. 그런데 우리나라에서 '판타'가 아니라 '환타'로 표기한 것은 일본어의 영향이 큰 이유일 것이다.

코카콜라는 한국전쟁에 참전한 미군을 통해 처음 이 땅을 밟았으며, 전쟁이 끝난 뒤에도 미군 PX에서만 살 수 있는 부자들의 음료이자 귀한 음료였다. 당시 국산 청량음료는 1950년 5월 출시된 '칠성사이다'가 대표주자였다. 이후 1968년 5월 24일, 국내 독점생산 판매권을 얻은 두산의 계열사 한양식품이 원액을 공급받아 처음으로 코카콜라를 생산하기 시작했다. 당시 국내 청량음료 회사들이 완강하게 반발했지만 끝내 코카콜라의 시판을 막지는 못했다.

콜라 업계의 2인자 펩시콜라는 1898년 8월 28일 약사인 케일럽 데이비스 브래드햄(Caleb Davis Bradham)이 설립했다(우리나라에서는 1967년에 들어와 지금은 롯데칠성이 만든다). 펩시라는 이름은 '소화불량'을 뜻하는 apepsia, dyspepsia라는 단어에서 착안했는데, 콜라가 소화에도 도움이 되어야 한다는 그의 신념 때문이었다. 이후 1903년 6월 16일에 '펩시콜라'는 정식 상표가 되었다.

펩시는 톡 쏘는 맛이 강한 코카콜라보다 탄산이 적은 대신 단맛이 더 강하다. 그래서 코카콜라의 톡 쏘는 맛에 밀려 늘 2인자에 머물던 펩

펩시콜라 설립자 케일럽 브래드햄과 초창기(1898~1905) 펩시콜라 로고

시는 고육지책으로 1975년에 블라인드 테스트인 '펩시 챌린지'를 개최했다. (우리나라에서도 1980년대 초에 이 행사를 열었는데 펩시가 우세한 요인은 펩시는 차갑게 하고 코카콜라는 덜 차게 해서 내놓았다는 설도 있다.) 이를 계기로 펩시는 선전을 이어갔고, 본격적인 '콜라전쟁'이 시작되었다. 1980년대에는 슈퍼스타 마이클 잭슨을 광고에 기용해 처음이자 마지막으로 코카콜라의 매출을 뛰어넘기도 했다. 이후 2015년에는 자회사의 '트로피카나(tropicana)'가 히트를 치는 바람에 한때 펩시의 시가 총액이 코카콜라를 넘어선 적도 있었으며, 펩시의 비(非)탄산음료인 '게토레이(Gatorade)'도 코카콜라의 '파워에이드(PowerAid)'보다 인지도가 더 높아졌다.

학자들의 관심을 끈
탄산수의 거품

탄 산수와 이를 포함한 음료수의 출현은 인간의 몸에 가장 생기를
불어넣는 계절, 봄의 기운을 항상 체감하려는 유럽인이 노력한
결과다.

17세기 플랑드르(네덜란드 남부, 벨기에 서부, 프랑스 북부에 걸친 옛 지명)의
화학자 얀 밥티스타 판 헬몬트(Jan Baptista van Helmont)는 자연수에 함유되
어 있는 이산화탄소를 '가스(gas)'라는 말로 표현한 최초의 인물이다. 그
는 기체 상태의 물질은 무정형의 혼돈스러운 상태로 존재한다고 추정
했는데, 혼돈스러움을 뜻하는 '카오스(chaos)'를 네덜란드어로 발음하면
'가스'에 가깝기 때문에 ch를 g로 바꾸고 o를 생략해 gas라고 명명한 것
이다.

그런가 하면 프랑스인 가브리엘 프랑수아 베넬(Gabriel François Venel)은
이산화탄소를 포함한 물을 탄산수(carbonated water, sparkling water)라고 표현
한 최초의 인물이다. 1753년 그는 원수(原水)가 깨끗하고 안전한 정제수
나 정수에 CO_2를 용해시켜 인공 탄산수를 만들었다.

바트퓌르몬트의 온천으로 가는 길(1780)

많은 과학자들이 탄산수의 거품에 관심을 가지게 되어 18세기 말에는 많은 연구가 이루어졌다. 그중 대표적인 연구단체는 런던 왕립협회였다. 그 회원 중에는 헨리 캐번디시(Henry Cavendish) 같은 유명한 과학자나 산소를 발견한 조지프 프리스틀리(Joseph Priestley) 등이 있었다.

당시 독일 하멜른 근교의 소도시 바트퓌르몬트에 있는 온천은 상당히 많은 양의 광물질을 포함한 것으로 알려져 유럽의 많은 과학자가 관심을 갖고 있었다. 프리스틀리는 집 근처에 있는 양조장에서 화학 실험을 계속하다가 탄산수에 관한 논문을 발표했다. 왕립협회로부터 최우수 논문으로 뽑혀 '코플리 메달'을 받은 글에서 그는 인공 탄산수의 의학적 가치를 주장했다.

프리스틀리의 연구를 전폭적으로 지지한 사람 중 하나가 프랑스의 유명한 화학자 앙투안 로랑 라부아지에(Antoine Laurent Lavoisier)로, 그는 산소와 탄소의 결합으로 생기는 공기방울을 탄산가스라고 명명했다. 1775년 영국에서 존 머빈 누스는 탄산가스를 만들어내는 데 성공했고, 7년 뒤 역시 영국의 화학자 토머스 헨리(Thomas Henry)는 그 탄산가스를 상업적으로 이용하는 방법을 제시하고 맨체스터에 공장을 세웠다. 그리고 얼마 지나지 않아 런던, 파리, 제네바, 더블린 등의 공장에서 탄산가스를 생산해내기 시작했다.

미국에서는 19세기 들어 탄산가스에 대한 실용적 실험이 활발하게 전개되었다. 1807년 예일 대학의 벤저민 스틸맨은 탄산가스를 포함한 음료 '소다수(soda water)'를 개발해 많은 사람들에게 시음하게 했다. 그런가 하면 필라델피아의 조지프 호킨스는 인공 탄산수를 병에 담아 판매를 시작하면서 1809년 미네랄워터의 인공 제조법 특허를 따냈다.

1888년 수치요법(水治療法; 물을 이용한 의료 요법)의 권위자 페리에(Louis Perrier)는 '천연 탄산수가 위장병에 효과가 있다'고 발표했고, 이는 학계에서도 여러 차례 확인했다. 그리하여 탄산수는 서서히 사람들의 구미를 당기기 시작했고, 이후 맛을 조금씩 변화시키며 많은 음료들이 쏟아져 나오게 되었다. 탄산수 제품들은 1960년 알루미늄 캔이 개발될 때까지는 모두 유리병에 담겨 생산되었다. 그러나 1963년 미국인들이 손으로 잡아당겨 따는 '탭탭캔'을 개발함으로써 그때까지 쓰이던 병따개의 생산량을 줄여주었다.

유럽인들 생활의
일부였던 과자

천 성적으로 단것을 좋아하는 인간의 입맛이 과자를 만들어냈는데, 이는 이집트 신왕국 제20왕조 때였다. 당시의 상형문자는 과자를 만드는 사람이 과자를 맛보고 있는 모습을 묘사하고 있다. 이를 보면 설탕 대신 꿀이나 다른 향료로 맛을 조절하면서 만들었음을 알 수 있다. 설탕은 그로부터 한참 뒤에야 쓰이기 때문에 이집트나 로마 등에서 과자를 만들 때 설탕을 넣는 법이 없었다. 지금도 로마 시대부터 내려온 전통 조리법에는 설탕을 넣지 않는 게 상례다.

과자는 귀한 물건이었으며, 그만큼 과자 만드는 기술자는 사회에서 중요한 사람으로 대접받았다. 로마 사람들은 제과업자들을 고도의 건축이나 조각 기술자처럼 존경했다. 79년 8월 24일에 있었던 이탈리아 남서부에 있는 베수비오 화산의 폭발로, 폼페이와 함께 폐허가 되었던 고대 도시 헤르쿨라네움을 고고학자들이 발굴했을 때 그들은 당시의 제과업자가 쓰던 단지, 체, 컵 등 일체의 도구를 발견했다.

폼페이에서 발견된 각종 주방도구

사탕수수의 재배는 중세에 와서야 페르시아에서 처음 이루어졌다. 페르시아 사람들은 오래전부터 수숫대를 꺾어 씹으며 단맛을 즐기곤 했다. 그러다 설탕을 정제하는 기술이 개발되자 페르시아 사람들은 과자를 만들기 시작했다.

그래도 설탕이 흔한 것이 아니었으므로 집에서 과자를 만들 수 있는 사람들은 주로 부유층이었다. 그중 일부가 비록 소량이지만 서서히 유럽으로 수출되어 유럽인들을 과자 애호가로 만들어갔다. 약제사들은 그 귀한 과자를 약용으로 쓰기도 했으며 중간 상인들은 과자 판매로 톡톡히 재미를 보았다.

유럽에서 가장 이재에 밝은 사람들로 알려진 베네치아의 상인들이 아랍인들과 계약을 해 대규모 과자 수입의 길을 터놓은 것이 14세기였다. 여러 도시에는 서서히 제과 공장이 들어섰고 앞다투어 다양한 맛과 크기와 색깔의 과자들을 만들어내기 시작했다. 그로부터 200여 년 후 유럽인들은 설탕 없이는 살 수 없게 되었으며, 과자는 그들 생활의 일부가 되었다.

초콜릿의 비밀을
누설하면 사형

문명인들이 처음으로 맛본 초콜릿은 지금처럼 달콤하고 딱딱한 것이 아니었다. 처음에는 쓰디쓴 액체였던 것이 수백 년이 지난 뒤에야 지금과 같이 먹기 좋은 과자 형태로 만들어진 것이다.

남아메리카 대륙이 원산지인 코코아나무 열매에서 채취하는 초콜릿은 마야, 아스테카, 톨텍 등 세 문명권에서 제사 때 사용하는 액체였다. 코코아는 그들이 원래부터 중시하는 과일이라서 한때 그 열매는 화폐로 쓰이기도 했다. 아즈텍족은 열매를 단지 속에 넣어 발효시킨 후 가열했다. 그리고 씨를 깨뜨려 그 핵을 부수고 물을 부어 액체로 만들어, 쓴맛을 없애기 위해 바닐라나 다른 향료를 적당히 첨가해 달콤하게 만들었다. 아즈텍족의 언어로 그것을 부르는 말도 직역하면 '쓴 물'이었다.

초콜릿은 16세기 초 콜럼버스가 처음으로 유럽에 소개했다. 유럽인들은 당시 '코코아'라고 불리던 그 액체에 적당량의 설탕을 가미했다. 난생처음 초콜릿 맛을 본 에스파냐 왕족들은 금세 그 맛에 매료되었다. 아라곤 왕국의 페란도 2세는 그 새로운 음료를 혼자만 즐기려고 공표 금

275

아라곤 왕국의 페란도 2세(재위 1479~1516).
1468년부터 시칠리아의 군주 피르디난누 2세, 별명은
가톨릭왕. 1474년 카스티야 왕국의 이사벨 1세와
혼인하여, 그녀가 사망한 1504년까지
카스티야의 군주 페르난도 5세이기도 하다.

지령을 내리기도 했다. 누구라도 새로운 음료가 생겼다는 비밀을 누설하
면 사형에 처한다는 명이었다.

에스파냐 사람들은 왕의 명령을 충실히 따랐다. 물론 일반인들은
몰랐겠지만, 초콜릿이라는 신비한 음료가 있다는 사실은 이 금지령 때문
에 100년이나 다른 나라로 새어나가지 않았다. 다른 경로를 통해 다른
나라에 알려질 때까지 에스파냐 안에서만은 철저히 지켜졌던 것이다. 그
런 함구령은 요즘으로 말하면 코카콜라의 제조 비밀을 관계자 외에는
아무도 모르게 하는 조치와 다를 게 없다.

마침내 초콜릿은 거의 100년 만인 1606년 이탈리아에 등장했는데 이탈
리아인들은 자기들 나름대로 코코아를 확보하려고 열을 올렸다. 초콜릿이
프랑스로 들어간 섯은 1660년의 일이었다. 에스파냐의 펠리페 4세의 딸 마
리아 테레사(Maria Theresa of Spain)가 루이 14세와 결혼하면서 예물로 가져간 것
이었다. 그 음료를 맛본 프랑스 왕족들도 그 맛에 반해버렸음은 물론이다.

영국은 1657년 한 프랑스인이 런던에 초콜릿 가게를 열면서 초콜릿
열풍에 휩싸였다. 그 가게에서는 초콜릿을 덩어리째 팔았고 사람들은 그
것을 사다가 조금씩 녹여 먹곤 했다. 그런 식으로 해서 얼마 지나지 않

마리아 테레사 공주

아 초콜릿은 전 유럽에 퍼졌다.

미국인들은 1765년 영국인들이 서인도 제도에서 코코아 열매를 들여와 매사추세츠에 초콜릿 공장을 세우면서 그 맛을 알기 시작했다. 열강들이 식민지 확보에 혈안이 되었을 당시 아프리카의 기후나 토양이 코코아 재배에 적합하다는 것을 안 유럽인은 그곳에 코코아나무를 대량으로 심었다. 그 결과 지금 아프리카는 전 세계에서 가장 큰 코코아 생산지가 되었다.

19세기 들어서도 초콜릿은 여전히 음료로 통용되는 중에, 1828년 네덜란드인 쿤라드 요하네스 판 하우턴(Coenraad Johannes van Houten)이 코코아 열매에서 크림 같은 버터를 추출해내는 데 성공했으며, 1847년 영국의 제과업체인 프라이 앤 선즈(J. S. Fry & Sons)가 그 버터에 초콜릿 용액을 섞어서 짙은 갈색의 견고한 초콜릿(초코바)을 만들어냈다.

2년 후에 스위스인 다니엘 페터(Daniel Peter)는 초콜릿에 분유를 가미해 최초의 초콜릿 우유를 만들었다. 요즘 가장 흔하게 접할 수 있는 초콜릿 제품이 바로 초콜릿 우유다. 오늘날에는 초콜릿 원액보다 오히려 우유의 함량이 많아지는 추세다. 보통 시중에 팔리는 초콜릿은 초콜릿 원액이 10퍼센트, 우유 성분이 12퍼센트 정도다.

터키 국기의 초승달을
본뜬 크루아상

페 이스트리의 일종인 크루아상(croissant)은 모습도 유별나며 기원도 생김새 못지않게 유별나다. 오스트리아 빈(Wien)의 제빵업자들이 약속이나 한 듯이 초승달 모양의 빵을 만들기 시작한 것은 1683년의 일인데, 이는 그해 도시를 침략했던 오스만제국군을 힘겹게 물리친 것을 기념하기 위해서였다. 두 나라는 지금도 사이가 안 좋아 2018년 7월 22일 오스트리아는 터키어 운전면허 시험을 폐지하기도 했다.

초승달 모양의 빵은 터키의 침략을 물리친 자랑스러운 오스트리아인들에게 용기를 북돋워주기 위해 누군가가 만든 것이다. 빈이 오스만제국군에 포위되었을 때, 오스트리아의 제빵사 한 명이 창고에 있는 밀가루를 꺼내러 갔다가 오스만제국군의 공격 계획을 우연히 듣고 아군에게 이 사실을 알려 오스만제국군을 격퇴할 수 있었다. 이 공로로 제빵사는 오스트리아의 명문가였던 페데스부르크가의 훈장을 제과점의 심벌마크로 사용할 수 있는 특권을 부여받았고, 이에 대한 답례로 제빵사는 오스만제국 국기에 있는 초승달을 본뜬 크루아상을 만들었다고 하는데 확

터키 국기와 크루아상을 합성한 그림

실치는 않다.

크루아상은 서쪽으로 계속 전파되어 프랑스에서는 주된 아침 식단이 되었는데, 루이 16세의 왕비 마리 앙투아네트에 의해 프랑스에 전해졌다고 한다. 실제 프랑스어 croissant은 초승달을 뜻한다. 광란의 시대라 일컫는 1920년대에 크루아상은 미국으로 진출해 제과점에서 팔기 시작했고, 1970년대에는 거의 모든 제과점에 크루아상이 진열되었다.

크루아상은 1986년 우리나라에 들어와 '파리 크라상'이라는 제과점 이름으로 자리 잡기도 했다. 이 회사는 프랜차이즈 베이커리 가맹점인 파리바게뜨와 삼립식품, 샤니, 던킨 도너츠, 배스킨라빈스를 운영하는 비알코리아와 함께 SPC그룹의 계열사다.

아이스크림의 고향은 중국

중국인은 증발에 의해 시원하게 유지되는 얼음창고를 지음으로써 겨울에 언 얼음을 여름까지 보존하는 방법을 알아냈다. 얼음의 채취와 저장에 관한 내용은 기원전 200년경의 한시에도 기록되어 있다. 거기엔 여름을 맞아 얼음창고를 개봉할 때 열리는 축제에 대해서도 언급하고 있다. "2월에 그들은 강에서 얼음을 잘라낸다. 3월에 그것을 얼음창고로 나른다. 4월 어느 이른 아침에, 실파를 얹은 희생양을 제물로 바친 다음 문을 개봉한다."

이렇게 저장 얼음을 이용한 요리가 점차 다양해져, 마침내 중국인은 프루트 아이스도 만들게 되었다. 산꼭대기에서부터 눈을 날라다 보관하고, 눈에 과일 주스를 섞거나 밀크 아이스에 섞기도 했다. 13세기경 베이징의 거리에서는 얼려서 만든 여러 가지 디저트를 손수레에 싣고 다니며 팔았다.

카트린 드메디시스와
코시모 루게리(장 룰베, 1867)

기록에 따르면, 알렉산드로스 대왕은 인도 정복 당시 꿀을 넣은 눈을 계속 요구했으며, 페트라(Petra: 요르단에 있는 고대 도시로, 그리스어로 '바위'라는 뜻이다)를 포위했을 당시도 노예들에게 산에서 얼음을 가져오도록 해서 30개의 참호에 묻어두었다고 한다. 그렇게 해서 그는 전쟁터에서도 시원한 음료를 마실 수 있었다. 잔혹 행위로 유명했던 로마 황제 네로도 자신이 좋아하던 과일 음료를 시원하게 마시려고 노예들을 산으로 보내 눈과 얼음을 가져오게 했다고 한다.

중국의 뒤를 이어서 14세기 이탈리아에서도 아이스 밀크와 프루트 아이스를 먹기 시작했다. 이 디저트를 이탈리아에 처음 도입한 사람은 쿠빌라이 치하의 중국 원나라를 다녀와 《동방견문록》을 쓴 마르코 폴로라는 설도 있다. 이 디저트는 마침내 프랑스로 넘어간다.

이탈리아 태생의 프랑스 왕비 카트린 드메디시스(Catherine de Médicis; 이탈리아어로는 카테리나 데 메디치)는 14세에 동갑인 앙리 오를레앙 공작(훗날 앙리 2세)과 결혼하기 위해 프랑스로 갔을 때 소르베(sorbet; 과즙에 물, 설탕 따위를 섞어 얼린 얼음과자)를 갖고 시아버지 프랑수아 1세(레오나르도 다빈치의 후견인으로 유명하다)를 알현했다고 한다. 그녀는 요리사들도 데려갔는데, 그중에는 그녀가 총애하는 코시모 루게리(Cosimo Ruggeri)도 있었다. 그는 연금술사이자 아이스크림 제조의 명인이었는데, 한 달 동안 지속된 그녀의 결혼식 피로연에서 레몬, 라임, 오렌지, 체리, 산딸기 등으로 매일 다른 맛을 내는 소르베를 내놓아 하객들을 놀라게 했다.

이후 피렌체 출신인 그는 같은 고향의 건축가이자 화가인 베르나르도 부온탈렌티(Bernardo Buontalenti)와 함께 이탈리아 아이스크림 '젤라토(Gelato; '얼리다'라는 동사 gelare에서 유래)의 시조가 되었다. 젤라토는 보통 아이스크림보다 당도나 공기 함유량, 유지방 함량이 조금 적다.

유럽에서는 아이스크림 제조법을 비밀에 부쳤으므로 부자에게 고용된 요리사들은 그 비밀을 단단히 지켜야만 했다. 아이스크림은 겨울에 내린 눈을 지하 저장고에 저장해두었다가 여름에 꺼내서 만들어야 했으므로 부자가 아니면 얼음을 이용한 디저트는 맛볼 엄두도 낼 수 없었다.

서민들이 아이스크림을 접하게 된 것은 유럽으로 이주한 이탈리아 사람들이 손수레에 냉장 박스를 싣고 아이스크림이나 빙과류를 팔러 다니면서부터였다. 1870년 영국의 런던에 사는 사람들은 이탈리아인 아이스크림 장수를 '호키 포키 맨(Hokey Pokey Man)'이라고 불렀다. 아이스크림 장수가 끊임없이 "Ecco un poco(여기 한 조각 있어요)." 하고 외친 소리가 변한 것이다. 미국에서도 1920년대까지는 아이스크림 장수를 이렇게 불렀다.

미국으로 건너온
아이스크림의 진화

미국의 3대 대통령 토머스 제퍼슨이 프랑스 대사로 있을 때 그곳에서 맛본 아이스크림에 반해 필라델피아로 아이스크림 제조기를 가지고 돌아왔다. 제퍼슨이 그 아이스크림 기계를 자랑하던 일이나, 1813년 4대 제임스 매디슨(James Madison) 대통령 취임식 때 백악관에서 열린 디너파티에 영부인 돌리 매디슨이 딸기 봉브 글라세(Bombe Glacee; 포탄 모양으로 둥그렇게 만든 아이스크림 디저트)를 메인 디저트로 내온 일화는 유명하다.

1800년대 초에 필라델피아는 미국에서 '아이스크림의 메카'가 되었다. 이 마을에서 아이스크림이 대량으로 생산되었고, 인기 높은 바닐라 아이스크림과 달걀 아이스크림이 '필라델피아'라고 불렸기 때문이다. 게다가 이 고장에는 서민들을 위한 아이스크림으로 유명한 하우스(나중에 팔러[Parlour]로 불렸다)가 있었기 때문이다. 아이스크림소다가 정식으로 선보인 것은 1874년에 필라델피아의 프랭클린 협회가 아이스크림 탄생 50주년을 축하했을 때였다.

아이스크림선디는 아이스크림소다보다 10년쯤 늦은 1880년대 중반에 등장했다. 처음에 선디(sundae)는 sunday로 표기했다. 말 그대로 일요일에만 팔 수 있었는데, 그 이유로는 다음 두 가지 설이 있다. 1880년대 뉴잉글랜드의 몇몇 지역에서는 종교상의 제약으로 일주일 중 가장 성스러운 날 알코올에 가깝다고 여긴 소다수를 팔거나 마시는 일이 금지되어 있었다. 아이스크림소다에서 탄산수를 빼면 한 덩어리의 아이스크림과 시럽이 남는다. 이로써 일요일에 어울리는 새로운 디저트가 탄생한 것이다. 두 번째 설은 아이스크림소다와는 관계없이 아이스크림선디에 뿌린 초콜릿 시럽의 값이 너무 비싸 대부분의 가정에서는 일요일의 성찬 때나 먹을 수 있었기 때문이라는 것이다. 그렇지만 이 두 번째 설을 지지하는 사람은 드물다.

1919년 오하이오주 영스타운에서 과자점을 하던 해리 버트(Harry Burt)가 처음으로 초콜릿을 뿌린 바닐라 아이스크림을 팔았고, 그의 아들 해리 버트 주니어가 나무막대기를 끼워 손쉽게 먹을 수 있는 아이스 바(아이스케이크)를 팔기 시작했다. 이 아이스크림에 '굿 유머 바(Good Humor Bar; 기분 좋은 막대기가 달린 캔디)'라고 이름 붙인 것이 계기가 되어 아이스크림 장수는 '굿 유머 맨(Good Humor Man)'이라고도 불렀다.

한동안 아이스크림선디나 아이스크림소다에 휘핑크림을 섞지 않은 것은, 크림을 손으로 한참 저어서 거품을 내야만 했기 때문이다. 그러나 1931년 찰스 게츠(Charles Getz)가 아산화질소(N_2O; 웃음을 유발하는 가스)를 이용해 크림을 거품으로 만드는 방법을 찾아냄으로써 최초의 스프레이식 휘핑크림이 탄생했고, 여기서 발전해 면도용 크림까지 만들었다. 이 아산화질소 덕택에 그는 세계 최초로 캔에 넣은 휘핑크림을 상품화했고, 에어로졸 시대를 맞이했다. 이 발견으로 그가 벌어들인 돈은, 웃음

'굿 유머'의 초콜릿 아이스바와 '31'이라는 숫자를 강조한 초기 배스킨라빈스 로고

을 유발하는 아산화질소 덕택이었지만 결코 웃어넘길 만한 금액은 아니었다.

아이스크림은 몇 세기 동안 접시에 담아내거나 와플 위에 얹어서 먹었다. 1904년 세인트루이스 만국박람회 이전에는 먹을 수 있는 용기가 없었다. 루이지애나주 매입 100년을 기념하는 이 박람회는 1500만 달러(루이지애나주 매입 비용과 똑같은 금액)를 들여 특별전시회를 마련했다. 바로 이곳에 아이스크림콘의 전설을 만들어낸 가게들, 즉 같은 구역에서 장사를 하던 어니스트 햄위(Ernest Hamwi)의 와플 전문점과 프랑스계 미국인 아널드 포나추(Arnold Fornachou)의 아이스크림 가게가 있었다. 포나추는 아이스크림을 담는 종이 접시가 부족하자 햄위가 팔던 와플을 빌려 원추형으로 말아 아이스크림을 담아냈는데, 이 새로운 모양이 사람들의 호기심을 자극해 인기를 끌었다. 먹는 용기가 탄생한 배경이다.

또 다른 설도 있다. 시리아 다마스쿠스에서 이민 온 제빵사 햄위는 설탕을 뿌려 만든 종이처럼 얇은 페르시아 과자 잘라비아(Zalabia)를 팔고 있었는데, 마침 포나추가 아이스크림을 넣을 그릇이 모자라 난처해하자 이 잘라비아를 둥글게 말아 포나추에게 주었다는 것이다.

1912년 이후 오리건주 포틀랜드의 발명가인 프레더릭 브룩맨(Frederick Bruckman)이 특허를 받은 콘 감는 기계를 팔기 시작했고, 그로부터 채 10년도 지나지 않아 미국에서 소비되는 아이스크림의 3분의 1을 아이스크림콘이 차지하게 되었다.

세계에서 가장 큰 아이스크림 프랜차이즈는 배스킨라빈스다. 1945년 캘리포니아주 글렌데일에서 어바인 로빈스(Irvine Robbins)와 그의 매부 버튼 배스킨(Burton Baskin)이 창업했으며, 상표는 이들의 성(姓)을 따온 것이다. 그들이 내세운 슬로건은 아이스크림의 종류가 31가지가 아니라 '한 달에 매일 한 가지 맛(One for everyday of the month)'이라는 뜻의 '31'이다.

홧김에 만든 포테이토칩

감자는 쌀 다음으로 소비가 많은 세계적인 식품이다. 이 감자를 얇게 썰어 소금을 뿌리고 바삭바삭하게 튀겨낸 포테이토칩(potato chip)은 미국인이 가장 좋아하는 스낵이다. 포테이토칩은 처음에 미국 뉴잉글랜드 지방에 사는 사람이 프렌치프라이(French fried potato; 두툼하게 썬 감자튀김으로 주로 햄버거에 곁들어 나온다)를 변형시킨 것으로, 갑작스런 영감에 의한 발명품이 아니라 홧김에 튀어나온 부산물이었다.

프렌치프라이는 1700년대에 유행한 스낵으로 프랑스 대사를 지냈으며 프랑스 아이스크림 마니아인 토머스 제퍼슨이 가장 좋아한 음식이었다. 요리법을 배워 미국으로 돌아온 제퍼슨이 버지니아주 몬티셀로에 있는 자신의 저택에서 손님에게 대접한 것이 계기가 되어 차츰 사람들에게 알려짐으로써 본격적인 디너 요리가 되었다.

1853년 여름, 아메리칸 인디언인 조지 크럼(George Crum)은 뉴욕주의 고급 휴양지인 새러토가스프링스에서 요리사로 일하고 있었다. 레스토랑 '케리 문스 레이크하우스(Carey Moon's Lake house)'의 메뉴에는 조지 크럼이 만드는 평범한 프렌치프라이가 있었다.

어느 날 이 식당에 저녁식사를 하러 온 손님이 조지 크럼이 만든 프렌치프라이가 너무 두꺼워서 취향에 맞지 않는다며 주문을 취소했다. 이에 그는 감자를 얇게 잘라서 튀겨내 다시 가져갔지만 이것도 손님을 만족시키지 못했다. 화가 난 그는 손님을 골탕 먹일 요량으로 감자를 아주 얇게 썰어 포크로 찍을 수 없을 만큼 바싹 튀겨 가져갔다.

그런데 이 일은 뜻밖의 결과를 낳았다. 종잇장처럼 얇고 연한 갈색으로 튀겨낸 이 감자는 의외로 그 손님의 입맛에 딱 맞아떨어져 엄지를 내밀었고, 이 모습을 본 다른 손님들도 앞다투어 포테이토칩을 주문했다. 그 손님은 다름 아닌 미국의 철도왕이라 불리는 코닐리어스 밴더빌트(Cornelius Vanderbilt)였다.

얼마 후 포테이토칩은 '케리 문스 레이크하우스'의 특별요리인 '새러토가 칩(Saratoga Chip)'이라는 이름으로 본격적으로 판매되었고, 나중에는 포장 판매까지 하게 되었다. 처음에는 이 지역에서만 팔리던 것이 점차 인기를 끌어 뉴잉글랜드 전역으로 퍼져나갔다. 결국 조지 크럼은 포테이토

조지 크럼과 '새러토가 칩'

칩 전문 레스토랑까지 열게 되었다.

당시에는 감자 껍질을 벗겨서 얇게 써는 작업을 모두 손으로 했으나 1920년대에 들어오면서 감자 껍질을 벗기는 기계가 발명되어 소량씩 보급되던 포테이토칩이 판매량 제1위의 스낵으로 발돋움하게 되었다.

포테이토칩은 세상에 선보이고 나서 수십 년 동안 주로 북부의 디너 요리로 알려져 있었다. 1920년대에 세일즈맨 허먼 레이(Herman Ray)가 남부를 돌면서 애틀랜타에서 테네시주에 이르기까지 포테이토칩의 보급에 일익을 담당했다. 자동차에 포테이토칩을 싣고 남부의 식료품점들과 거래하면서, 그가 제공한 포테이토칩이 소금을 뿌린 스낵의 대명사가 되었던 것이다. 그리하여 허먼 레이의 포테이토칩은 시장에서 최초로 성공한 전국 상표가 되었다. 1959년에 허먼 레이는 상품의 종수를 늘리려고 스낵인 '프리토 콘칩(Frito Corn chip)'을 생산하던 댈러스의 프리토를 합병했다(1965년에 펩시코로 넘어갔다).

현재 미국인의 포테이토칩(프리토와 프렌치프라이를 합쳐서) 소비량은 세계 제일인데, 이는 어쩌면 감자를 먹지 않았던 식민지 시대의 반작용일지도 모른다. 당시 뉴잉글랜드 지방의 사람들은 감자를 먹으면 수명이 줄어든다고 믿어 감자를 돼지 사료로 썼다. 오늘날처럼 기름으로 튀기고 소금을 많이 뿌린 음식이라서 심장병이나 고혈압의 원흉이라고 지탄받았기 때문은 아니다. 감자에 최음제 성분이 들어 있어서 그것을 섭취하면 단명의 원인이 된다고 생각했기 때문이다. 실제 감자에는 최음 작용을 하는 성분은 없지만 유난히 포테이토칩을 즐기는 사람들에 사이에서는 그것을 먹고 난 후의 만족감은 마치 섹스와도 같다는 소문도 있었다.

미국을 강타한
초콜릿 사탕 열풍

과자는 초기 개척자들에 의해 미국 대륙에 들어갔다. 그들은 팔찌 같은 귀중품과 약간의 돈 그리고 맛있는 과자를 주면서 인디언들을 회유했다. 과자로 인디언들을 회유했던 네덜란드인들이 맨해튼섬을 사는 데 쓴 돈이 24달러밖에 안 되었다니 과자의 위력을 짐작할 수 있다. 그러나 당시 미국이나 유럽을 막론하고 과자의 판매량은, 미국에서 초콜릿 바가 나왔을 때와 비교하면 아무것도 아니다.

1894년 펜실베이니아주 랭커스터에 밀턴 허시(Milton Snavely Hershey)가 허시 컴퍼니를 세우고 1900년에 최초의 '허시 바(Hershey bar)'를 출시했다. 설탕, 코코아, 초콜릿, 우유 등을 조금씩 가미해서 만든 허시 바는 나오자마자 그야말로 전 미국을 강타했다. 그리고 유대계 오스트리아인으로 미국으로 이민 온 젊은 제과업자 레너드 허시필드(Leonard Hirschfield)가 1907년 시카고에서 처음으로 종이에 싼 사탕을 개발해, 다섯 살 난 딸 클라라의 애칭을 붙여 '투시 롤(Toosie Roll)'이라는 이름으로 출시했다. 이 초콜릿 사탕은 주머니나 가방에 얼마든지 넣을 수 있다는 점 때문에 공전의 히트를 쳤다.

1921년 코네티컷주의 피터 폴(Peter Paul)이라는 제과업자는 초콜릿과 코코아 맛을 내는 5센트짜리 '마운즈(Mounds)'를 만들었으며, 1947년에는 '아몬드 조이(Almond Joy)'를 만들어 사탕의 신화를 이어갔다. 이때쯤의 세계적인 사탕 판매고는 수백만 파운드에 달했지만, 아직도 절정기라고 할 수는 없었다.

프로야구와 제2차 세계대전은 사탕 판매고를 최고도로 올리는 데 큰 역할을 했다. '홈런왕 베이브 루스'의 인기가 절정을 이루던 1921년, 그 야구선수의 이름을 딴 것은 아니지만 '베이브 루스 사탕'이 나와 10년간 대단한 판매량을 보였다. 이 사탕을 만든 오토 슈너링(Otto Schnering)은 5센트짜리 땅콩 캐러멜 초코 사탕을 만들면서, 전 대통령 그로버 클리블랜드의 딸인 베이브 루스 클리블랜드를 기념하기 위해 그녀의 이름

미국을 뒤흔든 초콜릿 바의 간판 상품들

을 붙였다고 말했다.

그러나 뭐니 뭐니 해도 사탕 하나 만들어서 백만장자가 된 사람은 미네소타 출신 제과업자인 프랭클린 마스(Franklin Clarence Mars)다. 당시 40세였던 그는 초콜릿 우유, 옥수수 시럽, 설탕 등을 적당히 섞어서 '밀키 웨이(Milkyway)'라는 사탕을 생산했는데 시판 2년 만에 80만 달러라는 천문학적인 판매고를 기록했다. 그는 아이들에게 충치가 생길 수 있다는 비난에도 굴하지 않고 1930년에는 또 다른 히트 상품 '스니커즈'를 만들어 그야말로 돈방석에 앉았다. 그뿐 아니라 2년 후에는 제3탄이라 할 수 있는 '삼총사(3 Musketeers)'를 내놓았다. 그의 사업 수완은 1940년 제2차 세계대전에 참전한 군인들을 노린 상품 'm&m'을 만들면서 절정에 달했다. 그는 교묘한 선전으로 이 사탕을 먹으면 정신이 맑아지고 담력이 생겨 방아쇠를 당기는 데 결정적인 도움을 준다고 강조했다.

사탕의 열기는 그 후 20여 년간 달아오르다가 1970년대 들어 충치에 대한 사회적 우려와 건강 생활을 지상의 선(善)으로 생각하는 미국인들에게 사탕을 먹으면 비만이 된다는 끔찍한 걱정거리가 생기면서 시들해지기 시작했다.

한국전쟁의 숨은 공신,
'투시 롤'

투시 롤은 제2차 세계대전 당시 미군의 전투식량으로도 지급되었으며, 간식 이외에 군수물자 역할을 톡톡히 하기도 했다. 가령 추운 겨울 적의 총탄에 연료통이 구멍이 나면 임시로 '투시 롤'을 입으로 녹여 구멍을 틀어막았다. 그러면 금세 얼어 용접한 것 못지않았다고 한다.

제2차 세계대전이 일본의 항복으로 끝나고 5년 뒤인 1950년 6·25전쟁이 터졌다. 3년에 걸친 이 전쟁에서 특히 장진호(長津湖) 전투는 2017년 5월 미국 버지니아주 콴티코 해병대 박물관에 기념비가 건립될 정도로

투시 롤

장진호 전투에서 '투시 롤'을 배급받는 미 해병대원들

가장 참혹했던 싸움이자 미국 해병대 창설 이후 가장 치열했던 전투로 기록되어 있다. 이 전투는 1950년 11월 27일부터 12월 11일까지 함경남도 개마고원의 장진호 부근에서 미 해병대와 육군이 중공군 7개 사단 12만 병력의 포위를 뚫고 흥남으로 철수한 작전이다.

이 장진호 전투에서 있었던 일화 중 하나가 바로 '투시 롤' 때문에 생겨났다. 중공군에 포위된 채 고전을 면치 못하던 미 해병대 제1사단 박격포 부대의 통신병이 탄약 보급부대에 긴급하게 무전을 쳤다. "지금 초콜릿 시탕이 떨어지기 일보직전이다. 더 이상 남아 있는 초콜릿 사탕이 없다. 긴급하게 초콜릿 사탕을 지원해주기 바란다." 후방 지원부대의 통신병은 어리둥절했다. 하지만 적군에 포위된 부대에서 초콜릿 사탕을 보내달라고 긴급요청을 했으니 통신병은 무전 내용을 그대로 보급대에 전달했다. 그래서 수송기들이 수백 상자의 초콜릿 사탕을 싣고 장진호 주변을 포위한 중공군의 대공 사격을 피해 낙하산으로 사탕을 투하했다.

박격포탄을 학수고대하던 부대원들이 황급히 달려가 보급품 상자를 열어보고는 깜짝 놀라지 않을 수 없었다. "이것들이 초콜릿 사탕을 보내 달라고 했더니 진짜 사탕을 보내주면 어쩌자는 거야?"

박격포 부대 통신병이 무전으로 요청한 것은 분명히 초콜릿 사탕이었 다. 그것도 분명하게 '투시 롤'이라는 초콜릿 사탕을 요구했다. 하지만 '투 시 롤'은 당시 박격포탄을 일컫는 해병대원들의 속어였다. 부대원들에게 필요한 것은 초콜릿 사탕이 아니라 60밀리미터 박격포탄이었던 것이다. 중공군에 포위된 상태에서 도청을 피하기 위해 해병대 속어를 써서 박격 포탄을 요청한 것인데, 진짜 초콜릿 사탕 수백 상자를 투하한 것이다.

탄약이 떨어진 부대에 사탕만 잔뜩 보냈으니 부대원들은 황당할 수 밖에 없었다. 장진호 전투에 참가했던 해병대원이 회고에 따르면, 후방 의 통신병이 신참이라서 '투시 롤'이 박격포탄의 암호라는 것을 몰랐기 때문에 생긴 일이었다고 한다.

하지만 제1사단 해병대원들은 이때까지만 해도 부족한 탄약 대신 보 급받은 초콜릿 사탕이 박격포탄보다 더 유용하게 쓰이리라고는 꿈에도 생각지 못했다. 영하 30도 이하의 강추위 속에서 전투식량이 얼어붙어 먹지 못했을 때 '투시 롤'은 입에 넣어 녹여 먹을 수 있었고 칼로리도 충 분히 보충해주었기 때문이다. 그래서 지금도 해마다 열리는 장진호 전투 참전 용사들의 기념식에는 투시 롤 인더스트리에서 '투시 롤'을 제공하고 있다고 한다.

팝콘은 인디언의
부적 목걸이

팝콘용 옥수수 알갱이는 수분을 최저 14퍼센트 정도 포함한 것이 가장 좋다. 이 알갱이를 가열하면 수분이 증기가 되어서 팽창하고 딱딱한 알갱이가 파열해서 부풀어 올라 하얀 팝콘이 된다.

옥수수를 튀기는 기술은 5000년 전부터 있었으며, 아메리칸 인디언에 의해서 완성되었다. 스위트 콘(식용)과 필드 콘(가축의 먹이) 그리고 이른바 인디언 콘의 차이를 인디언은 정확히 알고 있었다. 인디언 콘은 수분이 많아 튀겨내기에 적합했다.

토착 인디언의 요리인 팝콘은 신세계에 찾아온 초기의 탐험가들에게는 신기한 음식물이었다. 콜럼버스와 그 일행은 서인도 제도의 원주민에게서 팝콘 목걸이를 사들였다. 또한 1510년대에 오늘날 멕시코 유카탄반도를 침략한 에스파냐의 에르난 코르테스는 아즈텍족이 실에 꿴 팝콘을 종교의식에서 몸에 지니고 있는 것을 처음으로 목격했다. '팝콘'이라는 이름은 중세 영어로 '폭발음'을 뜻하는 의성어 poppe에서 유래한 것이다.

인디언은 세 가지 방법으로 옥수수를 튀겨냈다. 하나는 막대기에 끼운 옥수수자루를 불에 쬐면서 밖으로 날아간 알갱이를 주워 모으는 것이고, 다른 하나는 옥수수 알갱이를 약한 불에 직접 던져넣은 다음 역시 불 밖으로 튕겨 나온 알갱이만을 먹는 것이다. 그러나 가장 세련된 방법은 굵은 모래를 담은 얇은 토기를 모래가 뜨거워질 때까지 달군 뒤 뜨거워진 모래에 옥수수 알갱이를 섞어 다시 가열하면 알갱이가 터져 모래 위로 튀어나오도록 하는 것이다.

1880년에 가정용과 업소용 팝콘 제조기가 등장해 팝콘 만들기가 손쉬워졌다. 그러나 그 당시의 옥수수는 대량으로 판매되었고 더구나 옥수수 알갱이만 따로 떼어서 파는 것도 아니었다. 예를 들면 1897년 시어스 로버(Scars & Rocbuck)사의 광고지에는 알갱이가 그대로 붙어 있는 팝콘용 옥수수 25파운드들이 한 부대가 1달러라고 표시되어 있었다.

대량 구입의 문제점은 저장해두는 동안에 수분이 줄어든다는 것이다. 옥수수의 수분 함유량이 12퍼센트 이하가 되면 옥수수 알갱이는 부분적으로만 튀겨지든가 아니면 전혀 튀겨지지 않는다. 요즘에는 불발탄이라고 불리는, 튀겨지지 않고 까맣게 그을린 알갱이는 그다지 찾아볼 수 없지만 19세기에는 흔한 일이었다. 이 튀겨지지 않는 옥수수 알갱이는 '올드 미스'라고 해서 푸대접을 받았다.

미국 최초의 전기 팝콘 제조기는 1907년에 출현했다. 그 무렵의 전기제품은 아직 초보 단계여서 대개는 모양이 투박하고 대형이었으며 그리 안전하지도 않았다. 그러나 팝콘 제조기의 잡지 광고는 오히려 이 두 가지 점을 반대로 선전하고 있다.

"수많은 가정용 전기제품 가운데서도 이 신형 팝콘 제조기는 가장 우수합니다. 어린이들이 거실 탁자에서 하루 종일 팝콘을 만들어 먹어도 전혀 위험하지 않습니다."

　팝콘 제조기의 발명과 대공황 시대의 식사 대용으로 팝콘의 인기는 올라갔다. 그러나 대규모 사업으로 발전한 것은 영화관에서 판매하면서부터다. 1947년에는 전 미국 영화관의 80퍼센트가 팝콘을 판매하고, 중서부의 농지 가운데 30만 에이커에 해마다 인디언 콘이 재배되었다.

붉은 나비넥타이를 맨 오빌 레덴바커의 컵팝콘

1950년대의 텔레비전 보급 또한 미국인의 팝콘 수요를 높이는 데 한 몫했다. 사람들은 텔레비전 광고 시간에 부엌으로 달려가 팝콘을 만들었다. 1950년대 중반에 실시한 조사에 따르면, 세 명 가운데 두 명이 일주일에 나흘 밤이나 텔레비전을 보면서 팝콘을 먹었다고 한다.

그러나 모든 팝콘 회사 상품의 품질이 똑같았던 것은 아니다. 그중에는 불발탄이 짜증스러울 정도로 많이 섞여 있었기 때문이다. 퍼듀 대학 농업학과를 졸업한 오빌 레덴바커(Orville Redenbacher)는 품질 좋은 팝콘용 옥수수를 만들기 위해 인디언 콘의 품종 개량에 힘썼다. 그리하여 1951년 레덴바커와 그의 친구인 찰리 보먼(Charlie Bowman)은 불량품(튀겨지지 않는 알갱이)이 거의 없는 옥수수를 만들어 'RedBow(붉은 나비넥타이)'라는 이름을 붙였다. 게다가 이 옥수수는 재래종보다 더 크고 말랑말랑하게 튀겨졌다.

그런데 이 옥수수는 품질이 좋은 반면에 가격이 만만치 않았다. 아니나 다를까 팝콘 회사들이 팝콘은 값이 싸야 한다면서 이 옥수수를 구매하지 않았다. 그러나 팝콘 애호가라면 자기처럼 불발탄을 싫어할 것이라고 굳게 믿었던 레덴바커는 1970년 자기가 개량한 옥수수를 자기 이름을 상표로 써서 직접 식품점에 포장판매하기 시작했다. 역시 예상했던 대로 이 옥수수는 공전의 히트를 쳤고, 오히려 비싼 가격이 이 제품의 질을 보장하면서 인기가 치솟았다. 마침내 이 옥수수는 미국 제1위의 매출을 올리는 쾌거를 이루어 1년에 2억 파운드의 옥수수가 전기 팝콘기, 난로, 전자레인지 등에서 팝콘으로 거듭났다.

껌은 군대의
야전식량이었다

턱의 근육을 움직여 껌을 씹는 행위는 얼굴의 근육을 이완시키면서 몸 전체에 편안한 감각을 전해준다. 이 껌의 역사는 매우 오래되어, 고대 그리스에서 옻나뭇과인 매스틱(mastic)나무의 수지를 씹었고, 마야와 아스테카 문명에서도 치클을 씹었다.

그러면 오늘날까지도 많은 사람들이 씹고 있는 추잉껌은 어떤 역사를 가지고 있을까? 그 기원은 알라모 대학살의 책임자로서 미국인의 미움을 받고 있던 멕시코의 육군 사령관과 대통령을 지낸 안토니오 로페스 산타안나(Antonio López de Santa Anna)로 거슬러 올라간다.

텍사스가 멕시코에서 독립하겠다고 선언한 1830년대에 산타안나는 멕시코 병사 5000명을 이끌고 샌안토니오 마을을 공격했다. 그 마을에 주둔하고 있던 150명의 텍사스 군인들은 알라모의 성벽으로 퇴각했다. 산타안나와 병사들은 성벽을 습격해 두 여자와 아이 둘만을 남기고 모두 죽여버렸다.

몇 주일 뒤에 샘 휴스턴 사령관이 이끄는 미국군은 '알라모를 잊지 말자!'라는 슬로건을 내걸고 산타안나의 병사들을 물리치고 멕시코로부터 텍사스를 독립시켰다(헨리 데이비드 소로는 이 전쟁에 반대해 인두세를 거부하다 철장 신세를 지기도 했다). 1848년 2월 2일 '과달루페 이달고 조약'이 체결되어 텍사스는 아메리카합중국의 한 주가 되었고, 전범이지만 처형을 면한 산타안나는 추방당해 뉴욕주의 스태튼섬에 정착했다.

산타안나는 추방될 때 이 섬으로 커다란 치클 덩어리를 가지고 왔다. 치클은 멕시코의 정글에서 자라는 사포딜라나무의 수액을 말린 것이다. 산타안나는 아즈텍족이 치크틀리(tzictli)라고 부르는 이 아무 맛도 없는 수지를 즐겨 씹곤 했다. 산타안나는 사진사이며 발명가인 친구 토머스 애덤스(Thomas Adams)에게 치클을 보여주었다. 애덤스는 즉각 고무와 비슷한 이 수지를 대량으로 수입해 화학적으로 가격이 싼 합성고무를 만들려고 했으나 실패하고 말았다. 투자한 돈의 일부라도 건지려 했던 그는 아들인 허레이쇼가 산타안나와 함께 열심히 치클을 씹는 모습을 보고는, 당시 씹는 과자로 팔리던 딱딱한 파라핀 덩어리를 대신하는 것으로 치클을 시장에 팔기로 작정했다.

작고 아무 맛도 없는 토머스 애덤스의 작은 치클 볼은 1871년 2월에 뉴저지주 호보켄의 약국에서 한 개당 1페니에 판매하기 시작했다. 이 치클 볼은 "애덤스 뉴욕 추잉껌! 씹기 쉽고 잘 늘어납니다."라는 문구를 붙인 상자에 포장되지 않은 채 들어 있었다. 애덤스의 아들 중 한 명이 동해안 지역을 돌아다니며 이것을 팔았다. 치클은 사탕처럼 딱딱해서 턱 운동이 되고 파라핀 덩어리보다 더 품질이 좋다고 알려지면서 날개 돋친 듯 팔려나갔다. 치클 볼에 이어 가늘고 긴 얇은 판자 모양의 껌이 나왔다. 이 껌은 약국에서 끊어서 팔 수 있도록 절단선이 표시되어 있었으며, 한 토막에 1페니였다.

1875년 켄터키주 루이빌의 약국 경영자인 존 콜건(John Colgan)은 치클에 처음으로 독특한 맛을 첨가했다. 그가 첨가한 것은 체리나 페퍼민트 등의 사탕 같은 맛이 아니라 톨루엔이라는 약 성분이 들어 있는 수지였다. 향이 나는 이 수지는 남아메리카에서 자라는 콩과의 큰키나무에서 채취한 페루발삼으로, 1870년대의 아이들에게는 목감기용 시럽으로 익숙한 것이었다. 콜건은 그의 껌에 '타피 톨루(Taffy Tolu; '달고 끈끈한 톨루발삼'이라는 뜻)'라는 이름을 붙였다. 이것이 성공하자 그는 또 다른 맛을 첨가한 치클도 선보였다.

위로부터 '애덤스 뉴욕 추잉껌', '타피 톨루', '블랙 잭'

또한 토머스 애덤스는 녹나뭇과의 낙엽 교목인 사사프라스(sassafras)에서 추출한 성분을 넣어 껌을 만들었고, 이윽고 1884년에는 감초를 넣은 껌을 만들어 '블랙 잭(Black Jack)'이라는 이름을 붙였다. 이것은 현재 팔리고 있는 껌 중에서 가장 오래된 껌이다.

1880년에는 오하이오주 클리블랜드에 있는 한 회사가 페퍼민트 껌을 팔기 시작해, 업계에서 가장 인기 있는 껌이 되었다. 애덤스도 1880년대에 또 다른 발명을 했다. 추잉껌 자판기를 만들어 뉴욕시 고가철도의 플랫폼에 이 기계를 설치하고 껌을 판 것이다.

1890년대가 되자 근대적인 제조, 포장, 광고에 힘입어 껌이 본격적으로 보급되었다. 이 생산기술의 선두에 선 인물이 비누 세일즈맨에서 추잉껌 제조업자로 변신한 윌리엄 리글리 주니어(William Wrigley Jr.)였다. 그러나 리글리가 맨 처음 만들어낸 두 종류의 껌은 얼마 가지 않아 잊혀졌다. 하지만 1892년에 '리글리의 스피어민트(Wrigley's Spearmint)' 껌을 팔기 시작했고 이듬해에 '주시 프루트' 껌을 내놓으면서, 두 가지 모두 미국에서 가장 잘 팔리는 상품이 되었다. 리글리는 적극적으로 껌을 선전했다. 그는 '누구나 공짜를 좋아한다'는 생각과 자신의 비즈니스 철학인 '손님을 잡아라'를 실행하기 위해서 1915년에 150만 명에 이르는 전화 가입자 한 사람 한 사람에게 공짜로 껌 네 개씩을 우편으로 보냈다. 4년 후 전화 가입자가 700만 명을 넘어섰을 때도 그는 다시 한 번 나름대로의 영업 전략인 공짜 공세를 폈다.

껌이 널리 보급되면서 수많은 사람들이 껌을 씹었지만 반면에 비방하는 사람도 있었다. 엄격한 사람들은 껌을 씹는 행위를 악덕이라고 비난했고, 담배 애호가들은 껌은 여자들이나 씹는 것이라고 외면했다. 또

윌리엄 리글리 주니어와 '리글리의 스피어민트'

한 교사들은 학생들의 집중력을 떨어뜨린다고 주장했고, 부모들은 껌이 목으로 넘어가면 장폐색증을 일으킨다고 걱정했으며, 의사들은 껌을 너무 많이 씹으면 침샘이 말라버린다고 믿었다. 1932년에도 교류발전기의 발명자인 니콜라 테슬라는 껌의 유해성에 대해 이렇게 경고했다. "껌은 침샘을 건조시킴으로써 어리석은 사람들을 묘지로 보낸다."

오늘날 우리가 씹는 껌은 산타안나 사령관이 씹던 사탕 같은 치클이 아니라 좀 더 부드러운 합성 폴리머의 폴리비닐 아세테이트 성분이 첨가된 것이다. 그 자체는 맛도 향기도 없는 것 같지만, 미국 사람들은 이 껌을 1년에 1만 파운드나 씹는다.

급성장하고 있던 1880년대의 추잉껌 업계에 프랭크 플리어(Frank H. Fleer)와 헨리 플리어(Henry H. Fleer) 형제가 혜성처럼 나타났다. 1885년 껌 회사를 차린 두 사람은 각각 다른 목표를 추구해 뛰어난 업적을 남겼다.

프랭크가 만들고자 한 것은 껌을 커다랗게 부풀릴 수 있는 표면장력과 반발력이 강한 껌, 즉 풍선껌이었다. 그러기 위해서는 탄력성이 결정 적이었다. 탄력성이 약하면 부푼 풍선이 줄어들지 않고 턱이나 코에서 덧없이 터져버린다. 탄력성이 강하면 일단 부풀었던 껌이라도 다시 씹을 수 있다.

1906년 '블리버 블러버(Blibber Blubber)' 버블껌이라는 이름을 붙인 최초 의 풍선껌은 풍선이 만들어지기도 전에 터져버려 실패로 끝났다. 더구나 이 껌은 너무 끈적끈적해 터지면 얼굴에 달라붙었다. 한편 동생인 헨리 플리어는 작은 치클 볼을 쌀 수 있는 딱딱하면서도 약한 하얀 캔디 개 발에 힘써, 1910년 마침내 '치클리츠(Chiclets)'라는 제품을 내놓았다. 이후

위로부터 '블리버 블러버', '치클리츠', '더블 버블'

1928년 이 회사의 회계사였던 월터 디머(Walter Dieme)가 처음의 풍선껌보다 '두 배나 큰 풍선(dubble bubble; 상표 이름이기도 하다)'이 만들어지면서도 단단하고 끈적거리지 않는 껌을 만드는 데 성공했고, 분홍색 색소까지 첨가해 인기가 하늘을 찔렀다.

'더블 버블(Dubble Bubble)'은 시판하자마자 엄청난 인기를 누리며 크게 성공했다. 하지만 프랭크 플리어를 더욱 기쁘게 만든 것은 제2차 세계대전 중 미국 병사들이 알래스카의 에스키모에게 이 껌을 전한 일이었다. 몇 세기 동안 에스키모들이 예부터 씹어왔던 고래의 지피(脂皮)를 순식간에 껌으로 바꿔버린 것이다. 참고로 제2차 세계대전 당시 껌은 유럽에 파병된 미군의 전투식량으로 지급되어 주둔지의 식품과 바꿔 먹기도 했는데, 당시 병사의 껌 소비량은 전국 평균의 다섯 배에 달했다고 한다.

우리나라에는 한국전쟁 당시 미군에 의해 껌이 알려졌다. 아이들이 "기브 미 껌!" 하며 매달리면 미군들이 적선하듯 던져주던 껌이었지만 인기가 좋았다. 그에 착안해 해태제과가 1956년 처음 국산 껌을 생산했고, 1967년 롯데제과가 껌을 생산하면서 시장을 주도했다. 롯데제과가 1973년 출시한 '쥬시후레쉬'·'스피아민트'·'후레쉬민트' 3종은 '껌은 역시 롯데 껌'이라는 이미지를 심어주었다. 특히 1980년 이후 프로야구가 출범했을 당시 해태 팀은 롯데 껌을, 롯데 팀은 해태 껌을 씹고 경기를 했다.

신과의 교류는
술을 통해서

당분을 포함한 모든 유기물에서 발효라는 현상이 일어난다는 사실로 볼 때, 인간이 술을 발견한 것도 순전히 우연이었을 것이다. 그 시기는 인간이 유목생활을 포기하고 정착생활을 한 직후였을 거라는 사실도 충분히 추정할 수 있다. 땅에 떨어진 포도나 다른 과일들, 꿀 덩어리 등이 햇볕에 노출되어 발효 속도가 빨라졌을 테고, 누군가 그 향기에 끌렸을 것이다. 약간의 두려움도 있었겠지만, 호기심을 참을 수 없는 용감한 자가 맛을 보았을 것이다. 그 시큼한 맛이 입에 꼭 맞지는 않겠지만 묘한 도취감에 자기도 모르게 또다시 그것을 찾았을 것이다.

그러다가 인간은 술이 만들어지는 원리를 알게 된 것이다. 과일이나 곡류에 설탕과 열을 가하면 시간이 지나면서 술이 된다는 것을 알았고, 과일을 얻기 힘든 계절에는 채소로 대체하는 방법도 알았다. 채소를 자꾸 씹어 침에 있는 효소가 더해지면 발효가 빨라진다는 것도 알았다. 그런 식으로 선사시대의 여러 부족은 서로 정보를 교환하지 않고도 술을 만드는 방법을 알게 된 것이다. 물론 거기까지 이르는 데는 많은 세월이

엔키(Enki) 신에게
술잔을 바치는 제사장.
엔키는 수메르 문화에서
치유와 다산, 창조를
상징한다.

수메르의 왕과 왕비에게
술을 바치는 신하들

걸렸고, 단지 술을 만들기 위한 목적으로 특정한 곡식을 재배하기까지
는 또다시 수천 년의 세월이 걸렸다.

양조(釀造)를 위한 곡식의 재배는 기원전 4000년경에 시작되었으며,
발효에 대한 지식은 초기 문명권이 모두 갖고 있었다. 술은 특히 종교
적·사회적 의례의 필수품으로 자리 잡았다. 특히 아이의 탄생이나 결혼
등을 축하하는 잔치나 장례식, 왕의 대관식, 전쟁의 선포나 종료 등 중
요한 일이 있을 때마다 술은 필수적인 음식이었다. 단지 도취감을 주는
것뿐 아니라 슬픔을 잊게도 했으니, 술이야말로 가장 오래된 약이기도
했다. 수메르인이 기원전 2100년경에 만든 석판에는 술로 치료할 수 있

는 질병이 많이 나열되어 있다. 그로부터 1000여 년 뒤 이집트에서는 의사가 환자에게 내린 처방 중 15퍼센트 이상이 각종 술을 이용한 것이었다. 그러한 좋은 점이 있지만 음주의 폐해도 당연히 깨달았다.

만취의 역사는 당연히 술의 역사만큼 길다. 최초의 술주정은 노아(Noah)가 했다. 대홍수 이후 노아와 일가족은 세상을 복구하는 일을 한다. 하루는 포도 농사를 지은 노아가 잘 익은 포도로 술을 담가 마신 뒤 취해서 그만 옷을 벗고 자버렸다. 이때 그 모습을 본 둘째 아들 함(Ham)은 이런 아버지를 보고 조롱했으나 맏아들 셈(Sem)과 셋째 아들 야벳(Japheth)은 뒷걸음질로 들어가서 노아에게 옷을 덮어주고 나왔다. 다음날 깬 노아가 노발대발하면서 "함, 네 아들 가나안(Canaan)은 저주받아서 형들 자손의 노예가 될 것이다!"라고 하고, 셈과 야벳에게는 복이 내릴 것이라고 칭찬한다(《창세기》 9:18~27). 훗날 히브리인들이 가나안 땅을 정복할 때, 그 땅의 주민들을 노예로 남기면서 이 저주는 이루어졌다.

무절제한 음주를 막으려는 법은 애초부터 강제적일 수밖에 없었다. 이집트나 수메르 같은 문명권만 보아도 술의 제조와 판매를 제한하는 법이 있었다. 기원전 18세기 바빌로니아의 왕 함무라비는 국민들이 걸핏하면 술에 취해 싸움질이나 하는 것을 보고 술집을 강력하게 통제하라는 명을 내리기도 했다. 그러나 그러한 일련의 추세에도 아랑곳없이 제사장들은 제사 의식에서 쓰는 물을 술로 대체했다. 시공을 초월해 신과 교류하기 위해서는 술이 필수적이라는 이유에서였다. 제사장들은 어이없게도 그런 상태에서 왕과 국가의 장래를 점치곤 했던 것이다.

포도즙에서 갈린
와인과 코냑

포도주 제조에 관한 최초의 기록을 남긴 나라는 기원전 2500년경의 이집트다. 그러나 고고학자들은 포도주를 담그는 데 가장 좋은 종자인 '비티스 비니페라(Vitis vinifera)'가 이미 기원전 4000년경 근동 지방에서 재배되고 있었다는 사실을 밝혀냈다. 지금도 전 세계 포도 생산량의 대부분을 차지하는 이 품종은 아시아 서부, 카스피해 연안, 코카서스가 원산지다.

그보다 앞서 나일강 연안에 살던 부족들은 '비티스 실베스트리스(Vitis sylvestris)'라는 야생 포도를 개량 재배하기 시작했다. 그 결과 나일강부터 지중해 연안, 지브롤터 해협까지 그 종자는 널리 재배되었으며, 그것이 바로 '비티스 비니페라'의 선조다. 그러한 사실들로 미루어 기원전 4000년경에는 이집트인은 물론 수메르인도 포도주를 즐겨 마셨다는 사실을 알 수 있다.

사업용 포도주 제조도 역시 근동 지방에서 시작되어 미노아를 거쳐 그리스로 전파되었다. 그리스인들은 식민지마다 양조장을 세워 이문을

포도주에 취한 노아를 흉보는 함(베르나르디노 루이니, 1615년경)

챙겼다. 그들이 포도를 퍼뜨린 지역은 흑해부터 에스파냐에 이른다. 그
러므로 서구 문명에서 포도주를 필수적인 음료로 만든 공로는 그리스인
들로 봐야 한다. 그것은 예수가 태어나기 1000년 전쯤이었다. 얼마 후 사
람들은 포도 재배에는 남부 유럽, 특히 이탈리아나 프랑스가 기후 조건
이나 토양 성분상 최적지라는 사실을 알았다.

《구약성서》에는 포도를 처음 재배한 사람은 노아인데, 그가 마셨던
술도 포도주(wine)였으며 최초의 술주정도 바로 노아가 한 것으로 나온
다. 이스라엘 사람들은 포도를 평화와 축복, 풍요와 다산의 상징으로

사용했다. 그래서 《구약성서》를 보면 젖과 꿀이 흐르는 축복의 땅 가나 안(함의 아들 이름이기도 하다)을 포도에 비유하기도 했다. 또한 포도는 가나안 땅에서 밀과 보리, 무화과와 석류, 올리브나무와 대추야자와 함께 축복받은 7가지 식물 중 하나였다(《신명기》 8:7~10).

더구나 포도는 하나님이 베푸는 자비의 상징이기도 하다. 그래서 포도를 수확할 때 남김없이 따지 않고 포도밭에 떨어진 포도도 줍지 못하도록 했다. 《신약성서》에서는 하나님을 '포도원의 주인'으로, 예수는 '포도원의 참 포도나무'로 표현하고 있으며, 예수는 제자들과의 친밀한 관계를 포도나무와 가지에 비유하기도 했다(《요한복음》 15:1~3). 포도주의 가장 큰 상징은 인간의 죄를 속죄하려고 예수가 흘린 피다. 예수가 제자들과 함께한 최후의 만찬에서 포도주는 언약의 피로 상징되어(《마태복음》 26:26~28) 오늘날에도 미사 때 포도주를 사용한다.

로마인들도 포도주를 마시기만 한 게 아니라 포도의 전파에 한몫했다. 특히 그들은 포도원을 거대하게 만들어 기업화해서 5세기경에는 보르도, 라인, 모젤, 다뉴브 등의 포도원들이 번창했다. 오늘날도 그들은 서로 포도주의 명가(名家)임을 자랑하며 그 상표명의 포도주를 생산하고 있다.

교황의 세력이 강대해지면서 유럽의 많은 포도원은 교회가 소유하게 되었다. 미사 의식에서 포도주가 필수였기 때문에 교회와 포도원은 불가분의 관계가 될 수밖에 없었다. 포도주는 의식용뿐만 아니라 부활의 상징적인 음식으로, 때로는 살균제로도 널리 쓰였다.

역사적으로 포도주 제조에 가장 널리 쓰이는 종자는 단연 '비티스 비니페라'지만 북미 자생종인 '비티스 라브루스카(Vitis labrusca)'를 개량한 것도 그에 못지않은 인기를 끌고 있다. 누구나 알고 있듯이 '와인'이라는 말은 분명 포도주를 의미한다. 그런데 포도주가 워낙 과일주의 선두주자인 만큼 종종 그 이름을 다른 과일에 빌려주기도 한다. '복숭아 와인', '바나나 와인' 같은 말은 사실 틀린 말이다. 그런데 그런 말들을 우리들이 거부감 없이 받아들인다는 사실은 서양 문화에 끼친 포도주의 영향력을 짐작하게 해준다. 오늘날 포도는 5000여 종으로 알려져 있는데, 그중 약 200여 종이 양조에 쓰이며 알코올 농도는 10~12도 정도가 보통이다.

코냑(cognac)은 오드비 드 뱅 드 코냐크(Eau-de-vie de vin de Cognac; 코냐크의 청포도로 만든 생명수)의 준말로, 프랑스의 코냐크에서 생산되는 브랜디의 일종이다. 이 지역 특산인 청포도로 담근 술을 몇 차례 증류해 타닌(tannin) 성분이 많은 리무쟁(Limousin) 지역의 숲에서 나는 참나무로 만든 오크통에 묵힌 술로, '카뮈', '헤네시', '레미 마르탱' 등이 대표적인 브랜드다.

1630년대 초 프랑스에서 와인에 대한 세금 부과 방식이 술통 단위로 바뀌자, 코냐크 지역 사람들은 세금을 덜 내기 위해 와인을 증류하여 양을 줄였다. 와인을 수입하던 영국과 네덜란드 상인들은 화물 부피가 줄고 이 농축 와인에 물을 타 팔면 이문이 더 남았으므로 무척 반겼다. 특히 네덜란드 사람들은 이 술을 오크의 특이한 탄 냄새 때문에 Brandewijn(구운 와인)으로 불렀는데, 이 말이 영국으로 건너가 '브랜디 와인'으로 바뀌었다가 줄여서 그냥 브랜디(Brandy)라고 부르게 된 것이다.

코냑은 오크통에서 숙성시킨 기간을 기준으로 등급을 분류한다. 1983년부터 프랑스의 '국립코냑사무국(BNIC)'은 해마다 4월 1일을 공식 증류가 끝난 날로 정해 이듬해 4월 1일을 콩트(Compte; 셈, 계산) 1, 또 그 이듬해 4월 1일을 콩트 2 하는 식으로 숙성기간을 계산해왔다. 코냑이란 이름을 붙이려면 최소한 콩트 1은 돼야 하며, 코냑의 품질 등급은 다음과 같다. 그런데 코냑의 등급명이 영어로 표기되는 것은 18세기에 영국 수출이 활발히 이루어졌기 때문이다.

- VS(Very Special) 또는 ★★★(별 3개): 브랜디에 사용된 오드비가 2년 이상 숙성된 것(콩트 2).

- VSOP(Very Superior Old Pale) 또는 Reserve(리저브): 브랜디에 사용된 오드비가 4년 이상 숙성된 것(콩트 4).

- XO(Extra Old) 또는 Napoléon(나폴레옹): 예전엔 '브랜디에 사용된 오드비가 6년 이상 숙성된 것(콩트 6)'으로 정했으나, 2018년 4월부터 10년 이상(콩트 10)으로 늘렸다. 원래 비공식적인 등급이었던 '나폴레옹'이라는 명칭은 개정된 XO의 규정에 부합하지 않는 6년 이상 숙성된 것으로 정해졌다. 1811년 나폴레옹 1세는 아내 조제핀과 이혼하고 재혼한 오스트리아의 공주 마리 루이즈 사이에서 학수고대하던 아들 샤를을 얻은 데다가, 혜성이 나타나 포도 농사도 대풍년이었다. 이에 브랜디 제조업자들은 이를 기념하는 의미로 고급 코냑에 '나폴레옹'이라는 이름을 붙여주었다.

- Hors d'âge(오르다쥐, Beyond Age): BNIC의 기준으로는 XO와 같지만 보통 공식적인 숙성년도를 넘는 고품질 코냑을 코냑 메이커가 강조할 때 쓰는 용어다.

폭발적 인기를 끈 맥주

맥주는 겉보리에 수분·온도·산소를 작용시켜 발아시킨 보리의 낟알, 즉 맥아(麥芽, malt)로 비교적 손쉽게 만드는 술이다. 물에 보리를 푹 담가 발아시키면 얼마 후 효소가 보리의 녹말 성분을 당분으로 만들고 그것이 발효되어 술이 된다. 그런 후 방향과 쓴맛을 내는 홉(hop)을 섞으면 맥주가 되는 것이다. 바로 그렇게 만들어진 맥주는 지금 전 세계인이 가장 많이 마시는 술이라 해도 과언이 아니다.

전설에 따르면, 이집트 농업의 신 오시리스가 맥주 양조 기술을 인간에게 가르쳐준 것이 기원전 4000년경이라고 한다. 맥주 제조법은 곧 수메르, 바빌로니아, 아시리아로 퍼져나갔다. 그때의 맥주는 대개 물에 적신 보리를 빨리 발아시키기 위해 항아리에 넣어 땅에 묻었고, 그렇게 만든 맥아에 이스트를 넣어 발효시키는 것이었다. 홉을 가미해 톡 쏘는 맛을 내는 것은 기원전 1000년경 이집트에서 시작되었다.

맥주를 서양에 전파한 것은 그리스인이었다. 플리니우스는 《박물지》에 홉을 넣어 만드는 맥주 제조법을 소개하면서, 어쩌면 지중해 연안에서 맥주는 포도주보다 더 오랜 역사를 갖고 있을지도 모른다고 했다. 어쨌든 맥주는 특히 포도 재배가 거의 불가능한 북유럽을 중심으로 무서운 기세로 뻗어나갔다.

고대인이 맥주를 반드시 보리로만 만든 것은 아니었다. 밀이나 수수, 옥수수, 쌀 등 거의 모든 곡물로 맥주를 만들었다. 고대 중국, 한국, 일본 등에서는 수수나 쌀을 이용해 맥주 비슷한 술을 만들었다. 기독교가 성행할 때쯤 게르만족을 비롯한 북유럽 사람들은 맥주를 즐겨 마셨으며, 영국 본토의 켈트족과 색슨족은 최초로 맥줏집(펍, Pub)을 차렸다. 맥주를 뜻하는 단어인 '비어(Beer)'나 '에일(Ale)'은 모두 그 어원을 앵글로색슨족의 언어에 두고 있다.

중세에 들어서는 주로 수도사들이 양조 기술을 한층 발전시켜 맥주의 대중화에 이바지했다. 13세기경에는 영국의 많은 도시에 양조장이 생겼다. 처음에는 시민들에게 직접 판매하다가 운송과 상업이 발전하면서 중간상인들에게 도매로 판매했다. 아무리 큰 양조장도 대중의 수요가 워낙 급증해 폭주하는 주문을 감당할 수 없을 정도로 맥주는 폭발적인 인기를 끌었다. 하지만 그때까지도 원시적인 기술로 생산했기 때문에 대량생산은 산업혁명 후에야 가능해졌다.

많은 사람들이 맥주 하면 매년 10월 '옥토버페스트(Oktoberfest)가 열리는 독일을 떠올린다. 그런데 황금빛 라거 '필스너(Pilsner)' 맥주와 전 세계에서 인구 비율당 가장 높은 맥주 소비량을 자랑하는 체코도 만만치 않다.

어느 날 맥주 맛에 자신 있던 독일의 양조업자가 체코의 양조업자에게 자신의 맥주를 보내 평가를 부탁했다. 얼마 후 체코 양조업자로부터 다음과 같은 답장을 받았다고 한다. "댁의 말은 아주 건강합니다." 독일 맥주를 말의 오줌에 비유한 것이다. 우리나라에 가장 많이 알려진 체코

초기의 '버드와이저' 상표와 최초의 캔맥주 크루거 '크림 에일'과 '파이니스트 비어'

맥주는 염소가 로고인 '코젤(Kozel)'이다.

미국 최초의 대표적인 라거 맥주는 '버드와이저'다. 독일에서 이민 온 아돌푸스 부슈(Adolphus Busch)는 최고의 맥주 맛을 찾아 1876년 체코를 여행하던 중 한 수도원에서 상쾌하고 독특한 라거 맛을 찾아낸 후, 이 맛을 살린 맥주의 이름을 자신의 고향인 부트바이스(Budweis)의 영어식 발음인 '버드와이저(Budweiser)'라고 지었다. 이를 생산하는 양조장 이름은 장인 에버하르트 안호이저(Eberhard Anheuser)와 자신의 이름을 합친 '안호이저-부슈 양조회사'다.

오늘날 맥주는 크게 '라거'와 '에일'로 나뉜다. 그중 1~3개월 동안 저온으로 저장하여 숙성시킨 라거(Lager; 독일어로 '저장고'라는 뜻)가 에일(벨기에의 '호가든'이 유명하다)보다 약해 더 인기가 있다. 요즘에는 양조기술이 다양하게 발전해 맥주마다 색깔과 맛, 알코올 농도가 4도에서 6도까지 조금씩 차이가 난다. 최초의 캔맥주는 미국에서 탄생했다. 1935년 1월 24일 뉴저지주 뉴어크에 있는 '고트프리트 크루거 양조회사'에서 출시한 크루거(krueger) 맥주가 바로 그것이다.

술이 금기인 아랍에서
탄생한 증류주

증류주를 처음 만든 민족은 중국인이었다. 곡류를 증류하면 알코올 성분이 더욱 강해진다는 사실을 처음으로 발견한 것이다. 그들이 기원전 800년경에 만든 술은 일단 만들어진 과일주나 곡주의 수증기를 응축시키며 증류한 것이다. 여러 번에 걸쳐 술을 증류하면 처음에 10도였던 알코올 농도가 40도까지 올라간다.

곡주나 과일주를 증류하는 방식은 비교적 쉬웠으므로 소위 독주(毒酒)는 다른 문화권에서도 만들었는데, 동부 인도와 중동 지역이 대표적이다. 아랍인들도 일찍부터 그들이 애호하던 포도주를 이용해 증류주를 만들었다. 알코올(Alcohol)은 아랍어에 기원을 둔 단어로, Al은 영어 정관사 the에 해당하며 Kohl은 아이라인을 그리는 검은 안티몬 가루를 뜻한다. 알코올은 원래 휘안석(輝安石)을 승화시켜 정제한 안티몬 가루를 만드는 데 사용했다. 참고로 Al이 들어간 Algebra(대수학; '수를 대신한다'는 뜻으로, 원래 아랍어로는 '흩어진 것을 모으다'라는 뜻이다), Alchemy(연금술; '원래의 형태를 융합하여 변형시키는 과정'을 뜻한다) 등의 단어는 모두 아랍어에 기원을 둔다.

　몽골제국이 아랍을 점령한 뒤 그곳의 증류주
인 '아라크(araq, arak; 아랍어로 '땀'이라는 뜻)가 원나라
로 유입되었다. 한반도에서는 고려 말 몽골에 대
항했던 삼별초가 그들의 증류법을 빼내 지초(芝草)
를 이용해 진도 홍주를 만든 것이 증류주의 시작
이었다. 이후 1273년 원나라 황제 쿠빌라이가 삼
별초의 난을 진압하고 제주도에 탐라총관부를 설
치(이때부터 제주도에서 조랑말을 사육했다)하고, 이듬
해인 1274년 일본 정벌을 위해 안동에 식량기지
를 설치했을 때 들여온 술이 비로 아라크인데, 그
래서 우리나라에서도 한때 소주(燒酒)를 '아락'으로
부르기도 했다. 지금도 안동소주와 한라산소주가
유명하며, 또 다른 식량기지였던 개성의 개성소주
(아락주)도 유명하다.

　고대 그리스와 로마에서도 증류주를 만들었으
나 이상하게도 10세기 이전의 기록은 보이지 않는
다. 유럽인이 일반적으로 증류주를 만들게 된 것
은 비단길이 생긴 후인 8세기경으로 아랍인이 전
해주었다. 그 이전에 로마인들은 금속제 통을 이
용해 증류주를 만들었다. 그러나 하드리아누스 황

중동의 증류주 '아라크'와 한국의 소주 '아락'

제가 영국 본토를 점령했을 때, 그들은 야만족으로 여겼던 본토 사람들이 이미 증류 방식으로 벌꿀주를 만드는 것을 보고는 놀라지 않을 수 없었다.

천연 당분이야말로 증류주를 만드는 데 필수적인 성분이다. 브랜디를 만드는 데 쓰이는 포도와 벌꿀주를 만드는 데 쓰이는 꿀이 대표적이다. 중세 초기에는 증류주를 만드는 데 설탕 대신 곡식의 녹말을 사용했는데 그것이 바로 오늘날 위스키(whisky; 아일랜드의 게일어로 '물'이라는 뜻)를 만드는 양조법의 원조가 되었다. 곡식으로 만든 증류주는 워낙 독하고 인기가 있어 17세기에는 여러 나라에서 증류주 제조에 제재를 가하기 시작했다.

오늘날 유럽에서 가장 인기 있는 증류주는 스카치위스키로 밀, 호밀, 옥수수, 보리 따위의 맥아에 효모를 넣어 만든다. 미국 켄터키주의 버번에서 이름을 딴 '버번위스키'는 맥아를 만드는 곡류의 절반 이상이 옥수수다. 아일랜드산 위스키(제임슨[Jameson]과 부시밀[Bushmill]이 유명)는 보리, 밀, 호밀 등의 곡류에다 보리의 맥아를 짓이겨서 만든다. 캐나다산 위스키(크라운 로열[Crown Royal]과 시그램[Seagram]이 유명)는 독한 호밀 위스키에다 비교적 약한 옥수수 위스키를 혼합한 것이다.

'위스키'라는 단어는 두 가지로 표기한다. 1960년대부터 미국은 국산 위스키를 whiskey로, 수입 위스키를 whisky로 표기하는 전통이 정착되었다(원래는 아일랜드가 표기하는 방식이다). 그 밖의 증류주로는 브랜디나 럼(Rum) 등이 있다. 브랜디는 포도 등 과실을 증류해 만들고, 럼은 당밀이나 사탕수수를 발효해 증류한 술이다. 이 같은 증류주에 당분을 섞으면 술을 부드럽게 하며 양조 속도를 가속하는 역할을 한다.

분위기로 마시는 칵테일

로 서 노닐드슨(Roger Donaldson) 김독의 〈긱테일〉이라는 영화를 보면, 칵테일에 인생을 건 두 건달의 꿈과 사랑 그리고 무자비한 현실을 피부로 느낄 수 있다. 군에서 제대한 플래니건(톰 크루즈 분)은 직장을 구하려 안간힘을 쓰지만 여의치 않자 우연히 칵테일 바에서 아르바이트를 시작한다. 거기서 코글린(브라이언 브라운 분)과의 운명적인 만남이 이루어진다.

이들은 의기투합해 칵테일에 인생의 승부를 건다. 우여곡절을 겪은 끝에 코글린은 비참한 최후를 맞지만 플래니건은 갑부의 딸 조던(엘리자베스 슈 분)을 진정한 사랑으로 맞이하고 칵테일 바를 열면서 해피엔딩으로 끝을 맺는다. 마지막 장면에 클로즈업되는 플래니건의 가게 이름은 '칵테일과 꿈(Cocktail and Dream)'이다. 이 영화에서 압권은 물론 두 사람이 보여주는 현란한 셰이커 돌리는 솜씨. 여기에 손님을 대하는 두 사람의 솜씨역시 가히 바텐더의 전형을 보여준다 해도 과언이 아닐 것이다.

사람들은 1920년대를 가리켜 '칵테일의 시대'라고 부른다. 칵테일이 그만큼 사람들에게 사랑받고 인기를 누리던 시대였고, 또 칵테일에 꿈과 희망을 담아 마실 수 있었기 때문이다. 지금까지 알려진 칵테일에 얽힌 이야기들은 불행히도 그 거품처럼 너무 허망하고 알맹이가 없다. 바텐더의 수만큼 여러 가지 설들이 있지만 우리의 호기심을 다 풀어주기에는 그 어느 것도 객관적으로 믿을 만한 근거가 없는 것이 사실이다.

원래 칵테일이란 술은 보통 카운터를 사이에 두고 바텐더와 손님이 가벼운 이야기를 나누며 마시는 술이라서 부담 없고 즐거운 분위기를 만들어내지만, 대신 서로의 대화에 대해서는 아무런 책임이 없다. 칵테일의 기원도 마찬가지다. 그 많은 이야기들이 다만 칵테일의 거품처럼 그럴싸하게 흥미를 끌 뿐이다. 그중 몇 가지 재미있는 기원을 살펴보자.

가장 널리 알려진 것은 영국의 요크셔에서 칵테일이 처음 탄생했다는 주장이다. 요크셔에서는 잡종 말의 꼬리를 잘라 순종과 구별했는데, 거기서 덕 테일(Dock Tail; 꼬리를 자름)이라는 말이 생겨났다가 나중에 칵테일로 바뀌게 되었다고 한다. 칵테일이 '섞은 술'을 의미하게 된 것은 바로 요크셔의 잡종 말들을 가리키는 명칭이 칵테일이었다는 사실에서 연유한다는 것이다. 물론 이를 증명할 만한 자료는 없다.

미국이 기원이라는 설도 몇 가지 있다. 먼저 독립전쟁과 관련된 설이다. 독립전쟁 당시 술집 여주인이 마르키스 드 라파예트(Marquis de Lafay-ette)가 이끄는 프랑스군의 승리를 축하하기 위해 영국군 쪽에서 훔쳐온 닭을 요리한 후 그 날갯죽지를 술잔에 장식했다. 그런데 이때 손님들이 "칵테일 만세!"라고 외쳤던 데서 비롯되었다고 한다.

또 다른 설은 '베시와 수탉'에 얽힌 이야기다. 베시의 아버지에게는 워싱턴이라는 힘센 싸움닭이 있었는데, 이 닭이 어느 날 감쪽같이 사라져버렸다. 상심한 아버지는 닭을 찾아주는 사내에게 딸 베시를 아내로

캄페체의 명물 '드라크스'

주겠다고 소문을 냈나. 소문을 들은 한 사내가 곧 사라진 닭을 찾아왔는데, 그는 원래 베시의 아버지와 사이가 좋지 않은 사람이었다. 그 사내가 베시와 결혼할 속셈으로 닭을 일부러 감춰놓았을지도 모른다는 소문이 떠돌았지만, 어쨌든 닭은 돌아왔고 약속대로 그 남자와 베시는 결혼했다. 그 축하연에서 베시가 만든 음료를 바로 칵테일이라 불렀다고 한다.

그런가 하면 멕시코 사람들은 칵테일이 멕시코에서 시작되었다고 주장한다. 멕시코 동남쪽 유카탄반도에 있는 도시 캄페체에는 영국 선원들이 프랜시스 드레이크의 이름을 딴 '드라크스(Drake's, El Draque)라는 이 지역 고유의 혼합주가 있었다. 이 드라크스를 마실 때는 수탉 항문 모양의 '칵테일'이라는 나무 숟가락으로 저어 마셨다고 한다. 이후 그 술 자체를 칵테일이라 부르게 되었다는 것이다.

또 다른 영국 기원설에 따르면, 18세기에 시작된 닭싸움에서 싸움닭이 힘을 내도록 '칵 에일'이라는 음료를 먹였는데, 이 싸움에서 이기면 닭의 꽁무니에 잔을 부딪쳐 건배했던 것에서 칵테일이라는 음료가 생겼다고도 한다. 프랑스가 기원이라는 주장도 만만치 않다. 일설에 따르면 보르도 지방에서 포도주에다 무엇인가를 섞어서 만든 술을 칵테일이라 불렀다고 한다.

또 다른 설도 있다. 1795년 미국 뉴올리언스에 앙투안 아마디 페이쇼 (Antoine Amadie Peychaud)라는 프랑스인이 약국을 열고 달걀노른자가 든 음료수를 팔면서 이를 프랑스어로 난주(亂酒)를 뜻하는 '코크티에(Coquetier)' 라 불렀다. 이것이 나중에 칵테일이 되었다고 한다. 이 사람은 칵테일에 들어가는 '페이쇼 비터즈'를 만든 장본이기도 하다.

칵테일을 만들고 있는
제리 토머스

아무튼 1806년 미국의 한 잡지는 칵테일이 술과 물, 설탕, 비터즈를 혼합한 음료의 명칭이었다고 쓰고 있다. 그 후 칵테일은 산업의 발달과 함께 다양한 문화가 교류되던 19세기에 유럽과 미국 전역에 퍼져나갔던 것 같다. 이어 1862년에는 칵테일에 관한 최초의 책이 출간되었다. 칵테일의 아버지라 불리는 제리 토머스(Jerry Thomas)가 쓴 《음료 혼합 방법*How to Mix Drinks*》이 바로 그것이다.

영양이 가장 풍부한 우유는
살인고래의 젖

인간이 우유(반드시 소의 젖만을 의미하는 것은 아니다)를 발견한 것은 와인의 발견처럼 순전히 우연이었을 것이다. 암소나 순록을 죽이고 나서 배 속에 있는 희고 이상한 액체를 보고는 호기심 많은 어떤 사람이 손가락으로 찍어서 맛을 보았을 것이다. 그러고는 그 맛에 탄성을 질렀을 것이다. 그런 식으로 해서 우유는 인간이 가장 애호하는 음료로 등장했다.

우유를 음료로 본격적으로 이용한 시기는 신석기시대로 추정된다. 주된 에너지 공급원인 가축을 몰고 목초지를 찾아 돌아다니던 유목민들이 갈증과 배고픔을 해결하기 위해 선조들에게 배운 대로 우유를 짜서 먹었을 것이다. 기원전 1750년경에 인도에 들어온 아리아인은 우유와 우유로 만든 식품을 먹는 습관이 워낙 몸에 배어 귀중한 우유의 공급원인 젖소를 신성시했다. 소를 신성시하던 그들의 전통은 힌두교에서 소를 신성시하는 믿음과 무관하지 않으니 오늘날까지 이어져 내려오는 셈이다.

동물에게서 우유를 얻었음을 알 수 있는 최초의 기록은 기원전 2900년경 동굴 벽의 조각이다. 그곳은 지금의 이라크 남부로, 당시는 유프라테스 강변에 자리 잡고 있던 수메르의 우르 지역이다. 거의 모든 고대 왕조들이 우유를 귀하게 여겼다. 초기 그리스인들은 주로 염소의 젖(제우스도 아말테이아[Amaltheia]라는 염소의 젖을 먹고 자랐다고 한다)을 먹었고 양젖으로는 치즈를 만들었지만, 우유를 먹을 때는 대개 포도주를 섞어 마셨다. 성서에 '젖과 꿀이 흐르는 땅'이라는 말이 나오는 것을 보면 헤브라이인도 우유를 즐겨 마셨고 우유가 고급 음료였다는 것을 알 수 있다.

중국인들은 기원전 2000년경에 가축으로 젖소를 길러 우유를 얻었는데 그들에게도 우유는 부의 상징이었다. 우유와 쌀죽을 섞어 쟁반 위에다 얼려서 먹는 음식은 그들이 개발한 것인데, 처음에는 궁중에서 시작돼 차츰 귀족들이 애용하게 되었다. 그것이 바로 아이스크림의 원조다. 중국인들은 여러 종류의 아이스크림이 개발되었음에도 아직도 그런 방식을 선호하고 있다.

아메리카 원주민은 대대로 우유 맛을 보지 못했다는 점에서 보면 불행하다고 말할 수 있다. 그 이유는 젖을 생산하는 동물 중 그 어떤 동물도 가축으로 만들지 못했기 때문이다. 에스파냐 사람들이 처음으로 우유를 접했을 때 그들은 난생처음 보는 그 음료에 구역질을 느껴 그것이 동물의 오줌이라고 생각했을 정도였다.

젖소나 염소뿐 아니라 야크, 버펄로, 돼지 등 많은 동물의 암컷이 젖을 만든다. 물론 사람도 포함해서 말이다. 그러나 젖의 성분은 상당한 차이가 있다. 염소의 젖은 4.3퍼센트의 버터 지방질을 포함하고 있어 암소의 3.9퍼센트를 능가한다. 인간의 젖과 성분상 가장 흡사한 것은 당나귀의 젖이다. 단지 칼로리가 사람 젖의 3분의 1밖에 되지 않는 것이 다를 뿐이다.

식인상어를 공격하는 범고래

가장 영양분이 풍부한 젖을 생산하는 동물은 단연코 순록이라고 할수 있다. 순록의 젖은 22.3퍼센트의 버터 지방질에 암소의 세 배에 해당하는 10.3퍼센트의 단백질을 함유하고 있으며, 당분은 사람 젖의 절반밖에 안 되는 2.5퍼센트다. 이러한 수치는 선조 때부터 순록과 함께 생활하며 북극 지방에 살던 부족들이 유달리 건강하고 장수했던 이유를 어느 정도 설명해준다. 물론 건강한 순록이라도 하루에 한 컵 정도의 젖밖에 만들지 못한다는 아쉬움이 있어 그들의 건강과 장수를 순록 덕으로만 돌릴 수는 없지만 말이다.

그러나 동물계에서 가장 영양분이 풍부한 젖을 손쉽게 구할 수 없다는 것은 유감이다. 그것은 바로 살인고래라고도 불리는 범고래의 젖인데, 버터 지방질의 함유량만 해도 무려 35퍼센트에 달한다고 한다.

차를 마시면
수명이 단축된다?

차(茶)는 맛도 맛이지만 그 유래가 더 낭만적이다. 동양적인 정취에 다가 동양에 대한 서구인의 동경 심리가 더해져 생긴 허구일 가능성이 크지만 말이다. 차에 대한 최초의 이야기는 중국 고대 전설상의 제왕인 삼황(三皇)의 한 사람 신농씨(神農氏)와 얽혀 있다. 그가 어느 날 물을 끓이고 있는데 근처 숲에 있던 나뭇잎 하나가 바람에 날려 단지 속으로 들어갔다. 신농씨의 일지에는 이때가 기원전 2737년으로 되어 있는데, 그 내용은 다음과 같다. "그 나뭇잎을 물에 넣어 끓여 마셨더니 갈증과 졸음이 사라지고, 심기를 편하고 활달하게 하더라." 물론 이 기록은 후세 사람들이 각색했을 가능성이 높다.

독일의 식물학자 에밀 브레트슈나이더(Emil Bretschneider)는 중국 오대십국 시대 전촉(前蜀) 사람 모문석(毛文錫)의 《다보茶譜》에 수록되었다는 다음의 이야기를 차 마시기의 기원이라고 말했다. "수나라의 문제(文帝)가 미련할 때, 꿈에 귀신이 머릿골을 바꾸면서부터 머릿골이 아팠다. 문득 만난 스님이 아뢰기를, '산속에 차가 있사오니 달여 잡수시오면 마땅히

병이 나을 것이옵니다.'라고 여쭈었다. 임금이 마셔 효험이 있자, 이로부
터 다투어 따게 되어 천하에서는 이때 차 마시기에 대해 비로소 알게 되
었다."

아무튼 중국에서 차의 인기는 780년경 절정에 달해, 많은 문인이 국
가적인 음료수가 된 차에 대한 찬사를 글로 남겼다. 차나무의 열매는 아
직도 4000년 이상 내려온 방법대로 손으로 따는데 1년 내내 수확이 가
능하므로 이것을 수출하는 나라들은 톡톡히 재미를 보는 사업이다.

인도와 중국이 원산지로 추정되는 차는 여러 종류가 있지만 녹차(綠
茶)와 홍차(紅茶)가 가장 일반적이다. 녹차는 발효시키지 않고 푸른빛이
그대로 나도록 말린 것이며, 홍차는 발효시켜서 향이 더 강하고 카페인
도 더 많이 함유되어 있다. 차를 마시기 위해서는 다기(茶器)가 필요하며
약간의 격식이 따르는데, 특히 중국·한국·일본에서는 이러한 차 문화가
발달했다.

차가 서구 세계에 도입된 것은 그보다 훨씬 뒤의 일로, 비단길이 개
통되고도 한참 후인 16세기에야 유럽에 첫선을 보였다. 시대가 시대니만
큼 차의 도입은 많은 일화를 남겼다. 베네치아의 한 상인은 차를 소개하
면서 차가 열병·두통·관절염에 특효가 있다고 떠벌렸다. 네덜란드의 어
떤 의사는 차야말로 모든 질병을 예방해 장수를 약속하는 영약이라고
한술 더 떴다.

그러나 이에 대한 반박 논리도 만만치 않았다. 프랑스의 한 의사는
차를 금세기가 낳은 가장 쓸모없는 음료라고 비하하면서, 차를 마시면
수명이 단축되고 특히 마흔이 넘은 사람들에게는 그 위험도가 치명적이
라고 목소리를 높였다. 건강상의 문제만 제기되었던 것이 아니다. 어떤
이들은 성분과 아무 관계없이 차 마시는 관습 자체를 문제시했다.

미국 독립전쟁의 도화선이 된 보스턴 차 사건

차 마시기가 이미 대중화된 17세기에 어느 여성잡지는, 가정주부들이 차를 마시면 무기력해져 집안일에 소홀해진다는 점을 지적하고 나섰다. 그뿐 아니라 한 경제학자는 차를 마시는 데 시간이 많이 드는 점을 들어, 차야말로 영국 경제를 침체시키는 제1의 원흉이라고 공격했다. 그래도 오늘날 특히 영국에서는 차가 카페인 함량이 적다는 이유로 커피보다 선호하는 것을 보면 그러한 논쟁 자체가 우스워 보인다.

영국은 17세기에 인도에서 홍차를 들여온 이후 커피보다는 차를 더 즐긴다. 차의 인기는 점차 높아져서 1800년대 말에 이르러서는 그 인기가 엄청나서 '좋아하는 것'을 가리키는 말로 쓰일 정도였다. 즉 a cup of tea는 문자 그대로 해석하면 '차 한 잔'이지만 '좋아하는 것'·'적합한 것'을 뜻하며, a very unpleasant cup of tea는 '아주 불쾌한 사람'이라는 뜻이다.

그런데 이 차가 북아메리카 식민지로 건너가면서 큰 역사적 사건을 일으켰다. 식민지에서 상인과 밀수업자들이 동인도회사의 차보다 싸게 팔자 1773년 영국 의회는 파산에 직면한 동인도회사에 식민지 차 독점 판매권을 주기 위해 '차조례(茶條例; Tea Act)'를 제정했다.

이는 식민지 상인들을 분노케 하여 북아메리카 식민지 전역에 걸쳐 불매운동을 불러일으켰다. '보스턴 차 사건(Boston Tea Party)'은 이러한 조치에 반발한 보스턴의 급진파가 인디언으로 위장해 1773년 12월 16일 보스턴 항에 정박한 배에 잠입해 배에 있던 차 상자를 바다에 내버린 사건이다. 이는 미국 독립전쟁의 불씨가 된 역사적 사건이기도 하다.

커피는
종교의식의 필수품

커피야말로 인간의 하루 생활에서 수면 못지않게 중요한 비중을 차지한다. 전 세계의 소비량은 추정이 불가능할 정도이며 그 어느 음료도 커피에 필적할 만한 것이 없다. 커피는 차와 코코아와 더불어 세계인이 즐겨 마시는 3대 기호음료 중 으뜸이다. 심지어 미국 건국의 아버지의 한 병이자 제3대 미국 대통령인 토머스 제퍼슨은 커피가 "문명 세계의 기호음료다."라고 말하기까지 했다.

커피의 발견에 얽힌 이야기는 여러 가지 있지만 가장 신빙성 있는 이야기는 9세기 아랍의 목동 칼디(Kaldi)에 관한 것이다. 어느 날 염소들이 잎사귀가 무성한 나무의 열매를 따 먹더니 갑자기 생기가 돌아 장난을 치더라는 것이다. 호기심이 생긴 칼디도 그 열매를 따 먹었더니 놀랍게도 정신이 맑아지더라는 것이다. 이 열매가 바로 커피였다. 에티오피아 남서부 카파 지방이 원산지로 알려진 커피는 목동이 어떤 나무의 열매를 먹은 염소가 활달하게 움직이는 것을 보고 처음 먹었다는 설이 있다.

그로부터 4세기 동안 사람들은 정신을 맑게 하려는 목적으로 커피

열매를 씹었다. 13세기에 아랍인들이 처음으로 열매를 물에 데워 마시기 좋게 만들었으며, 100여 년 뒤에는 에티오피아의 커피나무가 남부 아라비아로 이식되었다. 소말리아 상인들에 의해 예멘 등 아랍 지역으로 전해진 커피는 그곳 사람들로부터 각광을 받았으며, 이슬람교 특유의 지루한 예배시간에 졸음을 쫓아주는 특효약이었기 때문에 종교의식의 필수품이 되기에 이르렀다. 그러나 일부 강경한 이슬람교 사제들이 커피의 마취성과 중독성을 들어 강하게 반발하자 교계는 커피를 공식적으로 금지해야 했다. 하지만 이미 대중에게 널리 퍼진 커피의 수요를 막을 수는 없었다. 커피는 생활하는 데 없어서는 안 될 필수 음료로서 아랍권을 휩쓸었으며 빠른 속도로 주변 국가로 퍼져나갔다.

이후 아라비아와 터키를 거쳐 유럽으로 건너간 커피는 유럽인의 기호 음료로도 확고히 자리 잡았다. 16세기에 유럽으로 건너간 커피는 처음엔 '이슬람교도가 마시는 음료'로 배척당했으나, 홍차나 다른 새로운 문화가 그랬듯이 시간이 흐르면서 한 나라씩 서서히 잠식해 들어갔다. 야사에 따르면 1600년 교황 클레멘스 8세는 커피에 세례를 내렸다고 하며, 1645

17세기 초 커피를
실어 날랐던 예멘의
모카 항구

년에는 마침내 유럽 최초의 커피하우스가 로마에서 문을 열었다. 1650
년경에는 영국 옥스퍼드에도 커피하우스가 문을 열어, 이후 페니 대학
(Penny Universities)이라 불리면서 '싼 값에 지식을 공유하고 토론하는 장'으
로 자리 잡았다. 1689년에는 미국으로 건너가 뉴욕, 보스턴, 필라델피아
등에 커피하우스가 생겨났다. 얼마 지나지 않아 커피는 남북 아메리카
대륙에서 널리 재배되었으며, 특히 남아메리카 대륙은 토양과 기후가 커
피 재배에 적격인 것으로 밝혀졌다.

　　우리나라에서는 기록상 독일의 외교관 파울 게오르크 폰 묄렌도르
프(Paul Georg von Möllendorff)가 1883년에 처음으로 손님들에게 커피를 대접
했다. 《조선과 그 이웃나라들Korea and Her Neighbours》(1897)을 펴낸 영국의
여행가 이사벨라 버드 비숍(Isabella Bird Bishop)도 명성황후를 알현하러 갔
던 1895년 초 경복궁에서 커피를 마셨다고 한다. 이해 을미사변으로 명성
황후가 시해당한 뒤 고종이 러시아 공사관에 피신(아관파천[俄館播遷], 1896)
해 있을 때, 러시아 공사 카를 이바노비치 베베르(Karl Ivanovich Veber)가 더치
커피를 대접했다고 한다. 이렇게 커피를 즐기게 된 고종은 이듬해 환궁한
후에도 커피를 즐겨 마시곤 했다고 전해진다.

　　오스만제국의 수도 콘스탄티노플(지금의 이스탄불)에도 커피하우스가
생겨났다. 여기에서 바로 최고급 커피 중 하나인 모카(mocha)가 탄생했
는데, 예멘 남서부의 커피 출하 항구이자 공급처인 모카에서 그 이름을
따왔다. 커피라는 이름은 아랍어로 '검은 음료'라는 뜻의 카와(qahwah)가
오스만제국의 카베(kahve), 네덜란드의 코피(koffie)를 거쳐 1582년에 영어
의 커피(coffee)가 되었다. 독일어로는 카페(kafee), 프랑스어로는 캬페(Café),
한자로는 가배(珈琲)라고 한다.

비엔나커피의 원조는
오스만제국

보 통 우리가 아는 오스트리아의 커피는 아인슈패너(Einspänner)라고 한다. 독일어 아인슈패너는 원래 말 한 필이 끄는 마차를 뜻하는 말인데, 오스트리아의 수도 빈에서 일하는 마부들이 가을 이후 쌀쌀해진 날씨에 추위를 이기고자 마부석에서 크림과 설탕을 얹은 커피를 마신 것에서 유래했다.

그런데 정작 빈(비엔나)에는 비엔나커피가 없으며, 보통 비엔나커피라고 하면 '비너 멜랑슈(Wiener Melange)' 커피를 가리킨다. 부드럽게 마시는 커피를 좋아하는 오스트리아인은 커피의 쓴맛을 줄이기 위해 우유의 거품을 커피에 섞어서 마셨다. 이 커피가 바로 '멜랑슈'다. '섞은' '혼합한'이라는 뜻의 프랑스어 '멜랑주(mélange)'에서 유래했다.

비너 멜랑슈는 우유뿐만 아니라 우유와 함께 휘핑크림을 얹어서 마시기도 한다. 이 커피를 주문하면 항상 물 한 잔과 함께 나오는데, 커피를 다 마신 뒤 물로 커피의 텁텁한 맛을 헹구라는 뜻이 담겨 있다.

블루 보틀 커피하우스에서 커피를 서빙하는 게오르크 프란츠 콜시츠키

유럽 지역 중 오스트리아에서 가장 먼저 커피가 대중화된 계기는 바로 오스만제국과의 전쟁 때문이었다. 이때 결정적인 역할을 한 사람이 바로 게오르크 프란츠 콜시츠키(Georg Franz Kolschizky)다. 1683년 오스만제국이 빈을 침공한 이른바 빈 전투가 발발하자 폴란드-리투아니아 연방과 신성로마제국의 기독교연합군이 맞서 싸웠다. 이때 폴란드 출신의 콜시츠키는 아랍인 행세를 하며 오스만제국이 포위한 지역을 통과해 연합군의 연락책 역할을 했고, 천신만고 끝에 연합군은 오스만제국을 물리칠 수 있었다.

전쟁에 패한 오스만제국은 퇴각하면서 많은 군수물자를 남겼다. 연합군은 오스만군의 막사에서 녹색 곡식이 든 500개의 포대를 발견했다. 이 알갱이는 터키인들의 필수품인 커피 원두였지만, 빈의 시민들은 이 녹색 곡식이 무엇인지 제대로 알지 못했기 때문에 이슬람교도들이 남기고 간 이 꺼림칙한 물건을 강에 내다버렸다.

그러나 이슬람 문화에 익숙했던 콜시츠키는 이 검은 낟알이 커피임을 알았고, 폴란드 왕이자 연합군 사령관인 얀 3세 소비에스키는 그에게 커피를 하사했다. 오랫동안 터키인들과 거래해 커피 원두를 어떻게 쓰는지 알고 있던 콜시츠키는 커피하우스를 열고 커피를 만들어 팔기 시작했다. 이것이 바로 빈 최초의 커피하우스인 '블루 보틀'이다.

그런데 커피 원두를 곱게 갈아 물에 넣고 끓인 아주 진한 터키식 커피는 빈 시민들이 마시기에는 너무 쓰고 진했다. 이후 1685년 아르마니아계 이민자 요하네스 디오바토(Johannes Diodato)가 필터를 이용해 커피 가루에서 커피를 추출해냈고, 여기에 우유와 꿀을 더해 새롭고 부드러운 스타일의 커피를 개발해낸 이후 이 커피는 빈 시민들의 입맛을 사로잡아 순식간에 대중화되었다.

발효과학의 시초, 효모

인류가 최초로 이용한 미생물인 효모(酵母)의 발견으로 이집트인의 제빵 기술은 급속도로 발전했다. 그들은 50여 종이나 되는 다양한 빵을 만들기 시작했다. 주원료는 밀이었지만 보리를 사용하기도 했다. 효모의 발견으로 원하는 시간에 아무 때나 빵을 만드는 것이 가능해졌다.

효모는 거의 모든 문화권에서 인류의 식생활에 이용한 미생물이다. 영어로 효모를 뜻하는 '이스트(yeast)'는 그리스어로 '끓는다'는 뜻의 gyst에서 유래했다. 발효 과정에서 발생한 이산화탄소 때문에 거품이 생기는 것을 보고 붙인 이름이다. 동양에서는 술밑을 뜻하는 한자 '酵'를 쓰는 것에서 알 수 있듯이 술을 담그는 데 효모를 이용했다.

과학의 발전에 따라 효모는 새로운 발견과 발명의 시작점이 되기도 했다. 네덜란드의 박물학자 안톤 판 레이우엔훅(Anton van Leeuwenhoek)은 1680년 자신이 발명한 현미경을 이용해 최초로 맥주 효모를 발견했으며, 1683년 발표한 논문에서 효모를 언급함으로써 미생물에 관한 최초의 논

화덕에 빵을 굽는 중세의 제빵사

문 저자가 되기도 했다. 1861년 프랑스의 루이 파스퇴르(Louis Pasteur)는 포도주의 발효가 효모에 의해 일어난다는 것을 처음으로 밝혀냈다. 현대에 들어서는 대규모 발효 공정을 통해 에탄올을 생산해내면서 신재생에너지의 한 축을 이루는 바이오 에너지 개발의 중요한 역할을 담당하고 있다.

로마 시대에
봉급으로 주었던 소금

소금은 설탕과 쌍벽을 이르는 조미료다. 소금은 인간의 생명을 유지하고 물건의 부패를 막아주는 매우 중요한 물질이었으므로 예로부터 상업의 주요 대상이었으며, 사회적 변화에도 큰 영향을 끼쳤다. 독일은 소금이 부족해 배급을 주었기 때문에 억압통치가 불가피했으며, 영국은 소금이 풍부해 민주주의가 가장 빨리 시작되었다는 말이 나올 정도였다. 특히 르네상스 시대 베네치아 공화국은 소금 덕분에 강력한 체제를 유지할 수 있었다. 천일염 생산에 아주 유리한 지중해성 기후 덕분에 양질의 소금을 대량으로 생산해 막대한 부를 축적했던 것이다.

소금은 주로 바닷물을 증발시켜 생산했지만 소금광에서도 채취할 수 있었기 때문에 해양과 대륙의 구분 없이 모든 문화권에서 접할 수 있었다. 역사적으로는 거대한 소금광산을 지배해서 제국을 건설하기도 했다. 실제 소금을 처음 생산한 곳은 바다가 아니라 육지의 암염 광산이었다.

우리나라는 서해안에 염전이 많아 바다에서 소금을 얻기 쉽다고 생각하지만, 바다에 접한다 해도 비가 많이 오거나 바닷물을 온전히 가둘 수 있는 지형이 아니면 염전이 제대로 형성되지 않는다. 실제로 옛날에 제주도는 소금이 귀한 지역이라 해초에 달라붙은 소금을 모아 쓰거나 바닷물에서 수분을 어느 정도 제거한 고농도 소금물을 썼다는 기록이 있다. 염전을 대규모로 조성할 수 있는 조건이 생각보다 까다롭기 때문에 가마에 불을 때서 바닷물을 증발시키는 방법을 택한 것이다.

신석기시대 어느 시점에서 인간은 소금광산을 발견하게 된다. 암염(巖鹽)이라 불리는 염분을 포함한 암석은 세계 도처에 있으니 소금광산의 발견은 필연적이었다. 고고학자들의 연구에 따르면, 기원전 6500년경 오스트리아에 살던 사람들이 할슈타트의 소금광산을 발견해 소금을 얻기 시작한 것이 처음이다. 소금을 얻기 위해 당시 그들이 파놓았던 굴은 오늘날 유명 관광지가 되었다. 그것들은 잘츠부르크(Salzburg) 근교에 있는데, 그 도시의 이름 자체가 '소금(Salz)의 성(Burg)'이라는 뜻이다.

오스트리아 말고도 신석기시대 사람들은 유럽에서만 최소 열두 개 이상의 소금광산을 발견한 것으로 알려져 있다. 그 후에는 아시아와 아메리카 대륙에서도 같은 방식의 채굴이 이루어졌다. 기원전 328년 인도를 정복한 알렉산드로스 대왕은 그곳 사람들이 암염과 해염 말고도 붉은 소금, 검은 소금 등 다섯 종류나 되는 소금을 갖고 있었다고 기록해 놓았다.

중국에서는 기원전 2000년경에 소금을 사용한 것으로 알려져 있다. 13세기에는 마르코 폴로가 동양으로 여행 갔을 때도 많은 소금광산을 보았다고 기록하고 있다.

문명 시대 이후에도 암염은 천일염에 비해 우위에 있었다. 암염은 순도가 높은 결정질 염화나트륨인 데 비해 천일염은 해수에 포함된 다른 미네랄의 영향으로 더 쉽게 조해(潮解)되거나 불순물로 포함된 유기물 등에 오염되는 경우도 빈번했다. 또 보존용으로 쓰기 위해서는 오랫동안 간수를 빼는 과정을 거치는 번거로움이 있다.

중국 전한의 정치가 상홍양(桑弘羊)은 소금과 철의 전매를 시행했다. 그러나 오랜 세월에 걸친 소금 전매제도는 중국 역사상 최대의 암시장 조직인 염상(鹽商)이란 세력을 낳는 결과를 초래했다. 이들 염상은 신흥 종교와 더불어 민란 세력의 중추로 활약한다.

황소의 난을 일으킨 황소(黃巢)나 주원장(朱元璋)과 함께 천하를 다투던 장사성(張士誠)은 소금을 수단으로 부를 축적하고 세력을 키운 염호(鹽戶; 제염업자)였다. 1353년 그는 염세를 징수하는 관리들의 폭압을 견디다 못해 염전에서 일하는 장정들을 이끌고 지금의 장쑤성 북부 지역에서 군사를 일으켜 원에 반기를 들었다. 주원장과 맞붙은 '포양호 전투'에서 패한 그는 결국 주원장에게 사로잡힌 후 1367년에 스스로 목숨을 끊었다. 이후에도 18세기 프랑스나 20세기 인도에서처럼 소금에 세금을 부과하는 문제는 거대한 사회 변화나 혁명을 불러일으킨 원인이기도 했다.

로마 시대 당시 아드리아 해안의 카스트룸 트루엔티눔 소금광산에서 로마까지 소금을 신속하게 운반하기 위해 조성된 242킬로미터의 가도가 바로 소금길(via salaria)이다.

소금의 외국어 표기는 라틴어 sal, 프랑스어 sel, 독일어 salz, 영어 salt 등 거의 비슷하다. 로마 시대에는 소금을 봉급(俸給) 대신에 주었는데, 이것을 argentum salarium(은화를 대신하는 소금)이라 불렀다. 소금이라는 뜻의 salarium은 프랑스어 salaire로 되었다가 영어의 salary가 되어 오늘날 '봉급'을 뜻하게 되었다. 영어 관용구 worth one's salt(소금값을 하다)는 '받은 만큼 일하다' '유능하다'라는 뜻인데, 로마의 작가이자 정치가인 페트로니우스(Gaius Petronius Arbiter)가 한 말이다. 참고로 soldier(병사), salad(샐러드), 살라미 소시지(salami sausage) 등도 모두 라틴어 'sal'에 기원을 두고 있다. 샐러드는 채소를 소금에 절인 것을 뜻했다.

종교적으로도 신성시된 소금은 '빛과 소금'이라는 독실한 신도들의 좌우명 속에 녹아들었다. 소금이 모든 음식에 들어가서 맛을 내는 것처럼 사람은 세상에서 맛을 내야 한다는, 즉 '필요한 존재'가 되라는 말이다. 또 소금은 음식을 썩지 않게 하는 방부제 역할을 하기 때문에 사람도 '세상이 썩지 않도록 하는 역할'을 하라는 말이다.

향신료가 열어준
대항해 시대

인류와 함께한 향신료의 역사는 5만 년 이상이나 거슬러 올라간다. 신들이 천지창조를 위한 천상회의에서 마신 와인에 참깨가 들어 있었다는 전설이 있는데, 이것이 향신료의 시초로 알려져 있다.

고대 이집트에서는 식용이나 약용 외에도 그 향기에 착안해 종교의식의 향유나 제물로, 또 미라의 부패를 막는 방부제로 사용했다. 고대 그리스·로마 시대에는 인도차이나, 인도네시아 등이 원산지인 후추·계피·정향·육두구 등 '동양의 4대 향신료'가 인도 아대륙(亞大陸)에서 육지와 바다의 '스파이스 로드'를 거쳐 지중해 연안으로 유입되었다. 이슬람 상인과 이탈리아 도시국가의 상인들(마르코 폴로도 이 중 한 명이다)은 이런 향신료 교역권을 독점해 오랜 기간 막대한 부를 축적했다.

10세기경까지 지중해 연안의 나라를 제외한 유럽에서는 설탕도 없고 신맛을 내기 위한 레몬도 없는 육식 중심의 빈약한 식생활을 하고 있었다. 생고기는 사흘만 지나면 썩기 시작했으므로 보존하려면 소금에 절이거나 훈제하는 수밖에 없었다. 그래서 방부 작용이 강할 뿐 아니라 적은 양으로도 고기의 맛을 한층 더 높여주는 향신료는 그야말로 마법의 약과 같았기 때문에 은처럼 아주 비싼 가격으로 매매되었다.

예를 들면 바스쿠 다가마(Vasco da Gama)가 인도항로를 개척하기 직전인 15세기 말 정향의 가격은 원산지 가격의 360배에 이르렀다고 한다. 우선 원산지에서 가까운 말레이반도 남서부 말라카(지금의 믈라카)에서 원가의 열 배 전후로 뛰고 중계지인 인도에서는 다시 세 배 이상 뛴다. 이후 서아시아나 베네치아를 경유해 프랑스나 독일로 들어가면 다시 그 열 배의 가격으로 올라버린다.

그리하여 유럽 여러 나라는 독자적으로 새로운 통상로 개척에 몰두한다. 오스만제국이 지중해 일대로 세력을 확장함으로써 서아시아를 경유하는 동방무역이 불안해진 것도 새로운 항로 개척을 부추겼다.

드디어 에스파냐와 포르투갈이 먼저 대서양 항로 개척에 나섰다. 1492년에 콜럼버스가 서쪽으로 돌아가는 항로를 이용하다가 우연히 신대륙에 도착했고, 1498년에는 바스쿠 다가마가 아프리카의 희망봉을 돌아 인도항로를 개척했다. 이후 1522년에 마젤란이 이끄는 세계 일주 항해에서 환상의 향료 산지인 인도네시아의 말루쿠 제도가 소개되는 등 대항해 시대가 화려하게 막을 올리게 된다.

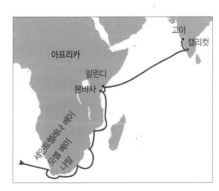

바스쿠 다가마의
1차 항해(1498)

이런 통상로 개척에 힘입어 리스본의 향신료 가격은 단번에 베네치아의 절반 이하로 떨어졌고, 향신료 무역의 중심은 지중해에서 대서양 항로로 자리를 옮겨갔다. 실제로 인도 서해안의 캘리컷(지금의 코지코드)에 처음 도착한 바스쿠 다가마가 부하의 3분의 2를 잃으면서 유럽으로 가져온 향신료는 구입가의 60배에 팔렸다. 또 에스파냐를 떠난 마젤란의 배 다섯 척 중 무사히 귀국한 것은 빅토리아호 한 척뿐이었지만, 말루쿠 제도에서 가지고 온 32톤가량의 향신료는 항해에 들어간 금액을 훨씬 웃돌아 커다란 '이익'을 안겨주었다. 이후 향신료 이외의 생산물이나 재물 획득을 둘러싸고 역사는 식민지 쟁탈전으로 돌입하게 되지만, 향신료가 근대 세계사를 바꿀 정도의 귀중품이었던 것만은 분명하다.

그러면 향신료의 특성에 따른 분류를 간단히 설명해보기로 한다.

향초계(香草系; Herb Spice)는 천연 그대로 강렬한 방향을 지닌 향신료로 육류의 냄새 제거나 부패 방지에 이용한다. 로즈메리, 세이지, 타임, 월계수 잎, 파슬리, 차조기(蘇葉), 생강 등처럼 주로 잎이나 줄기 부분을 이용하며 약간의 쓴맛이 있는 것이 특징이다.

종자계(種子系; Seeds Spice)는 샐러리 씨, 캐러웨이, 회향(茴香), 커민 등 주로 온대식물의 작은 씨앗이나 과실을 말려 가루로 만들어 과자나 빵, 양주의 향을 낼 때 이용한다.

향신계(香辛系; Spicy Spice)는 매운맛과 향기가 있어 수요가 가장 많고 값도 싸다. 후추류·고추류·머스터드·육두구·생강·계피·마늘·겨자·산초 등 주로 뿌리, 나무껍질, 씨앗, 열매, 싹 등에서 채취한다. 이 밖에 사프란, 터머릭, 파프리카, 붉은 차조기처럼 특유의 향기는 있으나 매운맛은 없고 색깔을 이용하는 것을 착색계(着色系; Coloring Spice)라고 한다.

인도에서
처음 탄생한 설탕

중 국 광둥성과 인도 벵골 연안이 원산지인 사탕수수(sugarcane)는 사탕무(sugar beet)와 더불어 설탕의 주원료로, 옛날에는 약으로 많이 쓰였다.

남태평양 지방의 전설에 따르면, 인간은 유인원에서 진화한 것이 아니라 사탕수수에서 생겨났다고 한다. 한 봉오리가 갑자기 인간의 형태를 띠어 남자가 되더니 얼마 안 있어 다른 봉오리가 발아해 여자가 되었다는 것이다. 그 지역의 기후와 토양, 사탕수수가 풍부한 점을 고려해볼때 그 전설이 터무니없는 것만은 아니라는 생각이 든다. 물론 사람은 아니겠지만 최초의 설탕이 사탕수수에서 나온 것만은 분명하다.

기록상 설탕을 처음으로 소비한 민족은 인도인으로, 기원전 3000년경 사탕수수를 재배해 설탕을 추출했다. 기원전 800년경의 힌두교 문헌에는 설탕 결정체로 왕관을 만들었다는 기록이 있다. 설탕을 뜻하는 인도어인 '가우라'는 벵골제국 군주의 이름인 '구르'에서 온 것으로 알려져 있는데, 지금은 수출용 설탕을 가리키는 말이 되었다. 설탕은 그로부터 한참 후에야 서양에 알려졌다. 기원전 4세기경 알렉산드로스 대왕의 인도 원정을 수행했던 사령관 네아르쿠스는 벌의 도움 없이도 꿀을 만드는 희한한 식물을 보았다고 기록하고 있다.

사탕수수를 이용해 설탕을 만드는 방법은 인도에서 인도네시아·아랍을 거쳐 유럽으로 전파되었다. 영어에서 설탕을 뜻하는 'sugar'라는 말이 생긴 과정을 보면 설탕이 어떤 경로를 통해 서양인들에게 알려졌는지 알 수 있다.

인도의 고대어인 산스크리트어로 설탕은 '사카라'였다. 원래는 모래나 자갈을 뜻했던 말이 아랍으로 건너가 '수카'가 되었고, 그리스에서는 '사카론'이 되었다. 사카론은 설탕의 수백 배나 단맛이 나는 인공감미료 사카린(saccharin)의 어원이기도 하다. 그 후 이탈리아에서는 '수케로'로 불리다가 프랑스로 와서 '쉬크르(sucre)'가 되었다가 영어로 '슈거(sugar)'가 된 것이다. 이 슈거는 17세기에 동인도회사를 통해 대량으로 유럽에 유입되어

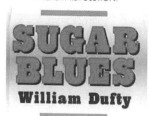

윌리엄 더프티의
《슈거 블루스》

단숨에 유럽인의 식탁을 점령해버리고 만다.

단맛 때문에 sugar는 '달콤한 말', '유혹' 또는 '뇌물'이라는 뜻이 있으며, sugar daddy는 돈으로 젊은 여자를 유혹하는 중년 남자를 가리킨다. 달콤한 호칭의 '여보(darling)·당신(honey)'을 뜻하기도 한다. 당뇨병(diabetes mellitus)도 그냥 슈거라고 부르기도 하며, 흰 설탕은 색깔 때문에 속어로 '환각제(LSD)'라는 뜻도 있다.

당분을 섭취하면 일시적으로 안정감을 느끼지만 지나치면 심장병이나 우울증이 심해질 수 있다. 이런 증상을 '슈거 블루스(sugar blues)'라고 한다. 이는 윌리엄 더프티(William Dufty)가 쓴 책의 제목이기도 한데, 설탕은 중독성 물질이기 때문에 섭취를 중단하면 금단현상을 겪는다고 한다.

원래는 신과
교감하는 도구였던 담배

아 메리카 원주민은 오래전부터 제사장들이 기다란 파이프 끝에 담배 가루를 넣어 피워 연기를 내는 의식을 신과 교감하는 것으로 여겼다. 그러다 이 끽연은 손님 접대와 부족의 화목을 도모하는 행위로 널리 이용되었다.

이후 담배는 1492년 콜럼버스가 북아메리카 대륙을 발견할 때 함께 했던 일행들이 유럽으로 가져옴으로써 주로 포르투갈과 에스파냐 상인들을 통해 유럽 전역으로 퍼져나갔다. 처음에는 약용이나 정신과 치료에 쓰던 담배는 순식간에 유럽인들의 기호품으로 자리 잡았다.

1560년 포르투갈 주재 프랑스 대사 장 니코(Jean Nicot)는 담배를 온갖 질병을 치유해주는 약으로 믿고 담배 씨앗을 본국으로 보냄으로써 프랑스 담배 재배의 단초를 마련했다. 이 때문에 장 니코의 이름은 담배의 학명 Nicotiana로 남게 되었으며, 그 후 타르(tar)와 더불어 담배의 해로운 주성분인 니코틴(nicotine)도 그의 이름에서 따오게 되었다.

포르투갈 상인이 일본에 전해준 담배는 임진왜란이 끝난 뒤 우리나

'평화'의 의미로 필그림 지도자이자 플리머스 식민지 최초의 지사인
존 카버(John Carver)에게 담배를 건네는 왐파노아그 연맹체의 추장 마사소이트(1620년경)

라에 들어왔다. 이규경의 《오주연문장전산고》에 따르면, 1618년(광해군 10)
에 이 땅에 처음 재배되었다고 한다. 처음에 담배는 담바고(淡婆古)라 불
렀다. 이는 담배의 포르투갈어 타바코(tabaco)를 차용한 한자 음역이다.

'담배를 가리키는 단어로는 cigar, cigarette, smoke, fag, tobacco 등이 있다.
cigar는 담뱃잎을 통째로 말아 피우는 엽궐련(여송연)이고, cigarette는 얇은 종
이로 가늘고 길게 만 담배로 궐련이다. 1850년 크림전쟁 당시 터키산 cigar
가 너무 독해서 면으로 된 필터를 달아 순하게 만든 것이 시초이며, 프랑스
어로 '순하게 하다' '작게 하다'라는 뜻을 지닌 접미사 -ette가 cigar에 붙어
cigarette가 되었다.

페미니즘의 상징으로
변한 담배

현 대 여성의 자유로움과 여권 신장을 상징하는 또 하나의 징후는 흡연이다. 19세기 말부터 20세기에 들어서면서 담배가 페미니즘의 상징으로 자리 잡은 것이다

궐련은 19세기 중반에 만들어졌다. 에스파냐의 세비야는 거대한 궐련 공장이 들어선 곳으로 유명하다. 바로 이곳을 배경으로 조르주 비제(Georges Bizet)의 유명한 오페라 〈카르멘〉이 탄생했다. 궐련 공장에서 담배 마는 일을 하는 직공 카르멘과 군인 돈 호세가 만나는 장면에서 오페라는 시작된다.

궐련이 담배의 주류를 이루게 된 것은 제1차 세계대전 이후였다. 그때까지는 파이프 담배와 엽궐련이 대부분이었다. 제1차 세계대전 당시 프랑스에서 유행했던 '지탄(Gitanes; '집시들'이라는 뜻)'이라는 궐련은 담배의 역사에서 상당히 중요한 위치를 차지했다. 푸른 담뱃갑에 부채, 탬버린, 오렌지가 정열적인 집시 여인 카르멘의 모티브로서 새겨져 있다.

이후 1927년 카르멘은 '지탄'의 홍보 포스터에 등장해 프랑스 담배의

장 폴 사르트르와 알베르 카뮈, 롤랑 바르트가 애용했던 담배 지탄. 미국에 말보로맨(Marlboro Man)이 있다면 프랑스에는 지탄이 있었다.

상징이자 유혹의 화신으로 자리 잡게 되었다. 담뱃갑에 새겨진 카르멘의 모습은 마치 영감을 불어넣는 듯했고, 푸른 밤을 배경으로 하얀 손을 담배 연기처럼 부드럽게 치켜든 포즈는 뭇 여성을 대표하는 것처럼 보였다. 물론 이것은 여성을 상품화한 것이지만 이미 여성들이 담배를 공공연하게 피웠다는 반증이기도 하다.

그렇다면 왜 1920년대부터 궐련이 유행하게 되었을까? 강렬한 냄새와 독한 연기를 내뿜는 파이프 담배와 엽궐련은 밀집된 도시 생활에서 이웃에 피해를 주기 때문에 좀 더 순한 궐련을 선호하게 된 것도 이유 중 하나였다. 또 다른 이유는 여성들이 담배를 피우기 시작했기 때문이었다.

여성의 자립과 사회 진출이 두드러짐에 따라 흡연은 크나큰 의미를 지니게 되었다. 19세기 말에는 담배를 피우는 여성이야말로 아주 대담하고 용기 있는 사람으로 간주되었다. 그러나 1920년대에 이르러서는 활동적인 젊은 여성이라면 누구나 당당하게 담배를 피우게 되었다. 이는 흡연이 단순한 기호를 넘어서 여성의 사회적 자유의 획득과 남녀평등의 상징으로 간주되었기 때문이었다.

여성들은 대부분 궐련을 피웠다. 파이프나 엽궐련은 맛이 독하고 남성적인 느낌이 들기 때문에 멋쟁이 여성들은 시가렛 홀더(Cigarette Holder; 궐련용 물부리)를 갖추어 피웠다. 그리하여 마침내 여성용 궐련까지 등장함으로써 담배가 마치 여성의 필수적인 액세서리처럼 되다시피 했다. 이렇게 여성 흡연 인구가 늘어남에 따라 1920~1930년대에는 시가렛 홀더뿐만 아니라 담배 케이스와 라이터 등 흡연용 소도구까지도 아주 사치스럽게 만들어 선보이게 되었다.

당시의 사람들은 신변의 소도구에 관심이 아주 컸던 듯하다. 《라이프》나 《골리앗》 등의 미국 잡지에 풍속 만화를 그렸던 존 헬드(John Held)는 1920년대의 적극적인 젊은 여성들이 즐겨했던 것으로 도박과 흡연을 꼽았다. 그때 이미 젊은 여성들은 남들이 보는 앞에서 남자친구와 대담하게 입을 맞추거나 자유롭게 담배를 피웠던 것이다.

마약인 아편과
진통제인 모르핀

지 중해 연안과 소아시아가 원산지인 양귀비(opium-poppy)는 앵속(罌
粟), 아편꽃으로 불리기도 한다. 양귀비는 당나라 현종의 황후이
자 당대 최고의 미인인 양귀비(楊貴妃)에 비길 만큼 아름답다고 해서 붙
여진 이름이다. 그리스 신화에서는 데메테르(Demeter)가 지하세계의 지배
자인 하데스(Hades)에게 빼앗긴 딸 페르세포네(Persephone)를 찾아 헤매다가
이 꽃을 꺾어서 스스로 위안을 찾았다는 이야기도 있다.

마약 원료로도 사용되는 양귀비는 오래전부터 마취와 통증 완화
에 쓰였으며, 민간에서는 열매와 식물체를 분리해두었다가 응급 질환에
사용했다. 이 양귀비에서 마약의 일종인 아편(阿片)을 추출한다. 아편은
opium의 한역(漢譯)으로 그리스어 opos(식물즙) 또는 opion(양귀비의 즙액)에
서 비롯한 말이다.

제국주의의 식민지 쟁탈의 도구로 이용된 아편은 영국과 청나라 사
이에 두 번이나 전쟁을 일으켰다. 이를 '아편전쟁'이라고 한다. 양국 사이
에 불공정한 무역이 계속되자 영국 상인들은 아편 무역을 통한 이윤 창

출을 고안해냈다. 육체노동에 종사하는 중국의 하층민 사이에서 아편이
선풍적인 인기를 끌자, 청나라는 아편을 단속하고 마약상들을 홍콩으로
내쫓았다. 이에 반발한 영국은 무역항을 확대한다는 명분을 내세워 전
쟁을 일으켰고, 전쟁은 영국의 승리로 끝났다. 빅토리아 여왕 치하의 영
국은 '난징조약'을 체결해 홍콩을 할양받았다(1997년 7월 1일 0시 정각에 중
국에 반환). 이것이 바로 제1차 아편전쟁(1840-1842)이다.

제2차 아편전쟁은 일명 '애로호 사건'이라고도 한다. 제1차 아편전쟁
이후 청나라의 개방이 기대에 못 미쳐 불만이던 영국은 자국의 소금 밀
수선 '애로호'를 청나라 관리가 임시 검문하던 도중 영국 국기를 강제로
내린 일을 빌미로, 프랑스와 협잡하여 1856년 청나라를 재차 공격하여,

마약을 놓고 신경전을 벌이는 청나라 광둥성 총독 임칙서(林則徐)와
영국 식민지 인도 총독 오클랜드 경(Lord Auckland)

1858년 '톈진조약'을 체결한 뒤 1860년 '베이징조약'을 맺음으로써 끝이 났다. 이때 청나라는 영국의 강압에 못 이겨 기독교를 공인했다.

아편은 마약으로 쓰이지만, 주성분인 알칼로이드는 모르핀(morphine)이라는 마취제로 쓰이며 진통·진해(鎭咳)·진정·최면의 효력이 있다. 1803년 독일의 화학자 프리드리히 빌헬름 제르튀르너(Friedrich Wilhelm Serturner)는 통증으로 괴로워하는 사람들을 안정시키고 수면을 가능하게 하는 순수 화학물질을 아편에서 분리하고 '모르핀'이라고 명명했다. 이는 그리스 신화에 나오는 '꿈의 신' 모르페우스(Morpheus)에서 이름을 따왔다.

그리스인들은 죽음에도 장점이 있다고 생각했다. 지루하고 피곤한 인생을 산 사람에게 죽음은 마치 휴식과도 같다는 것이다. 이 때문에 그들은 '죽음의 신' 타나토스(Thanatos)를 '잠의 신' 히프노스(Hypnos)와 형제지간으로 생각했다. 이 히프노스의 아들이 바로 모르페우스다. 그리스인들은 모르페우스가 잠자는 사람에게 형상을 가져다준다고 믿었기 때문에 그를 '꿈의 신'이라 불렀다.

시스템키친과 《엉클 톰스 캐빈》

가사노동을 줄이려는 노력은 19세기 중반 미국에서 활발히 전개되었다. 이것은 물론 영국의 산업혁명과 사회 변혁의 물결이 가정에도 파급되었다는 사실을 말해주는 것이기도 하다. 그리하여 소위 '가정학(Domestic Science)'이라는 새로운 과학 분야를 탄생시키기에 이르렀다.

이 가정학의 선구자로 교육자 자매인 캐서린 비처 스토(Catherine Beecher Stowe)와 해리엇 비처 스토(Harriet Beecher Stowe)를 꼽을 수 있다. 특히 동생 해리엇 비처 스토는 '스토우 부인'으로, 즉 《엉클 톰스 캐빈Uncle Tom's Cabin》의 저자로 우리에게 낯익은 인물이다. 기독교적 인도주의의 입장에서 흑인 노예의 비참한 생활을 묘사한 이 책은 노예제도 폐지 여론에 큰 영향을 미치면서 미국을 격동시켜 그야말로 선풍적인 인기를 끌어 날개 돋친 듯 팔려나갔지만, 남부에서는 '악마의 책'으로 금서 목록에 올리고 공개적으로 불사르기도 했다. 결국 노예제도를 반대한 링컨 대통령은 1861년 남부와의 전쟁을 선포함으로써 남북 간의 내전은 막이 올랐고, 전쟁 중인 1863년에 노예해방을 선언했다.

캐서린 비처 스토와 해리엇 비처 스토

스토 자매는 집 안의 설비를 생산의 장치로 받아들여 그것을 새로운 시스템으로 구성하고 개량하고자 했다. 그중 가장 중점을 둔 것이 주방으로 수납·조리·가열 등의 작업을 단위로 나누어 시스템화했다. 말하자면 시스템키친의 '원조'라 할 수 있는 주방을 고안한 것이다. 특히 스토 자매는 《미국 여성의 가정 *The American Woman's Home*》이라는 책에서, 여성의 시각으로 꾸민 근대 가정의 모델을 제시하면서 기선(汽船)의 주방에서 아이디어를 얻은 인체공학적 주방 모델을 제시하기도 했다.

바퀴 달린 이동식 파티션은 작은 집에서 유연성과 프라이버시를 제공했고 장롱의 역할도 했다. 또 근대식 중앙난방과 환기장치까지도 언급하고 있다. 그리고 주방의 공간을 1제곱인치 단위로 나누고 그것을 용도에 따라 재구성했다. 그래서 주방을 요리의 사전 준비뿐만 아니라 조미료와 식기의 출납 등의 작업까지 이루어지는 일련의 시스템으로 받아들이고, 거기에 맞게 주방으로 바꾸고자 했다. 먼저 식기건조대(sink dish drainer), 조리대(meat board) 순으로 작업대를 가지런히 배열하여 허리 높이로 평면 구성을 한 다음 주변에 수납공간을 배치했는데, 이는 조리 과정의 흐름을 조직화한 것으로 볼 수 있다.

싱크대 밑에는 타월을 넣는 서랍을, 그 밑에는 포트와 냄비류를 수납하도록 되어 있다. 조리대 바로 옆에는 개봉한 밀가루 보관함을 설치하고 수납은 위쪽이나 정면으로 할 수 있게 되어 있다. 조리대와 식기건조대 밑에는 호밀, 옥수수, 곡물가루, 밀가루 포대를 넣는 수납장을 배치하고, 그 밑에는 설탕 단지를 보관할 수 있는 공간을 배치했다. 이 싱크대 정면 벽에는 채광창을 만들고 선반과 조리기구 걸이를 배치했다. 그리하여 조리 과정을 조리, 가열, 배분, 수납, 보관이라는 행위로 나누어 시스템을 구축한 것이다.

스토 자매는 가사노동의 합리화를 통해서 여성의 가사노동을 덜어주고 여성의 지위 향상에 일조함과 동시에 흑인 노예를 식모로 쓰지 않아

《미국 여성의 가정》 초판과 인체공학적 원리를 집 안으로 들여온 스토 자매의 시스템키친 모델

도 된다는 사실을 몸소 실천하려고 했다. 나아가 합리적인 시스템키친을 적용함으로써 주부의 가사노동이 줄어들고 가족이 모두 요리에 참여할 수 있게 되면 결국에는 흑인 노예의 필요성이 사라질 것으로 기대했던 것이다. 이러한 스토 자매의 제안은 미국 가사노동의 역사에서 아주 중요한 계기가 되었음은 부정할 수 없을 것이다.

빵 굽는 화덕에서
요리하는 가스오븐으로

포 르투갈어 'pão(뻐웅)'이 빵이라는 말의 원조다. 16세기 포르투갈 상인들이 일본 나가사키에 상관(商館)을 세우면서 빵을 일본에 전해주었는데, 이것이 우리나라에 들어오면서 '빵'이라 발음한 것이다. 우리가 오늘날 생각하는 빵이 선보이기까지는 수천 년이 걸렸다.

고대 이집트인들은 밀이나 보리 낟알을 불에 구워보았다. 그러다가 곡식을 빻아서 물과 섞어 죽을 만들어보았고, 그 죽을 불에 구우니 또 다른 독특한 맛이 나온다는 것을 알게 되었다. 그들은 달구어진 돌 위에다 밀이나 보리 반죽을 얇게 얹어 구워보기도 했다.

낟알을 구워 먹는 것에서 얇은 반죽을 구워 먹는 방식으로 바뀌게 된 시기는 기원전 6000년경이었다. 그러다가 기원전 2600년경 이집트인은 곡식을 빻아서 물에 담가두었다가 즉시 굽지 않으니까 자연적으로 발효가 되어 오히려 더 맛있는 반죽이 된다는 것을 알게 되었다. 그것을 굽자 넓적하고 부드러운 빵이 된 것이다. 이집트의 빵 가게 주인이 대발견을 한 것이다. 곡물과 물을 섞은 구르엘(죽)을 발효시킨 다음 구우면

말랑말랑한 빵이 만들어진다. 이집트의 빵 가게 주인은 이 발효법을 이용해서 50가지가 넘는 빵을 구웠다. 오늘날까지 많은 형태가 남아 있는 화덕은 나일강의 점토로 만들었으며, 항아리 모양의 윗부분에 구멍을 뚫고 중간 부분에는 지금의 석쇠 같은 것을 올려놓는 방식이었다. 이런 방법은 수 세기 동안 계속되었다.

로마인이 남긴 빵 관련 기록을 보면, 굽는 방식에 대한 언급이 없고 다만 굽는 사람의 신분에 관한 기록만 있다는 것이 특이하다. 빵을 굽는 사람들은 대개 노예에서 자유인이 된 사람들로, 그들이 하는 일은 뜨거운 화덕을 만지기 꺼려하는 주부들의 부담을 덜어주는 것이었다. 로마 최초의 전형적인 빵은 마름모꼴의 나뭇잎처럼 생겼으며 무게는 1파운드가량이었다. 그 밖에도 도자기에서 구운 빵 등 다양한 종류의 빵이 등장했다.

폼페이 폐허에서 발견된 빵과 화덕

1450년의 기록에 따르면, 독일의 베스트팔렌 시민들이 검고 신맛이 나는 호밀빵을 만들어내고 경멸의 뜻을 담아서 품퍼니켈(Pumpernickel)이라고 이름을 붙였다. 품퍼는 '방귀를 뀌다'라는 뜻이고 니켈은 '악마 니크(Old Nick)'라는 뜻이다. 호밀빵은 소화가 잘 안 되어 악마조차 방귀를 뀐다고 해서 붙인 이름이다. 품퍼니켈에 관한 가장 오래된 기록은 1756년에 아일랜드 출신의 여행가 토머스 뉴전트(Thomas Nugent)가 쓴 《그랜드 투어*The Grand Tour: Or A Journey Through The Netherlands, Germany, Italy and France*》에 나타나 있다. 그는 베스트팔렌의 빵에 대해 "가루를 한 번도 체에 치지 않기 때문에 굉장히 거칠거칠하고 잘 구워지지도 않으며 석탄처럼 새카맣다."고 기술하고 있다.

1683년 네덜란드의 안톤 판 레이우엔훅은 자신이 만든 현미경으로 이스트균의 존재를 최초로 확인함으로써 이스트균의 분리 배양이 가능해졌다. 이후 이스트를 본격적으로 빵의 발효에 이용할 수 있게 됨으로써 빵은 좀 더 부드러워진 것이다.

현존하는 가장 오래된 오븐은 중부 유럽에서 발견된 것으로 기원전 2만 9000년에 만들어진 것으로 추정하고 있다. 그들은 유르트(yurt; 시베리아의 유목민이 사용하는 천막 주거지) 안에 구덩이를 파서 매머드를 굽거나 끓여 먹었다. 기원전 2만 년부터 우크라이나에서는 구덩이에 뜨거운 석탄을 넣고 재로 덮은 뒤 그 위에 음식을 잎에 싸서 얹은 다음 흙으로 덮어 구워 먹었다. 오븐은 음식을 조리할 때뿐만 아니라 벽돌을 굽는 데도 사용해, 기원전 5000~4000년경 이집트에서는 도자기를 만들기 위해 오븐의 일종인 가마를 사용했다고 한다.

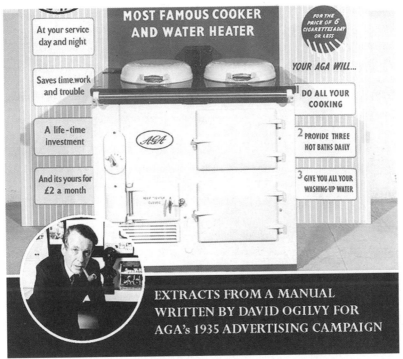

'광고의 아버지' 데이비드 오길비가 카피를 쓴 AGA 쿠커 광고(1935)

　　중세 유럽인은 흙과 자기 오븐 대신 큰 가마솥과 함께 난로를 사용
했다. 이것들은 더치 오븐(Dutch oven; 찜, 구이, 튀김, 훈제 따위의 음식을 조리
할 수 있도록 만든 서양식 무쇠솥)과 비슷했다. 근대에 이르자 오븐은 많은
변화를 겪었다. 각각의 디자인은 그 나름의 동기와 목적이 있었다. 나무
를 태우는 난로는 연소실(燃燒室)을 추가함으로써 연기가 새는 걸 막고
더 잘 방출할 수 있도록 개선되었다. 또 다른 오븐으로 주철 난로가 있
다. 이것들은 1700년대 초반에 처음 사용되었는데, 좀 더 작고 자체에 연
통이 달린 스튜어트 오벌린 쇠난로(Stewart Oberlin iron stove)를 포함해 몇 차

례의 변형을 겪었다.

19세기 초에는 원통형으로 무게도 상당한 주철로 만든 석탄 오븐이 개발되었다. 가스오븐도 19세기 초에 처음으로 등장했는데, 대부분의 주택과 마을에 가스관이 설치되자 가스난로가 오븐 형태로 일반화되었다. 제임스 샤프(James Sharp)는 1826년에 이 가스난로 중 하나를 개량하여 최초로 특허를 따냈다. 가스오븐의 다양한 개선에는 1912년 노벨 물리학상을 수상한 스웨덴의 구스타프 달렌(Gustaf Dalén)의 공이 컸다. 그는 1922년에 AGA 쿠커(cooker)를 선보여 가스오븐의 품질 개선에 혁혁한 공을 세웠다. 19세기 후반에는 전기오븐도 발명되었지만, 상업적으로 사용된 많은 전기 발명품처럼 보다 질 좋고 효율적인 전기 사용이 가능하기 전까지는 일반화될 수 없었다.

최근에는 요리법이 발달함에 따라 오븐이 조금 더 첨단화되었다. 조리도구로서의 전자레인지는 1946년 퍼시 스펜서(Percy Spencer)가 발명해, 동료 기술자들의 도움으로 마침내 특허를 받았다.

불 없이 조리하는 마술,
전자레인지

전자레인지는 일본식 조어(造語)로, 정확한 명칭은 극초단파 오븐 또는 마이크로웨이브 오븐(microwave oven)이다. 미국에서는 줄여서 마이크로웨이브라고 한다. 이 발명품은 150만 년 전 호모 에렉투스가 불을 발견한 이래 불을 사용하지 않고도 음식을 조리할 수 있는 혁신적인 발명품이었다. 즉 순수한 전자에너지가 식품 속의 물 분자를 흔들어 그 열로 조리하는 것이다. 전자에너지를 식품의 조리에 사용할 수 있다는 사실을 발견한 사람은 레이더와 토마호크 미사일 등을 생산하는 군수업체 레이시언(Raytheon)사의 기술자 퍼시 스펜서였다.

1945년 그는 극초단파 에너지인 마그네트론을 시험하던 중 주머니 안에 있던 초콜릿이 녹아 있는 것을 발견했다. 물론 극초단파가 열을 발생시킨다는 것은 잘 알고 있었다. 하지만 자신은 전혀 뜨거움을 느끼지 못했는데 전자관에서 방출된 에너지가 초콜릿을 녹일 정도로 가까이에 있었는지는 확실히 알지 못했다. 호기심을 느낀 그는 곧 팝콘용 옥수수 한 봉지를 사다가 전자관 근처에 놓아보았다. 몇 분이 지나자 연구실 바

최초의 전자레인지로 요리를 시연해 보이는 퍼시 스펜서

닥은 온통 팝콘으로 난장판이 되어버렸다. 스펜서는 음식물 내부의 물 분자를 운동시켜 조리에 응용할 수 있음을 깨달았다.

레이시언사는 즉시 상업용 전자레인지 개발에 착수했고, 1947년에는 최초의 상업용 전자레인지인 '레이더레인지(Radarange)'라는 제품을 발매했다. 당시 레이더레인지는 높이 1.8미터에 무게가 340킬로그램 정도였다. 가격도 5000달러로 지금의 시가로 5만 2000달러(약 6000만 원)라는 아주 비싼 가격이었다. 300리터 냉장고 정도의 크기였지만 실제로 조리에 사용하는 공간은 매우 작았다. 용적의 대부분을 진공관과 냉각팬, 얽히고설킨 전선들이 차지하고 있었기 때문이다.

여러 가지 문제점 때문에 별 반응을 끌지 못하던 전자레인지는 1967

년이 되어서야 비로소 싱크대에 올려놓을 수 있을 정도로 소형화되고 가격도 대폭 내려간 오늘날 형태의 가정용이 출시되었다. 그리고 이때부터 전자레인지는 급속도로 보급되기 시작했다. 몇 가지 조리 단계와 전원 스위치, 21분간의 타이머가 부착된 전자레인지는 불을 피우고 음식이 타거나 끓어 넘치지 않도록 지켜보아야 하는 수고에서 여성들을 해방시켜 주었다. 갖가지 자동 조리 기능이 탑재된 전자레인지는 냉동식품을 녹이는 일에서부터 우유병을 소독하는 일에 이르기까지 여성들의 일손을 덜어주는 주방의 조수 역할을 톡톡히 해내고 있다.

나폴레옹 전쟁 덕분에
만들어진 통조림

아 주 먼 옛날, 사람들은 음식을 원래 상태 그대로 유지하기 위해 자연과 싸워야 했다. 겨울처럼 수확이 불가능할 때나 기근이 들어 음식이 부족할 때를 대비해 식량을 비축해야 했지만 영양분과 맛을 유지하면서 음식을 보존하는 것은 쉬운 문제가 아니었기 때문이다. 특히 바다 건너 여행을 가거나 원정 사냥이나 전쟁에 나갈 때 등 주거지를 떠날 때면 음식 보존 문제가 더욱 심각했다. 그리하여 채소나 과일 등을 소금물에 절이고 육류를 훈제하는 방법을 터득하게 된 것이다.

사람들은 수 세기 동안 그 정도의 기술로도 별 어려움 없이 살 수 있었다. 그러다가 유럽의 인구가 폭증하고 열강들의 제국주의 정책으로 전쟁이 빈번해지면서 음식을 보존할 수 있는 더 나은 방법의 필요성이 부각되었다. 특히 프랑스는 그 연구에 적극적이었다. 1795년 프랑스 정부는 전쟁터의 군인들에게 음식을 대량으로 보급하는 문제로 골머리를 앓다가 묘안을 내는 사람에게 포상금을 제공하겠다고 선언했다. 프랑스 혁명 전쟁과 계속되는 영토 확장 전쟁으로 신선한 음식을 공급받지 못한 병

니콜라 아페르와 최초의 병조림

사들 사이에 괴혈병이 만연하자, 급기야 1795년 프랑스 정부는 1만 2000 프랑의 상금을 내걸고 새로운 음식물 보존법을 공모했던 것이다.

샬롱쉬르마른(지금의 샬롱앙샹파뉴)에서 식당 주방장으로 일하던 니콜라 아페르(Nicolas Appert)는 그 발표에 솔깃했다. 주방장이자 제과업자이고 증류주 기술자일 정도로 다재다능한 아페르는 그 해결책을 반드시 찾고야 말겠다고 생각했다. 프랑스 혁명(1789~1799)이 끝나고 몇 년 동안 페스트가 창궐하고 많은 사람들이 기아에 허덕일 때도, 아페르는 오직 음식물 보존법 연구에만 골몰했다. 1810년 마침내 그는 《동식물성 물질 보존 기술L'Art de conserver les substances animales et végétales》이라는 책을 200부 발간했다.

그의 주장은 죽이나 잼, 과일 같은 음식을 용기에 넣어 밀폐하면 부패를 막을 수 있다는 것이다. 즉 외부 공기를 차단하면 식품이 상하지 않는다는 사실을 발견한 것이다. 그는 자신의 주장을 확인하기 위해 내용물을 담은 항아리를 끓는 물에 몇 시간 동안 담가보았다. 항아리 입구는 코르크로 막았으며 틈새도 밀랍으로 봉했다. 그리고 몇 달 뒤에 꺼내보았더니 맛이 원래 그대로였다. 이에 정부 관계자들은 경탄을 금치 못했고, 1810년 아페르는 정부로부터 1만 2000프랑이라는 거액의 상금을 받았다. 아페르는 이 상금으로 세계 최초의 유리병 제조회사를 차렸고, 그 회사는 1933년 문을 닫을 때까지 밀폐 유리병을 만들어냈다.

아페르는 음식물 보존법을 알아냈지만 그 과학적 원리는 알지 못했다. 1864년 루이 파스퇴르는 밀폐된 용기에는 미생물이 침입할 수 없기 때문에 식품이 부패하지 않는다는 것을 과학적으로 입증했다.

한편 1810년 영국인 상인 피터 듀런드(Peter Duelund)가 식품을 보존할 수 있는 획기적인 발명을 했으니 바로 주석 캔이 그것이다. 그는 주석 캔의 특허를 받아 영국 정부와 계약을 맺어 1813년부터 해군에 통조림을 제공하기 시작했다. 미국에는 주석 캔이 1819년에 도입되었다. 지금은 미국이 가장 큰 생산국이며 시장이지만 도입된 지 40년 동안 미국 시장에서 주석 캔은 완전히 무시당했다. 그러다가 남북전쟁이 터지자 그 수요가 폭등해 1895년부터 대량생산하기 시작했다. 그 이후 캔에 담은 음식은 현대 사회를 바꾸어놓았다고 할 만큼 식생활에 지대한 영향을 끼쳤다.

괴혈병을 없애준
숨은 공신, 냉장고

사 람들은 음식을 차게 보존하기 위해 자연의 힘과 자신의 창의력을 이용할 수밖에 없었다. 고대 그리스나 로마의 사람들은 산 위에서 눈이나 얼음을 집으로 가져왔다. 물론 부잣집들의 경우지만, 지하실에 땅을 깊이 파고 가장자리에는 두꺼운 통나무를 두른 얼음창고를 만들고 그 안에 건초를 두껍게 넣은 뒤 눈을 보관했다. 눈은 곧 얼어 딱딱한 얼음이 되고 그 상태를 몇 달 동안 유지했다.

인도나 이집트 등 기후가 건조한 나라에서는 자연현상을 이용해 얼음을 만들었다. 해질녘에 얇은 접시 모양의 용기에 짚을 깔고 물을 담아 놓으면 온도가 빙점 이하로 내려가지 않아도 찬 공기 때문에 얼음을 얻을 수 있었다. 보통 가느다란 얼음이 생기지만 때로는 딱딱한 얼음덩이도 얻을 수 있었다.

1748년 스코틀랜드 글래스고 대학의 윌리엄 컬런(William Cullen)이라는 화학자가 에틸에테르 실험을 하다가 인공 냉동법을 발견했다. 그는 1777년 '신경증(neurosis)'이라는 말을 처음 사용한 인물이기도 하다. 인공 냉동법은 부분 진공 속으로 에틸에테르를 증발시키는 이른바 증기 냉동이었으나 그는 자신의 성과를 상품화할 생각은 없었다. 그 후 미국의 의사인 존 고리(John Gorrie)가 플로리다에 있는 자신의 병원에 얼음과 찬 공기를 공급할 목적으로 냉장기계를 만들었다.

1805년에는 미국의 올리버 에번스(Oliver Evans)가 마이클 패러데이(Michael Faraday)의 원리를 발전시켜 증기압축식 냉장고를 설계했으며, 그의 동료 발명가인 제이콥 퍼킨스(Jacob Perkins)는 1834년에 지금의 냉장고의 제작 원리가 된 '공기 냉동압축기(얼음을 인공적으로 만드는 기계)'를 발명했다. 1862년에는 '냉장고의 아버지'라고 불리는 스코틀랜드 출신의 인쇄공 제임스 해리슨(James Harrison)이 에테르를 냉매로 사용해 공기압축기를 장착한 냉장고를 선보였으며, 이것을 같은 해 열린 런던 만국박람회에 세계 최초로 전시하기도 했다. 냉매를 이용해 저장고 안의 열을 빼앗아 온도를 내린 뒤 그 열을 바깥으로 방출하는 원리로 작동하므로 근본적으로는 에어컨의 원리와 같은 것이었다.

1913년에는 프레드 울프(Fred W. Wolf)가 최초의 공랭식 가정용 전기냉장고를 만들어냄으로써 본격적인 가정용 냉장고의 결실을 맺었다. 최초의 냉장고 이름은 '도멜르(Domelre; DOMestic ELectric REfrigerator)'로 무려 900달러(지금의 시가로는 약 1000만 원)에 판매되었다. 이후 제1차 세계대전을 거치면서 켈비네이터(Kelvinator, 1918), 프리지데어(Frigidaire, 1918), 제너럴 일렉트릭(1920) 등의 회사가 가정용 냉장고 생산에 박차를 가해 지금은 각 가정의 필수품으로 자리 잡았다.

냉장고가 발명됨으로써 식료품을 신선하게 유통할 수 있는 기간이 크게 늘어나 집약적인 노동과 장기적인 전쟁이 가능해졌고, 그로 인해 산업 문명의 발달 양상이 획기적으로 바뀌었다는 시각도 있다. 냉장고

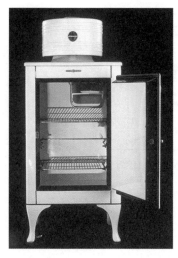
최초의 공랭식 가정용
전기냉장고 '도멜르'

가 보급되기 이전과 이후의 서양인 평균 신장도 변화했다. 이는 신선한 과일과 고기를 제때 먹을 수 있어서 가능한 일이었다. 게다가 냉장고는 괴혈병까지 완전히 퇴치시키는 데 공헌했다. 무엇보다도 중요한 것은 세탁기와 더불어 여성을 가사노동에서 해방시킨 문명의 이기였다는 사실이다.

　조선시대의 얼음은 아주 귀중한 것이었다. 차태현과 오지호 주연의 영화 〈바람과 함께 사라지다〉는 당시 금보다 귀한 얼음 독점권을 둘러싼 음모를 다루고 있다. 이렇듯 조선시대에도 석빙고(石氷庫)라는 얼음 창고가 있긴 했지만, 실제로는 여기에 보관해도 무더운 여름에는 얼음이 녹지 않는 경우가 무척 드물기에 그야말로 왕과 왕족, 권세가들만 맛볼 수 있는 사치품이었다. '벌빙지가(伐氷之家)'라는 사자성어까지 생겨났으니, 문자 그대로 '얼음을 캐다가 쟁여놓는 가문'이란 뜻이므로 다름 아닌 세력가를 뜻했다. 그러니 이 시절 여름에 얼음 덩어리를 하사받았다면 그

금성사의 '눈표 냉장고(GR-120)' 신문광고와 삼성전자 최초의 냉장고(SR-180)

건 같은 양의 금과도 같았다고 한다.

최초의 국산 냉장고는 1965년에 선보인 금성사의 '눈표 냉장고(GR-120)'였다. 출시 가격은 8만 600원으로 외국 제품(RCA, 웨스팅하우스, 제너럴 일렉트릭 제품은 18만 원 상당)에 비하면 매우 저렴했지만, 그때 대졸 초임이 1만 원이 조금 넘었으니 서민들에겐 그림의 떡일 수밖에 없었다. 그래서인지 1968년 신문기사를 보면, 당시 우리나라 냉장고 보급률은 총 5만 대로 600가구당 한 대꼴이었다.

후발주자 삼성전자는 1970년대 초반 일본 산요전기에서 냉기 제품기술을 도입해 1974년 2월 최초의 냉장고(SR-180)를 생산했다. 우리나라에만 있는 김치냉장고는 금성사가 1894년에 처음 출시했으나, 대중화는 1995년 위니아 만도가 '딤채'를 출시함으로써 본격화되었다. 이는 양문형 냉장고와 더불어 포화 상태였던 일반 냉장고의 또 다른 활로를 열어주기도 했다. 현재 삼성전자와 LG전자의 세계 냉장고 점유율은 합해서 부동의 세계 1위(2위는 중국의 하이얼)다. 미국에서는 양사의 냉장고 시장 점유율이 46퍼센트를 넘어서자 우리나라 제품에 상계관세를 부과하기도 했다.

유럽보다 1000년이나 앞섰던
중국과 한국의 도자기

초의 도자기는 토기(土器, earthen ware)였다. 오늘날에도 꾸준히 만드는 토기의 시초는 9000년 전으로 거슬러 올라간다. 지금도 그렇지만 그때의 토기는 황갈색에서 회색까지 다양한 색채를 띠고 있었다.

지금까지 발굴한 토기 중 최초의 것은 1960년대에 터키의 아나톨리아 평야지대에서 발굴한 것으로 기원전 7000년경에 만든 단지들이다. 이것들은 조잡하지만 크기와 모양이 다양하다. 그보다 500년 후에 만든 것으로 추정되는 토기는 가마에서 구웠으며 광택이 있는 등 더욱 세련된 것이었다. 기원전 3000년경 메소포타미아의 우르에서는 지금처럼 토기를 만드는 데 돌림판을 이용했다. 2015년 유네스코 세계문화유산으로 등재된 페르시아의 고도(古都) 수사(지금의 이란 남서부 지역)에서는 이들보다 훨씬 무늬 장식이 많은 토기들이 출토되었다. 그리스·로마 시대에는 '양쪽에 손잡이가 달린'이라는 뜻의 암포라(Amphora)가 포도주나 곡식 저장용으로 널리 쓰였다.

토기보다 훨씬 견고한 도기(陶器, pottery)는 중국 은나라 때 처음 만들

중국 장시성의 징더전요에서 생산한 도자기들

었다. 토기와 마찬가지로 도기도 연한 갈색, 붉은색, 회색, 검정색 등 다
양하다. 중국인들은 착색제를 이용해 표면을 흰색으로 만들기도 했다.
그 후 수 세기 동안 중국인들은 도기 제조법을 독점했다. 서구 세계에서
는 1000년이 넘는 세월 동안 도기를 만들지 못했고, 동양에서는 기원전
57년에 만든 신라 도자기가 고작이다. 도기 만드는 기술은 백제나 신라
등지에서 일본으로 전래되었는데, 일본에서 발굴된 도자기는 그보다 한
참 뒤인 13세기의 것들이다.

도기는 16세기에 와서야 독일을 통해 유럽에 소개되었고, 그것은 곧
다른 도기보다 인기를 끌기 시작했다. 수년 동안 영국인들은 중국에서
차를 수입하는 과정에서 부수적으로 생기는 약간의 도기에 만족해야만
했다. 한 상자의 차를 구입할 때마다 중국 징더전(景德鎮)에서 만든 도기
한 개를 끼워주는 것이 관례였던 것이다.

도기와 마찬가지로 자기(瓷器, ceramic)도 중국에서 최초로 만들었으며 중국은 지금도 세계에서 가장 훌륭한 자기를 만드는 나라로 유명하다. 최초의 자기는 당나라에서 만들었다. 자기는 다른 도자기보다 반투명성이 훨씬 뛰어나 널리 사랑을 받는가 하면 겉면에는 예술성을 마음껏 발휘할 수 있어 도자기 예술의 극치를 보여준다. 자기의 주원료는 고령토와 백돈자, 장석이다. 장석 가루를 고령토에 짓이겨 구워 만든 것이 바로 자기이다. 자기는 섭씨 1400도 이상에서 구워야 하며, 백돈자는 표면을 유리처럼 매끄럽게 하는 역할을 한다.

서양에는 후추 등의 향신료를 교역하기 위해 극동을 오가던 뱃사람들에 의해서 13세기에 소개되었다. 유럽인들은 중국에서 들어온 자기를 보물로 여겼다. 도공들은 그 황홀한 예술을 재현해내려고 무진 애를 썼다. 그러나 화학적 지식이 부족했던 그들로서는 중국인들의 제조 비법을 알아낼 도리가 없었다. 단지 광택 기술만은 근접할 수 있을 거라는 희망을 가지고 계속 연구한 결과 마침내 그들은 유리를 고령토와 합성하는데 성공해서 매끄러움은 떨어지지만 광택은 손색없는 모조 자기를 만들게 되었다.

마침내 중국산과 가장 가까운 자기를 만드는 일은 18세기 초 독일인들이 해냈다. 수학자이자 물리학자인 에렌프리트 발터 본 취른하우스(Ehrenfried Walther von Tschirnhaus)와 화학자이자 연금술사인 요한 프리드리히 뵈트거(Johann Friedrich Böttger)가 바로 그들이다. 1707년 2월 마이센에서 작센 선제후(選帝侯; 신성로마제국 황제 선거권을 가졌던 일곱 사람의 제후) 프리드리히 아우구스트 2세의 후원을 받은 그들은 기존에 사용했던 유리 대신 고령토와 장석을 원료로 중국 자기를 거의 완벽하게 복제해냈다. 고령토(Kaolin)는 징더전요 부근의 장시성 가오링촌(高嶺村)에서 생산되는 흙을 가리키는데, Kaolin은 가오링의 영어 표기다.

영국 도자기의 원조는 조사이아 웨지우드(Josiah Wedgwood)다. 가업을 이어받아 도기 만드는 데 평생을 바친 그는 1759년 5월 1일 버슬렘에서 사촌의 공장을 이어받아 여러 재질과 형태의 도기를 개발했고, 화산암의 하나인 검은 현무암으로 '블랙 버설트(Black Basalt)'라는 도기를 만들어내는 데도 성공했다. 1765년에는 에나멜을 이용한 크림색 도기를 만들고, 샬럿 여왕의 후원을 받았기 때문에 '퀸스웨어(Queen's ware)'라고 명명했다. 1774년에는 러시아의 예카테리나 2세로부터 944점의 '프로그 서비스(Frog Service)'라고 불리는 도자기 세트를 주문받기도 했다. 그는 최초로 고온계를 고안해내 제조 과정을 지켜보는 수고를 덜기도 했다. 그는 찰스 다윈의 외할아버지이기도 한데, 덕분에 다윈은 진화론 연구에 매진했을지도 모른다. '웨지우드'라는 상표는 그의 사후인 1895년 조사이아 웨지우드 앤 선즈 회사가 출범하면서 붙인 것이다.

1793년에는 영국인 도공 조사이아 스포드(Josiah Spode)가 칼슘인산염, 다시 말해 구운 소뼈에서 얻은 뼛가루를 장석에 섞는 방법으로 우아한

조사이아 웨지우드

조사이아 스포드 부자

자기 '본차이나'를 만드는 데 성공했다. 그는 이것을 스태퍼드셔의 스토크온트렌트에서 만들었기 때문에 '스토크 차이나'라고 불렀으나, 이듬해 갑자기 사망하자 그의 장남 조사이아 스포드 2세가 '본차이나(bone china)'로 명칭을 바꾼 것이다. 겉보기에는 중국산과 구별이 안 될 정도였으며 오히려 중국산보다도 나은 점도 있었다. 중국 자기보다 낮은 섭씨 1200도 온도에서 만들기 때문에 경제적이며 대량생산이 가능하고 주둥이 부분의 이가 빠질 염려가 훨씬 적다는 것이다. '본차이나'는 당시 영국과 미국에서 인기가 좋았지만 대부분의 유럽인들은 그래도 중국산 자기를 더 좋아했다고 한다.

《하멜 표류기》와 조선의 도자기

16 53년 6월 18일 네덜란드 동인도회사 소속 선박인 스페르베르호
는 바타비아(지금의 자카르타. 원래는 1795년에 프랑스 혁명군이 네덜란드
에 세운 공화국. 네덜란드가 자카르타를 점령하면서 그 이름을 붙였다)를 떠나 일
본 나가사키로 항해하던 중 폭풍을 만나 표류하다가 8월 16일 제주도에
불시착했다. 선원 중에는 23세의 헨드릭 하멜(Hendrik Hamel)도 있었다.
한양으로 압송된 이들은 1627년(인조 5)에 이미 하멜과 비슷한 경로로
표류하다 조선에 귀화해 훈련도감에서 일하던 네덜란드 출신의 얀 야
너스 벨테브레이(Jan Jansz Weltevree; 박연[朴延])의 통역으로 효종의 호위
부대원으로서 체류를 허락받았다.

그러나 하멜은 적응하지 못하고 몇 차례 탈출을 시도하다가 불발로
끝나고 전라도 강진으로 유배를 갔다. 새로 부임한 관리가 이들에게 온
갖 부역을 시키자 노예 같은 삶에 지친 하멜 일행은 다시 탈출을 감행
했다. 마침내 1666년 9월 4일 그들은 조선인에게서 산 배를 타고 탈출해
여러 날을 항해한 끝에 일본에 도착했다.

조선에서 13년 20일 동안 붙들려 있다가 탈출한 헨드릭 하멜 일행은 8일 고토섬에 다다랐다가 14일 나가사키의 데지마 상관(出島商館)에 도착했다. 당시 상관장(商館長: 일본어로 '카피탄'인데, 영어 Captain의 포르투갈어 발음이다)은 빌럼 폴게르(Willem Volger)였다. 하멜은 그곳에서 1년 이상 체류하면서 조선에 억류되었던 날들을 정리했다. 이들은 1667년 11월 28일 네덜란드 동인도회사 본부가 있는 바타비아에 도착했다. 하멜은 밀린 임금을 받기 위해 남고 나머지 일곱 명은 그해 12월 23일 고국으로 떠났는데, 그 일행에게 자신이 정리한 일지 복사본을 보냈다.

《하멜 표류기》에는 당시 조선의 상황이 아주 상세하게 묘사되어 있다. 효종의 이야기, 청나라와의 관계, 백성들의 삶, 군사 체계, 종교적 관념 등이 실려 있다. 이 책은 1688년 영어로도 출간되어 유럽인들에게 소개되었는데, 그 책에 서술한 내용은 왜곡된 것도 많았으나 외국인 입장에서는 그저 신기하기만 했을 것이다. 미지의 나라 조선에 관한 상세한 내용이 유럽인에게 처음 소개한 그 복사본이 네덜란드에서 책으로 출간되자 이내 선풍적인 인기를 끌었다. 이 책은 그 후 50년 이상 판을 거듭해 출판되었다. 동아시아에서 한 건 올리고 싶었던 무역상들과 군인들이 크나큰 호기심을 가졌기 때문이다.

하멜에 앞서 네덜란드에 도착한 일곱 명의 선원은 동인도회사 관리들에게 조선의 현황, 무역할 품목 등을 설명했다. 이들은 조선에 일본처럼 상관을 설치해 직접 교역하면 큰 이득을 볼 것이라고 조언하고, 이를 위해 함대를 파견한다면 자신들도 자원하겠다고 말했다. 동인도회사는 무엇보다도 도자기에 주목했다. 당시 유럽인은 중국산 도자기의 매력에 푹 빠져 있었다. 대항해 시대 이전에 중국 자기는 아랍과 페르시아 상인들에 의해 유럽에 전해졌지만, 유럽인이 동아시아 교역로를 열면서 직접

13년간의 조선 체류기인 《하멜 표류기》(1권). 네덜란드어 원제는 '야하트 선 데 스페르베르호 생존 선원들이 코레 왕국의 지배하에 있던 켈파르트섬에서 1653년 8월 16일 난파당한 후 1666년 9월 14일 그중 여덟 명이 일본의 나가사키로 탈출할 때까지 겪었던 일 및 조선 백성의 관습과 국토의 상황에 관해서'다. 영어 제목은 *Hamel's Journal and a Description of the Kingdom of Korea, 1653~1666*이다. 1636년에 건설된 나가사키의 데지마 상관은 외국인들이 내국인들과 접촉하는 걸 막기 위해 인공 섬으로 만든 외국인 거주지였다. 1639년까지 포르투갈 상인이 이용했으나 기독교 선교 금지로 1641년 이용권이 네덜란드로 넘어갔다.

도자기를 저렴하게 수입했다.

중국 자기는 1300도 이상의 고온에서 구웠는데 유럽에서는 당시 그만한 온도까지 열을 올릴 기술이 없었다. 유럽에서는 600~800도에서 굽는 토기와 800~1000도에서 굽는 도기를 생산했지만, 두드리면 둔탁한 소리가 나고 물을 흡수했다. 이에 비해 1300~1400도에서 굽는 중국산 자기는 고급 점토에 유약을 발라 구웠기 때문에 표면이 곱고 두드리면 금속 소리가 나고 물을 흡수하지 않았다.

중국산 도자기는 동양 무역로를 개척한 포르투갈과 에스파냐가 먼저 수입했지만, 1세기 후에 네덜란드가 이 무역로에 참여하면서 유럽에 중국 자기 열풍을 일으켰다. 네덜란드는 1612년에 배 한 척이 난징에서 3만 8641점의 자기를 암스테르담으로 운반한 뒤 2년 만에 그 양이 두 배로 늘었으며, 1639년에는 36만 6000점으로 늘어났다. 그런데 1643년 청나라가 남하하면서 해금(海禁) 정책을 시행하는 바람에 네덜란드는 중국산 도자기를 수입할 수 없게 되었다. 그래서 네덜란드가 눈을 돌린 곳이 바로 조선이었는데, 때마침 데지마 상관의 보고와 《하멜 표류기》 등을 종합해 조선에서 고급 도자기를 생산한다는 사실을 알게 되었다. 조선이 매력 있는 도자기 수입 대체국으로 떠오른 것이다.

네덜란드의 동인도회사는 《하멜 표류기》에 자극을 받아 즉시 조선과의 교역을 추진했다. 하멜이 조선을 떠난 지 2년 뒤인 1668년 8월 22일 네덜란드 정부는 바타비아의 동인도회사와 데지마 상관장에게 조선과 직교역하는 방안을 마련하라는 내용의 훈령을 내렸다. "코레아는 육로로 베이징과 통상하고 있다. 우리가 코레아에 갖고 갈 상품을 운송해주면 운송료를 우리가 부담해야 한다. 코레아가 중국에 조공을 바치는 사정을 고려해야 하는데, 중국의 방해가 우려된다. 그래서 코레아에 직접 사절단을 파견하는 것이 필요하다."

이듬해인 1669년 동인도회사는 1000톤급의 상선에 '코레아(Corea)'라는 이름을 붙였다. 코레아호는 조선과의 직교역을 성사시키기 위해 1670년 6월 1일 바타비아에 도착했다. 하지만 코레아호는 일본의 훼방으로 바타비아에서 조선으로 향하지 못했다.

데지마 상관장의 회신에는 대마도주가 조선과의 무역을 독점하고 있는데 일본은 네덜란드의 개입을 원하지 않으며, 네덜란드가 일본의 요구를 어기고 조선과 직교역에 나선다면 일본은 데지마 상관을 폐지할 것이라는 내용이었다. 또한 조선과의 직교역을 중국이 반대할 경우도 고려해야 하며, 조선의 외국인 배척도 문제이고, 조선에 적당한 무역항이 없다는 점도 들었다. 동인도회사의 입장에서도 조선과의 불투명한 무역로

청나라의 자기 기술을 습득해 만든 네덜란드의 '델프트 자기'와 독일의 '마이센 자기'

를 개척하기보다는 오랫동안 상거래를 유지해온 데지마 상관을 유지하는 것이 이익이었다. 바타비아의 동인도회사 본부는 그 보고에 따라 결국 조선으로 항해하는 것을 포기하고 말았다.

중국 도자기의 수입 길이 막히고 조선과의 무역로 개설마저 실패하자 유럽인들은 일본 도자기를 수입하기 시작했다. 일본 도자기의 유럽 진출이 시작된 것이다. 1710년 독일 마이센에서는 작센 선제후의 원조로 동양 자기를 모방해 독자적인 자기를 개발하게 되었는데, 그 청화 양파 문양이 조선의 청화백자를 꼭 빼닮았다. 일본으로 건너간 조선 도공의 도자기가 유럽에 수출되어, 그곳에서 이를 모방한 것이었다. 조선은 유럽에 도자기를 수출하지 못했지만 일본에 끌려간 조선의 후예가 유럽 자기의 뿌리가 된 것이다.

일본 자기의 원조는 물론 조선이다. 그들은 임진왜란 당시 충청도 공주 출신 이삼평(李參平) 등 수많은 도공을 납치해 갔다. 그는 일가족 18명과 함께 규슈 사가현 아리타에서 '도향(陶鄕) 아리타'의 역사를 열었고, 이후 일본의 도자기 기술과 생산량은 조선 도공에 의해 비약적으로 발전하게 되었으며, 번청(藩廳)이나 동인도회사가 주문한 고급품을 제작하기도 했다.

사쓰마 도자기의 핏줄 심수관가(沈壽官家; 일본 사쓰마도기[薩摩燒]를 창시한 심당길 이후 15대조 가문을 총칭하는 용어)의 1대조 심당길(沈當吉)은 정유재란 이듬해인 1598년 일본 규슈 최남단 가고시마로 끌려갔는데, 그때 고향 전라도 남원에서 흙과 유약을 가져갔다고 한다. 그가 만든 백자가 바로 '오로지 불만' 일본 불로 구웠다고 해서 붙여진 '히바카리(火計り)'다.

심수관가 박물관에 보존되어 있는
백자 '히바카리'.

제 3 부

생활하고 일하는 곳
그리고 문화공간의 변천사

신들의 처소,
신전

신전(神殿)을 뜻하는 영어 temple은 라틴어 templum에서 나온 말이다. 시간을 뜻하는 영어 타임(Time)과 프랑스어 탕(temps), 라틴어 템푸스(tempus)는 모두 '자르다'라는 뜻의 그리스어 템노(temno)와 '잘라냄'을 뜻하는 토메(tome)에서 비롯되었다. 우리는 시간을 '구역별로 잘라서' 헤아리고 측정한다. 템푸스라는 단어에는 재고 담금질하고 혼합하는 그 모든 것이 포함되어 있다. 말하자면 예언가들의 신전인 템플룸(templum)은 예외적인 구역이자 신성한 구역으로 '도려진 채로' 존재하는 공간이었던 것이다.

그리스 사람들은 신전을 나오스(naós)라고 불렀다. 이는 '거소(居所)'라는 뜻으로, 안에 그들이 숭배하는 신상(神像; 주로 올림포스 12신)을 모셔 놓았다. 당시 가장 유명한 신전은 아테네 도시국가의 수호자 아테나 여신을 모시는 파르테논 신전으로, '처녀 여신(Parthenos)의 신전'이라는 뜻이다. 기원전 5세기 아크로폴리스 언덕 위에 세워진 이 신전은 도리스 양식의 정점을 이룬 건축물이다.

1687년 9월 26일 파르테논 신전 안에 쌓아놓은 오스만제국군의 화약 더미가 베네치아군의 포격으로 폭발하면서 신전과 조각물이 크게 훼손되었다. 이후 영국의 토머스 브루스(Thomas Bruce, 8대 엘긴 경)가 오스만제국의 허가를 얻어 1802년부터 1812년까지 파르테논 신전의 일부 조각물들을 떼어갔다. '엘긴 마블스(Elgin Marbles)' 또는 '파르테논 마블스'가 바로 그것이다. 공공연한 문화 파괴의 증거인 엘긴 마블스는 1816년 대영박물관에 팔렸고 그곳에 전시되어 있다.

아폴론을 모시는 델피 신전은 신탁이라는 말을 만들어낸 곳이다. '신이 맡겨놓은 뜻'이라는 신탁(神託) 또는 탁선(託宣)은 델피 신전에서 자신의 운명이 어떻게 될지를 물어본 인간들에게 아폴론이 대리인인 여사제 피티아(Pythia; 괴물 뱀 피톤에서 유래)를 통해 인간에게 전해준 예언이다. 기원전 8~6세기 폴리스 성립기에 이곳은 올림피아의 제우스 신전, 델로스의 아폴론 신전과 함께 그리스의 종교 중심지였다.

당시 그리스인들은 델피(델포이)가 세계의 중심, 즉 옴팔로스(Omphalos;

대영박물관에 소장되어 있는 '엘긴 마블스'의 일부

배꼽)라고 생각했다. 그리스 신화에 따르면, 어느 날 제우스는 세상의 중심이 어딘지 궁금해서 세상의 양쪽 끝에 서서 독수리 두 마리를 날려보냈다. 양쪽 끝(서쪽 끝은 에스파냐 지브롤터 해협에 있는 헤라클레스의 기둥, 동쪽 끝은 페르시아의 페르세폴리스)에서 출발한 독수리가 서로 마주친 지점이 바로 델피였다. 델피에서는 아폴론이 거대한 괴물 뱀 피톤(Python)을 죽인 것을 기념하고 축하하는 델피 제전도 4년마다 열렸다.

세계 7대 불가사의의 하나로 손꼽히는 터키의 아르테미스 신전도 유명하다. 기원전 550년경 당시 최고의 부자로 알려진 리디아 왕국의 마지막 왕 크로이소스가 에페수스를 점령하고 회유책으로 파괴된 이 신전을 다시 지어주었다. 헤로도토스의 《역사》에 등장하는 아르테미스 신전은 바로 이때 세워진 것으로 추정된다.

〈사도행전〉 19장 21~41절에는 파르테논 신전의 네 배나 되는 이 신전에 관한 이야기가 나온다. 에베소(에페수스)에서 사도 바울이 우상숭배를 금하는 설교를 하자, 아르테미스 신상 모형을 팔아 부를 쌓던 은장색(銀匠色; 금, 은, 구리 따위의 세공을 전문으로 하는 사람) 데메드리오(Temetrius)가 "바울이라는 그리스도교 선교사가 사람이 만든 것은 신이 아니라고 설교를 하는 바람에, 사람들이 위대한 아르테미스 여신을 숭배하지 않게 되었습니다. 그래서 생업에 어려움을 겪게 되었습니다."라고 직공들과 시민들을 선동했다.

판테온(Pantheon)은 pan(all)과 theos(god)의 합성어로, 만신전(萬神殿)·범신전(汎神殿)을 뜻한다. 이 신전은 다신교 시기였던 고대 로마에서 모든 신에게 제사를 지내기 위해 만들었다. 르네상스 3대 천재 화가인 라파엘로는 이곳을 세상에서 가장 아름답고 완벽한 건물이라고 칭찬하며 죽어서 여기에 묻히기를 희망했고, 실제로 그는 이곳에 묻혔다.

　판테온은 기원전 27년에 아그리파(Marcus Vipsanius Agrippa; 아우구스투스 대제의 사위)가 세웠다. 신전으로 사용하다가 '로마 대화재' 때 불탔고, 125년 하드리아누스 황제 때 지금의 모습으로 바뀌었다. 313년 콘스탄티누스 대제가 밀라노 칙령을 발표해 기독교를 공인한 뒤로 이 신전은 역할이 크게 줄었다. 프랑스 파리에 있는 똑같은 이름의 판테온 사원에는 빅토르 위고, 장 자크 루소, 볼테르, 에밀 졸라 등 프랑스의 국가적인 공로자나 위인의 유해가 안치되어 있다.

만신이 아니라
유일신을 모시는 교회와 성당

기독교는 그리스도교의 한자 표기이므로 가톨릭('보편성' '관용성'이라 는 뜻), 성공회(1534년 로마 가톨릭교회에서 분파한 영국국교회의 전통과 교리를 따르는 교회), 개신교 모두를 징하지만, 가톨릭에서 기독교라는 말 을 잘 안 쓰기 때문에 보통 개신교를 말하는 걸로 잘못 알고 있다. 개신 교는 마르틴 루터(Martin Luther)의 종교개혁 영향으로 로마 가톨릭교회에 서 분리되어 나온 복음주의 성향의 기독교 교파들을 총칭하는 것으로, 로마 가톨릭에 저항(항거; protest)한다고 해서 프로테스탄티즘(Protestantism) 이라고 부른다. 그리고 1620년 6월 9일 메이플라워호를 타고 미국으로 건너간 청교도(Puritan) 일파는 엘리자베스 1세의 영국국교회의 미진한 종 교개혁에 맞서 스위스의 종교개혁가 울리히 츠빙글리와 장 칼뱅의 교회 개혁 모델에 따라서 철저하게 개혁하려는 종파다.

일반적으로 church('주님에 속하는 곳', '주님에 딸린 곳'이라는 뜻)는 개신교 의 교회나 규모가 작은 가톨릭의 교회로, cathedral(주교좌가 있는 곳이라는 뜻. '권위의 상징에서 예술로 옮겨간 의자' 항목 참조)은 가톨릭의 대성당으로 번역된다. 원래 한국에서 개신교는 교회, 가톨릭은 성당이라는 등식이 있다. 즉 church는 가톨릭이나 개신교나 공통으로 중소 규모의 교회를 가리키는 반면, cathedral은 주교좌(主敎座)가 있는 대성당을 의미한다(일종의 성당의 지역본부 개념).

cathedral과 비슷한 의미로 duomo(Dome)와 basilica가 있다. duomo는 주로 이탈리아에서 대성당의 의미로 사용하는데, 이탈리아에서 돔을 기본으로 한 르네상스 양식의 성당이 유행했기 때문이다. basilica는 교황이 특권을 부여한 성당으로 일반 성당보다는 격이 높으며, 주교좌가 있기도 하고 없기도 하다. 그러나 일반적으로 basilica는 duomo나 cathedral보다는 규모가 작고 church보다는 크다는 느낌이 강하다. 또한 basilica는 로마의 공회당에서 나온 이름이기 때문에 로마제국부터 명맥을 이어오거나 그 양식을 따른 교회를 가리킨다.

그리스도교 초기에는 교회가 없어 가정에서 예배를 보았다. 그리스도교 용어로 볼 때 교회는 전례적(典禮的) 집회를 가리키지만 지역 신자 공동체나 온 세계 신자 공동체 전체를 가리키기도 한다. 그러나 우리나라에서는 주로 공간적 개념, 즉 신도들이 모여 예배를 보는 곳을 가리킨다.

이렇듯 가정이 아니라 일정한 곳에 여럿이 모여 예배를 처음 본 때와 장소는 어디일까? 여러 설이 있으나 1세기경 소아시아의 에페수스에서 시작되었다는 설이 유력하다. 여기에 있었던 아시아 일곱 개 교회 가운데 가장 먼저 생긴 에베소 교회에서 맨 처음 공동예배를 보았다고 한다. 에베소(에페수스)는 지금의 터키 서부 이즈미르의 남쪽 약 5킬로미터 지점에 있던 이오니아의 고대도시로, 양항을 끼고 있어 상업의 중심지로 번영했던 곳이다. 1세기 중엽 사도 바울이 세 차례에 걸친 대전도여행 중 이곳

라테란 대성당이 완공된 이후 1000년 동안 교황들이 이곳에 거주했으나, 1309년 교황 클레멘스 5세가 프랑스 왕의 영향권 밑으로 들어간 '아비뇽 유수' 이후 점차 쇠퇴해 지금은 바티칸 대성당에 그 자리를 내주었다.

을 찾아 선교를 목적으로 교회를 세우면서 비롯된 것으로 알려져 있다.

그러나 성당 개념으로 가장 오래된 곳은 로마의 라테란 대성당이다. 324년 콘스탄티누스 대제가 세운 이 성당은 최초의 바실리카 양식의 대성당으로 산 조반니 대성당이라고도 한다. 내부는 1646~1650년 프란체스코 보로미니(Francesco Borromini)가 전면적으로 재단장했다.

지금의 성 베드로 대성당(바티칸 대성당, 산피에트로 대성당)은 '아비뇽 유수' 이후 쇠퇴한 라테란 대성당을 대체하기 위해 지은 성당이다. 교황 니콜라우스 5세는 예수의 열두 제자 가운데 한 사람이자 로마의 초대 교황인 성 베드로의 무덤 위에 대성당을 건립한 것이다. 그가 선종(善終)하자 50년 후인 1505년 교황 율리우스 2세는 공모전을 통해 이탈리아 우르비노 출신 도나토 브라만테(Donato Bramante)에게 건축을 맡겼고, 1506년 4

월 18일부터 공사를 시작해 우르바누스 8세 때인 1626년 11월 18일 완공되었다. 이처럼 르네상스부터 바로크에 이르기까지 150년의 세월 동안 미켈란젤로 등 수많은 예술계의 거장이 참여한 덕분에 성 베드로 대성당은 당대의 가장 거대한 건물로 꼽혔다.

기독교 건물들 중 세계에서 가장 규모가 큰 이 성당 북쪽 측랑에는 미켈란젤로의 〈피에타〉조각상이, 대성당 오른쪽 사도궁에는 라파엘로가 그린 〈아테네 학당〉이 있다. 〈아테네 학당〉은 교황 율리우스 2세의 집무실이자 처소인 사도궁에 있는 서재, 즉 '서명의 방'으로 알려진 공간의 천장과 벽을 배움의 네 가지 영역인 신학, 철학, 법학, 예술을 주제로 장식하라는 명을 받아 라파엘로가 1509년에서 1511년 사이에 그린 것이다. 이 대성당은 1984년에 여덟 번째로 유네스코 세계문화유산으로 등재되었다.

우리나라 최초의 개신교 교회는 1884년 황해도 장연군에 세운 소래교회(장연교회, 솔내[솔내]교회로도 불림)이다. 이곳은 초가집에서 시작한 우리나라 최초의 개신교 교회라는 점도 큰 의미를 지니지만, 자생적 토착교회였다는 점에서 의의가 크다. 그 후 1887년에 언더우드 주도로 새문안교회(장로교)가, 1897년에는 아펜젤러 주도로 정동교회(감리교)가 문을 열었다. 참고로 세계 10대 개신교 대형교회는 순복음교회를 비롯해 우리나라에 다섯 개가 있다고 하는데, 이게 자랑거리인지는 모르겠다.

우리나라 최초의 성당은 본당의 개념으로는 프랑스에서 온 신부 외젠 코스트(Eugene Coste. 우리나라 이름 고의선[高宜善])가 설계한 고딕 양식의 명동성당(1898)이며, 건축물로만 보면 중국인 벽돌공들을 데려와 1892년 완성한 로마네스크 양식의 약현성당(중림동성당)이다. 약현성당의 설계자 역시 코스트 신부였으며, 인기 드라마 〈열혈사제〉의 촬영지로 유명세를

라파엘로의 〈아테네 학당〉. 교양이 풍부했던 율리우스 2세가 미켈란젤로에게는 시스티나 성당의 천장을 장식하도록 명했고, 라파엘로에게는 '서명의 방'을 장식하도록 했다.

타기도 했다.

참고로 각 종교의 예배당은 다음과 같이 불린다.

가톨릭: 성당

개신교: 교회

불교: 사찰(寺刹, 절)

유교: 사당(祠堂), 종묘(宗廟), 태묘(太廟)

이슬람교: 모스크(mosque)

유대교: 시너고그(synagogue)

예수 그리스도 후기 성도 교회; 성전

힌두교: 사원

도교: 도관(道官)

조로아스터교(배화교): 배화신전(拜火神殿)

일본의 신도(神道): 신사(神社)

최고 권력자의 처소,
궁전

궁 전은 왕이나 왕족, 대주교들이 집무를 하던 곳이자 거주하는 곳 을 말한다. 특히 왕의 처소는 왕궁(王宮)이라고 하며, 우리나라와 중국에서는 궁궐(宮闕)이라고도 한다.

궁전을 뜻하는 영어 palace는 '로마의 7언덕' 중 하나인 팔라틴 언덕 (Palatine Hill)의 라틴어 Palātium(팔라티움)에 기원을 둔다. 대부분의 유럽 언어, 즉 프랑스어 palais(팔레), 이탈리아어 palazzo(팔라초), 에스파냐어 palacio(팔라시오) 등도 바로 이 말에서 비롯되었다.

현존하는 가장 오래된 유럽의 궁전은 스코틀랜드의 홀리루드 궁전이다. 이곳은 원래 1128년 성 아우구스티누스 홀리루드 수도원으로 지은 건물이었다. 그러나 프랑스 왕 프랑수아 2세의 왕비였던 퀸 메리(메리 스튜어트)가 1561년 스코틀랜드로 돌아온 후부터 궁전으로 사용했다. 스코틀랜드 에든버러시의 로열마일 거리 끝에 있는 이 궁전은 현재 영국 엘리자베스 2세의 여름 체류지로 사용되고 있다.

잉글랜드에서 가장 오래된 궁전은 헨리 8세 때인 1531년 착공해서

1715년 제작된 세인트제임스 궁전 엽서

1536년 완공한 런던의 세인드제임스 궁전이나, 성 제임스(소야고보)에게
바친 병원이 있던 자리에 지금은 불타 없어진 화이트홀 궁전을 세우면서
정궁으로 자리 잡았다. 영국으로 파견된 대사들은 버킹엄 궁전에서 여왕
으로부터 아그레망(agrément; 신임장)을 받는데, 지금도 여전히 명목상 '세인
트제임스 궁전 아래(près la Cour de St. James)'에 파견된 것으로 되어 있다.

근위병 교대의식으로 유명한 버킹엄 궁전은 1703년 버킹엄 공작 존
셰필드의 저택으로 세워진 이후 1837년 빅토리아 여왕의 즉위식 때 궁
전으로 격상되어 지금에 이르고 있다. 영국 군주의 공식적인 사무실 및
주거지로 쓰이고 있기 때문에 현재 영국 왕실의 대명사이기도 한 이곳은
여왕이 궁전에 있을 때는 왕실 깃발이 올라가고, 없을 때에는 올라가지
않는다.

프랑스에서 가장 오래된 베르사유 궁전은 원래 왕이 사냥할 때 머무는 여름 별장이었으나 1682년 루이 14세가 파리에서 아직 완성되지 않은 이 궁전으로 거처를 옮긴 이후 1789년 프랑스 혁명 발발 당시의 왕 루이 16세 때까지 왕궁으로 사용했다. 1919년 6월 28일에는 제1차 세계대전을 정식으로 마무리 지은 베르사유 조약이 이곳의 '거울의 방'에서 이루어졌다. 1718년에 세워진 엘리제 궁전은 1870년에 공화제가 다시 들어서면서부터 지금까지 대통령 관저로 쓰이고 있다.

독일 바이에른주의 뷔르츠부르크에 있는 뷔르츠부르크 궁전은 바로크 건축의 꽃으로 꼽히는 주교 공관이다. 요한 발타자르 노이만(Johann Balthasar Neumann)이 설계를 맡아 1720년부터 공사를 시작해 1744년까지 외부 공사가 이루어졌고, 1780년까지 내부 공사가 진행되었다. 제2차 세계대전 중에 거의 모든 건물이 파괴되었으나 복구되었으며, 1981년에 유네스코 세계문화유산으로 등재되었다.

베르사유 궁전을 모델로 삼은 오스트리아 빈의 쇤브룬 궁전은 바로크 양식에 로코코 양식을 가미하여 합스부르크가의 위용을 뽐내고 있다. 궁전 이름은 원래 1619년 신성로마제국의 황제이자 오스트리아 대공 마티아스(Mattias)가 말년에 사냥을 하다가 샘을 발견하고 "오, 이 얼마나 아름다운 샘인가(Welch' schöner Brunn)!" 하고 감탄한 데서 유래했다고 한다.

이후 1743년 오스트리아의 여제 마리아 테레지아(마리 앙투아네트의 어머니)가 건축가 니콜라우스 본 파카시(Nikolaus von Pacassi)에게 의뢰해 1749년 확장·완성한 것이 오늘날의 모습이다. 1918년 11월 합스부르크가가 붕괴하고 오스트리아 공화국이 출범한 이후 쇤브룬 궁전은 지금 자연사 박물관 역할을 하고 있으며, 궁전과 정원은 1996년 유네스코 세계문화유산으로 등재되었다.

쇤브룬 궁전(베르나르도 벨로토, 1758)

모스크바 중심에 있는 크렘린 궁전(정확히는 모스크바 크렘린)은 거대한 제국 러시아를 상징하는 곳이다. 크렘린은 러시아어로 '요새'를 의미하는데, 말 그대로 크렘린은 황제들이 살았던 궁전이라기보다 누구도 접근할 수 없는 요새처럼 보인다. 지금의 크렘린 궁전은 처음으로 차르라는 호

402

칭을 사용한 이반 3세 치하 때 지은 것이다. 그는 1495년 자신의 권력을 확고히 하기 위해 크렘린을 대대적으로 정비하면서 해자를 파고 크렘린 성벽 안에 궁전을 비롯한 다양한 종교 건축물을 세웠고, 그 앞에 붉은광장을 조성했다.

크렘린 궁전은 1713년 표트르 대제가 상트페테르부르크로 수도를 옮김에 따라 왕궁의 지위를 잃고, 1812년 나폴레옹 침공으로 큰 피해를 입었으나 1819년까지 복구공사가 이루어졌다. 1919년 10월 혁명 이후에는 혁명정부의 집무실이 되었고, 페레스트로이카 이후 1991년부터는 러시아공화국 대통령의 집무실로 쓰이고 있다.

크렘린 궁전은 막강한 권력을 가진 소비에트 정권의 중추로서 외부에 공개되지 않고 비밀에 싸여 있었다. 그래서 속을 알 수 없는 사람을 '크렘린'이라 부르기도 했는데, 1953년 스탈린 사후에 처음으로 일반에 공개되었다. 궁전 주위에는 레닌 묘, 일곱 개의 둥근 탑이 마치 아이스크림콘처럼 생긴 성바실리 성당, 굼(GUM) 백화점, 국립역사박물관 등이 자리하고 있다.

조선시대에는 임금이 평소에 거주하고 정사(政事)를 도모했던 궁을 정식 궁궐로 볼 수 있는데, 그중에 경복궁·창덕궁·창경궁·경희궁·덕수궁(경운궁)이 남아 있다. 임진왜란 전에는 경복궁·창덕궁·창경궁이 사용되었고, 임진왜란 후에는 경복궁이 소실되어 창덕궁·창경궁·경희궁이 사용되었다. 덕수궁은 조선의 궁궐이기도 하지만 1909년에 석조전, 1910년에 정관헌이 들어선 이후는 대한제국의 궁궐이기도 하다. 조선의 궁궐은 성리학을 기반으로 하는 정치철학을 반영했기 때문에 정궁(正宮)인 경복궁 외에는 규모가 작고 소박한 편이다.

경복궁은 1395년(태조 4)에 창건하고 정도전(鄭道傳)이 이름을 지었다. '경복(景福)'은 《시경》〈대아大雅〉 편에 나오는 말이다. "이미 술에 취하고 덕에 배가 부르니 군자께서는 만년토록 빛나는 복(景福)을 누릴 것이다." 다시 말하면 왕과 그 자손, 온 백성이 태평성대의 큰 복을 누리기를 축원한다는 뜻이다.

임진왜란으로 불탄 이후 그 임무를 창덕궁에 넘겨주었던 경복궁은 1865년(고종 2)에 흥선대원군의 명으로 당백전(當百錢: 상평통보의 100배 해당하는 동전)을 발행해 중건했다. 일제강점기에는 이곳에 조선총독부 건물을 짓는 등 많은 전각들이 훼손되었으나, 1996년 11월 13일 식민 잔재의 상징이던 옛 조선총독부 건물(그동안 중앙청과 국립박물관으로 이용되었다)을 완전히 철거했으며, 광화문 현판도 교체하는 등의 복원작업은 지금도 진행 중이다. 현재 광화문에 걸린 한자 현판은 광화문을 중건하면서 당시 훈련대장 임태영(任泰瑛)이 쓴 것을 복원한 것이다.

시멘트와 콘크리트의 제국,
로마

세계에서 가장 오래된 시멘트는 이집트 피라미드의 석재를 쌓는 데 이용한 것으로, 구운 돌멩이와 점토를 섞은 것이라고 한다. 고대 메소포타미아 지방에는 목재와 석재가 부족했기 때문에 햇볕에 말린 벽돌이나 가마에서 구운 벽돌로 거대한 신전 지구라트나 왕궁, 성벽 등을 만들었다. 방수와 접착을 위해 벽돌과 벽돌 사이는 시멘트가 아니라 아스팔트로 메웠다. 고대 그리스 키프로스섬의 신전 초석에는 석회·모래·물을 혼합한 석회 모르타르를 썼다.

시멘트(cement)는 라틴어로 '자갈' '깨진 돌'을 의미하는 카이멘툼(cae-mentum)에서 비롯된 말이다. 이집트나 고대 그리스에서 사용한 시멘트는 공기 중에서 굳어버릴 뿐 아니라 접착력도 약하고 물속에서는 부서져 건축재로는 흠이 많았다. 로마인은 이런 문제를 해결해 응회암의 분해물과 석회를 섞어 물에 개어 쓰는 천연 시멘트를 개발했다.

기원전 1세기의 로마 건축가 비트루비우스(Vitruvius)는 《건축십서De Architectura》에서, 베수비오 화산 근처 포추올리의 화산재(응회암의 분해물)에

아우구스투스에게 로마 건축을 집대성해놓은 《건축십서》를 설명하는 비트루비우스. 그는 율리우스 카이사르 로마군단의 건축기사로 근무했으며, 후에 아우구스투스의 재정적 지원을 받았다고 한다. 건축구조의 3요소로 견고함·유용성·아름다움을 꼽은 그는 그리스 건축양식을 도리스, 이오니아, 코린토스 양식으로 분류하기도 했다.

석회를 섞으면 내수성이 좋은 시멘트(pozzolana)를 만들 수 있다고 기술했다. 로마인은 이 로마 시멘트로 콘크리트를 만들어 카라칼라 공중목욕탕, 판테온 신전 등 거대한 건축물과 도로, 항구 등을 건설했다.

로마 건축물은 대부분 바깥쪽은 돌이나 벽돌로 짓고 안쪽은 돌멩이, 벽돌 부스러기, 로마 시멘트로 만든 콘크리트로 지어 매우 튼튼했다. "로마는 하루아침에 이루어지지 않았다."는 말처럼, 로마는 차분하고 견고한 '시멘트와 콘크리트의 제국'이었다. 로마의 판테온 신전은 균형미와 아름다움으로 고대 로마 건축물을 대표한다. 다신교의 신들을 한곳에 모신 만신전인 판테온 신전은 기원전 27년에 세워졌으며, 현존하는 것은

125년에 하드리아누스가 재건한 것이다. 판테온 신전은 일부에 대리석 등도 사용했기 때문에 고대 그리스 신전과 같은 석조 건물이라고 생각하는 사람도 많지만, 전체가 콘크리트로 만들어졌다고 해도 지나치지 않는 건물이다. 로마의 콘크리트가 얼마나 뛰어난지 판테온 신전은 오늘날에도 거의 완전한 자태를 보존하고 있다.

현대의 철근 콘크리트 건물 수명은 보통 50~60년, 특별히 신경을 쓴 건물은 200년이라고 한다. 철근을 넣어 콘크리트 강도를 높였지만 철은 부식되고 만다. 원래 콘크리트는 알칼리성이기 때문에 처음에는 철이 부식되는 것을 막을 수 있지만 오래지 않아 풍화되거나 갈라지면서 부식되고, 부식은 철을 팽창시키므로 안에서부터 콘크리트를 약화시킨다. 로마의 콘크리트에는 철근을 넣지 않았기 때문에 대담하게 돌출 부분을 만들 수는 없지만, 현대의 철근 콘크리트보다 훨씬 견고했다. 이렇게 우수한 로마 콘크리트는 이후 2000년간 유럽에서 사용되었다. 중세 유럽이나 르네상스기, 근대 유럽의 토목건축은 바로 이 로마 시멘트로 만든 콘크리트를 빼고는 생각할 수 없다.

1755년 도버 해협을 마주한 영국 플리머스 항에서 서남쪽으로 14킬로미터 떨어진 에디스턴 암초의 등대가 불타버렸다. 1696년 헨리 윈스탠리(Henry Winstanley)가 세운 이 목조 등대는 해운에 중요했기 때문에 빨리 재건해야 했으므로, 당국은 유명 토목학자 존 스미턴(John Smeaton)에게 건축을 맡겼다. 등대가 또다시 화재로 소실되는 것을 막으려면 돌로 지어야 했기 때문에 시멘트가 많이 필요했다.

스미턴은 바닷물과 비바람에 견딜 수 있는 시멘트를 만들기 위해 많은 석회 견본을 수집해 실험을 되풀이했다. 그 결과 점토를 조금 넣은

불타버린 헨리 윈스탠리의
에디스턴 목조 등대.
자신이 화가이기도 해서 그런지
등대가 화려하다.
1703년 11월 몰아닥친 폭풍우로
파손된 등대를 수리하던
윈스탠리는 화재가 나는 바람에
등대지기와 함께 목숨을 잃었다.

석회석을 구운 것이 가장 좋았다. 1759년 등대가 훌륭하게 완성되었다.
돌을 이어 붙이는 기술은 물론이거니와 그것을 강력한 접착력을 가진
시멘트로 고정시켰기 때문에 튼튼하고 아름다운 등대가 만들어졌다. 이
방법은 금세 세계 각지로 퍼졌다. 이로써 스미턴은 '등대의 아버지'라고
불리기도 한다.

　　스미턴은 등대 건축보다도 그 과정에서 만들어진 인공 시멘트의 발
명으로 토목공사의 근대화에 크게 공헌했다. 왜냐하면 그때까지 토목건

축계에서는 로마의 건축가 비트루비우스가 《건축십서》에서 서술했듯이 시멘트는 하얗고 단단하고 아주 순수한 석회석이 가장 좋다는 견해가 아무런 의심 없이 그대로 통용되었기 때문이다. 스미턴은 그것에 이의를 제기하고 더 우수한 시멘트를 만들어낸 것이다. 이와 같은 스미턴의 시멘트는 영국에서 활발하게 진행되던 산업혁명에서도 중요한 역할을 했다. 대량의 원료와 제품, 석탄과 철광석을 운반할 도로와 운하를 건설하고, 증기기관차가 실용화되어 철도와 함께 많은 철교를 놓아야 하는 상황에서 강력한 시멘트가 무엇보다도 필요했기 때문이다.

1824년 영국 리즈시의 벽돌공 조지프 애스프딘(Joseph Aspdin)은 '인조석 제조법의 개량'에 대한 특허를 출원했다. 잘게 부순 석회석 가루를 불에 구워 석회를 만들고 거기에 점토와 물을 섞어 건조시킨 뒤, 고온에 구워서 생기는 덩어리를 잘게 부수면 강력한 시멘트가 만들어진다는 것이었다. 그는 이 시멘트가 도버 해협을 바라보는 포틀랜드섬에서 산출되는 포틀랜드석과 빛깔이 비슷해 '포틀랜드 시멘트'라는 이름을 붙였다.

얼마 후 이 시멘트의 우수성을 증명하는 사건이 일어났다. 1825년부터 시작된 런던의 템스강 하저 터널공사 도중에 1828년 터널을 지탱하고 있던 로마 시멘트벽이 무너져 내려앉았다. 그러나 서둘러 애스프딘이 개발한 포틀랜드 시멘트를 사용해 터널은 무사히 완성되었다. 이후 인공 포틀랜드 시멘트가 천연 시멘트를 완전히 대체하게 되었다. 포틀랜드 시멘트는 그 후에도 품질의 결점을 보완하고 훨씬 강한 콘크리트로 개량되었다. 1885년에는 영국인 프레더릭 랜섬(Frederick Ransome)이 회전가마로 시멘트를 연속해 구워내는 방법을 고안해 특허를 받았다. 이로써 시멘트는 공장에서 대량생산할 수 있게 되었다.

파리에서 정원사로 일하던 조제프 모니에(Joseph Monier)는 깨지지 않는 화분을 만들려고 여러 가지 시도를 한 끝에 화분 모양으로 짠 철망에 시멘트를 발라 아주 튼튼한 화분을 만들었다. 그는 이것을 강한 콘크리트 제조에 이용할 수 있겠다고 생각하고 1867년에 재빨리 특허를 받아 철근을 넣은 수조나 철도의 침목 따위를 만들어 팔았다. 이 철근 콘크리트의 장래성에 주목한 독일의 회사가 모니에의 특허를 사들여 연구와 개량에 힘썼다.

철근 콘크리트는, 압축력은 강하지만 인장력(잡아당기는 힘)은 약한 콘크리트와 인장력이 강한 철근을 조합해 만들었다. 압축력과 인장력이 모두 강한 철근 콘크리트의 발명이야말로 거대 토목사업과 고층건축을 가능하게 한 주역이었다.

20세기에 들어와서 본격적인 철근 콘크리트 건축이 출현했다. 파리의 벤저민 프랭클린가 25번지에 현존하는 9층 아파트는 오귀스트 페레(Auguste Perret)가 1903년에 건물 전체를 철근 콘크리트로 지어 겉면을 타일로 꾸민 아름다운 건축물이다. 페레는 이 밖에도 샹젤리제 극장(1914), 르아브르 시청(1947) 등을 건축해 세계적인 건축가 반열에 올랐다.

창문이 많으면
세금도 많이 냈다

16 96년 12월 31일 영국 의회는 창문세 신설을 의결했다. 윌리엄 3세 는 '권리장전'에 따라 의회의 동의 없이 세금을 거둘 수 없었지 만, 네덜란드에서 데려온 군대의 유지와 아일랜드의 통치 그리고 식민지 아메리카를 운영하는 데 엄청난 자금이 필요해지자 의회를 설득해 창문 세를 신설한 것이다.

창문세는 부유층을 대상으로 한 일종의 재산세였다. 창문의 재료인 유리가 대량생산이 되지 않아 워낙 비쌌기 때문에 창문 없는 집에 사는 사람도 많은 시절이었다. 창문 수에 따라 세금이 부과되자 곳곳에서 파 장이 일었다. 세금을 피하기 위해 창문 수를 줄이거나 아예 없애는 바람 에 주택의 외관은 기형적으로 변해버렸다. 세금을 내느니 차라리 어둠 을 택한 것이다.

그러자 당국도 강경하게 밀어붙여 창문 간 간격이 일정 기준보다 벌 어져 있으면 별도의 창문으로 간주해 세금을 더 매겼다. 일시적으로 창 문을 폐쇄했다가 다시 여는 행위가 적발될 경우에도 20실링의 벌금을 부

창문세 폐지의 화신.
"예! 옛 친구들, 여기서
만나니 반갑군."
(1851년 《펀치》의 삽화)

과했다. 런던에서는 이렇듯 햇빛을 못 보고 습한 데서 살아 우울증을 호소하는 시민들이 늘어났고, 각종 병균이 창궐해 전염병이 만연했다.

창문세는 원래 1303년 프랑스 왕 필리프 4세가 왕권 강화 차원에서 고안한 여러 가지 세원(稅源) 중 하나였다. 그 당시는 아주 잠깐 시행하다가 곧바로 폐지했으나 여러 나라로 파급되었고, 영국에서만 유난히 오래 시행된 아주 황당한 세금 중 하나였다. 이렇게 말도 많고 탈도 많던 영국의 창문세는 1851년 주택세가 도입될 때까지 150여 년간 시행되었다.

프랑스에서도 루이 16세 때 다시 창문세를 매겼는데, 영국과 다른 점은 창문의 수가 아니라 폭을 기준으로 삼아 부과한 것이다. 부자일수록 창문을 넓게 낸다는 점에 착안했는데, 이때부터 프랑스에서는 폭이 좁고 긴 창문을 낸 건물들이 늘어났다. 프랑스식 건물 하면 흔히 떠올리는 '폭 좁은 창문'이 바로 여기서 유래한 것이다. 이 세금도 결국 1926년에 폐지되었다.

서민들의 치열한
삶의 현장, 시장

원 래 시장(市場)은 일상생활에 필요한 물건을 파는 상점들이 밀집한 장소를 뜻하지만, 경제학적인 측면에서는 거래 장소가 특정해 있지 않더라도 주식시장이나 외환시장처럼 거래의 목적물·판매자·구매자만 있으면 '시장'이라 표현하며, 여기서 매매되는 재화를 '상품'이라고 한다. 시장을 뜻하는 영어 market은 라틴어 mercatus에서 비롯되었으며, 이는 merchant(상인)의 어원이기도 하다. 이 말들은 모두 로마 신화에서 상업의 신인 메르쿠리우스(Mercurius)에서 유래했다.

고대 그리스의 도시국가 대부분에서는 아고라(agora; 광장)에 시장이 있었던 것으로 보인다. 지역 시장으로는 아고라가, 대외 시장으로는 엠포리움(Emporium)이 존재했으며, 엠포리움에서는 원정군을 위한 보급물자와 전리품도 관리했다. 메소포타미아와 이집트처럼 광대한 관개 농지가 없는 그리스는 곡물 확보가 중요했다. 그래서 알렉산드로스 대왕의 가신인 클레오메네스(Cleomenes of Naucratis)가 운영한 곡물시장은 가격 변동을 감안한 최초의 국제시장으로 존재했다.

이와는 별도로 도시 중심부의 스토아(stoa)에도 장이 열렸다. 스토아는 원래는 비와 햇빛을 피하기 위한 회랑이었으나, 이곳에 시장이 들어섬으로써 공공 산책로와 상업이 공존하게 된 것이다. 고대 로마는 그리스의 아고라를 포럼(Forum)으로 계승했으며, 엠포리움은 상품보관소로도 이용했다.

아랍 지역에서는 아랍어로 수크(Souq), 페르시아어로 바자르(bāzār)라고 하는 시장이 열렸다. 여기서 유래된 바자(bazar/bazaar)는 원래 시장 또는 상점가를 일컫는 말이지만 영미권에서 바자는 보통 '자선바자회'의 뜻으로 쓰이고 있다. 처음에는 캐러밴의 도착에 맞춰 장이 열릴 때마다 점포를 설치했지만 이후에 상설 점포가 등장했다.

1258년 훌라구(Hulagu)가 이끄는 몽골군의 공격으로 바그다드가 함락되기 전까지 아바스(Abbās; '엄격한'이라는 뜻) 왕조의 도시에서는 새해 첫날 정기시장이 열렸고, 종교행사 때마다 다양한 시장이 형성되어 상업이 성행했다. 대도시의 시장은 각지의 상인이 모이는 큰 시장과 블록의 작은 시장으로 나누어져 있었는데, 소매상은 직종마다 같은 구역에서 문을 열었다. 또 시장의 치안을 유지하고 부당거래 행위를 단속하기 위해 무흐타시브(Muhtasib)라는 감독관이 상주하기도 했다.

로마제국 이후 중세에는 여러 도시와 성과 수도원에서 시장이 열렸으며, 북유럽에는 비크(Vik)라고 불리는 교역지가 있었다. 영국을 비롯한 북유럽에 마켓 타운이 건설되면서 지역에 시장이 열렸다. 정기시(定期市)로는 프랑스의 생드니 수도원이나 영국 케임브리지 근처 스투어브리지 시장 등 국제적인 연시(年市)가 존재했다. 십자군 원정 이후 남북 교류가 빈번해지면서 시장도 활기를 띠었으며, 그중에서도 프랑스의 샹파뉴 시장은 대규모 연시였다.

지금까지 남아 있는 오래된 전통시장으로는 1014년에 실질적으로 문을 열었다는 영국 런던의 버러(Borough) 마켓이 있다. 2014년에는 '버러 마켓 개장 1000주년 행사'를 열기도 했다. 특히 이곳은 현재 판매자가 직접 재배하고 기른 신선한 과일과 채소, 수제 초콜릿, 치즈, 유기농 고기, 집에서 구운 빵과 꿀 등 생활에 필요한 먹을거리가 총집합해 있는 세계에서 가장 큰 식재료 시장이다.

1년마다 열린
국제시장으로 규모가
가장 컸던 샹파뉴 시장

이스탄불의
카파르 차르시

13세기 초에 생긴 바르셀로나의 산호세 시장(보케리아 시장으로도 불린다)도 오래된 전통시장 중 하나다. 세계에서 가장 크고 오래된 실내 시장인 이스탄불의 카파르 차르시(Kapali Carsi; '덮개가 있는 시장'이라는 뜻. 일반적으로 그랜드 바자르[Grand Bazaar]로 알려져 있다)는 1455~1461년에 건축되었으며, 현재 5000여 개의 점포와 미로 같은 60개의 통로에 출입구가 20여 개 있다고 하니 그 규모를 가히 짐작할 수 있다.

김부식이 쓴 《삼국사기》에 따르면, 우리나라 최초의 시장은 6세기 신라의 경시(京市)다. 하지만 백제(4세기 근초고왕)와 고구려(5세기 장수왕)에도 향시(鄕市)가 있었다고 한다. 이후 통일신라시대에는 비단길과 해상무역을 통해 중국과 동남아시아에서 들어온 물물의 거래가 활발했고, 고려시대에는 아라비아 상인들과도 거래할 정도로 대외 무역이 활발했다. 이때부터 고려는 아라비아 상인들을 통해 서역에 '코리아'로 알려지기 시작했다. 조선시대에는 유교의 영향으로 장사꾼은 가장 낮은 계층으로 천대받았으나 후기에 들어 시장이 활기를 띠어, 이제 시장은 단순히 물건만을 매매하는 곳이 아니라 정보 교환의 장이자 광대들의 놀이가 있는 문화공간 역할까지 했다.

우리나라의 근대식 시장은 일본의 경제 침략 정책에 맞서는 과정에서 탄생했다. 1905년 7월 박승직(朴承稷; 두산그룹의 창업자로 1915년 '박가분' 출시) 등 조선 상인들이 토지와 현금을 모아 최초의 상설시장인 광장시장을 열었는데, 지금까지 우리나라에서 가장 오래된 전통시장으로 남아 있다. 이전에 배오개(梨峴)시장이었다가 1905년 한성부에 시장 개설 허가를 낼 당시에는 동대문시장으로 명칭을 정했으나, 1960년대 이후부터 '널리 모아 간직한다'는 뜻을 담아 광장시장(廣藏市場)으로 부르게 되었다.

독일인 신부 노르베르트 베버(Norbert Weber)가 찍은 1925년의 동대문시장 전경

가장 치열한 삶의 현장은 아무래도 전통시장이다. 그래서 삶에 대한 의욕이 떨어졌을 때나 새로운 다짐을 하고 싶을 때 한번 들러보면 좋은 곳이 바로 전통시장이다. 그러나 오늘날 우리가 물건을 사기 위해 가장 많이 들르는 곳은 집 근처의 슈퍼마켓이다. 면적이 50평 이하인 동네 가게를 슈퍼마켓이라 하며, 50평 이상은 super라는 단어를 더 붙여서 기업형 슈퍼마켓(SSM; super supermarket)이라고 한다. 우리나라 최초의 슈퍼마켓은 1968년 6월 1일 서울 중림동에서 문을 연 '뉴-서울 수퍼마키트'라고 알려져 있다.

젊은 층과 독신들을 겨냥해 연중무휴 24시간 영업 체제로 생필품을 판매하는 편의점(convenience store)도 있다. 롯데쇼핑이 1982년 11월 23일 서울의 신당동 약수시장 앞에 롯데세븐 1호점을 개점한 것이 대한민국 최초의 편의점이라고 할 수 있다. 전 세계 편의점의 선발주자는 1927년 텍사스에서 얼음장사로 시작해서 1946년 영업시간(7시에서 11시까지)에서 상호를 따온 세븐일레븐(7-Eleven)이다. 일본에서 더 인기를 끈 이 편의점은 결국 2005년에 일본인 소유가 되었고, 우리나라에는 1989년 올림픽선수 기자촌에 세븐일레븐 1호점이 문을 열었다.

직접 시장이나 편의점에 가서 물건을 구매하는 게 아니라 전화나 인터넷, TV를 통해 온라인 방식으로 주문하는 홈쇼핑은 1977년 미국의 플로리다주 클리어워터의 한 라디오 방송국에서 캔따개를 광고한 것이 출발점이었다. 예상외로 상품이 순식간에 동나자 라디오 쇼핑 방송까지 편성했다.

홈쇼핑의 잠재력을 간파한 방송국 사주 밥 서코스타(Bob Circosta)는 1985년 마침내 세계 최초의 TV홈쇼핑 채널인 HSN(Home Shopping Network)을 설립하기에 이르렀다. 구매자가 물건의 실제 상태를 볼 수가 없고 가격 대비 품질을 비교할 수 없으며 충동구매하기 십상인 단점이 있긴 하지만, 발품을 팔지 않는다는 장점 때문에 홈쇼핑 사업은 지금도 확장일로에 있다.

우리나라 홈쇼핑의 선두주자는 39쇼핑이다. 1994년 1월 삼구(森久)그룹 산하 ㈜홈쇼핑텔레비전이 홈쇼핑 사업자로 선정되었고, 1995년 케이블 TV의 개국에 맞춰 그해 8월 1일 국내 최초의 홈쇼핑 채널 39번으로 39쇼핑이 방송을 시작했다. 2000년 CJ그룹이 인수할 당시에도 케이블 방송 시장에서 39쇼핑의 명성이 남아 있었기 때문에 2002년 9월까지 CJ39쇼핑으로 명칭을 공유했다가 2002년 9월 30일부터 CJ 홈쇼핑으로 바꾸었고, 2009년 5월부터는 CJ 오쇼핑으로 다시 변경해 지금에 이르고 있다.

콘크리트와 엘리베이터는
고층 건물의 전제조건

18 53년 프랑스의 엔지니어 프랑수아 쿠아네(François Coignet)는 파리
근교 샤를 미셸가 72번지에, 당시로서는 획기적인 재료였던 철근
콘크리트를 이용해 3층짜리 건물을 지었다. 이 철근 콘크리트의 발명으

1998년 사적지로 지정된
세계 최초의 3층짜리 철근
콘크리트 건물. 관리 소홀로
허름해진 상태다.

로 이제는 나무와 돌로는 실현할 수 없었던 고층 건물을 짓는 게 가능해졌다. 이것은 인장력이 약한 콘크리트를 보강하기 위해 콘크리트에 철근을 넣은 것으로, 철근은 인장력이 작용해도 뽑혀 나가지 않도록 끝을 구부리거나 고리로 만들고 표면에 마디가 있는 이형철근을 사용한다. 그래서 이 새로운 소재를 이용해 10층 이상의 건물을 지을 수 있었으나 10층까지 계단을 이용해 매일 오르내리기란 사실상 힘들다. 엘리베이터 없이는 말이다.

엘리베이터의 원형인 승강기(昇降機, lift)를 1203년 프랑스의 몽생미셸 수도원에서 사용했다는 기록이 있는데, 당나귀가 로프를 당겨 올리는 방식이었다. 루이 15세는 1743년 자신의 정부(情婦)를 위해 평형추 시스템을 이용한 '날아다니는 의자'를 베르사유 궁전에 설치했다. 산업혁명기 영국의 토머스 호너(Thomas Horner)는 1823년 로마의 판테온 신전을 본뜬 런던 콜로세움에 스팀으로 작동하는 세계 최초의 공용 엘리베이터(ascending room)를 설치해, 런던 중심부의 방대한 전경을 구경하려는 관광객들에게 돈을 받고 꼭대기까지 실어 날랐다.

엘리베이터는 1854년 엘리샤 그레이브스 오티스(Elisha Graves Otis)가 뉴욕의 크리스털 팰리스에서 이벤트를 시연해 세상의 주목을 끈 후 비로소 일상생활에 널리 쓰이기 시작했다. 오티스는 사람들 앞에서 높이 떠 있는 엘리베이터를 탄 채 도끼로 줄을 잘라도 엘리베이터가 끄떡없다는 것을 확인시켰다. 엘리베이터가 갑자기 아래로 움직일 경우 제동기가 가이드 프레임에 걸려 움직이지 않는 원리를 이용해, 이미 2년 전에 발명한 엘리베이터의 안전성을 완벽하게 입증한 것이다.

그리하여 오티스는 1857년 3월 23일 브로드웨이에 있는 5층짜리 호

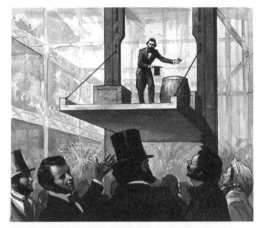

엘리샤 그레이브스 오티스와 1854년 크리스털 팰리스에서 벌인 오티스의 이벤트 장면

그워트 빌딩에 승객용 엘리베이터를 설치했고, 1861년에는 마침내 특허를 얻었으나 세상을 떠나는 바람에 두 아들 찰스 오티스(Charles Rollin Otis)와 노턴 오티스(Norton Prentice Otis)가 엘리베이터 개량에 몰두했다. 1880년 에른스트 베르너 폰 지멘스(Ernst Werner von Siemens)가 발명한 전기식 견인 장치는 1889년에 뉴욕의 빌딩에 처음 설치되었으며, 이듬해인 1890년 런던 만국박람회의 본관인 수정궁에도 설치되었다. 이처럼 오티스의 안전 엘리베이터와 그 후로 속속 등장한 최신 기술 덕분에 엘리베이터를 이용해 초고층 건물을 지을 수 있었다.

오티스 엘리베이터 회사는 에스컬레이터(Escalator)의 발전에도 중요한 역할을 했다. 처음에는 에스컬레이드(escalade; '사다리로 기어오르다'라는 뜻. 라틴어 Scala[사다리, 계단]에서 유래)라는 단어에 동작의 주체를 나타내는 어미 or을 붙여 에스컬레이더로 부르려 했으나 이미 자사에 엘리베이터가 있어 동질감을 나타내기 위해 에스컬레이터로 명명했으며, '자동으로 오르내리는 계단'이라는 뜻이 되었다.

1892년에는 제시 윌포드 리노(Jesse Wilford Reno)와 조지 A. 휠러(George A. Wheeler)는 각각 지금의 에스컬레이터로 알려진 장치를 개발해 특허를 출원했다. 에스컬레이터라기보다는 경사진 컨베이어 벨트에 가까웠던 리노의 '경사진 엘리베이터'는 1896년 뉴욕의 유원지 코니아일랜드에 새로운 놀이기구로 처음 설치되었고, 같은 해에 런던의 해로즈 백화점에도 설치되었다.

휠러의 설계를 개선한 찰스 데이비드 시버거(Charles David Seeberger)는 1899년 자신의 설계대로 오티스 엘리베이터사에서 에스컬레이터를 만들어 1900년 파리 만국박람회에 전시했다. 20년 후인 1921년 오티스 엘리베이터사는 리노와 휠러, 시버거 모델의 장점들을 모아 지금과 같은 형태의 에스컬레이터를 만들 수 있었다.

포드 시스템이
주택에 스며든 프리페브

20 세기에 들어 생활양식부터 환경에 이르기까지 가장 큰 영향을 미친 시스템은 역시 '포드 시스템'이다. 1913년 12월 1일, 미국 미시간주 포드 자동차 디어본 공장에는 작업대가 모두 사라지고 그 대신 컨베이어 벨트가 등장했다. 노동자들은 컨베이어 벨트 앞에서 각자 맡은 단순 가공 업무를 수행하기 때문에 조립시간이 줄어 생산량이 늘어났고, 이 대량생산으로 생산단가도 줄어 경쟁력이 높아졌다. 이른바 '컨베이어 시스템'으로도 불리는 포드 시스템은 대량생산·대량소비의 시대를 활짝 열어놓았다.

포드 자동차 공장의
조립 라인(1913)

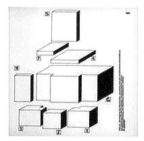

발터 그로피우스의 조립식 주택(Wabenbau; 벌집주택) 도형(1926)

포드 시스템은 생활양식에 영향을 미쳤고, 당연한 듯이 주택 건축에도 응용되었다. 그것이 바로 '프리페브'라 불리는 조립식 주택이다. 이는 프리페브리케이트(prefabricate)의 준말로, '미리 만들다', '조립식의 각 부분을 맞추어 집을 짓다'라는 뜻이다. 조립식이다 보니까 집 짓는 시간이 단축되고, 따라서 일반 주택 공사비보다 훨씬 저렴하다. 비록 우아하고 장식적인 멋은 떨어지지만 말이다.

프리페브 주택은 독일의 조형학교 바우하우스(Bauhaus; '가옥 건물'이라는 뜻의 독일어 '하우스바우'를 거꾸로 조합해 만든 이름)의 초대 교장 발터 그로피우스(Walter Gropius)가 창안한 것이다. 1909년 독일의 선배 건축가 페터 베렌스(Peter Behrens)와 함께 규격화된 주택을 디자인하면서 포드 시스템을 응용한 것이다.

'건축계의 포드'가 되려고 마음먹었던 그는 1923년 페인트나 모르타르처럼 솔벤트나 물을 사용하지 않는 소재를 써서 실험주택 트로켄 몬타제바우(Trocken Montagebau)를 제작했는데, 건식(乾式) 소재는 신축성이 없어서 다루기 쉬웠다. 이후 1926년부터 1928년까지 그는 데사우 근교에 집합주택을 계획하기도 했다. 포드가 규격화된 부품을 조립하는 어셈블리 라인을 생각했던 것처럼, 그로피우스는 마치 미리 만들어놓은 커다란 상자를 쌓는 것처럼 주택을 완성함으로써 공사기간 단축과 대중화를 실현하려 했던 것이다.

포장마차에서
캠핑카로

캠핑카는 북미에서 RV(Recreational Vehicle)라 부르는 레저용 자동차를 말한다. 하지만 북미를 제외한 지역에서는 이러한 자동차를 모터 홈(Motor[Mobile] Home), 캠퍼 밴(Camper Van), 캐러밴(Caravan) 등으로 부른다.

　유럽에서는 1810년경 프랑스에서 사람이나 물건을 운반하는 용도

미국의 초창기
모바일 홈(1926)

가 아닌 숙박용 마차가 개발되었고, 1820년대에 영국에서 쇼맨들과 서커스 공연자들이 사용했다. 특히 영국의 집시들은 1850년경부터 '바르도(vardo)'라 불리는 캐러밴에서만 살기 시작했다. 원래 캐러밴은 '무리를 지어 여행하는 상인·순례자·여행가 등의 집단', 즉 대상(隊商)을 말하지만 캠핑카 시대에서는 이동식 주택을 뜻하게 되었다.

1920년 초까지 RV는 비포장도로와 제한된 캠핑 시설에도 불구하고 전국에 RV 캠핑 클럽을 설립하면서 미국에 무난히 정착했다. 그 후 자동차의 보급과 고속도로의 건설이 급속히 늘어나 그 어느 때보다 손쉽게 여행을 떠날 수 있게 되었다. 레저의 붐을 예감한 여러 회사들이 하우스 트레일러(house trailers; 당시에는 트레일러 코치[trailer coaches]로 불림)를 제조하기 시작했다.

1930년대 미네소타 출신의 아서 셔먼(Arthur Sherman)은 당시로서는 여행용 트레일러를 가장 대규모로 생신하는 제조업자였다. 그는 이 트레일러를 포장마차(Covered Wagon)라고 불렀으며, 1930년 디트로이트 모터쇼에 출품한 뒤 118대를 파는 성과를 올렸다. 차 가격은 당시로는 비쌌던 대당 400달러였으니 그 매출이 상당했다. 이 자금으로 그는 1931년에 회사를 만들어 본격적인 RV 시장을 열어놓았다.

이후 월리 바이엄(Wally Byam)이 만든 회사에서 1936년에 선을 보인 에어스트림(Airstream)은 둥글고 광택이 나는 알루미늄 소재에 소시지 모양의 독특한 외관 때문에 쉽게 알아볼 수 있는 미국의 여행용 트레일러(영국식으로는 캐러밴)의 대명사로 자리 잡았다. 이 차체의 형상은 이전에 찰스 린드버그의 비행기 스피릿 오브 세인트루이스(Spirit of St. Louis)의 제작을 감독했던 홀리 볼러스(Hawley Bowlus)의 디자인에 바탕을 두었다고 한다.

1950년대까지만 해도 대부분의 이동식 주택은 길이가 9미터보다 짧아 쉽게 운송할 수 있었기 때문에 RV 산업은 이동식 주택 산업과 밀접하게 연관되어 있었다. 그리하여 1950년대에는 RV와 모바일 홈 산업은 분리되었고, RV 제조업체들은 자급식 모바일 홈을 제작하기 시작했다.

미국에서 캐러밴의 초기 형태는 말이 끄는 포장마차가 원조다. 포장마차는 1745년경부터 북아메리카 대륙의 내륙을 개방하는 데 중요한 역할을 했다. 포장마차는 버번위스키와 더불어 서부 개척 시대의 상징이었다. 황무지와 사막 등을 가로지르는 장거리 이동의 편의를 위해 말그대로 마차에 포장을 덮은 것으로, 둥근 지붕 형태가 가장 일반적이었다. 마차에 일가족과 온갖 가재도구를 싣고 이동했기 때문에 크기도 상당했다. 포장 재료는 우리가 잘 알고 있는 청바지의 원단인 데님이 주로 쓰였다.

미국-멕시코 전쟁(1846-1848)에서 승리한 미국이 캘리포니아 지역을 차지하자 이 지역으로 개척자들이 몰려들기 시작했다. 그들 중 새크라

1849년 황무지를 가로질러 서부로 향하는 포장마차 행렬

멘토에서 캘리포니아의 콜로마로 건너온 존 서터(John Sutter)라는 사람이 있었다. 그런데 그의 제재소에서 감독으로 일하던 제임스 마셜(James W. Marshall)이라는 목수가 1848년 1월 24일 아메리칸 강가에서 사금을 처음으로 발견했다. 이 소문은 곧 사방으로 퍼져나갔고, 사람들이 서부로 몰려가는 '골드러시'를 이루는 계기가 되었다. 이후 10여 년간 엄청난 금이 채굴되었는데, 특히 1849년에는 8만 명이 넘는 사람들이 몰려가 이들은 '포티나이너스(49ers)'라는 이름을 얻게 되었다. 이것은 현재까지도 캘리포니아를 연고로 하는 미식축구팀의 명칭으로 쓰이고 있다.

로마 시대에도
아파트가 있었다

주택난은 주택의 수요에 대한 공급의 절대적 부족에 기인하는 사회불안이다. 이것은 기록상으로 보면 멀리 고대 로마 시대까지 거슬러 올라간다. 당시에 부유층은 자가 단독주택인 도무스(domus)에 살고 있었으나 대다수의 평민은 인술라(Insula)라고 불리는 보통 5층짜리의

고대 로마 시대의 인술라

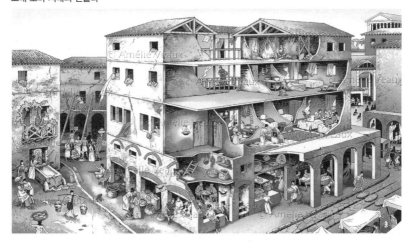

큰 건물(10층짜리까지 있었다고 한다), 즉 지금의 아파트 비슷한 건물에 세들어 살았다.

적의 침입을 방어하기 위해 제한된 성벽 안의 토지에 밀집해서 살아야 했던 평민들은 비싼 집세를 물어야 했다. 안 그래도 비싼 집세는 도시가 번영하고 인구가 집중하면서 폭등해, 원로원이 나서서 집세 제한령을 발표하고 평민들의 과도한 집세를 1년간 유예해주는 사태가 벌어지기도 했다. 이것이 한정된 토지에 따른 역사상 가장 초기의 주택난이다. 하층민이 이 같은 곤경에 보다 쉽게 함몰된다는 사실을 이미 2000년 전에 로마가 말해준 것이다.

19세기 중반 산업혁명을 이룬 영국은 빈민들의 노동력을 토대로 원시적 자본축적을 끝내고 선진 공업국으로서 세계시장을 장악했다. 그러나 이러한 과정은 필연적으로 많은 모순을 드러냈다. 대도시 건축물의 평면적·입체적 집적과 공장의 출현으로 악화된 환경은 도미노식으로 주택의 문화적·위생적 조건까지 악화시켰다. 오직 최저생활밖에 보장하지 않는 임금 때문에 그들의 주거환경은 진흙탕과 같은 상태에 빠지고 말았다.

최초의 경고는 1830~1832년 사이에 일어났다. 당시 대도시의 초밀집 지역에 엄습한 콜레라의 재앙이 뜻밖의 결과를 낳았다. 사람들은 비로소 자유방임이라는 허울 좋은 구호 아래 제멋대로 발전하고 방임되어 있던 도시의 주거상태가 끼치는 재해를 인식하게 된 것이다. 때마침 일기 시작한 차티스트운동(Chartist Movement; 1838~1848년 영국에서 노동자층을 주체로 한 정치적 권리, 특히 보통선거권의 획득을 목표로 싸운 참정권 운동) 덕분에 찰스 디킨스, 찰스 킹슬리, 벤저민 디즈레일리 등 쟁쟁한 문필가에 의해서 빈민가의 참상이 폭로되었다. 각자 최대한의 이익을 추구하는 곳에 자연적 조화가 이루어진다고 여겼던 자유주의 모국에서 정부의 개입이 필요해진 것이다. 그리하여 1848년의 '공공위생법'을 필두로 주거상태를 개선하기 위한 다양한 공공적 간섭이 이루어졌고, 이는 차츰 주택정책으로 발전하게 되었다.

이러한 현실을 감안해서 인구가 밀집된 도시의 좁은 지역에 작은 면적과 저비용으로 최대의 이익을 올리기 위해서는 값싼 주택 개념에 적합한 집단주택, 곧 아파트(Apartment)가 필요해졌다. 그런데 대다수의 서유럽 사람들은 획일적이고 전체주의적으로 보이는 아파트 개발안을 별로 좋아하지 않았다. 반면 공산주의 국가, 특히 소련의 스탈린과 흐루쇼프 시대에는 우리나라 복도식 아파트와 같은 건물을 수없이 지었다.

마르세유의
유니테 다비타시옹

아파트의 여러 단점을 극복하기 위해, 인간 중심의 건축 철학으로 유명했던 르코르뷔지에는 마을 공동체를 수직도시라는 거대한 구조물 내에서 다시 되살려보겠다는 생각을 가지고 있었다. 삭막한 아파트의 단점을 개선하고 위생적으로도 진일보한 공동주택을 실현하려고 했던 것이다.

온통 주택으로만 들어찬 기존의 아파트와 달리 2층 어느 구역에는 세탁소, 5층 어느 구역에는 슈퍼, 7층 어느 구역에는 탁아소, 옥상에는 정원과 수영장 등 건물 곳곳에 생활시설과 커뮤니티 시설을 배치하고, 입주자들이 각 장소로 찾아가 활용할 것으로 기대했다. 이렇게 해서 등장한 것이 바로 '집합주택'이라는 뜻의 유니테 다비타시옹(Unité d'habitation)으로, 1953년 빈민 아파트가 많았던 마르세유에 첫선을 보였다.

원래 영어 Apartment는 임대용 공동주택을 뜻하지만, 우리나라에서는 분양용 공동주택을 뜻한다. 미국에서는 분양용 공동주택은 Condo-minium, 콘도는 Accommodation, 우리나라의 빌라나 맨션은 Apartment house라고 부른다. 영국에서는 아파트는 모두 Flat이라고 한다. 우리나라 최초의 아파트는 충정로에 있는 녹색의 6층짜리 충정아파트(1930년 완공)로 서울미래유산으로 지정되어 있다.

도시의 상징,
스카이스크래퍼

뉴 저먼 시네마(New German Cinema)의 기수이자 〈베를린 천사의 시〉의 감독 빔 벤더스(Wim Wenders)는 "도시는 옛날부터 그대로 남아 있는 부분이지만, 밖으로 드러난 상처만이 20세기의 기록이다."라고 말하기도 했다. 하지만 어쩌면 도시는 수많은 사람들이 모여 끊임없이 무언가를 만들고 변화시켜가는 공간이기 때문에 한마디로 정의하기 어려운 곳인지도 모른다. 우리들 자신이 매일매일 살고 있는 일상의 공간임에도 입구와 출구를 찾을 수 없는 '다이달로스의 미궁'처럼 수많은 표정과 색깔을 갖고 있는 도시의 그 다양한 풍경들은 새삼스레 우리를 놀라게 한다.

도시 중의 도시이며 주변에 위성도시까지 거느린 거대도시를 '메트로폴리탄'이라고 한다. 그중에서도 20세기가 낳은 가장 상징적인 메트로폴리탄은 미국의 뉴욕이기에 현대와 도시의 관계를 탐색하기에 가장 적합한 도시라 할 수 있다.

1910년 뉴욕을 방문한 러시아의 소설가 막심 고리키(Maksim Gor'kii)는 15층, 20층 건물의 높이를 보고 놀라움을 금치 못했으며, 1925년 뉴욕을

뉴욕 맨해튼에 있는 플랫아이언 빌딩. 강철 골격의 22층 건물로 원래 이름은 풀러 빌딩인데 건물 모양이 다리미를 닮아 이런 이름으로 불린다.

방문한 시인 블라디미르 마야콥스키(Vladimir Vladimirovich Mayakovsky)는 하늘을 찌를 듯이 치솟은 40~50층의 고층 빌딩과 휘황찬란한 브로드웨이에 완전히 매료되어, 도시야말로 현란함과 북적거림과 편리함과 즐거움의 모든 것이 갖춰져 있는 곳이라고 감탄을 금치 못했다 한다.

　1880년대에 철골구조 시공이 도입되고 오티스가 발명한 엘리베이터가 상용화되면서 시카고에 세계 최초의 고층 빌딩인 홈 인슈어런스 빌딩(1885년 완공, 55m 높이의 10층 건물)이 선보인 이래, 20세기에 들어서자 고층 빌딩들이 잇달아 들어서기 시작했다. 그중 뉴욕에 아직까지도 남아 있는 건물은 1902년 세워진, 글자 그대로 다리미(iron) 모양의 플랫아이언 빌딩이다. 이 빌딩을 필두로 속속 들어서기 시작한 고층 빌딩들은 도시만의 새로운 풍경을 만들어냈고, 하늘을 찌를 듯한 그 높이 때문에 스카이스크래퍼(Skyscraper; 하늘을 긁는 놈)라는 별명을 얻기도 했다. 한자로는 마천루(摩天樓), 즉 '하늘을 찌르듯 높은 건물' 정도의 뜻인데 그냥 초고층 빌딩이라 부르는 것이 자연스러울 듯하다.

　승리를 구가하는 자본의 상징이기도 한 스카이스크래퍼는 세계 금융의 중심지 뉴욕에서 문을 활짝 열었다. 1930년에 크라이슬러 빌딩(77층),

1931년에는 엠파이어스테이트 빌딩(102층)이 완공됨으로써 그 절정을 이루었고, 1972년과 1973년에 잇달아 세워진 월드 트레이드 센터(110층, I은 415m, II는 417m)는 당시 하늘에 가장 가까이 다가선 건축물이었다. (2001년 9월 11일 알카에다의 비행기 자살 테러로 폭파당해 없어졌다.)

그러나 21세기에 들어서 스카이스크래퍼는 중화권 자본의 역공을 당해 아시아로 급속히 이동했다. 1977년 말레이시아 쿠알라룸푸르에 세워진 페트로나스 트윈타워(88층, 452m)가 한때 세계에서 가장 높은 빌딩으로 군림했으나, 이후 중국 본토와 홍콩에 현재 세계 10위권 중 6개의 빌딩이 들어섰다.

2004년 4월에는 타이완의 타이베이에 타이베이 FC101(101층, 509m)이 완공되었고, 2010년에는 오일달러에 힘입어 아랍에미리트의 두바이에 부르즈 할리파(160층, 829m)가 들어서 바벨탑 이후 하늘에 가장 가까이 다가선 건축물로 기록되었다. 우리나라도 2016년 잠실에 세계에서 다섯 번째로 높은 롯데월드타워(123층, 555m)가 들어섰다.

2018년 현재 세계에서 가장 높은 빌딩 순위는 다음과 같다. ▲ 1위 두바이의 부르즈 할리파, 829m ▲ 2위 중국 상하이타워, 632m ▲ 3위 사우디아라비아의 아브리즈 알 바이트, 601m ▲ 4위 중국 선전의 핑안 국제금융센터, 599m ▲ 5위 서울의 롯데월드타워, 555m

그러나 고층 빌딩의 등장은 도시의 겉모습뿐만 아니라 색깔마저도 바꿔놓았다. 19세기 후반의 뉴욕 시내는 갈색 사암으로 지은 4층짜리 건물들이 주를 이루었지만 이후 콘크리트로 지은 스카이스크래퍼가 등장함으로써 거리는 회색으로 변하기 시작했다. 더욱이 수많은 사람들이 일자리를 찾아 뉴욕으로 몰려들어 이전의 개인 주택으로는 주거 수요를 감당할 수 없게 되자 콘크리트로 지은 회색빛 고층 아파트가 속속 들어섰고, 이때부터 도시를 은유하는 문학적 상징어는 아쉽게도 '회색빛'이 되어버렸다.

현대인의 문화궁전,
호텔

프랑스의 작가 마르셀 프루스트가 1913년에서 1927년에 걸쳐 발표한 소설 《잃어버린 시간을 찾아서》에는 다음과 같은 대목이 나온다. "호화스런 사교호텔 건설회사가 발베크에 깨끗하고 쾌적한 호텔을 짓지 않았더라면……."

아마 그랬더라면 주인공은 노르망디의 해변에 자리 잡고 있는 휴양지 발베크(가상의 도시다)에 갈 필요도 없었고, 알베르틴이라는 아가씨를 만나 사랑을 나눌 수도 없었을 것이다. 그는 1911년에 개장한 프랑스 카부르의 그랑 호텔 414호에 8년 동안 묵으면서 이 작품을 썼다고 한다. 어쨌든 이는 20세기 초에 이미 쾌적한 호텔이 있었음을 말해주고 있다.

호텔의 기원은 '나그네'나 '손님'을 뜻하는 라틴어 hospes(호스페스)에서 비롯된 Hostale(호스탈레)로 원래는 '순례자들을 위한 숙소'를 뜻했다. 이후 '병자를 치료하고 고아나 노인들을 쉬게 하는 병원'이라는 뜻의 Hospital로 변했고, 18세기 이후 상인과 여행자들을 위한 숙소는 영국에서부터 지금과 같은 뜻의 Hotel로 발전했다.

그러나 이제 호텔은 여행객들을 위해 잠자리를 제공하는 역할뿐만 아니라 각종 만남에서 특별한 공연활동 그리고 전시회와 디너쇼에 이르기까지 매우 중요한 기능을 담당하는 문화공간으로 자리 잡았다. 여행객들은 호텔에 머물면서 피곤을 풀고 휴식을 취하는 것은 물론, 그 사회 안에서 이뤄지는 각종 문화활동과 그 분위기까지 맛볼 수 있게 되었다.

근대식 호텔은 같은 시기에 출현한 루이 자크 망데 다게르(Louis Jacques Mandé Daguerre)의 사진(다게레오타이프; 1837년 발명)과 닮은 점이 많다. 사진은 원판 한 장으로 여러 장의 같은 인상을 복제해낼 수 있고, 호텔은 같은 모양의 방들이 모여 있다. 하나의 호텔에는 수백 개의 복제된 방이 있으며, 미국과 유럽의 호텔도 서로 복제품이라 할 수 있다. 또 전 세계 어디를 가도 체인점이 있어 똑같은 서비스를 받을 수 있다. 그렇기 때문에 호텔은 복제 시대의 숙소라 할 수 있다.

맨 처음 고급 호텔의 원형이 생겨난 곳은 19세기 미국이었다. 1829년 문을 연 보스턴의 트레몬트 하우스가 선발주자다. 철도가 발달하면서 여행객들이 늘어남에 따라 크고 기능적인 호텔이 필요해졌다. 당시 여행을 즐길 수 있는 사람들은 재력과 권위를 갖춘 유한계층들이었고, 이들은 당연히 여행지에서도 집 못지않은 편안함과 쾌적함을 요구했다. 그리하여 호텔은 여행객들이 잠시 머물다 가는 숙박소의 기능보다는 오히려 그곳에 머무는 사람들의 신분을 상징해줄 만한 호화로운 장식과 서비스, 객지에서의 불안감을 깨끗이 떨쳐버리게 하는 편안한 시설 등으로 더 명성을 날리게 되었다.

특히 미국의 콘래드 힐튼(Conrad Hilton)은 세계 최초로 국제적 호텔 체인을 설립하며 세계인을 자신의 고객으로 삼는 호텔왕이 되었다. 제2차 세계대전이 끝난 후 미국의 경제 호황에 힘입어 세계로 뻗어나간 힐튼 호텔은 그곳의 랜드마크이자 선망의 공간이 되었고, 현지 상류층에겐 미국 상류사회의 이국적인 생활양식을 체험해볼 수 있는 공간을 마련해주기도 했다.

1898년 파리에 호텔 리츠를 세운 스위스 출신인 세자르 리츠(César Ritz)도 비록 후발주자이지만 프랜차이즈에 의한 호텔 체인 매리엇 인터내셔널 그룹의 시조다. '호텔리어들의 왕이자 왕들의 호텔리어'로 불린 그는 전설적인 셰프인 오귀스트 에스코피에(Auguste Escoffier)를 파트너로 삼아 런던에서 칼튼 호텔(1940년에 독일군의 폭격으로 폐관)도 경영했다. 세자르 리츠 사망 후 보스턴의 부동산 개발업자인 에드워드 위너(Edward N. Wyner)는 '리츠칼튼'이라는 상호 사용권을 얻어 1927년 5월 19일 리츠칼튼 보스턴 호텔을 개관했다.

세기말에 이르자 런던에는 사보이 호텔과 같은 호화로운 호텔이 선보임으로써 본격적인 호텔의 대중화 시대를 열었고, 이어 1920년대에는 수많은 호텔들이 잇달아 문을 열었다. 호텔은 단순한 숙박업소의 기능에서 벗어나 비즈니스와 파티가 이루어지는 화려한 연회의 장소로 탈바꿈했다. 사보이 호텔은 재즈밴드와 칵테일 바까지 갖추어 런던의 랜드마크가 되었다.

사보이 호텔은 1263년 사보이의 피터 백작(Count Peter)이 헨리 3세에게 하사받은 땅에 세워졌다. 1880년 사업의 잇단 성공으로 자금과 의욕을 동시에 거머쥔 극장 흥행사 리처드 도일리 카트(Richard D'Oyly Carte)는 아무도 눈여겨보지 않은 낡고 보잘것없는 건물 자리에 최고급 호텔을 세울 계획을 세웠다. 마침내 1889년 8월 6일, 400명의 투숙객을 수용할 수 있는 객실과 크고 호화로운 엘리베이터 그리고 70개의 욕실을 갖춘, 당시로서는 최신·최대 시설의 사보이 호텔이 문을 열었다. 사보이는 알프스

산맥 서쪽 지역 사부아의 영어 이름이다.

이후 사보이 호텔은 거의 100년이 넘는 세월 동안 지속적으로 고객들의 사랑을 받아왔다. 그 특별한 비결은 이곳만의 독특한 실내장식과 각종 부대시설에 비용과 정성을 아끼지 않는 점, 한번 투숙한 고객은 반드시 다시 찾게 만들 정도로 세심하게 서비스한다는 점이었다. 전체 투숙객 중 3분의 2 이상이 사보이 호텔을 적어도 두 번 이상 들렀다는 사실이 이 호텔의 신뢰도를 짐작케 한다. 이곳은 클로드 모네, 오스카 와일드, 윈스턴 처칠, 조지 거슈윈, 루돌프 발렌티노, 엘턴 존 등 그 명성만큼이나 이름 있는 명사들이 단골고객이었다.

이처럼 사보이 호텔은 손님이 원하는 것은 무엇이든 만족스럽게 접대하고 약속은 철저히 지키며, 음식과 잠자리와 목욕에서 각종 연회에 이르기까지 최선을 다해 손님의 요구에 부응해왔다. 더구나 지금도 매일 아침 3000여만 원어치의 식재료가 배달되지만, 밤이 되면 남는 재료가 하나도 없다는 사실에서 호텔에서 제공하는 음식의 신선도를 짐작할 수 있을 것이다.

1904년의 사보이 호텔 전경. 윈스턴 처칠도 어렸을 때부터 부모와 함께 이 호텔을 찾았던 단골이었다고 한다.

1909년 손탁에게서 호텔을 인수한 프랑스인 장 보에르(J. Boher)가 찍은 손탁 호텔 사진엽서

또한 수도관 직경이 넓어 욕조에 물을 가득 받는 데 겨우 12초밖에 걸리지 않는다는 것, 직경이 30센티미터나 되는 샤워 꼭지에서 나오는 물줄기로 쾌적하게 목욕을 끝내고 궁전처럼 꾸며진 로비에서 한잔의 커피를 즐길 수 있다는 것, 자체 공장에서 제작한 침대에서 누리는 안락한 잠자리, 아무리 방을 어질러도 순식간에 모든 물건들을 제자리에 정돈하는 신속한 서비스, 수십 년 뒤에 찾아가도 고객의 이름을 기록에서 찾아 반갑게 맞아주는 친절함, 세계 각지의 최고급 재료만을 엄선해 제공하는 신선한 음식과 세계 최고 솜씨의 바맨(바텐더)이 멋과 맛을 담뿍 담아 만들어내는 칵테일……. 이 모든 것이 어우러져 사보이 호텔이 세계적으로 이름난 명소로 자리 잡게 된 것이다.

우리나라 최초의 서양식 호텔은 1888년 인천 중구 중앙동에 일본인 상인이 세운 대불 호텔이다. 1885년에 한국 주재 초대 리시아 대리공사 베베르 부부가 처형인 32세의 과부 앙투아네트 존탁(Antoinette Sontag; 존탁은 '일요일'이라는 뜻의 독일어 발음이며, 한국 이름은 손탁[孫澤]. 그녀는 일요일에 태어났다)과 함께 서울에 들어왔다. 독일인인 그녀는 궁중에서 양식 조리와 외빈 접대를 담당하다가 1902년 10월에 고종에게 하사받은 정동 가옥을 헐고 2층짜리 서양식 호텔을 지었는데, 이 호텔이 바로 손탁 호텔이다. 1904년 말 러일전쟁 종군기자로 극동에 파견된 윈스턴 처칠과 역시 종군기자 신분의 마크 트웨인이 일본에서 만주로 가던 중 서울에 들렀을 때 이곳에서 하루 묵었다고 하며, 이토 히로부미도 1904년과 1905년 두 차례 묵었다고 한다.

도시인의 욕망을
표현한 백화점

초기의 백화점은 일상생활에 필요한 온갖 상품들을 한 건물에서 부문별로 조직 판매하는 대규모 소매점 개념이었다. 그러나 지금은 단순히 소비활동만 이루어지는 것이 아니라 다양한 상품과 유행의 경향들, 휴식과 오락, 레저 활동까지도 총망라되어 있다. 백화점은 현대 도시인들에게 문화공간 역할까지 톡톡히 해내고 있는 것이다.

이처럼 백화점의 위상이 격상된 것은 달리 여가를 즐길 방도도 없고 공간도 제한되어 있는 도시인들의 생활과도 밀접한 연관이 있다. 토요일과 일요일로 제한된 휴식시간은 어쩔 수 없이 도시인들의 소비활동과 외식문화가 백화점 상권을 중심으로 재편될 수밖에 없도록 만들었기 때문이다.

Depart가 '분할하다'라는 뜻을 가진 것처럼 백화점(Department Store)은 여러 가지 상품을 분류해 진열한 상점을 뜻한다. 물건을 분류해 진열하려면 넓은 공간이 필요했고, 따라서 백화점은 고층 빌딩에 엘리베이터까지 갖추어야만 했다. 또한 그 명칭에 어울리는 대형 매장과 함께 고객이 찾는 물건이라면 무엇이든지 갖추고 있어야 했다.

기록상으로 볼 때 최초의 백화점은 파리 세브르가에 있는 '좋은 시장'이라는 뜻의 봉 마르셰다. 1852년 조그만 잡화상으로 출발한 봉 마르셰는 아리스티드 부시코(Aristide Boucicaut) 부부의 반짝이는 상술(박리다매, 현금정찰제, 책임판매제)에 힘입어 1860년 마침내 드레스에서 신발에 이르기까지 온갖 상품을 갖춘 백화점의 면모를 갖추었다. 영국인들도 1830년대에 이미 런던에 백화점이 있었다고 주장하지만, 기록상으로는 1863년에 화이틀리(W. Whitelay)가 영국 최초의 백화점을 개점했다. 해로즈 백화점의 정식 개점은 1884년이다.

기차와 자동차 같은 교통수단의 발달은 필연적으로 백화점의 탄생을 촉진시켰다. 부시코는 이러한 교통망을 활용해야만 손님을 끌 수 있다는 것을 잘 알고 있었다. 부시코가 살던 시대는 한마디로 '기차역의 시대'였다. 그는 파리의 역에서 이루어지는 유통이 생활에 끼치는 영향을 면밀히 분석한 나음, 역의 구조를 백화점에 활용해 대성공을 거두었다.

당시에는 '보다 빠르게'라는 구호가 이른바 미래파의 신앙으로 자리잡기 시작했는데, 이러한 강박관념의 원인이자 결과가 바로 철도였다. 이에 영향을 받아 '멈추는 것은 곧 썩는 것이나 다름없다'고 여긴 부시코는 철도와 역전 광장에 운집한 군중의 움직임을 주시해 이를 상술로 연결시켰던 것이다. 백화점 안의 엄청난 물건들, 판매원들의 끊임없는 움직임 등 손님과 상품과의 만남에서는 도저히 '정지'라는 개념은 찾아볼 수 없었다. 봉 마르셰는 '나는 지금 시대와 함께 달린다'는 환상을 손님들에게 심어주는 데 성공했다.

부시코는 파리 시장인 조르주 외젠 오스망(Georges Eugène Haussmann) 남작이 방사형으로 개조한 도로교통망의 일부를 백화점으로 끌어들였다. 파리 중심부의 도로가 방사형을 이루며 샹젤리제로 집중되는 것처럼,

파리 시민의 일상생활과 의식은 봉 마르셰로 끌려 들어가기 시작했다.

파리 시민은 모두 봉 마르셰의 마크가 찍힌 산뜻한 쇼핑백을 즐겁게 안고 돌아갔으며, 시내 도처에는 봉 마르셰의 포스터와 그림엽서와 카탈로그가 넘쳐흘렀다. 또 국가의 공식적인 행사 때마다 봉 마르셰는 이벤트를 열고 세일 기간을 겹치게 해 손님들이 마치 공공행사에 참여하는 것처럼 느끼도록 유도했다. 봉 마르셰는 1855년 파리 만국박람회에도 적극 참여했을 뿐 아니라 미래의 고객인 어린이들에게도 집요하게 이미지

아리스티드 부시코와
부인 마르그리트 게랭
(Marguerite Guérin)

봉 마르셰 백화점

를 심어주는 거시적 전략을 펼쳤다.

봉 마르셰의 또 하나 주목할 만한 판매 수법으로 디엠(DM; Direct Mail) 방식을 들 수 있다. 이 디엠에는 온갖 상품이 화려하고도 자세하게 그려져 있었다. 이것은 사실 도감이나 박물지를 상업적으로 전환시킨 것이나 다름없는 것으로 시각적 효과가 매우 컸으며, 돈을 지불하면 언제든지 우송해줌으로써 개인의 독특한 아이덴티티를 '상품'에서 확인하려는 세기말 사람들의 소유욕을 절묘하게 자극했다. 이렇듯 시각문화의 극치를 담았던 거대한 공간의 백화점은 '신이 없는 신전'으로 불리기도 했다. 거기서는 사람들이 무의식중에 일상적인 규범을 완전히 상실해버리기 때문이었다.

산업혁명 이후 남아도는 시간 때문에 고민하던 상류층 여성들에게 부시코는 백화점에 심심풀이 공간을 제공해주었다. 백화점에 처음 설치한 미니 독서실은 대부분 유한마담들과 그들을 노리고 찾아오는 남성들이 사랑을 나누는 장소로 오염되기도 했다.

당시에는 노동이 남성들의 영역이었고 문화는 여성들의 영역이라는 구분이 있었다. 그 이유는 아주 복합적이지만 부시코의 백화점이 이러한 범주 구분에 상당한 역할을 했던 것은 부정할 수 없을 것이다. 아무튼 봉 마르셰의 역사적 중요성은 초창기 부르주아가 자신의 지위에 걸맞은 생활규범을 정착시키지 못했을 때 생활 모델을 패키지로 만들어 팔았다는 데 있다. 그는 문화를 패키지로 팔고 부유층 여성들의 여가와 허영심을 채워주었다. 영어회화 교실과 기타 문화교실은 지금의 '문화센터'의 시초라 할 수 있다. 부시코는 문화를 간판으로 내걸면 여자들이 모이고, 여자가 모이면 상품 판매로 연결시킬 수 있다는 계산을 머릿속에 넣어두었던 것이다.

히틀러는 '스펙터클 광'이었다. 그는 사람들을 유사종교적으로 조작하기 위해 거대한 광학적 공간을 이용했다. 그래서 연설을 할 때는 대부분 해질 무렵 해를 등지고 굽이 높은 구두를 신고 높은 곳에서 열변을 토했다. 이때 그의 뒤에서 지는 노을은 마치 예수 그리스도의 후광처럼 보인다. 나치 치하의 독일인들은 이러한 광경에 그만 넋을 잃고 "하일(Heil; 존경하는) 히틀러!"를 외쳐댔던 것이다.

부시코 역시 이보다 앞서 거대한 공간에 상품과 사람을 한데 모아 사람들의 시각을 흐려놓음으로써 상업적으로 이용한 선각자였다. 상품과 사람이 정신없이 움직이면서 흘러넘치는 공간은 사람들을 비일상적이고 환상적인 분위기로 몰아가 정상적인 계산 능력을 상실하게 만든다. 축제가 사라진 현대의 도시인들에게도 백화점의 세일 기간은 마치 축제 비슷한 느낌을 주어 충동구매를 유도하는 것이다.

우리나라에 백화점이 처음 등장한 때는 일본의 미쓰코시(三越) 백화점이 서울 명동에 지점을 개설한 1906년이었다(1930년 이전한 곳이 지금의 신세계백화점이다). 이후 1931년 우리나라 사람이 직접 운영한 최초의 현대식 백화점이 등장했는데, 매국노 박흥식이 종로2가에 세운 화신백화점(지금의 삼성생명 빌딩 자리)이 바로 그것이다. 1933년에는 일본인이 세운 조지야(丁子屋) 백화점이 들어서서 3대 백화점이 되었다(이후 1969년 '메트로폴리탄'이라는 뜻의 미도파백화점이 되었다가 2002년 롯데[영플라자 자리]로 넘어갔다). 1955년에는 화신백화점 건너편에 신신백화점(지금의 스탠다드차타드 제일은행 자리)이 들어섰다.

집보다 더 좋은
아이들의 천국, 유원지

잔치가 벌어지는 마당에서 모든 사람들이 어울려 흥겹게 놀거나 북적거리는 시장에서 물건을 흥정하는 광경은 이제 점차 사라져 가고 있다. 현대의 도시에서 살아가는 사람들의 놀이문화가 예전의 그것과 사뭇 달라져버린 것이다. 지금은 유원지, 놀이동산, 놀이공원, 테마파크 등이 그 자리를 대신하고 있다.

오늘날 도시인들이 가족·친구·직장동료들과 어울려 노는 곳, 도시생활의 긴장을 풀어주고 활력을 불어넣는 역할을 맡고 있는 이른바 '유원지'의 역사는 언제부터 시작되었을까?

놀이문화에서 유원지라는 개념이 본격적으로 선보인 것은 17세기경 유럽으로 추정된다. 이 시대를 유원지의 기원으로 보는 까닭은 이때부터 '놀이'가 분화되었기 때문이다. 16세기까지는 야외극(野外劇)이라는 축제에서 볼 수 있듯이 왕과 평민이 함께 놀이를 즐겼다. 이 야외극은 왕의 행렬이 천천히 지나갈 때 길모퉁이에서 시민들이 온갖 연기를 해 보이며 환영을 표시하는 놀이였다. 그리고 셰익스피어 시대까지만 해도 왕과 시민이 극장에서 같이 연극을 구경했으며, 인(Inn)이라는 숙소에서는 왕후에서부터 도둑에 이르기까지 신분을 가리지 않고 하룻밤을 묵었다고 한다.

17세기에 이르러서는 이러한 공동의 놀이가 분리되기 시작했다. 귀족들은 자기들끼리만 어울리는 놀이를 즐겼고 따라서 일반 시민들도 자신들만의 놀이 장소를 찾았다. 그리하여 플라자 가든(Plaza Garden)이 출현하게 되었는데, 유원지(遊園地)는 바로 이 말을 번역한 것이다. 플라자 가든은 프랑스에서 시작되어 유럽으로 퍼져나갔고, 18세기에는 특히 영국에서 크게 발전했다. 초기에는 문자 그대로 정원에서 산책과 스포츠, 춤 등을 즐기는 수준이었다.

그런데 영국 유원지의 기원은 약간 달랐다고 한다. 프랑스에서는 정원에서 비롯되었지만 영국에서는 숙소(Inn), 주점(Town), 다방(Coffee House) 같은 부속 놀이터에서 유원지가 시작되었다. 요컨대 프랑스의 유원지는 야외에서 소풍을 즐기는 장소였으나 영국에서는 경마나 투계와 같은 도박과 연예를 즐기는 오락적인 요소가 강했다.

영국은 일찍부터 놀이시설이 발달한 나라였기 때문에 18세기에 들어서면서 유명한 플라자 가든이 몇 군데 생겨났다. 런던의 박스 홀(Box Hall) 등이 대표적이다. 높은 미끄럼틀이라든지 원시적인 형태의 회전목마, 콘서트홀 등을 갖추고 있었다. 모차르트도 젊은 시절에 여기서 놀면서 연주를 했다고 한다. 그리고 시골에서는 미로놀이가 특히 인기를 끌어서 숙소 겸 유원지의 입구에는 '미로 있습니다'라는 간판이 붙어 있을 정도였다고 한다.

근대적인 유원지는 19세기에 들어 비로소 탄생했다. 1830년대 런던 같은 대도시는 커다란 변화를 겪었다. 간선도로에 유리를 끼운 깨끗한 가게가 하나둘 등장하고, 철도가 보급됨에 따라 역을 중심으로 새로운 번화가가 형성되었다. 옛 도로변에 자리 잡았던 숙소 인은 퇴락하고 대신 역 근처에 대형 호텔이 들어섰다.

이런 환경에 맞춰 놀이시설도 변해갔다. 인과 함께 플라자 가든도 사라지고 철도 이용이 편리한 장소에 근대적 시설을 갖춘 대형 유원지가 들어섰다. 또 한편으로는 이동 유원지라 할 수 있는 서커스가 이 시대에 선보였다.

유랑극단은 옛날부터 있었지만 당시에는 그 수를 손에 꼽을 정도였다. 그러다가 1830년대부터 커다란 천막을 갖추고 여러 곳을 돌아다니면서 공연을 하는 대규모 근대 서커스로 변모해갔다. 철도와 도로가 정비됨으로써 대규모 장치와 도구를 가지고도 자유롭게 이동할 수 있었고, 도시화가 이루어짐에 따라 관객도 충분히 동원할 수 있었기 때문이다. 그러니까 대도시가 출현함으로써 비로소 근대적인 놀이가 발달했다고 볼 수 있다. 옛날에는 특별한 축제나 시민의 날 정도에 사람들이 모여 즐겼지만, 이제는 근대적인 시설을 갖춘 유원지와 편리해진 교통수단 덕분에 원하면 언제든지 축제일처럼 놀고 즐길 수 있게 되었다.

1843년 8월 15일 문을 연 코펜하겐의 티볼리 파크 역시 대표적인 근대적 유원지의 하나였다. 티볼리는 루나 파크 등과 함께 유원지의 대명사로서 파리와 베를린에도 있었다. 티볼리라는 이름은 아마도 이탈리아의 티볼리 정원에서 따온 듯하다.

근대적인 유원지는 서커스와 더불어 발달해왔으며 만국박람회와도 관계가 깊다. 1851년 런던 만국박람회에서부터 1900년 파리 만국박람회에 이르기까지 19세기 후반은 만국박람회의 시대였다. 말하자면 만국박

코펜하겐의 티볼리 파크 정문　　　　스티플체이스 파크의 회전목마인 엘도라도

람회는 대규모 이동 유원지와 같은 것이었다. 만국박람회에서는 여러 가지 새로운 기술이 선을 보여 관람객들의 인기를 모으곤 했다. 그리고 박람회가 끝나면 그 장치를 유원지에 파는 경우도 많았다. 미국의 토목기사 조지 워싱턴 게일 페리스 주니어(George Washington Gale Ferris, Jr.)가 만들어 '페리스 휠(Ferris wheel)'이라고 불리는 대관람차와 제트 코스터(Jet Coaster) 등은 박람회용으로 만들었다가 나중에 회전목마와 함께 유원지의 인기 품목으로 자리 잡아서 '유원지 놀이기구의 트로이카'로 불리게 된 것들이다.

　19세기 후반에는 기계 시설을 갖춘 놀이기구가 유원지의 주류를 이루었다. 회전목마 카루셀(Carousel)과 메리 고 라운드(Merry go round) 등은 자동화 시설을 갖추고 재등장했다. 오르간 연주와 더불어 천천히 뛰면서 돌아가는 회전목마는 유원지의 독특한 낭만과 향수를 자아낸다. 회전목마는 뉴욕의 코니아일랜드에 있는 스티플체이스 파크(Steeplechase Park)에서 처음 선보였다. 바로 20세기 초 독일인 후고 하제(Hugo Haase)가 만든 명작 엘도라도(Eldorado)였다. 그러나 이러한 회전목마를 상징으로 하던 고전적 유원지는 1920년대를 정점으로 점차 사양길로 접어들더니 제2차 세계대전 후에는 아예 사람들의 기억 속에서 사라져버렸다. 그러나 1970년대 무렵부터 민속예술에 대한 관심이 높아지면서 회전목마를 비롯한 유원지의 놀이기구 사진집까지 다시금 선보이게 되었다.

한편 미국에서는 교외에 대규모의 유원지가 생겨나고, 1955년에는 캘리포니아주 오렌지카운티의 애너하임에 37만제곱미터(약 12만 평) 규모의 디즈니랜드가 들어서면서부터 어떤 설화와 역사를 보여주는 테마파크가 발달하게 되었다.

더욱이 첨단과학이 놀이문화에 응용되면서 테마파크는 현대인에게 위험하지 않은 모험(매직 어드벤처라고 부른다), 공상과학의 세계가 보여주는 환상 체험 같은 새로운 놀이를 제공하기 시작했다. 테마파크가 제공하는 새롭고 다양한 놀이는 놀이문화에 가한 현대적인 외과수술과도 같았다. 아이들은 더 이상 회전목마를 그리워하지 않는다. 그보다는 디즈니랜드 같은 곳에 가서 온갖 신기한 놀이를 즐기고 싶어 한다. 디즈니랜드는 아이들에게 집보다 훨씬 좋은 꿈의 세계요, 어른들도 한 번쯤 가보고 싶은 곳이 되었다. 숙박에서 놀이까지 모든 것을 제공하는 그곳은 현실과 동떨어진 하나의 독립국인 것이다.

우리나라 최초의 근대식 유원지는 창경원이다. 1909년 일제가 창경궁을 훼손하여 한낱 유원지로 전락시킨 것이다. 처음 조성했을 때는 동물원과 식물원만 있었는데 한국전쟁 와중에 피폐해졌다가 1954년 7월 15

일 다시 일반에 공개되었고, 1955년에는 대관람차, 1961년에 케이블카, 이어서 회전목마를 비롯한 여러 놀이기구들이 들어섰다.

1973년 어린이날에 문을 연 서울어린이대공원은 우리나라의 본격적인 놀이동산 시대를 열었다. 1983년에는 창경원이 창경궁으로 복원되고 이듬해인 1984년 경기도 과천에 서울대공원이 개장함에 따라, 서울어린이대공원은 서울대공원과 함께 대표적인 유원지가 되었다. 그러나 지금은 테마파크 개념의 유원지로 삼성그룹이 운영하는 용인 에버랜드(1976년 용인자연농원으로 출발했으나 1996년 개칭)와 롯데그룹이 운영하는 잠실 롯데월드 어드벤처(1989년 실내 '어드벤처' 개장, 1990년 실외 '매직 아일랜드' 개장)가 우리나라 테마파크의 쌍두마차로 군림하고 있다.

현대의 유원지는 지금 전환점에 서 있다. 현대의 도시가 사람들의 놀이를 크게 바꿔놓았기 때문이다. 일하는 날과 일하지 않는 날이 엄격하게 분리되면서 공동체 놀이는 사라지기 시작했다. 또 공지로 남아 있는 땅이라 해도 임자가 있어 공간 사용료를 지불해야 하고, 무형이긴 하지만 놀이의 형태가 제조 상품처럼 정해져 있어 그 안에서만 놀도록 되어버렸다. 현대인들이 놀이에서 찾는 즐거움의 내용도 크게 바뀌어 함께 어울리는 데서 오는 공동체적 신명이 아닌 개별적이고 오락적인 재미를 더 즐기게 된 것이다.

제국주의 식민지가 만들어준
동물원

도 심 속 자연공원이나 위락시설과 같은 역할을 하는 동물원은 가
족과 연인들이 우리 앞에서 동물을 관찰하기도 하고 먹이를 주
기도 한다. 어떤 이는 현대의 동물원이 야생에서 멸종되거나 그럴 위험
에 처한 동물들을 보존하고 지키는 곳이라며, 동물원이야말로 '현대판
노아의 방주' 노릇을 한다고 말한다. 그러나 그곳에 사는 동물들은 과연
행복할까? 인간의 행복과 즐거움을 위해 세워진 동물원은 거기에 갇힌
동물들의 고통과 희생이 따를 수밖에 없는 이중적 공간일 수밖에 없다.

기원전 300년경 마케도니아의 알렉산드로스 대왕은 정복지마다 진
귀한 동물을 수집해 스승인 아리스토텔레스에게 보내주었다. 아리스토
텔레스는 그 동물을 모아두고 행동이나 소리 등을 연구한 끝에 마침내
《동물지History of Animals》라는 대작을 펴냈다.

고대의 동물원은 대개 재력과 계급적 지위 둘 다 갖춘 개인이 동물
을 수집해 기르는 소규모의 공간 수준이었다. 이후 로마제국이 전성기를
맞으면서 대규모로 동물 수집을 자행했고(주로 아프리카, 페르시아, 인도에서)

결국 동물 잔혹사 시대를 초래했다.

기원전 275년 기린과 코뿔소가 처음 소개된 로마에서는 동물을 보는 데 그치지 않고 더 흥미로운 구경거리를 찾는 바람에 동물끼리 싸우게 하거나 심지어 검투사가 동물과 싸우는 자극적인 볼거리가 인기를 끌었다. 이는 당시 로마의 황제나 귀족들이 대중적 인기와 정치적 기반을 잡는 데 결정적인 역할(현대의 스포츠 경기 관람)을 했다. 중세에 들어서도 8세기 말 카롤루스 대제는 큰 규모의 동물원을 갖고 있었다고 한다.

기원전 1100년 경 중국 주나라에는 지식원(知識園)이라는 곳이 있어 호랑이, 사슴, 코뿔소 등 대형 동물과 각종 새, 왕뱀, 거북, 물고기 등을 길렀다고 한다. 그런데 이곳은 그 이름에서도 알 수 있듯이 이국의 동물들을 통해서 새로운 지식, 나라 밖 더 넓은 세계를 배우겠다는 의지가 담겨 있다.

근대의 동물원은 개인이 수집한 희귀 동식물을 혼자서 감상하거나 완상(玩賞)하는 데 만족하지 않고 대중에게 공개했다. 동물들을 가둬놓은 이 공간을 미네저리(menagerie; 관상용 소규모 동물원)라고 하는데, 공개의 목적은 어디까지나 소유자의 부나 능력을 과시하는 데 있었다.

마리아 테레지아가 통치하던 1752년 오스트리아 빈에 세운 쇤브룬 동물원은 세계에서 가장 오래된 동물원이다. 1770년에 코끼리를 처음 들여오는 등 점차 미네저리의 동물들이 늘어나자 확장공사를 거쳐 1778년에 '정장 차림의 일반인들'에게 일요일에만 공개했다. 입장료는 없었다.

프랑스 파리에도 국립자연사박물관 부속 식물원(Jardin des Plantes) 안에 1794년 12월 11일 소규모 동물원(Ménagerie du Jardin des Plantes)이 문을 열었다. 1826년 10월 31일 마르세유에 처음으로 '자라파(Zarafa; 아랍어로 '매

력적인'이라는 뜻)'라는 이름의 기린(ziraffe)이 아프리카에서 도착해 이듬해 7월
에 이곳에 머물다가 샤를 10세를 알현하는 등 점차 동물의 종류와 개체
수가 늘자 다른 곳으로 옮겨 1934년 6월 2일 파리 동물원을 개장했다.
이곳은 파리 동쪽 뱅센 숲에 있어 뱅센 동물원이라고도 불린다. 그러나
동물들의 서식지를 마련하는 등 최대한 야생에 가깝게 해주려는 목적
으로 2008년 11월 말까지만 개장하고 바로 휴장한 뒤 확장공사를 거쳐
2014년 4월에 재개장했다.

　　런던 동물원을 기점으로 한 현대의 동물원은 과학과 진보를 내세운
다는 점에서 기존의 동물원과 다르다. 런던 동물원과 같은 공공 동물원
을 옹호했던 사람들은 미네저리가 관람객의 호기심을 채워주는 정도에
그치는 곳이라고 깎아내리면서, 이와 달리 공익적인 동물원을 동물학적
정원(zoological garden, zoological park), 줄여서 주(zoo)라고 부르며 차별화를 시
도했다.

　　아리스토텔레스는 "인간은 정치적 동물이다(Zoon politikon)."라는 말
을 했는데, 이 Zoon(동물)에서 파생된 Zoo가 '동물원'이라는 뜻의 영어로

자리 잡았다. 1826년 런던 동물협회를 창설한 스탬퍼드 래플스(Stamford Raffles)가 파리 동물원의 아이디어를 차용해 1828년 리젠트 공원에 런던 동물원(London Zoological Gardens)을 만들면서 'zoo'라는 단어를 처음 사용했다. 야생동물들을 인공적인 공간에 데려다놓고 이들을 키우고 관찰함으로써 동물학과 생물학에 대한 과학적 지식을 얻고자 한다는 것이다. 누구든지 (입장료를 내면) 이들을 보고 관찰할 수 있으므로 과학적 지식을 대중과 공유하겠다는 부차적인 목적도 있었다. 그런 취지로 런던 동물원은 1847년 일반에 처음 공개되었다.

이는 동시에 대형 박물관과 마찬가지로, 당시 점점 세력을 넓혀가던 부르주아지들의 욕구를 반영한다. 동물원은 자본주의의 경제적 지원으로 고상한 지식의 사원을 건설한다는 부르주아적 허영심을 충족시켜주기에 적합했기 때문이다. 더구나 서구 열강은 동물원을 통해서 자국민에게 제국주의를 심어주기도 했다. 동물원이 머나먼 이국의 땅에 사는 동물들을 보존하는 역할을 내세우는 것도 제국주의적 시각에서 식민지를 합리화하는 논리와 다를 바 없다.

런던 동물원이 부르주아적인 방식으로 제국주의적 열망과 이국의 세계에 대한 매혹을 교묘하게 감추었다면, 독일의 카를 하겐베크(Carl Hagenbeck)가 세운 동물원은 이보다 더 노골적으로 제국주의적인 시각을 드러내며 동물을 전시하고 공연을 했다. 그는 전 세계 각 기후대에서 데려온 동물을 각자의 생존 조건에 알맞은 방식으로 보여줄 수 있는 동물천국을 만들고자 했다. 울타리로 가두는 것이 아니라 완전히 자유롭게 보이도록 두는 것이다. 이 천국에서는 사람도 피부색 별로 전시했다. 하겐베크는 이것이야말로 가장 믿을 만한 형태의 자연보호구역이 될 것이며, 세상의 축소판이 될 것이라고 주장했다.

1907년 5월 7일 하겐베크 동물원 개장일에 정문에서 사진을 찍는 하겐베크 일행

　　1860년대에 하겐베크는 영국 등을 통해 유럽에 들어온 동물을 사들이거나 동물원과 미네저리의 동물을 사서 되파는 식으로 사업을 했으나, 아프리카 등 현지에서 공급원을 확보하는 게 유리하다고 판단함으로써 그야말로 동물 거래의 국제적 큰손으로 성장했다. 그가 사들인 동물들은 식민지의 전리품 같았다. 마치 아프리카 원주민들을 노예로 잡아 노예무역선에 태웠던 것과 다름없었다.

　　그의 독특한 사업수완은 '원주민 순회 전시'로 이어져 공전의 히트를 쳤다. 1875년 9월 중순 라플란드인(스칸디나비아반도 북부에 사는 아시아계 소수민족)들이 배를 타고 함부르크에 도착했다. 그들은 세간과 순록 한 무리를 데리고 왔다. 하겐베크가 그들을 불러들인 것이다. 함부르크 사람들은 북극에서 온 사람들을 구경하기 위해 구름 떼처럼 몰려들었다. 이어서 그는 누비아족(아프리카 동북부에 사는 종족), 수단 사람들, 사모예드족(시베리아 북서쪽 툰드라 지대에 사는 종족)을 데려와 전시했다. 심지어는 전시가 끝나면 눈, 피부색, 머리털 등을 연구하고 기록하고 연구 목적이라며 나체 사진을 찍기도 했다. 이러한 '인종 전시'는 결국 인종차별주의를 그대로 보여주는 것이었다.

1907년 하겐베크는 함부르크 교외 슈텔링겐에 새 동물공원 하겐베크 동물원을 개장했다. 그는 이곳을 '동물 낙원'이라고 불렀다. 동물들이 조화를 이루고 생존을 위한 투쟁이 사라지는 낙원을 재현하고자 했다. 그러한 환상을 가능하게 한 것은 인공 해자를 둘러 관람객들이 창살과 울타리가 없이 바로 동물들을 볼 수 있었기 때문이다. 게다가 동물들이 있는 공간에 인조 바위나 동굴을 만들어 마치 진짜 자연에서 노니는 듯한 풍경을 '연출'했다. 그리고 이러한 인식은 지금까지 동물원에 대한 이미지로 그대로 굳어진다.

우리나라 최초의 동물원은 1909년 11월 1일 일제가 창경궁을 변형·개조하여 만든 창경원의 동물원이다. 동양에서는 일본 우에노 동물원(1882), 일본 교토시 동물원(1903), 중국 베이징 동물원(1906)에 이어 네 번째로 문을 열었다. 1984년 5월 과천 서울대공원에 동물원을 개장하기 전까지 창경원은 우리나라의 대표적인 동물원이었다. 1982년 12월부터 이루어진 '창경궁 복원사업'으로 이곳에 있던 129종 880마리의 동물은 모두 과천 서울대공원으로 옮겨졌다.

동물원은 처음부터 인간을 위해 만들어진 공간이지만 그것이 동물에게도 좋은 일이라고 믿고 받아들이려는 경향이 있다. 하지만 이제는 동물원의 역사와 그 의미를 재성찰해볼 때가 되었다. 그 안에 있는 동물의 입장과 그들을 바라보는 인간의 시선에 대해서도 되짚어 생각해보아야 한다. 동물원에 있는 동물은 더 이상 야생동물이 아니라 동물원에서 태어나 동물원에서 살아가는 동물원 동물이니까 말이다.

열강들의 잔치였던
만국박람회

민족과 언어를 초월해 전 세계 인류가 한데 모여 행사를 벌인다. 인류가 이루어낸 과학적 진보의 발자취를 느끼며, 신기한 발명품과 새 시대를 향해 선보인 테크놀로지의 위대한 업적에 눈과 귀를 모은다. 세계 최대 규모의 장터, 하지만 상거래는 없고 구경거리만 있는 장터다. 엑스포(Expo)는 이렇게 많은 사람들을 모아놓고 인류가 이룩해낸 과학기술 문명을 자랑스레 보여주는 전시장이다. 무한궤도를 향해 나아가고 있는 과학문명과 인류의 장밋빛 미래를 보여주는 화려한 전시장, 이것이 바로 겉으로 드러난 엑스포의 모습이다. 그러나 따지고 보면 이는 모두 열강의 자기 장기자랑에 불과한 것이었다.

만국박람회라고도 불리는 엑스포는 뭔가를 보여준다는 뜻의 '엑스포지션(exposition)'의 약자다. 그러므로 엑스포는 말 그대로 보다 많은 사람들에게 보다 많은 것들을 전시해서 보여주는 박람회를 말한다.

엑스포에 전시되는 것들은 상업적인 목적을 지닌 무역전시회(SITRA)의 전시상품들과는 다르다. 무역전시회가 상거래를 주목적으로 특정한 상품을 전시한다면, 국제박람회기구(Bureau of International Exposition; BIE)가 공인한 엑스포는 일반 대중의 교육과 계몽을 위해 인류가 이룩한 성과들을 전시한다. 그리하여 미래에 대한 희망을 보여줌으로써 새로운 비전을 추구하고 국가 간 협력을 드높이는 기회로 삼는다는 명분을 가지고 있었다.

최초의 국제적인 엑스포는 1851년 영국 빅토리아 여왕의 남편 앨버트 공이 산업혁명의 성공을 자축하기 위해 런던에서 개최했다. 영국의 대문호 찰스 디킨스도 이 박람회를 두 번이나 보러 갔는데, 길이 560미터의 수정궁을 보고 찬탄을 금치 못했다고 한다. 엑스포는 이렇게 영국에서 시작되었지만 그 규모와 내용을 발전시킨 나라는 프랑스였고, 전 세계적인 행사

1851년 5월 1일부터 10월 15일까지 열린 세계 최초의 엑스포인 런던 만국박람회의 본관인 수정궁의 정문. 같은 해에 런던 하이드파크에 들어선 이 건물은 철골과 유리로 만든 것으로 조지프 팩스턴(Joseph Paxton)이 설계했다. 영국이 산업혁명으로 기술의 발전을 이루었음을 과시한 이 건물은 축구장 18개가 들어설 수 있는 규모였으나 1936년 11월 30일 소실되었다.

로 확대시킨 나라는 미국이었다. 그중 획기적인 발명품으로 사람들의 이목을 집중시켰던 역대 엑스포에 대해 알아보는 것도 재미있을 것이다.

미국이 영국으로부터 독립한 지 100년이 되는 1876년 신대륙의 산업 발전을 유럽에 자랑하기 위해 개최한 필라델피아 엑스포는 통신 부문에 커다란 변혁을 일으켰다. 오늘날 현대인들이 누리고 있는 가장 편리한 문명의 이기인 자전거, 전화, 타자기, 축음기 등이 필라델피아 엑스포에 처음으로 등장했다. 무엇보다 전화의 발명은 지구촌의 공간 개념을 거의 재편해놓았다.

1876년 2월 15일 오후 1시경 엘리샤 그레이(Elisha Gray)보다 몇 시간 빨리 특허 신청을 낸 알렉산더 그레이엄 벨(Alexander Graham Bell)이 독점권을 따낸 전화는 같은 해 열린 박람회에 출품되어 대단한 인기를 끌었다. 사람들은 서리에 관계없이 먼 곳에서도 서로 이야기를 주고받을 수 있다는 사실에 놀라워했고, 이는 전 세계 커뮤니케이션 분야에 일대 혁신을 일으킬 전조가 되기에 충분했다.

1878년 파리 엑스포에 처음 전시된 냉장고는 여성들의 대대적인 환영을 받았다. 차갑고 시원한 음료와 단단하게 얼린 얼음을 계절에 관계없이 먹을 수 있다는 사실은 당시 사람들의 음주 습관(칵테일의 대중화)마저 바꿔놓을 정도였다.

1889년 파리에서 프랑스 혁명 100주년 기념 엑스포를 개최한다는 소식에, 무려 11년 동안이나 엑스포가 열리지 않아 지루하기 짝이 없었던 유럽 대륙은 다시 한 번 술렁이기 시작했다. 파리 엑스포의 기술적 상징이자 파리의 아름다움을 상징하는 276미터 높이의 에펠탑이 이 박람회에 첫선을 보였다. 그러나 당시 지식인들 간에는 에펠탑을 둘러싸고 찬

반양론이 벌어졌다. 심지어 소설가 모파상(Guy de Maupassant)은 에펠탑을 야만적인 공장 굴뚝이라 혹평하고 그날 당장 파리를 떠나버리는 촌극을 벌이기도 했다. 하지만 얼마 후 사람들은 모파상이 에펠탑 안의 식당에 앉아 있는 모습을 볼 수 있었다. 모파상은 이렇게 투덜댔다. "에펠탑이 안 보이는 곳은 여기밖에 없잖아."

아무튼 에펠탑의 완공으로 파리는 명실상부한 전 세계의 수도로 우뚝 서게 되었다. 이때 우리나라도 민영찬(閔泳瓚)을 대표로 파견해 참가했으나 전시관은 마련하지 않았다.

1900년 파리 엑스포에서는 지하철과 전기 궁전이 위용을 드러냈다. 이때 선보인 지하철은 기술적인 발전을 거듭해 세계적으로 확산되었으며, 오늘날 현대인들에게 없어서는 안 될 교통수단으로 자리 잡았다.

1900년대에 들어서면서부터 사람들은 엑스포를 통해 '세계'라든지 '만국'이라고 하는 의식을 갖기 시작했다. 엑스포에 전 세계의 각종 정보가 집합되었다가 다시 세계 각지로 확산되었다. 부드러운 곡선을 이용한 식물의 넝쿨과 같은 아르누보 스타일이 순식간에 세계로 퍼진 것도 1900년의 파리 엑스포 때문이었다. 또한 파리 엑스포가 너무 화려했기 때문에 쿠베르탱 남작이 직접 지휘한 제2회 올림픽이 박람회의 부속 행사로 전락해버렸을 정도였다.

1904년에 미국에서 열린 세인트루이스 엑스포는 비행선과 무선통신을 선보임으로써 통신 부문의 2차 혁명을 일으켰다. 1939년 시작해 1940년까지 이어진 뉴욕 엑스포는 엑스포 황금시대의 최후를 장식했다. 이 행사에는 4400만 명이 넘는 관람객이 몰렸고, 그래서 사람들은 뉴욕 엑스포를 빅 페어(Bic Fair) 또는 피플스 페어(Peoples Fair)라고 부르기도 했다. 인간에 의해 만들어진 가장 힘찬 박람회라고 평가되는 뉴욕 엑스포는 미국의 웅대한 꿈을 반영하고자 했다.

그곳에서 그들은 20세기 미국의 눈부신 발전을 세상에 널리 알렸다. 지금 세계를 휩쓰는 음료 코카콜라가 여기에서 첫선을 보여 세계로 시장을 넓히는 계기를 마련했으며 텔레비전 또한 사람들의 이목을 집중시켰다. 또한 오랜 수명을 자랑하는 나일론과 플라스틱이 선보여, 이후 사람들의 생활문화를 '아끼고 오래 보존하던' 방식에서 '쉽게 사고 쉽게 버리는' 방식으로 변화하게 만들었다. 생산비가 얼마 들지 않는 화학섬유와 플라스틱 제품은 사람들의 환영을 받기는 했지만 곧 환경오염과 쓸데없는 소비문화를 몰고 왔다는 오점을 남기기도 했다.

뉴욕 엑스포에서는 또한 풍자적이나마 '선의와 평화'를 기원하는 행사가 계획되었으나 성사되지는 않았다. 이미 유럽에서 전쟁이 시작되었기 때문이다. 체코와 알바니아는 엑스포 전시회장에 반기를 올려 독일의 침공에 항의했다. 장밋빛 미래를 진시했던 뉴욕 엑스포가 끝나지마지 전쟁은 전면전으로 확대되어 제2차 세계대전이 시작되었고, 세계는 또다시 혼란에 빠졌다. 1962년의 시애틀 엑스포에는 자동판매기와 모노레일이 선보임으로써 미래의 교통수단을 제시해주었다.

우리나라는 1893년(고종 30) 콜럼버스가 아메리카 신대륙을 발견한 지 400년이 되는 이전 해를 기념하기 위해 개최된 시카고 엑스포에 처음으로 출품한 참가 기록이 있다. 당시 우리나라는 8칸짜리 기와집, 관복, 도자기, 부채, 가마, 활 등을 출품했으며 10여 명의 악사를 보내 전통음악을 서양에 처음 소개했다.

일제강점기에 일제는 우리나라에서 세 차례의 박람회(1907, 1915, 1929)를 열어 일본의 우월성과 식민 지배의 정당성을 선전하고 일제 상품의

일제강점기인 1915년 조선총독부가 경복궁 안의 별채들을 마구 허물고 지은
조선물산공진회 전시관. 1926년 이 자리에 총독부 건물이 들어섰다.

시장 장악을 도모했다. 특히 규모가 가장 컸던 1915년의 조선물산공진회
(朝鮮物産共進會)는 '공진(共進)'이라는 명칭에서도 알 수 있듯이 일제의 무
단강점통치 5년을 마치 '같이 발전했다'는 식으로 날조했다. 이때 전국 양
반들에게 가문의 보물들을 출품케 한 뒤 전시회가 끝나고 돌려주기는커
녕 본국으로 반출하는 문화재 수탈까지 서슴없이 자행했다.

광복 후에는 5·16군사정변으로 정권을 잡은 박정희가 1968년 한국무
역박람회를 열어 군사정권의 정당성을 홍보하고 경제를 살린 장본인임
을 과시하고자 했다. 그러나 박람회가 열린 구로공단(지금의 구로디지털센
터) 부지는 1961년 9월 약 30만 평의 농지를 강제로 빼앗은 곳이었다. 당
시 중앙정보부와 검찰은 1968년부터 소송을 제기한 농민과 관련 공무원
까지 잡아들였다. 불법연행과 가혹행위 끝에 143명은 땅 권리를 포기했
고 끝까지 버틴 41명은 재판에 넘겨져 그 가운데 26명이 소송 사기 혐의

로 유죄 판결을 받기도 했다.

1993년에 대한민국 최초로 국제박람회기구의 공인을 받은 '인정박람회(주제가 정해진 박람회)'인 대전 엑스포(주제는 '새로운 도약으로의 길')를, 2012년에 여수 엑스포(주제는 '꿈꾸는 바다')를 개최함으로써 우리나라도 인류의 과학·산업·문화 제전에 발을 담그기는 했다. 하지만 과거 유럽과 미국에서 열렸던 만국박람회를 계승한 수준 높은 박람회는 '등록박람회'라고 한다.

과거에 열강들의 자기 자랑 성격이 강했던 산업사회의 꽃 엑스포는 이제 정보사회로 넘어오면서 정보 엑스포로 크게 탈바꿈했다. 2000년 밀레니엄 엑스포를 개최한 독일의 하노버 엑스포는 산업사회의 엑스포와 미래의 정보 엑스포를 종합한 최초의 엑스포로 기록되었다. 예를 들면 '가상세계'를 통해 독일의 유명한 '맥주축제'를 전 세계 사람들이 동시에 즐김으로써 맥주의 참맛을 '상상해보도록' 한 것이다. 어느덧 엑스포의 주류를 이루던 하드웨어는 이제 정보사회의 소프트웨어에 자리를 넘겨주게 되었다.

대중과 정치의 만남,
오페라하우스

O pera라는 단어는 '작품'을 뜻하는 라틴어 opus(영어로 work, 프랑스어로 oeuvre)의 복수형에서 비롯되었다. 우리말로는 '가극(歌劇)'이라 번역할 수 있지만, 우리나라의 판소리, 일본의 가부키, 중국의 경극처럼 단순히 음악극을 말하는 것은 아니다. 우선 르네상스 말기인 16세기 말 이탈리아에서 일어난 음악극의 형식을 따라야 하며 대사 전체를 노래로 표현해야 오페라라고 할 수 있다.

음악적인 요소에 문학적인 대사, 연극적인 구성과 연기, 미술, 무용 등의 요소가 어우러진 종합 무대예술로 불리는 오페라는 1597년 이탈리아의 피렌체에서 탄생했다. 조반니 데 바르디(Giovanni de' Bardi) 백작의 자택에 모인 카메라타(Camerata; '친구들'이라는 뜻) 회원들은 고대 그리스극을 부활시키기 위해 그리스 신화에서 소재를 따온 새로운 음악극 〈다프네 Dafne〉를 공연했다. 작곡가 줄리오 카치니(Giulio Caccini)가 대본을 쓰고 오타비오 리누치니(Ottavio Rinuccini)와 야코포 페리(Jacopo Peri)가 곡을 만들었다. 이들은 1600년에 다시 모여 〈에우리디케 Eurydice〉를 발표했다. 〈다프

네〉 악보가 남아 있지 않은 탓에 이 〈에우리디케〉는 사실상 가장 오래된 오페라로 기록되었다.

하지만 이 두 작품은 사실상 워크숍에 불과했고, 1607년 클라우디오 몬테베르디(Claudio Monteverdi)가 대규모 오케스트라와 합창을 곁들인 〈오르페오 L'Orfeo〉를 선보이고 나서야 오페라 양식의 잠재력은 널리 인정받게 되었다. 이후 비슷한 오페라들이 잇달아 선보이면서 오페라는 베네치아, 나폴리, 로마 등 이탈리아 전역으로 퍼져나갔다. 17세기 후반부터는 프랑스, 영국, 독일, 러시아 등지로 전파되어 각 지역의 특성을 유지하면서 더욱더 발전해나갔다. 이제 오페라는 로시니, 베르디, 비제, 바그너, 푸치니 등과 같은 거장을 배출한 19세기를 거쳐서 21세기로 건너와 어느덧 탄생 400주년을 훌쩍 넘기고 있다.

17세기와 18세기에 오페라는 부유한 후원자뿐 아니라 서민들 사이에서도 큰 인기를 끌었다. 그래서 종종 통치자, 귀족, 부유층은 자신들의 정치적 야망과 사회적 지위를 유지하기 위해 오페라하우스에 자금을 지원하고 유망한 예술가들을 후원했다. 하지만 19세기 들어 부르주아와 자본주의 사회 형태가 부상하면서 문화예술을 후원하는 체제에서 벗어나 공공이 지원하는 제도로 옮겨갔다.

오페라 전문 극장은 대개 오페라하우스로 불린다. 대중을 상대로 한 최초의 오페라하우스는 1637년에 개장한 베네치아의 테아트로 산카시아노이며, 1737년에 문을 연 나폴리의 산카를로 극장도 남유럽에서 가장 오래되고 규모가 큰 오페라하우스다.

특히 세계 3대 오페라극장으로 꼽히는 밀라노의 라스칼라 오페라극장은 1778년에 개장한 이탈리아의 유서 깊은 오페라극장으로 1872년에

최초의 대중 오페라하우스인 테아트로 산카시아노. 이전에는 궁정이나 귀족 저택의 연회장에서 오페라를 공연했다. 당시에는 홀 가운데를 무대로 삼았고 일반인들은 그 주위의 좌석에서 관람했으며, 귀족과 부유층은 발코니석에서 관람했다. 이때부터 배우들을 좀 더 자세히 보기 위한 오페라글라스가 선보였다.

〈아이다*Aida*〉 초연이 이루어진 곳이다. 제2차 세계대전 중인 1943년에 폭격으로 파괴되었다가 전쟁이 끝난 직후 2800석 규모의 대극장으로 다시 개장했다. 베르디, 푸치니, 로시니 등 주요 이탈리아 작곡가의 오페라 작품이 초연되어 오페라 역사상 대단히 큰 비중을 지닌 극장이다. 또한 '벨칸토의 전당'답게 세계 최고의 성악가인 마리아 칼라스, 레나타 테발디, 엔리코 카루소, 주세페 디 스테파노, 루치아노 파바로티 등이 모두 이곳에 선 다음에 세계적인 명성을 누렸다.

나폴레옹 3세 때 지어진 파리 오페라극장은 이 극장을 설계한 건축가 장 루이 샤를 가르니에(Jean Louis charles Garnier)의 이름을 따 가르니에 극장 또는 가르니에 궁이라 불리기도 한다. 1862년에 착공해 1875년 완공한 이 건물은 보조의자까지 합쳐 2200석의 객석을 갖춘 대극장이다. 지금은 파리 국립오페라극장으로 불린다.

1989년 프랑스 혁명 발발 200주년 하루 전인 7월 13일 바스티유 감옥이 있던 자리에 바스티유 오페라하우스를 개장한 뒤로는 이곳에서는 주로 발레 공연이 이루어지고 있어 발레 애호가들에게는 꿈의 극장이며, 뮤지컬 〈오페라의 유령〉의 주무대로도 유명하다. 1989년부터 1994년까지는 정명훈이 바스티유 오페라하우스 소속 오페라단의 음악감독으로 활동했다.

오늘날 사용하고 있는 빈 국립오페라극장은 1869년 5월 빈 궁정오페라극장으로 건립했으며, 1918년 현재의 명칭으로 변경되었다. 모차르트의 〈돈 조반니〉를 개장 기념으로 상연했다. 그러나 제2차 세계대전 중인 1945년 3월의 폭격으로 무너져 10년에 걸친 공사 끝에 1955년 11월에 재개장했다. 개장 기념작은 1805년 빈에서 초연된 베토벤의 유일한 오페라 〈피델리오〉였다. 이후 쥘 마스네의 〈베르테르〉(1892년 2월 16일), 리하르트 슈트라우스의 〈그림자 없는 여인〉(1919년 10월 10일) 등의 오페라가 초연되었다. 구스타프 말러, 리하르트 슈트라우스, 헤르베르트 폰 카라얀, 로린 마젤 등의 명지휘자들이 음악감독으로 이 극장을 이끌었다.

러시아 모스크바의 볼쇼이 극장은 '큰 극장'이라는 뜻으로 1776년에 완공되었으나 화재로 개축했으며, 현재의 극장은 화재로 불탄 뒤 1856년에 재건한 것이다. 이 극장은 규모로는 '세계 3대 극장'으로 꼽히며, 주로 발레(볼쇼이 발레단이 소속되어 있다)와 오페라, 음악 연주가 상연된다.

영국 오페라의 중심인 로열 오페라하우스는 1732년 12월 7일에 윌리엄 콩그리브(William Congreve)의 〈이 세상의 습속〉을 개장 기념작으로 상연한 이후 주로 헨델의 오페라를 상연했으나 1808년에 화재로 무너졌다.

1858년에 신고전주의 양식의 전면과 휴게실을 짓고 좌석을 리모델링해 재개장한 이후 줄곧 확장공사를 해서 1990년대에 나머지 부속건물들을 완공함으로써 2098석 규모의 대극장이 비로소 완성되었다. 이곳은 건물이 있는 곳의 지명을 따서 코벤트 가든이라고도 하며, 로열 오페라단, 로열 발레단, 로열 오페라하우스 교향악단이 소속되어 있다.

영국을 대표하는 오페라 작곡가 벤저민 브리튼의 작품을 특히 자주 상연하는 이 극장은 브리튼, 한스 베르너 헨체(Hans Werner Henze), 구스타브 홀스트, 마스네, 마이클 티펫(Michael Tippett), 막스 베버 등의 오페라가 초연된 곳이기도 하다. 로열 발레단의 공연이 오페라하우스 공연 일정의 절반가량을 차지하기 때문에 발레 애호가들의 관심을 모으는 극장이기도 하다. 최근까지 우리나라의 길병민이 이곳 로열 오페라하우스에서 베이스 바리톤으로 활동했다.

1880년에 세워진 뉴욕의 메트로폴리탄 오페라극장은 좌석 3700여 석과 입석 170여 석을 갖추었으며 후발주자임에도 빈 국립오페라극장, 밀라노의 라스칼라 오페라극장과 함께 '세계 3대 오페라극장'으로 우뚝 섰다. 1883년 개장 기념작으로 구노의 〈파우스트〉를 상연했고, 1892년 화재로 한때 휴장했다가 1893년에 재건하였다. 이후 푸치니의 〈서부의 아가씨〉(1910) 등 많은 오페라가 이곳에서 초연되었으며, 20세기 초부터 오페라 총감독 줄리오 가티카사차(Giulio Gatti-Casazza)가 운영을 맡으면서 전성기를 이루었다.

1955년 이 극장 소속 메트로폴리탄 오페라단이 공연한 베르디의 오페라 〈가면무도회〉에 메리언 앤더슨(Marian Anderson)이 흑인 최초로 무대에 올라 화제가 되기도 했다. 1967년 루돌프 빙 감독 시대에 링컨센터 오페라극장으로 이전하여 새뮤얼 바버(Samuel Barber)의 〈안토니오와 클레

1880년에 완공한 메트로폴리탄 오페라극장 그림엽서(1910)

오파트라〉를 무대에 올렸으며, 1973년부터 전속지휘자 제도를 폐지하고 음악감독 체제로 바꾸었다.

아르헨티나의 테아트로 극장 또는 부에노스아이레스 콜론 극장은 《내셔널 지오그래픽》이 선정한 '세계 유명 10대 오페라 극장' 중 하나다. 남반구 제일의 오페라 극장으로 좌석 2500여 석, 입석 1000여 석을 갖추고 있다. 1857년 개장한 콜론 극장은 그해 4월 27일 베르디의 오페라 〈라 트라비아타〉를 무대에 올렸으며, 극장을 증축해 1908년 5월 25일 역시 베르디의 오페라 〈아이다〉를 상연했다.

이후 '아르헨티나 독립 200주년'에 맞춰 재단장해 2010년 5월 24일 다시 문을 연 콜론 극장은 1908년 증축할 당시 설치한 천장의 반구형 대형 샹들리에, 특히 '하얀 방'의 우아함과 '황금의 방'의 화려함은 압권이며, 음향시설은 파바로티도 칭찬할 만큼 훌륭하다고 한다. 이곳은 1931

년부터 시에서 직접 운영하고 있는데, 계절이 북반구와 반대이기 때문에 옛날부터 미국의 명가수나 저명한 지휘자가 시즌 오프를 이용해 자주 이용하기도 했다.

하버브리지를 배경으로 자리 잡은 시드니 오페라하우스 역시 남반구의 유명한 오페라하우스다. 덴마크 건축가 예른 오베르 웃손(Jørn Oberg Utzon)이 오렌지 껍질에서 영감을 얻어 설계했다(1957년 공모전에서 당선)는 이곳은 세계에서 가장 아름다운 건축물 중 하나로 꼽히며, 2007년 유네스코 세계문화유산으로 등재되었다. 원래 준공 예정이었던 1959년에 공사를 시작해 14년이나 넘긴 1973년 10월 20일 영국의 엘리자베스 2세가 참석하여 베토벤의 교향곡 9번 〈합창〉이 울려 퍼지는 가운데 준공식이 열렸다. 시드니 당국과 마찰을 빚었던 웃손은 초대받지 못했으며 그의 이름조차 거론되지 않았다.

오페라의 첫 작품으로는 세르게이 프로코피에프(Sergei Sergeevich Proko-fiev)의 〈전쟁과 평화〉가 선정되어 그해 9월 28일에 막을 올렸다. 시드니 오페라하우스는 1547석 규모의 오페라극장과 2679석 규모의 음악홀을 비롯해 여러 개의 영화관, 전시관, 도서관이 들어서 있어 복합 문화센터 역할도 하고 있다.

사진에서
활동사진으로

영화 하면 떠오르는 영화가 있다. 바로 〈시네마 천국〉이다. 영화를 좋아하며 영화와 더불어 인생을 살아가는 청년 토토와 영사기사 알프레도의 끈끈한 우정을 잔잔하게 그린 영화로, 2020년 7월 작고한 엔니오 모리코네(Ennio Morricone)가 편곡한 OST인 〈러브 테마*Love Theme for Nata*〉까지 들으면 가슴이 찡해진다. 이 영화의 원제는 〈Cinema Paradiso〉인데, '파라디소'는 영화에 나오는 어느 시골의 극장 이름이다. 그래서 '파라디소 극장'이 직역이지만 '시네마 천국'이라는 제목이 더 정겨운 느낌이 든다.

영화는 필름으로 찍기 때문에 films라고도 한다. 그러나 주로 move(움직이다)에서 따온 movie 또는 그리스어 kinema(동작)에서 따온 cinema라고 하는데, 이것들은 모두 '활동사진' 개념이다. 1897년 뤼미에르 형제의 영화가 일본에 처음 선보였을 때 활동사진이라고 불렀는데 구한말 일본에서 영화가 들어오면서 이 말을 그대로 사용했다.

영화는 1837년 다게르가 다게레오타이프(daguerreotype)라는 독자적인

영국 출신의 미국 사진가 에드워드 제임스 마이브리지(Eadweard James Muybridge)의 〈움직이는 말〉(1878). 활동사진의 기원이 된 작품이다. 미국의 철도사업가 롤런드 스탠퍼드가 말이 달리는 동안 네 발을 지면에서 완전히 떼는 순간이 있는지 알아보고 싶어 마이브리지에게 사진 촬영을 의뢰한 것이 단초가 되었다.

사진현상 방법을 발명함으로써 가능해졌다 해도 과언이 아니다. 영화의 시조는 조금씩 다른 여러 장의 사진을 1초당 16컷이나 24컷씩 연속으로 비춰 실제로 움직이는 것처럼 보이는 것을 발전시켰기 때문이다. 사람의 눈에 비친 상은 약 15분의 1초 동안 사라지지 않고 잔상으로 남아 있는데, 그 사이에 다른 상이 들어와 마치 움직이는 것처럼 보이는 것이다.

1889년에 토머스 에디슨이 발명한 35밀리미터 영사기는 필름 가장자리에 구멍을 뚫어 영사기를 돌리면 필름이 돌아가는 구조였는데, 위에서 돋보기를 통해 들여다봐야 했기 때문에 몹시 불편했다. 이 영사기가 유럽에 소개되자 프랑스 리옹 출신의 오귀스트 뤼미에르와 루이 뤼미에르 형제는 이것을 응용해서 1895년 스크린에 확대시켜 비추는 시네마토

1895년 뤼미에르 형제가 시네마토그래프로
촬영한 〈정원사〉 포스터

에디슨의 바이타스코프 포스터(1896)

그래프(cinematograph)를 발명했다. 뤼미에르 형제는 그해 12월 28일 파리의 '그랑 카페 인디아 살롱'의 조그만 지하방에서 관객 33명에게 1프랑씩 받고 10편의 시네마토그래프를 상영(10편 모두 50초를 넘지 않았다)했다. 이 시네마토그래프들은 1900년 파리 만국박람회에도 출품되어 관람객들의 큰 호응을 얻기도 했다.

그랑 카페 인디아 살롱에서 상영한 10편의 목록은 다음과 같다.

1. 리옹의 뤼미에르 공장노동자들의 퇴근, 46초.

2. 정원사(스프링클러를 튼 정원사), 49초.

3. 리옹에 도착한 사진학회, 48초.

4. 곡마사들, 46초.

5. 금붕어 낚시, 42초.

6. 대장장이들, 49초.

7. 갓난아기의 아침식사, 41초.

8. 담요 위에서 점프하기, 41초.

9. 리옹의 코르델리에 광장, 44초.

10. 해수욕, 38초.

〈시오타역의 열차 도착〉(보통 줄여서 〈열차 도착〉이라고 한다)이 최초의 상업적 대중영화로 알려져 있으나 이 10편의 목록에는 포함되지 않았다. 그래서 오히려 〈리옹의 뤼미에르 공장노동자들의 퇴근〉(1895년 3월 22일 처음 무료 상영)이 최초라는 게 더 타당하다. 〈열차 도착〉은 동생 루이 뤼미에르가 여름 별장이 있는 남부 항구도시 시오타에서 바캉스를 즐기기 위해 딸이 타고 오는 기차가 시오타역에 도착하는 장면을 찍은 50초짜리 시네마토그래프다. 유료로 1896년 1월 26일 극장이 아닌 곳에서 처음 상영되었다.

이후 미국으로 건너간 영화는 데이비드 워크 그리피스(David Wark Griffith)에 의해 인종차별의 괴작(怪作)이자 기술적 걸작인 〈국가의 탄생〉을 탄생시켰다(1915년 2월 8일 개봉). 이 영화가 미국 최초의 극영화라는 이유로 그는 '영화의 아버지'로 불리고 있다. 그가 1916년에 감독한 〈편협 Intolerance〉은 당시 영화로는 놀라운 163분의 러닝타임과 네 개의 다른 시대가 동시에 교차하는 복잡한 구조로 내러티브 영화사의 장을 열었다.

이때부터 영화는 종합예술로서 진가를 한껏 발휘하면서 대중을 꿈의 세계로 몰아갔다. 1926년에 화면과 함께 소리가 나오는 유성영화(Talkie)가, 1935년에는 총천연색 영화가 등장하면서 영화는 대중예술로 급속히 발전하게 되었고, 이어서 입체 영화와 시네라마, 시네마스코프 같은 대형 화면의 영화가 등장했다. 이후 영화는 1950년대 후반 텔레비전이 대중화되기 전까지 대중예술의 꽃이었으며, 21세기에 들어서 컴퓨터 그래픽(CG)까지 동원된 후로 영화는 또 다른 차원에서 중흥할 기미를 보이고 있다.

우리나라에 활동사진이 처음 소개된 것은 1899년으로, 엘리아스 버튼 홈스(Elias Burton Holmes)가 영사기를 들고 조선을 돌아다니며 찍은 영상(전차를 타고 동대문역 근처를 찍은 것도 있다)을 고종과 신하들 앞에서 상영했다는 기록이 있다. 그는 '여행기(travelogue)'라는 단어를 처음 썼고, 《1901년, 서울을 걷다*Seoul, the Capita of Korea*》를 펴낸 작가이자 영화감독이며 시카고 대학 사진학과 교수였다. 우리나라에서는 1903년 황실 소속 협률사(協律社)에서 고종 이하 대신들이 영화를 처음 보았고, 1919년경에는 서울 장안에서 일반인을 대상으로 단성사(團成社)에서 상설 유료 상영이 이루어졌으니, 이 신기한 마술장치가 우리에게 선보인 것은 그리 늦은 때가 아니었다.

본격적인 한국 영화의 전성기는 나운규와 함께 열렸다. 1924년 나운규는 부산에서 한국인 최초로 영화제작사 '조선키네마'를 설립했으며, 1926년에 발표한 〈아리랑〉은 최초의 대형 흥행작이자 한국 무성영화 전성시대를 연 작품으로 평가된다. 하지만 나운규가 감독을 했는지, 일본인 쓰모리 슈이치(津守秀一)가 했는지 여부가 불투명하다. 원본을 가지고 있다는 일본인이 아직도 공개하지 않기 때문이다.

그러나 1940년대부터 영화계는 암흑기로 접어들었다. 황국신민, 내선일체, 창씨개명, 전쟁 지원병 확보 따위를 선전하는 영화 이외에는 만들 수 없었기 때문이다. 그래서인지 당시 민간 영화 필름은 놀랍게도 하나도 남아 있지 않다.

광복과 한국전쟁을 거친 영화계는 활기를 띠기 시작했다. 1956년 개봉한 한형모 감독의 〈자유부인〉은 바람난 교수 부인이라는, 당시로서는 충격적인 소재로 흥행에 성공함으로써 한국 영화산업 부흥의 기틀을 마련했다. 식민 통치와 전쟁을 연달아 겪은 시절, 미국식 자유주의와 소비주의에 취해 춤추고 비틀거리는 자유부인의 모습은 전통적인 가부장제 사회가 크게 흔들릴 조짐을 보여주었다. 당시 이 영화를 본 여성들은 그녀를 타락한 여자라고 손가락질하면서도 마음속으로는 선망과 두려움이 교차했을 것이다.

이후 1961년 개봉한 유현목 감독의 〈오발탄〉은 한국 영화사상 최대의 문제작으로 꼽힌다. 이 영화는 북에서 피난 내려와 서울에 정착한 어느 가족을 통해 당시 사회를 짓누르고 있던 각종 문제를 날카롭게 포착했다는 평가를 받았다. 1960~1970년대를 풍미한 또 다른 감독은 신상옥이다. 그가 연출한 〈로맨스 빠빠〉(1960), 〈성춘향〉(1961), 〈사랑방 손님과 어머니〉(1961), 〈연산군〉(1961), 〈빨간 마후라〉(1964) 등의 작품은 한국 영화의 정체성을 세웠다는 평가를 받고 있다.

당시 인기를 끈 남자 배우는 1960년 마닐라에서 열린 제7회 아시아 영화제에서 남우주연상을 수상한 김승호를 비롯해 신성일, 최무룡, 허장강, 황해, 장동휘, 박노식, 독고성, 김진규 등이다. 여자 배우는 신상옥 감독의 부인 최은희를 비롯해 김지미, 엄앵란, 조미령, 고은아 등이 인기를 끌었다. 또한 문희·윤정희·남정임은 1960년대 은막의 트로이카로 불렸으며, 1970년대의 장미희·유지인·정윤희에게 그 바통을 넘겨주었다. 그런데 뭐니 뭐니 해도 1970년대 최대 히트작은 〈별들의 고향〉(1974)이다. 최인호의 동명 소설을 각색한 이 영화는 이장호 감독, 신성일·안인숙 주연으로, 당시 46만 관객을 동원해 한국 영화가 다시 활기를 찾는 계기가 되었다.

그러나 1980년대 제5공화국 시절 영화는 정치 선전도구로도 이용되어 '3S(Screen, Sex, Sports)'라는 말도 만들어졌다. 즉 영화(에로영화와 포르노 비디오의 양산)와 섹스(성매매업소 확산)와 스포츠(프로스포츠단 출범)가 정부에 대한 불만을 다른 곳으로 돌리려는 우민화 정책의 도구로 이용되기도 했던 것이다. 이후 김대중 정부가 들어서면서 문화에 대한 지원이 활발해졌으나, 이명박·박근혜 정부 때는 진보 영화인들에 대해 '블랙리스트'를 만들 정도로 핍박이 심했다.

2019년 5월 봉준호 감독의 〈기생충〉이 칸 영화제에서 황금종려상을 받아 때마침 '한국영화 100주년'을 빛냈으며, 2020년 2월 9일 제92회 아카데미상 시상식에서는 작품상·감독상·각본상·국제장편영화상 네 개 부문을 휩쓸어 세계를 깜짝 놀라게 했다. 독립영화계에서 신드롬을 일으킨 김보라 감독은 알 수 없는 거대한 세계와 마주한 1994년생 소녀 은희의 이야기를 그린 〈벌새〉로 제69회 베를린 국제영화제 등 전 세계 각종 영화제에서 수상해 59관왕이라는 기록을 세웠다. 이렇듯 한국 영화는 지금 K-Culture의 붐까지 타면서 최고의 황금기를 맞고 있다고 해도 과언이 아닐 것이다.

대중의 드림랜드,
영화관

영화관은 movie theatre(미국), cinema house(영국) 또는 picture house라고 부른다. 극장이 연극 등 다양한 문화예술 공연도 볼 수 있는 공간이라면, 영화관은 영화 상영만을 위한 전문 시설이라는 인상이 강하다.

세계 최초의 영화관은 아무래도 프랑스에서 찾아야 할 듯하다. 루이 뤼미에르가 촬영한 《시오타역의 열차 도착》(1895) 촬영지인 남동부 지중해 연안의 조그만 항구도시 시오타의 에덴 극장이다. 이곳에서 1895년 10월 14일 정식 영화관으로는 최초로 유료로 상영되었기 때문이다. 극장이 아닌 곳에서 최초로 유료 상영한 것은 1896년 1월 26일이다.

1889년 6월 16일에 개관한 이 극장은 원래 공연, 연극, 콘서트, 레슬링이나 권투 경기를 펼치는 공연장이었다. 에디트 피아프와 이브 몽탕도 공연했던 명소로, 재단장해서 지금도 뤼미에르의 시네마토그래프를 상영하고 있다.

19세기 말 시오타의
에덴 극장 사진 카드

영국에서는 1848년 극장으로 건립된 리젠트 스트리트 시네마(Regent Street Cinema)가 최초의 영화관으로 알려져 있다. 뤼미에르 형제가 1895년에 만든 시네마토그래프 영화들이 1896년 2월 말에 바로 여기서 상영되었기 때문이다. 웨스트민스터 대학 구내에 있던 이 영화관은 '영국 영화의 탄생지'답게 영국 영화의 역사를 고스란히 간직하고 있으며, 한때 문을 닫았다가 지금은 고전 영화나 잘 알려진 오래된 영화들을 전문으로 상영하는 '레퍼토리 시네마(Repertory Cinema)'로 사용하고 있다.

미국에서는 1905년 피츠버그의 한 건물에서 존 폴 해리스(John Paul Harris)와 해리 데이비스(Harry Davis)가 니켈로디언(nickelodeon)이라는 조그만 극장을 선보였는데, 당시 5센트짜리 동전이 니켈로 주조된 것이라 '5센트 극장'으로도 불렸다. 이 극장은 1910년까지 미국에 1만여 개가 있었다고 한다. 이후 1927년 뉴욕 타임스스퀘어 근처에 화려한 록시 극장이 문을 열면서 영화관은 정점에 이르렀는데, 이 극장은 좌석이 무려 5920석이나 되어 '영화 대성당'이라 불리기도 했다.

1927년 3월 11일
문을 연 록시 극장

　이후 정교하고 화려하게 꾸며 '영화 궁전'이라 불린 대규모 영화관이
영화의 전성시대인 1910년대와 1940년대 사이에, 특히 1925년에서 1930
년 사이에 곳곳에서 문을 열면서 절정을 이루었다. 가난한 사람들을 위
한 예술을 보여주던 초기의 싸구려 공간의 이미지를 벗어난 영화관은
예술성을 갖추고 전성기를 맞은 영화 덕분에 오페라하우스 못지않은 화
려하고 독특한 건축양식으로 자리 잡게 되었다. 당시 영화 궁전의 건축
디자인 유형은 대개 세 가지로 나눌 수 있다. 첫째는 화려하고 호화로운
고전 스타일, 둘째는 열린 하늘을 닮은 천장이 있는 스타일, 마지막으로
1930년대에 인기를 끈 아르데코(Art Deco; 전통적 수공예 양식과 기계시대의 대
량생산 방식을 절충한 스타일) 풍이 그것이다.

　미국 극장의 특징 중 하나로 자동차극장을 꼽을 수 있다. 1933년 6
월 6일 리처드 밀턴 홀링셰드 주니어(Richard Milton Hollingshead, Jr.)가 뉴저지
주 펜소킨에 최초로 자동차극장을 개관했다. 사람들은 막힌 공간이 아

니라 탁 트인 공간에 설치한 스크린을 통해 차에 탄 채로 영화를 감상할 수 있는 이곳을 선호하기 시작했다. 이후 미국 전역으로 퍼져나간 자동차극장은 1960년대 자동차가 급속히 보급되면서 절정을 이루었다. 어린 아이가 있는 가족이나 연인들이 사적인 공간에서 오붓하게 영화를 관람하려는 욕구를 충족시켜준 자동차극장은 소수이기는 하지만 심각한 폐소공포증이 있는 사람에게도 안전한 곳이었다.

그러나 1960년대 초 텔레비전의 대중화로 영화 관람객이 급감하자 영화관들은 점차 문을 닫고 큰손들에게 넘어가 멀티플렉스(Multiplex)나 공연예술센터로 개조되었다. 멀티플렉스 개념은 세계 3대 미디어 거물이자 콘텐츠 기업 바이어컴 CBS의 회장 섬너 레드스톤(Sumner Redstone)이 1973년 내셔널 어뮤즈먼트 사장 시절에 창안해낸 것이다. 이것보다 규모가 더 큰 것은 메가플렉스(Megaplex)라고도 한다.

우리나라에서는 1898년 한성전기회사의 전등·전차 사업 도급을 받은 콜브란-보스트윅 개발회사가 동대문 밖에 발전소와 전차고를 지어 그 안에 가설무대를 설치하고 낮에는 소리패 공연을, 밤에는 활동사진을 보여준 것이 시초라고 한다. 이것이 1907년에 광무대(光武臺)가 되었다. 1902년 고종 즉위 40주년을 기념하기 위해 지금의 새문안교회 자리에 황실 소속 협률사가 최초의 극장으로 개관했다. 처음엔 판소리 공연을 하다가 1903년에 처음 영화를 상영했으나 누전 사고가 일어나는 등 우여곡절 끝에 1906년 4월 25일 문을 닫았다. 이 건물은 1908년 7월 최초의 신소설 《혈의 누》(1906)의 작가 이인직(李人稙) 등이 임대를 받아 원각사(圓覺社)라는 상설극장으로 다시 문을 열었으나 이것도 1914년 화재로 소실되었다.

1955년의 단성사 전경.
장 드배브르(Jean Devaivre) 감독의
1953년 작 〈카로리느〉를
상영하고 있다.

　　민간인이 볼 수 있는 최초의 상영관으로는 1907년 종로3가에 세워진 2층 목조건물 단성사라고 할 수 있다. 공연장으로 이용되다가 1919년 10월 27일 한국 최초의 영화 〈의리의 구토〉가 개봉되면서('영화의 날'이 이날을 기념해 제정되었다) 상설 영화관이 되었다. 이곳은 아쉽게도 2001년 9월 옛 건물을 철거하고 건물을 새로 지어 2005년 2월 7개관을 갖춘 멀티플렉스 영화관으로 문을 열었으며, 2006년에는 3개관을 더 갖추었다. 그래서 1935년에 개관한 광주 충장로의 광주극장이 옛 건물을 유지한 최고(最古)의 극장으로 기록되어 있다.

　　국내의 멀티플렉스는 1989년에 서울씨네마타운(지금의 서울극장)이 3개관으로 증축해 막을 연 이후, 1998년 11개 상영관을 갖춘 CGV 강변점이 개관하면서 멀티플렉스 영화관의 시대를 활짝 열었다.

문학과 예술의 산실,
카페

파 리의 카페들은 독특한 역사를 갖고 있다. 카페가 단순한 만남의 공간을 넘어 예술가들의 사교장이나 예술작품의 산실 노릇을 했기 때문이다. 1723년에 파리에만 300개의 카페가 있었고, 1800년에는 800개로 늘어났으며, 1926년 파리의 카페는 전성기를 누리고 있었다. 많은 사람들의 발길을 머물게 하고 웃음과 대화와 논쟁을 이끌어내며, 깊은 사색과 철학적 고뇌 그리고 아름다운 문학작품을 탄생시킨 공간, 바로 이 카페는 어떻게 탄생하게 되었을까?

고대 폴리스에서는 '거리의 사람들이 모이는' 아고라(광장)가 있었는데, 그 전통이 이어져 유럽에서는 '무언가를 논하기 위해 모이는 곳'이라 할 수 있는 플라자(plaza)와 포럼(forum)이 탄생하게 된다. 이것이 바로 카페의 탄생 배경이 되었던 것이다.

17세기 유럽인들은 값싸고 칼로리가 높은 술을 부족한 식량의 대용품으로 애용했다. 바로 이 시기에 지중해를 건너 유럽에 전해진 커피가 가난한 사람들의 각성제로 등장한 것이다. 어쩌면 알코올로 몽롱해진 사람들에게 이성의 시대를 열어준 커피는 바로 '근대'를 열어준 장본인일지도 모른다.

1638년 처음으로 선보인 베네치아의 카페는 유럽에서 가장 오래된 카페 중 하나다. 베네치아의 산마르코 광장 주변에는 1720년에 문을 연 플로리안과 콰드리 등 당시의 카페가 아직도 여럿 남아 있다. 영국에서는 1655년 옥스퍼드에 처음 커피하우스가 생겼으며, 라이벌인 케임브리지에도 1660년대에 커피하우스가 생겨났다. 이후 18세기 초에는 보수적인 런던에도 3000개가 넘는 커피하우스가 있었다.

클럽이라는 사교 모임과 함께 발달한 영국의 커피하우스는 클럽에 비해 값이 싸고 술을 팔지 않았기 때문에 클럽 멤버들의 집합소로 번성했고, 작가와 예술가들이 모여들면서 각종 문학 카페의 효시로 자리 잡게 되었다. 그러나 여성의 출입을 금지하는 등 분파적이고 폐쇄적이라는 한계를 지니고 있었다. 이에 여성들은 커피하우스 때문에 남성들이 가사를 돌보지 않는다며 1674년 '커피 반대 청원'을 제출하기도 했다.

근대화된 파리에서는 1830년대부터 시가지에 깨끗한 상점이 즐비하게 늘어서면서 도심 속의 휴식공간도 더욱 절실해졌다. 이때부터 카페가 도시의 사교적인 문화 살롱으로 번성하기 시작했다. 당시의 파리지앵에게 카페는 품격 낮고 불결한 술집이나 지식인들의 폐쇄적인 클럽과는 달리, 깔끔하고 세련된 인테리어와 값싼 음식을 제공하는 사교 공간이었다. 프랑스 혁명으로 귀족사회가 무너지고 일반 시민이 즐길 수 있는 사교 공간의 필요성 때문에 생겨난 것이 바로 카페였던 것이다.

여기에서 말하는 카페는 단순히 '차를 마시는 가게'가 아니다. 파리에서 제작한 안내서를 보면 간혹 카페와 레스토랑을 같은 것으로 분류하기도 하는데, 이는 대형 카페에서 레스토랑을 겸하는 경우가 있기 때문이다. 예를 들면 파리에 있는 카페 드 파리(Café de Paris)가 그러하며 그 밖의 카페도 대부분 식사를 할 수 있게끔 되어 있다. 브라세리(Brasserie) 스타일도 있다. 이것은 원래 독일의 비어홀을 본뜬 것으로 처음에는 인테리어까지 독일풍이었다. 차이점이라면 카페에는 가르송(Garçon; 웨이터)이 있는 데 비해, 브라세리에서는 여성들이 시중을 들었다. 하지만 오늘날에는 거의 차이가 없어 브라세리도 카페의 일종으로 간주하고 있다.

당시에 생긴 이색적인 카페 중에는 연주와 노래, 마술 등의 프로그램을 펼치던 카페 콩세르(Café Concert)가 있다. 이 카페 콩세르가 대형화해 뮤직홀이 되었고, 나중에 오페라 등을 상연하는 극장 비슷한 것으로 바뀌었다. 대표적인 카페 콩세르로는 앰버서더, 엘도라도 등이 있었다. 1920년대의 파리 안내 책자를 보면 큰길가의 카페에서는 저녁 때 오케스트라 연주가 펼쳐졌다고 한다. 마르코 광장의 카페에서는 요즘에도 저녁부터 밤까지 밴드 음악이 연주되고 있다.

파리의 카페는 레스토랑과 연예장까지 포함한 폭넓은 성격을 띠었지만 중심 역할은 역시 사람들의 사교공간이었다. 카페에서는 카페 나름의 사교계가 만들어졌다. 이 사교계의 작가와 예술가들이 모이는 문학카페가 나중에 파리의 명물이 되었다. 가장 오래된 문학카페는 1686년 생제르맹의 앙시앵 코메디 거리에 문을 연 프로코프다. 시칠리아 출신인 프란체스코 프로코피오(Francesco Procopio)가 뛰어난 수완을 발휘해 카페를 성공적으로 운영하면서, 자기의 이름을 따서 가게 이름을 프로코프로 지었다고 한다.

이곳은 18세기에는 볼테르, 당통, 마라, 로베스피에르와 같은 당대 혁명사상가들의 아지트였고, 벤저민 프랭클린도 자주 드나들었으며, 19세기에는 발자크·조르주 상드 등이 모이는 문학카페였다. 지금도 2층에

카페 프로코프의 간판. 문학카페였던 이곳은 프랑스 혁명 당시 마라, 당통, 로베스피에르 등이 출입하며 혁명의 드라마를 펼쳤던 곳이다.

올라가면 '볼테르가 앉았던 탁자'라고 새겨진 금이 간 대리석 탁자를 볼 수 있다. 프랑스 혁명 당시 공화파의 영웅들이 둘러앉아 열변을 토하면서 주먹으로 탁자를 쾅쾅 두드리는 바람에 금이 갔다고 한다.

1723년에는 파리에 카페가 300개나 되었고 1800년에는 무려 800개로 늘어났다. 이후 1870년에 생제르맹데프레에 문을 연 플로르는 자연의 재탄생을 상징하는 꽃의 여신 '플로라(Plora)'에서 따온 이름이다. 플로르 근처에 있는 되 마고(Les Deux Magots)는 '이집트 서쪽 바바리아 제국의 두 마리 원숭이'라는 뜻이다. 그래서 이 카페 입구에는 도자기로 만든 두 마리 원숭이 상이 서 있다. 이곳의 단골손님으로는 작가 윌리엄 포크너(William Faulkner)와 초현실주의 시인인 앙드레 브르통(André Breton)을 꼽을 수 있다.

세기말에 문을 연 몽마르트르의 카페 중 라팽 아질(Lapin Agile)은 당시의 어떤 사교클럽보다 중요하다. 1880년 몽마르트르 사크레쾨르 성당 근처의 포도밭 옆에 들어선 이 카페는 훗날 몽마르트르 예술가촌의 기원이 된 곳으로 로트레크, 르누아르, 베를렌 등 당대의 예술가들이 드나들었다. 20세기에 들어서는 모딜리아니, 피카소, 자크 프레베르 등이 이 카페의 명성을 드높였다.

한편 1881년에는 화가 로돌프 살리(Rodolphe Salis)가 라부아르 거리에 샤 누아르(Chât Noir; 검은 고양이)를 개점했다. 이곳에서는 아리스티드 브뤼앙(Aristide Bruant)의 샹송이 인기를 얻어 '예술 카바레'의 시초를 이루었다. 카페와 카바레의 구별은 확실치 않지만 예술 카바레는 만담장이나 마술장에 가까운 곳이었다. 파리에서는 카바레도 넓은 의미로 카페의 일종이라 할 수 있을 것이다.

물론 몽마르트르 일대에는 예부터 게르부아, 누벨, 아테네 등의 문학카페가 있었다. 여기에 예술 카바레가 등장해 보헤미안과 외국에서 건

샤 누아르의 메뉴판

너온 예술가들을 불러들였다. 이 시기는 전 세계에서 각양각색의 사람들이 파리로 모여들던 때였으며, 마침 파리에서 만국박람회(1889)가 열린 시기이기도 했다. 박람회를 구경 왔던 사람들은 파리의 카페에 매혹되었고, 그들을 통해 파리의 카페는 전 세계에 알려지게 되었다.

전성기를 구가했던 카페 시대는 제1차 세계대전으로 막을 내린다. 파리의 번화가도 북쪽의 몽마르트르에서 센강을 건너 남쪽의 몽파르나스 언덕으로 옮겨갔다. 1900년 개최된 파리 만국박람회 때문에 파리의 관광지가 된 몽마르트르는 세계 각국에서 몰려든 수많은 사람들로 북적거리게 되었다. 이에 예술가들은 그들만의 새로운 아지트를 찾아 몽파르나스로 옮겨가기 시작했던 것이다. 곧이어 새로운 문학카페가 들어서는 등 몽파르나스는 번화가로 탈바꿈하게 되었다. 그리하여 '모던 카페'의 시대가 열리게 된다.

몽파르나스와 라스파유의 큰길이 교차하는 바뱅 근처는 '몽파르나스의 배꼽'이라 불리는 곳으로 르 돔(Le Dome), 로통드(Rotomde), 셀렉트(Sélect), 쿠폴(Coupole) 등의 카페가 오늘날에도 남아 있다. 이들은 모두 1900년을 전후로 생겨나 1920년대에 파리의 명소로 이름을 날렸던 곳이다. 레닌과 트로츠키 같은 혁명가들이 공부하던 곳이며, 장 콕토·에릭 사티·스트라빈스키 등이 단골로 드나들었던 카페였다. 또한 몽파르나스에는 모딜리아니와 키슬링 등 '에콜 드 파리'의 화가들이 살기도 했다.

카페를 북적거리게 만든 또 다른 사람들은 제1차 세계대전 후 파리로 몰려든 미국인들이었다. 그중에는 작가가 되기 위해 파리에 온 무명의 어니스트 헤밍웨이도 있었다. 그는 아내와 아이들을 데리고 비좁은 아파트에 세 들어 살았기 때문에 카페에서 원고를 썼다고 한다. 헤밍웨이의 젊은 시절의 파리 회상기인 《이동축제일 A Moveable Feast》(1964)에는 카페의 테이블에 앉아 거리를 오가는 사람들과 옆 테이블에 앉아 있는 멋쟁이 여성들을 힐끗힐끗 쳐다보면서 소설을 썼던 자신의 모습이 생생하게 묘사되어 있다. 그는 1920년대 파리의 카페 풍경을 다음과 같이 묘사했다.

"태양이 어지러운 거리를 비추거나 황금의 먼지처럼 황혼이 따뜻한 대지 속으로 밀려올 때, 그리고 밤이 찾아와 수백만 개의 불빛이 세상을 대낮처럼 밝혀줄 때면 나는 어김없이 카페의 테라스에서 음료수를 앞에 놓고 멍청히 앉아 있다. 시간을 잊은 채 생각에 잠겨 있다가 생각이 나면 음료수를 한 모금 마시고 내 앞에 펼쳐진 세계를 바라본다. 당신은 이곳에서 백만장자와 거지, 성자와 죄인, 목사와 창녀, 강자와 약자, 유명인과 보통 사람들을 볼 수 있을 것이다. 파리는 문을 활짝 열고 모든 사람을 받아들이면서 날마다 큰길을 끊임없이 지나다니는 각양각색의 군중을 사열하고 있다. 모든 인생의 모습이 거기에 총망라되어 있다. 커피 한잔 값으로 당신은 그 모든 것을 볼 수 있으며 (만일 당신이 그것을 볼 수 있는 감성을 지니고 있다면) 자신을 위해 '천 가지 이야기'를 풀어낼 수 있을 것이다."

2000년 된 펍의 역사

펍 (pub)은 퍼블릭 하우스(public house)의 약자다. 과거에는 펍이라는 말이 공공에 개방되었던 집을 일컫는 말로 쓰였지만, 오늘날 펍은 사람들이 모여 어울리면서 술 한잔 기울이는 술집을 말한다. 정치인이자 일기작가로 유명한 새뮤얼 피프스(Samuel Pepys)는 펍을 '영국의 심장'이라 말하기도 했다.

펍의 역사는 거의 2000년 전으로 거슬러 올라간다. 43년 로마의 황제 클라우디우스 1세가 영국을 점령했을 당시, 로마인은 술을 마시면서 사람들과 어울리는 '타베르나(taberna)'라는 선술집을 영국으로 들여왔다. 이런 형태의 술집은 현지에 빠르게 적응해 영국의 양조 맥주인 에일(ale)도 팔게 되었으며, 나중에는 손님들에게 음식과 술과 숙박을 제공하는 형태로 발전해나갔다. 이후 영국 펍의 숫자는 기하급수적으로 늘어나 965년 에드거 1세는 '1마을 1펍' 정책을 펼치기도 했다고 한다.

그리하여 에일하우스(alehouse), 주막(inn), 여관(tavern) 등 다양한 이름으로 불렸던 선술집은 퍼블릭 하우스라는 이름으로 통일되어 부르기 시작했다.

머메이드 태번에 모인 셰익스피어와 그의 동료들(존 페이드, 1851). 가운데가 셰익스피어, 맨 오른쪽이 계관시인 벤 존슨(Ben Jonson)이다.

《기네스북》에 따르면, 영국에서 현존하는 가장 오래된 펍은 허트포드셔의 세인트 올번스(St. Albans)에 있는 '올드 파이팅 콕스(Ye Olde Fighting Cocks)'로 16세기에 문을 연 것으로 알려져 있다.

1600년대 중반에는 펍에서 브랜디(brandy)나 진(gin)을 비롯한 다양한 종류의 술을 함께 팔게 되었다. 영국 최초의 개인 클럽으로 엘리자베스 1세의 연인 월터 롤리가 런던 칩사이드의 브래드 거리에 문을 연 머메이드 태번(Mermaid Tavern; 인어 선술집)은 셰익스피어가 자주 찾던 곳이었고, '황소가 건너는 여울'이라는 뜻의 유서 깊은 도시 옥스퍼드의 세인트 자일스 거리에 있는 램 앤 플래그(Lamb & Flag; 양고기와 깃발)는 토머스 하디의 단골집이었다. 맞은편에 있는 이글 앤 차일드(Eagle & Child; 독수리와 아이. 별명은 The Bird and Baby)라는 펍도 이 무렵에 문을 열었는데, 《나니아 연대기》로 유명한 클라이브 스테이플스 루이스(Clive Staples Lewis)와 《반지의 제왕》의 작가 존 로널드 톨킨(John Ronald Tolkien)이 단골이었다. 또 조지

오웰과 버지니아 울프는 런던 중심부 블룸스버리 구역에 있는 피츠로이 태번(Fitzroy Tavern)을 즐겨 찾았으며, 리버풀에 있는 캐번 펍(Cavern Pub)은 비틀즈가 애용한 곳으로 유명하다.

영국의 펍은 다양한 디자인의 간판과 재미있는 이름을 갖고 있다. 옛날에 글씨를 모르는 사람들도 쉽게 술집임을 알 수 있도록 하기 위해서였다. 로마 시대에는 와인 판매를 알리기 위해 포도 넝쿨을 간판 대신 썼는데, 후에 포도 넝쿨이 귀해져 나뭇가지를 썼기 때문에 지금도 Bough(나뭇가지)라는 단어가 간판에 많이 남아 있다.

초기의 여인숙이나 선술집은 왕과 여왕을 비롯해 사자·양·돼지·돌고래·까마귀·포도·장미 등의 동식물을 상징으로 한 간단한 간판으로 자기 업종을 표시했다. 이는 1393년 사자왕 리처드 2세가 '마을에서 맥주를 팔려는 사람은 반드시 맥주 말뚝을 내걸어야 한다'는 칙령을 공포하면서 비롯됐다. 그래야 검사관이 간판을 보고 펍임을 쉽게 알아보고 세금을 걷을 수 있을 뿐만 아니라, 맥주의 질도 쉽게 검사할 수 있기 때문이다. 셰익스피어의 아버지도 그중 한 사람이었다고 한다.

펍에는 유난히 '더 레드 라이언(The Red Lion)'이라는 간판이 많다. 이는 스코틀랜드의 제임스 6세가 엘리자베스 1세의 뒤를 이어 잉글랜드의 제임스 1세가 되었을 때 공공건물에 왕실 문장(紋章)인 '뒷다리를 딛고 서 있는 붉은 사자' 문장을 걸도록 했기 때문이다. 그는 영국성공회를 강제(強制)해 청교도와 대립했고, 이에 102명의 청교도, 즉 '필그림 파더스'는 종교적 탄압을 피해 메이플라워호를 타고 신대륙으로 건너갔다. 이후 18세기의 많은 선술집은 간판에 귀족 가문의 문장을 붙여 특정 귀족 집안의 보호를 받고 있음을 자랑하기도 했다.

칵테일의 시대를 연
'아메리칸 바'

사보이 호텔을 세운 리처드 도일리 카트는 종종 미국을 여행하면서 그곳의 호텔 경영방식을 눈여겨보았다가 자신의 호텔에 적용하곤 했다. 사보이 호텔의 성공 비결은 바로 쾌적하고 기능적인 아메리칸 스타일에 영국풍의 세련미를 도입한 데 있다. 제1차 세계대전 후 미국인이 주요 고객이 될 것으로 예측한 그는 사보이 호텔에 멋진 '아메리칸 바'를 만들어 큰 성공을 거두었다. 금주법이 시행되고 있던 미국 땅을 잠시 탈출한 사람들이 우르르 유럽으로 건너와 사보이 호텔에 투숙했던 것이다.

바로 그 사보이 호텔의 '아메리칸 바'는 1920년대의 칵테일 시대를 이끌었던 곳으로 유명하다. 그 비결은 세계에서 가장 유명한 바텐더인 해리 크래덕(Harry Craddock) 덕분이었다. 1925년부터 1938년까지 일했던 그는 이곳의 3대 바텐더였으며, 화이트 레이디라는 새로운 칵테일을 만들어내기도 했다. 이것은 스카치와 진저에일 와인을 3대2의 비율로 섞은 것으로 얼음은 넣지 않았다. 사보이 호텔에서는 특별한 일이 있을 때마다 크래덕에게 그것을 기념하는 새로운 칵테일을 만들도록 했다. 역설적이게도 술을 혼합하는 명인이 술을 한 모금도 마시지 않았다는 사실이 어쩌면 칵테일의 매력을 말해주는 것인지도 모른다.

크래덕이 1930년 펴낸 《사보이 칵테일 북*The Savoy Cocktail Book*》을 보면, 칵테일 이름에 무의식적으로 내뱉었던 말들이 함께 붙어 있다. 예를 들면 사보이 마티니에는 "사모님들께서는 될 수 있으면 이 칵테일은 피하는 것이 좋을 것 같습니다."라든지, 선더클랩(Thunderclap; 우레) 칵테일에는 "만들어 내놓으면 바로 도망쳐라."라는 말이 붙어 있다. 또 콥스 리바이버(Corpse reviver; 시체를 되살린다) 칵테일에는 "넉 잔을 단숨에 마시면 죽었던 시체도 다시 살아난다."라는 말이, 어스퀘이크(Earthquake; 지진) 칵테일에는 "이 술을 마시고 있을 때는 지진이 일어나도 모른다."는 말이 붙어 있다.

이처럼 칵테일에는 농담과 유머가 섞인 이야기들이 별미로 등장했다.

해리 크래덕과 그의 저서 《사보이 칵테일 북》

또 바로 눈앞에서 마술사처럼 칵테일을 만드는 묘기로 손님을 즐겁게 하는 바텐더들도 독특한 역할을 했다. 런던과 파리에서는 이러한 명물 바텐더가 손님을 끌고 있었다.

니컬러스 루츠(Nicholas Rootes)는 《술꾼의 친구*Drinker's Companion*》(1987)라는 책에서 바텐더에 대해 다음과 같이 말했다. "바텐더는 자신의 환경에 지혜롭게 적응하면서 기민하고 놀라운 묘기를 연출해야 한다. 때로는 욥의 인내를 보여주기도 하고 신부처럼 참회를 들어주기도 하며, 주정뱅이가 심야에 소란을 피울 때는 같이 있어주기도 해야 한다. 주정뱅이의 혀는 바텐더가 만드는 혼합 음료를 위안삼아 돌아가기 때문이다."

하얀 유니폼을 단정히 차려입은 멋쟁이 바텐더는 칵테일 바의 간판스타였다. 파리의 생제르맹에 있던 '파피용'과 '앙리 4세'의 바텐더 찰리(Charley)도 그중 한 사람이다. 바텐더에게는 얼마나 많은 손님들의 얼굴과 기호를 기억하고 있는가가 큰 의미를 지니는데, 찰리는 주 고객의 게스트 북을 만들어 그들에게 일일이 특별한 칵테일을 만들어주었다고 한다. 자기만을 위한 칵테일을 바에 보관해놓고 있다는 것이 고객으로서는 얼마나 기분 좋은 일인가.

이 시대는 남과 다른 '나만의 것'의 가치를 존중하는 것이 유행이었다. 특히 1920년대 호사 취미를 즐기던 미국의 부호들은 자기의 칵테일 취향을 비밀스럽게 바텐더에게 맡겨두는 것을 무척 좋아했다. 이때는 자동차에서 칵테일에 이르기까지 '주문 제작'이 성행하던 시대이기도 했다.

사보이 호텔의 '아메리칸 바'는 앞에서 말했듯이 미국인의 기호를 잘 알고 있었다. 이를테면 얼음을 넣는 방법에서도 그랬다. 영국에서는 잔에 먼저 술을 부은 다음 얼음을 넣지만, 미국에서는 얼음을 먼저 넣고 술을 붓는다. 사보이 호텔은 이런 사소한 차이를 존중했다. 미국인은 아주 찬 칵테일을 좋아했다. 그들에게 얼음은 단순한 첨가물 이상의 크나큰 중요성을 지니고 있었다. 그 영향 탓인지 현대의 칵테일은 얼음이 큰 역할을 하고 있다. 전기냉장고의 보급으로 언제 어디서든 얼음을 넣은 칵테일을 즐길 수 있는 생활환경이 갖춰지고 사무실에는 미니 바(Mini Bar)를, 가정에는 홈 바(Home Bar)를 만들게 되면서부터 칵테일은 우리의 삶에 좀 더 가까이 다가서고 있다.

박물관이 살아야
문화가 있다

20 06년 영화 〈박물관이 살아 있다*Night At The Museum*〉가 개봉되어 큰 인기를 끌었다. 인기에 힘입어 2009년에 속편(Night at the Museum: Battle of the Smithsonian)이 나왔으며, 2014년에 '비밀의 무덤(Night at the Museum: Secret of the Tomb)' 편으로 마무리되었다. '박물관이 살아 있다' 시리즈 1편은 뉴욕 자연사박물관, 2편은 워싱턴 스미소니언박물관, 3편은 런던 대영박물관을 배경으로 하고 있다. 죽어 있는 박물관의 전시물들이 밤이 되면 모두 살아 움직인다는 독특한 설정으로 사람들의 호기심을 크게 자극해 박물관에 대한 관심을 높여주기도 한 영화였다.

박물관을 의미하는 영어 뮤지엄(Museum), 프랑스어 뮤제(Musée), 독일어 뮤제움(Museum), 에스파냐어 무세오(Museo) 등은 모두 고대 그리스의 예술을 관장하는 신 뮤즈(Muse)에게 바치는 신전 안의 보물창고인 무세이온(Museion)에서 비롯되었다.

기원전 280년경 이집트에서도 프톨레마이오스 2세가 왕조의 창시자인 부왕 프톨레마이오스 1세(알렉산드로스 대왕 휘하의 장군이었다)의 유언을 받들어 '알렉산드리아 문고(Library of Alexandria)'(부왕이 세운 학예관도 이곳의 부속건물이 되었다)를 조성했다. 여기에 부왕이 쓰던 물건과 예술품을 보관했는데, 이것이 세계 최초의 박물관 형태로 알려져 있다. 그 이유는 국제박물관회의(ICOM) 헌장의 취지에 어느 정도 부합하기 때문이다. 이 헌장에는 박물관이 "예술·역사·미술·과학·기술에 관한 수집품 및 식물원·동물원·수족관 등 문화적 가치가 있는 자료·표본 등을 각종의 방법으로 보존하고 연구하여, 일반 대중의 교육과 오락을 위해 공개·전시함을 목적으로 이룩된 항구적 공공시설."이라고 명시되어 있다.

고대 로마의 정치가 마르쿠스 빕사니우스 아그리파(Marcus Vipsanius Agrippa)는 수집품의 일반 공개를 권장하기도 했다. 하지만 당시의 로마인은 Museum이라는 단어를 '진리를 탐구하는 토론 장소'로 제한해 사용했다.

중세에 들어서는 도서관 역할을 했던 수도원이 박물관의 역할까지 담당했다. 중세 말에 이르러서는 근대적 의미의 수장가가 나타나기 시작했다. 당시의 큐레이터들은 타조의 알을 상상 속의 괴물 그리핀의 알이라 속이기도 했으며, 일각돌고래의 뿔을 유니콘의 뿔로 둔갑시키기도 하고, 화석을 노아의 방주 당시 동물들의 뼈로 선전하기도 했다.

르네상스 이후 17세기에 이르러서는 골동품·예술품·고문서·장식적인 유물을 모아 전시하는 작은 공간인 캐비닛Cabinet)과, 회화나 조각을 전시하는 규모가 큰 전시 공간인 갤러리(Galley)의 개념이 형성되기 시작했다.

대영박물관은 로버트 브루스 코튼(Robert Bruce Cotton)과 같은 도서수집가들의 장서들을 기초로 삼아 여기에 왕립학사원장을 지낸 아일랜드 출신의 의학자 한스 슬론(Hans Sloane)의 수집품과 왕실에서 가지고 있던 컬렉션이 더해져 1753년에 설립되었고, 1759년에 일반에 공개되었다.

작품이 많지 않았던 초기에는 몬터규 하우스에 전시했으나 식민지에서 약탈하고 기증받은 작품들과 그동안 사들인 다양한 작품 등으로 전시품이 늘어나자, 1824년 로버트 스머크(Robert Smirke)가 설계한 신고전양식의 건물을 같은 터에 지었다. 이후 1881년에 자연사 소장품들은 빅토리아 앤드 앨버트 박물관과 마주하고 있는 자연사박물관으로 옮겨 전시하고 있으며, 도서관의 장서 중 '킹 제임스 판'《성서》 필사본과《마그나 카르타Magna Carta》 원본 등은 유물로 간주해 남겨두고 나머지는 1973년에 개관한 대영도서관으로 옮기는 등 전시품들을 재정비했다.

지금의 대영박물관은 '세계 3대 박물관'이라는 명성에 걸맞게 선사시대부터 현재에 이르기까지 수많은 유산을 소장하고 있다. 특히 이집트·메소포타미아·그리스·로마 등에서 시작된 고대 문명 전시품들이 유명하며, 그중에서도 미라와 람세스 2세 석상, 로제타스톤, 파르테논 신전에 있던 대리석 조각인 엘긴 마블스,《마그나 카르타》 원본 등을 전시한 곳은 언제나 관람객들로 붐빈다. 특히 로제타스톤은 나폴레옹의 이집트 원정군 장교가 발견했으나 영국군과의 전투에서 패배한 뒤 영국군이 노

대영박물관의 한국관 부스에 서 있는 저자(1989). 기둥에 'Korea'라는 글자가 쓰여 있다.

획한 프랑스 군함에 실려 1802년 플리머스항에 도착한 뒤부터 영국 소유가 되어버렸다. 또 이곳에는 한광호 씨가 기증한 골동품을 위주로 한 한국관이 2000년 11월에 초라하게 확장 개장했는데(이전에는 부스 형태였다), 사랑방 개념의 공간에 구석기 유물부터 조선 후기 미술품까지 두루 전시하고 있다.

프랑스 루브르 박물관은 1546년 레오나르도 다빈치의 후원자인 프랑수아 1세가 12세기에 지은 필립 2세의 궁터(요새)에 르네상스 스타일로 루브르 궁전을 설계한 게 효시다. 그의 사후에도 공사는 이어졌고, 1682년 루이 14세가 미완의 베르사유 궁전으로 왕실을 옮기자 이곳은 왕실의 수집품을 전시하는 장소로 쓰였다. 1793년에는 혁명정부가 이곳을 국립중앙미술관으로 개조해 공개했다. 그 후 200여 년간 증축과 개축을 거듭하다가 1980년대에 예술품 전시 공간을 확보하기 위해 대대적으로 개축해 각종 편의시설을 갖춘 지하 단지까지 조성하면서 지금의 모습을 갖추게 되었다. 이때 설치된 유리 피라미드는 2019년에 102세로 타계한 중국계 미국인 건축가 이오 밍 페이(Ieoh Ming Pei)가 설계해 '프랑스 혁명 200주년'인 1989년 3월에 완공되었다.

루브르 박물관은 '세계 3대 박물관'의 하나로 유명 작품으로는 프랑스 화가 자크 루이 다비드의 〈나폴레옹 대관식〉, 그리스 밀로스에서 발견된 조각상 〈밀로의 비너스〉, 레오나르도 다빈치의 〈모나리자〉 등이 있다. 기차역을 개조하여 1986년에 개관한 오르세 미술관은 이곳의 부속 미술관인데 1848년부터 1914년까지의 회화 작품들, 주로 인상파 화가들의 작품이 전시되어 있다. 1848년 이전의 작품은 루브르 박물관에, 1914년 이후의 작품은 1977년 마지막 날에 문을 연 퐁피두센터에 전시하고 있다.

유리 피라미드가 완공된 해인 1989년 10월 루브르 박물관을 방문한 저자.
완공 당시 파리 시민들의 비난이 빗발쳤으나(중국계라서 비난이 더 심했다)
지금은 루브르 박물관의 랜드마크가 되었다.

　　댄 브라운의 소설 《다빈치 코드》(2003)는 루브르 박물관을 배경으로
이야기가 전개된다. 박물관장 자크 소니에르의 살인사건에 휘말린 하버
드 대학의 기호학 교수 로버트 랭던이 그 비밀을 파헤치는 내용이다. 장
폴 살롬(Jean-Paul Salome)의 영화 〈벨파고〉(2001)는 이곳에 전시된 석관에서
3000년 전 이집트의 악령 벨파고가 나와 죽음의 의식을 환상적으로 펼
치는 내용을 담고 있다.

　　뉴욕의 메트로폴리탄 미술관은 1866년에 파리에서 열린 미국 독립기
념일 100주년 축하 모임에서 변호사 존 제이(John Jay)의 주도로 설립 추진
안이 마련된 이후, 1870년 4월 13일 뉴욕주 의회로부터 설립 허가를 받
아 준비한 끝에 1872년 2월 20일 뉴욕 5번가 도드워스 빌딩을 임대해 개
관했다. 1873년 3월 1일 맨해튼에 있는 더글러스 맨션으로 잠시 옮겼으
며, 1880년 3월 30일 센트럴파크 근처에 건축가 칼베르 보(Calvert Vaux)의

감독하에 현재 미술관의 원조 격인 건물이 완공되었다.

하지만 20년도 채 안 되어 이 건물도 포화 상태에 이르자 박물관 이사이자 건축가인 리처드 모리스 헌트(Richard Morris Hunt, 아들 리처드 하울랜드 헌트가 마무리했다)가 감독을 맡아 1902년 12월 로비 공간인 보자르 코트와 파사드, 그랜드 홀을 완공하는 등 계속 공간을 넓혀갔다. 20세기 후반에 들어서도 메트로폴리탄 미술관은 1971년부터 1991년까지 20년 동안 대대적 확장공사를 거쳐 오늘에 이르렀는데, 비록 역사는 짧으나 오늘날 그 규모나 내용 면에서 '세계 3대 박물관'이 되기에 충분하다.

유명 전시품으로 빈센트 반 고흐의 〈자화상〉, 폴 고갱의 〈타히티의

1872년 2월 20일 뉴욕 5번가의 메트로폴리탄 미술관 개관 기념 전시회 장면(1872년 3월 9일자 《주간 프랭크 레슬리Frank Leslie's Weekly》)

1873년 3월 1일에 잠시 이전한 맨해튼의 더글러스 맨션

여자들〉 등의 인상파 화가의 그림들, 앙리 마티스의 작품들, 이집트 정부가 기증한 덴두르 신전 등이 있다. 이곳은 또한 영화의 배경으로도 우리에게 친숙하다. 영화 〈해리가 샐리가 만났을 때〉(1989)에서 주인공으로 분한 메그 라이언과 빌리 크리스털이 이곳에서 만났으며, 드류 베리모이와 줄리아 로버츠 등이 출연하고 우디 앨런이 감독한 영화 〈에브리원 세즈 아이 러브 유〉(1996)에도 이 박물관이 배경으로 나온다.

2017년 2월 7일부터 소장품 37만 5000여 점의 디지털 사진을 퍼블릭 도메인으로 공개하고 있으므로 이곳을 방문하기 전에 참고하면 큰 도움이 된다. 한국관은 한국국제교류재단(KOICA)과 삼성문화재단이 경비와 전문가 양성 및 프로그램 기금을 지원해 1998년 6월 2층에 개관했으며, 현재 삼국시대 이후 작품 400여 점이 전시되고 있다.

우리나라에서 가장 먼저 설립된 박물관은 대한제국 황실이 1909년 11월에 서울 창경궁에 개관한 제실박물관(帝室博物館)이다. 1910년 경술국치 이후에는 벽돌 건물을 새로 지어 이전하면서 이왕가박물관(李王家博物館)으로 개칭했고, 광복 이후인 1946년에 덕수궁 석조전으로 옮겨 덕수궁미술관으로 개편되었으며, 1969년 5월 국립박물관에 통합되었다.

우리나라 박물관의 역사에서 결코 빼놓을 수 없는 선구자적 인물이 간송(澗松) 전형필(全鎣弼)이다. 일제강점기에 전국을 돌며 문화재를 모았고, 심지어 일본으로 건너가 각 분야의 민족 문화재를 모으는 데 10만 석 전 재산을 서슴없이 바친 인물이다(그는 일본으로 건너가 영국인에게 국보급 고려청자를 1점당 1만 원, 즉 집 열 채 값에 구입하기도 했다). 그는 서울 성북동 선잠단에 있는 양식 건물을 인수해 그동안 모은 각종 문화재를 갖추어 1938년 보화각을 개관했다. 당시에는 상설 전시를 하지는 못했으나

이왕가박물관으로 옮기기 전에 제실박물관
전시실로 쓰인 창경궁 환경전

20대의 간송 전형필

사설박물관의 선구적인 역할을 했다. 국보급과 보물급 문화재가 즐비한 이곳은 1966년부터 간송미술관으로 이름을 바꾸어 지금도 후손들이 문화재 보존과 후학 양성에 힘쓰고 있다.

우리나라 국립박물관은 경복궁 안에 있던 조선총독부박물관을 인수해 1945년 12월 3일 개관했으며, 1955년 6월 덕수궁 석조전으로 이전했다. 그 후 1972년 국립중앙박물관으로 개칭하면서 지금의 국립민속박물관 건물을 지어 이전했다. 1982년 정부과천청사의 신설로 중앙청(옛 조선총독부 청사) 건물이 비자 1986년에 이곳으로 이전한 다음, 1992년에 국립민속박물관을 독립시켰다. 하지만 1995년 조선총독부 건물을 철거하면서 소장품을 근처 벙커에 임시 보관했다가 경복궁 경내의 사회교육관 건물(지금의 국립고궁박물관)을 개축해 이전했다. 이후 미군 용산기지 골프장을 돌려받아 조성된 용산가족공원 내에 자리를 잡고 여섯 번의 이사 끝에 마침내 2005년 10월 28일 개관해 지금에 이른다.

국립중앙박물관에는 특별한 문화재가 하나 있다. 조선시대의 국가나 왕실의 주요 행사를 기록한 종합보고서인 297권의 의궤(儀軌)가 바로 그 것이다. 이것은 파리 국립도서관 창고에 방치되어 있다가, 1975년 박병선 (1955년 프랑스로 유학을 떠나 역사학과 종교학을 공부했다. 1972년 《직지심체요절》을 발견했으며, '동백림 간첩사건'에 연루되어 프랑스에 망명했다)이 발견함으로써 세상에 알려졌다.

조선의 정조는 즉위하던 해인 1776년 왕실 도서와 문서의 보관과 인재 양성을 목적으로 창덕궁에 규장각을 설치하고, 1782년에는 방대한 자료들을 분산·보관하고자 강화도에 외규장각을 세웠다. 그런데 1866년 병인양요 당시 퇴각하던 프랑스군이 이곳에 보관하던 297권의 의궤를 비롯해 340점의 도서를 약탈해 본국으로 가져갔다. 그 후 박병선의 반환 노력이 계속되었고, 1993년 프랑스의 프랑수아 미테랑 대통령이 TGV 고속철도 수주를 위해 방한하면서 《휘경원원소도감의궤》 1·2권을 반환했으며, 2011년 4~5월에 걸쳐 의궤 297권이 영구임대 형식으로 마침내 고국의 품에 안겼다.

인류가 쌓아온
지식 정보의 저장소, 도서관

인류가 쌓아놓은 지식의 보물창고라 할 수 있는 도서관의 역사는 상당히 길다. 기원전 4세기에 이미 알렉산드로스 대왕이 이집트에 세운 도시 알렉산드리아에 도서관이 존재했다. 알렉산드로스 대왕 사후 이집트를 통치한 프톨레마이오스 1세 때 그리스에서 망명한 데메트리우스(Demetrius of Phalerum)의 주도로 학예관을 세우고, 그의 아들 프톨레마이오스 2세가 '알렉산드리아 문고'를 세워 기존의 학예관을 본격적인 도서관으로 정비해 이곳의 부속기관으로 만든 것으로 보인다('박물관이 살아야 문화가 있다' 항목 참조).

데메트리우스는 아리스토텔레스 주도의 소요학파 일원이었으며, 아리스토텔레스도 소장본들을 모아 개인적으로 도서관을 만들었다고 한다. 참고로 '도서관'의 영어 library는 '책'을 뜻하는 라틴어 liber(프랑스어로는 Livre)에서 비롯되었다.

로마 시대에는 율리우스 카이사르가 아시니우스 폴리오(Asinius Pollio)에게 명해 최초의 공공도서관을 세웠고, 이후 책과 도서관은 소수의 대

알렉산드리아 문고(상상도)와 그곳에 있던 문서

도시에 집중하는 데서 벗어나 제국의 여러 도시로 퍼져나갔다.

중세에 들어서는 수도원과 필경사(筆耕士)가 도서관 역할에 크게 기여했다. 특히 베네딕트 수도원에서 필사된 성서와 역사서와 철학서들은 다른 수도원과 수도원 밖의 사람들에게 대여되면서 공공도서관의 기능을 수행했다. 하지만 르네상스 시대까지는 한정된 수량 때문에 책값이 매우 비싸 부호들의 사설도서관이 발전할 수밖에 없었다. 특히 대(大)코시모와 위대한 로렌초(Lorenzo Il Magnifico)가 15세기 중엽에 피렌체 지방에서 수집한 서적과 필사본을 보관하기 위해 세운 메디체아 라우렌치아나 도서관(교황 클레멘스 7세의 후원으로 미켈란젤로와 바사리 등이 참여해 1559년 완공해 1571년 개관)이 대표적이다. 대(大)코시모는 코시모 데메디치(Cosimo de' Medici)로 메디치 가문의 창시자이며, 위대한 로렌초는 로렌초 데메디치(Lorenzo de' Medici)로 피렌체 공화국의 사실상 통치자로 보티첼리와 미켈란젤로 등의 예술가를 후원했다.

그러나 요하네스 구텐베르크(Johannes Gutenberg)가 금속활자를 만들고 인쇄기를 발명하자 사정은 크게 달라졌다. 처음에는 구텐베르크의 인쇄기를 이용해 성서를 인쇄(1455년경 《구텐베르크 성서》를 발행함)하는 것이 대부분이었으나, 나중에는 인문주의자들의 매체 생산으로 이어졌다. 특히 구텐베르크의 인쇄술은 사상의 광범위한 전파에 크게 기여했다. 종교개혁가 마르틴 루터는 가톨릭교회의 면죄부 판매를 비판하기 위해 1517년 10월 31일 '95개조 반박문'을 써서 비텐베르크성(城) 교회 문에 붙였는데, 이 글은 활판인쇄기로 대량 인쇄되어 불과 몇 달 만에 유럽 전역으로 퍼져나갔다. 구텐베르크의 인쇄술이 면죄부 비판 논리를 널리 퍼뜨림으로써 종교개혁의 불길에 부채질을 한 것이다.

중세 때 세워진 대학들은 당시의 학문과 종교, 문화와 정치의 중심지였기 때문에 이곳의 도서관들은 산재해 있던 지식들을 한데 모으고 정리하여 보관함으로써 르네상스를 준비하는 역할을 했다.

프랑스에서는 도서수집가로 유명한 자크 오귀스트 드 투(Jacques-Auguste de Thou)와 그의 아들이 공공도서관 출현에 기여했다. 특히 루이 14세 당시 재무상이었던 콜베르(Jean Baptiste Colbert) 등의 도움으로 마자랭(Cardinal Jules Mazarin)은 프랑스 최초의 공공도서관을 창설했고, 이 도서관은 루부아(Camille le Tellier de Louvois) 신부의 관리하에 1692년 정식으로 일반에 공개되었다. 이것은 1868년에 제국국립도서관으로 바뀌었다가 1988년 7월 14일 미테랑 대통령이 새로운 도서관 건립을 선언한 뒤 1996년 12월 20일 오늘날 세계 최대 도서관의 하나로 꼽히는 프랑스 국립도서관으로 다시 문을 열었다.

영국에서는 로버트 브루스 코튼 같은 도서수집가들의 장서가 국가도서관으로 간주되는 대영박물관 소장 필사본의 기초가 되었다. 1850년대 말에는 영국에 망명 중이던 카를 마르크스가 이곳의 도서관에서 《자본론》을 집필하기도 했다. 1973년에 대영박물관에서 분리되어 대영도서관이 되었다.

1789년에 일어난 프랑스 혁명은 구체제를 전복시키고 인간의 자유와 평등을 부르짖으며 시민(부르주아)의 권리선언을 공표했다. 사회의 중심이 귀족에서 부르주아로 넘어간 것이다. 이들은 '자본'을 무기 삼아 권한을 무한정 늘려갔는데, 19세기의 산업혁명은 이들이 탄 배에 순풍을 불어주었다. 이때부터 급부상한 부르주아들이 자본을 바탕으로 세운 사설도서관이 많아지면서 학문 연구의 범위가 급속히 확대되었고, 미국으로 건너간 도서관은 커다란 변화를 맞게 되었다.

미국 독립선언문의 작성자이자 건국의 아버지로 불리는 벤저민 프랭클린은 도서관을 "미국의 13개 식민지 주에 사는 장사꾼과 농부들을 지적인 사람으로 만들어주는 곳."이라고 표현했다. 프랭클린은 1727년 필라델피아에서 자신의 장서와 독서토론 클럽인 전토(Junto) 회원들의 책들을 모아 교통이 편리한 중간 지점에 세계 최초로 회원제 도서관을 만들었다. 전토는 에스파냐어 junta에서 따온 말로 영어로는 assembly라는 뜻이다. 이 모임은 레더 에이프런 클럽(Leather Apron Club)으로도 불렸으며, 정치·철학·도덕 문제를 토론하고 비즈니스 정보도 교환했다.

미국 의회도서관은 세계 최대의 도서관으로 1800년에 건립되었으나 1812년 미영전쟁 당시 대부분의 소장품들이 소실되었다. 그 후 독서의 중요성을 늘 강조하던 토머스 제퍼슨 대통령이 개인 장서를 모두 이곳에 기증했다. 미국 의회도서관은 토머스 제퍼슨관, 존 애덤스관, 제임스 매디슨관 세 개의 건물로 구성되어 있으며 그중 토머스 제퍼슨관이 가장 유명하다. 1848년에 설립된 보스턴 공공도서관은 미국 최초의 시립 공공도서관으로 미국 의회도서관 다음의 규모를 자랑한다.

1672년 수도원장 예로님 히른하임(Jeroným Hirnhaim)의 지시로 건축한 체코의
스트라호프 수도원 도서관. 유네스코 세계문화유산으로 지정되었으며, 바로크 양식의
수려한 조각과 프레스코화로 장식된 천장이 유명하다.

'강철왕' 앤드류 카네기는 어린 시절 자신이 도서관 애용자이며 "그곳
덕분에 나는 비로소 이 세상의 지적인 풍요로움에 눈을 뜨게 되었다."라
고 말했다. 또한 "지역사회에 봉사할 수 있는 최고의 방법은 시민의 손
이 닿는 범위에 사다리를 놓아두는 것이다. 시민 스스로 그 사다리를
통해 원하는 만큼 높이 올라가도록 하는 것이다."라고 말하면서 도서관
의 중요성을 역설했다.

그러면 우리나라의 도서관 역사는 얼마나 되었을까?

고구려 소수림왕 2년인 372년에 세워진 태학이 우리나라 최초의 국
립 교육기관이며, 서민층의 교육기관으로는 경당이 있었다. 이곳은 책을
읽는 장소일 뿐만 아니라 개인이 구하기 어려운 서적들을 갖추어 여러
사람이 이용할 수 있도록 했으므로 우리나라 최초의 도서관이라 할 수

있다.

고려시대에는 992년(성종 11) 국립 교육기관인 국자감을 설치했고, 1101년(숙종 6)에는 국자감에 서적포를 설치해 서적의 출판과 보관을 담당하도록 했다. 1377년(우왕 3)에는 《직지심체요절》이 청주 흥덕사에서 금속활자로 인쇄되었다. 이 책은 1957년부터 프랑스 국립도서관 연구원으로 있던 박병선이 동양문헌실에서 발견해 1972년 파리 국립도서관에서 유네스코 주최로 개최한 '책의 역사' 전시회에서 현존하는 세계 최고(最古)의 금속활자본으로 공인되었다('박물관이 살아야 문화가 있다' 항목 참조).

조선 세종 때는 학문 연구기관인 집현전을 두었고, 성종 때는 한명회의 건의로 성균관에 도서관인 존경각을 두었으며, 정조 때는 왕실 도서관이자 출판을 담당했던 규장각을 설치했다. 광복 이후 1945년 10월 15일 서울 중구 소공동에 개관한 국립도서관은 1963년에 국립중앙도서관으로 개칭했으며, 1974년 12월 2일 남산으로 이전했다가 1988년 5월 지금의 서초구 반포동으로 자리를 옮겼다.

이제 도서관은 단순히 책을 빌리고 읽는 물리적 공간이란 의미를 넘어섰다. 지위고하, 빈부, 남녀노소의 차별이 없으며 보육 기능 등 다양한 문화공간의 역할도 톡톡히 해내고 있기 때문이다. 더구나 정보 및 지식 기반 사회에 접어든 21세기에는 이용자들의 정보 욕구와 문화적인 생활을 충족시킬 수 있도록 전자도서관의 기능이 활성화되어 있다. 힘들여 도서관에 가지 않고도 국내뿐만 아니라 세계의 도서관에 접속하여 최소한의 노력과 시간으로 최적의 정보를 이용할 수 있게 된 것이다.

뒤져서 찾는 기쁨을 누리는 곳, 헌책방

유럽에서는 제지술과 인쇄술이 보급되기 전까지는 책은 주로 수작업으로 집필해 필경사가 베껴 써야 비로소 완성되는, 그러니까 엄청난 인적 자원이 들어가는 물건이었다. 중국에서 발명된 제지술이 751년 전쟁포로들에 의해 이슬람교도에게 전해진 후 아라비아를 거쳐 유럽에 전파되기 전까지, 유럽은 고가의 양피지로 책을 만들었기 때문에 그 경향이 더욱 두드러졌다(무어인들이 지금의 에스파냐 지역에 제지공장을 만들면서 유럽에 제지술이 전해졌다). 아무튼 재질의 손상이 더디고 보존도 비교적 쉬운 책은 동서양을 막론하고 고물(古物)로서 매매가 성행했다. 헌책방이 등장할 수밖에 없었던 것이다.

세계에서 가장 오래된 고서점은 영국 북동부 요크에서 1761년 문을 연 헨리 소더런(Henry Sotheran)의 서점이다. 1815년 런던으로 진출했을 당시 찰스 디킨스가 이곳의 단골이었다고 한다. 1855년에 런던 서쪽에서 시작한 프랜시스 에드워즈 고서점도 유명하다. 이 고서점은 1912년 런던 메릴본의 하이스트리트 83번지에 서점 건물을 지었으나 1990년 돈트북스(Daunt Books)에 자리를 넘겨주고 '영국의 책마을' 헤이온와이(Hay-on-wye)로 자리를 옮겼다. 런던의 코벤트 가든 근처 세실코트에도 1930년대부터 20여 개의 고서점이 들어섰는데, 이곳은 1764년 모차르트가 유럽 순회공연 당시 4월에서 8월까지 머물러 유명세를 타고 있다.

'헌책방의 성지'인 책마을 헤이온와이는 리처드 부스(Richard Booth)의 특이한 착상 덕분에 탄생했다. 그는 잉글랜드와 웨일스의 접경 지역에 자리 잡은 한적한 시골 마을을 영국을 대표하는 책마을로 탈바꿈시킨 장본인이다. 명문 옥스퍼드 대학을 졸업하고 런던에서 회계사로 일하면서 누릴 수 있는 안락한 삶을 포기한 그는 인구 1500명의 시골 마을로 내려와 '헌책'을 테마로 해서 이곳을 헌책 마니아들의 순례지로 만들어 놓았다.

부스는 어릴 적 아버지를 따라 사촌으로부터 상속받은 브린멜린 영지로 이사 왔는데, 헤이온와이 근처였다. 1961년 그는 헤이온와이 있는 폐쇄된 영화관을 사들인 데 이어 1962년에는 옛 소방서 건물을, 1971년에는 헤이성(城)을 차례로 매입해 헌책방을 냈다. 이후 이곳에는 헌책방이 점차 늘어 지금은 40여 개의 헌책방과 무인 서점이 들어서 있다.

특이하게도 그는 1977년 4월 1일 만우절에 '헤이의 왕(King of Hay)'을 자처하면서 자기가 타던 말을 수상에 임명하기도 했다. 마치 로마 황제 칼리굴라가 애마 인키타투스(Incitatus)를 집정관에 임명했듯이 말이다. 그는 1999년 웨일스에서 사회주의노동당 소속으로 총선에 출마했으나 낙선한 전력도 가지고 있다. 이렇듯 홍보와 언론 플레이에도 능했던 그는 2005년에 자기 소유의 책방을 팔고 독일로 이주했고, 2019년 헤이온와이 근처인 웨일스의 쿠숍에서 세상을 떠났다.

특히 1988년부터 5월 마지막 주에서 6월 첫째 주 사이에 펼쳐지는 '헤

'헤이의 왕'
리처드 부스

이 페스티벌'에는 세계의 유명 학자·작가·예술가들이 초빙되고 강연과 이벤트가 펼쳐지는데, 빌 클린턴과 배우 제인 폰다도 이 축제에 참여해 자기 책을 선전했었다. 해마다 거의 5만 명이 참가하는 이 축제는 말 그대로 자연과 사람과 책이 한데 어우러지는 현장이다.

프랑스 파리 센 강변에는 부키니스트(Bouquinistes)라 불리는 사람들의 헌책 가판대인 '녹색 박스'(1930년부터 규격화되었다)가 즐비하다. 이는 프랑스어 bouquiner(오래된 서적을 모으다)라는 동사에서 파생된 단어로, 말 그대로 고서적을 취급하는 상인을 말한다.

1257년 파리의 부유한 상인인 로베르 드 소르본이 세운 소르본 대학의 등장과 구텐베르크가 발명한 인쇄기의 보급으로 출판업이 점차 발달하면서, 길거리에 좌판을 깔고 책을 판매하는 수많은 무허가 상인들이 등장했다. 그런데 이들은 지배층에게 그리 호감을 사지 못했다. 일종의 언론 역할을 하는 집단으로 떠오른 무허가 상인들은 판매 서적과 전단을 통해 새로운 사상을 퍼뜨리고 선동할 여력이 충분했기 때문이었다.

왕과 귀족들은 이들을 보고만 있을 수 없어 결국 서적에 관한 법률을 제정하고 이들을 제재하기 시작했다. 하지만 억압할수록 이들의 욕구는 더욱 높아져만 갔다.

1607년 완공된 '새로운 다리'라는 뜻의 퐁뇌프(Pont-neuf; 지금은 파리에서 가장 오래된 다리)를 중심으로 이들은 다시 모여들기 시작했다. 그러나 이제는 무허가 상인들만 있는 게 아니었다. 대학을 등에 업고 장사를 하던 허가 상인들도 이에 가세했다. 이 경쟁으로 17세기 파리 시민들은 퐁뇌프로 몰려와 대성황을 이루었다. 하지만 왕권이 가장 강했던 이 시기에 절대왕권에 반기를 든 공화주의자들과 시민들이 프롱드의 난(1648~1653; 마자랭의 집 창문에 돌을 던지면서 시작되었기 때문에 fronde[투석기]에서 그 이름을 따 프롱드의 난이라고 한다)을 일으켰을 때, 이탈리아 추기경 출신의 재상 마자랭을 풍자하는 책자 〈마자리나드_mazarinades_〉를 배포하는 등의 활동을 벌여 탄압을 받고 암흑기를 맞이했다.

그러나 프랑스 혁명이 일어나면서 그들은 다시 번영을 맞았고, 나폴레옹이 지배하던 시절에는 프랑스 문화 장려 정책에 힘입어 센 강변으로 많은 상인이 모여들면서 성황을 이루었다. 19세기 중반 나폴레옹 3세의 제2제정 시기에는 마침내 그들도 공식 인정을 받아 부키니스트로서 당당히 책을 판매할 수 있었다.

또한 세월이 흐르면서 3킬로미터에 달하는 900여 개의 헌책방에서는 서적뿐만 아니라 그림도 판매해, 19세기를 풍미한 인상주의 화가들의 작품이 이곳에서 발견되기도 했다. 1991년 유네스코 무형문화유산으로 등재된 이 헌책방들의 역사는 지금까지도 이어져 고서, 그림, 사진, 기념품 등을 팔고 있다. 1880년대 도쿄 대학가 근처에 들어선 간다(神田) 고서점 거리도 바로 이 부키니스트가 모델이었다고 한다.

1900년대 센 강변의 부키니스트들

우리나라에서 가장 오래된 헌책방은 통문관(通文館)이다. 1934년 서울 관훈동에서 금항당(金港堂)이라는 서점으로 출발해 1943년 인사동으로 옮겼고, 광복 후 통문관으로 상호를 바꿨으며, 주로 국학 관련 고서를 취급했다. 하지만 대중의 정서에 맞는 헌책방은 청계천 헌책방 거리에서 만날 수 있다. 이곳은 1959년 동대문시장이 단일 건물로 세워지면서부터 들어서기 시작해 200여 곳으로 늘어났으며, 1970~1980년대까지 책벌레들과 지갑이 얇은 대학생들이 참새 방앗간 드나들듯 했다. 이후 출판계의 불황으로 도매서점들이 연쇄부도로 하락세를 보이더니, 요즘엔 20여 곳 남짓한 헌책방이 시민들의 호응과 문화재단 및 시 당국의 후원에 힘입어 기지개를 켜고 있어 매우 다행스럽게 생각한다.

습기 제거의 산물,
에어컨

에어컨의 시초는 1755년으로 거슬러 올라간다. 당연한 얘기겠지만
냉장고와 에어컨의 기원은 같다. 제빙기 개발이 그 시발점이었기
때문이다. 영국의 윌리엄 컬런은 1755년 펌프를 이용한 기계식 냉동기를
최초로 개발해 얼음을 만들기 시작했다. 하지만 속도가 늦고 덩치가 너
무 커 외면당할 수밖에 없었다.

오늘날과 같은 기계화된 에어컨이 만들어질 수 있었던 것은 1820년
에 영국의 과학자 마이클 패러데이가 압축 액화된 암모니아가 증발하면서
그 주위의 공기를 차갑게 만든다는 사실을 발견한 덕분이다. 1851년 존 고
리(John Gorrie)는 플로리다의 아팔라치콜라에 있는 말라리아와 황열병 환
자 병동의 공기를 차갑게 하기 위해 이 압축장치를 개량해 얼음을 만들었
다(이 제빙기로 1851년 5월 6일 특허도 땄다). 이후 아황산, 탄산, 암모니아 등 냉
각 효율이 높은 가스를 사용하면서 냉동 효율이 높아지기 시작했다.

'에어컨디셔닝(air conditioning)'이란 용어는 1906년 노스캐롤라이나주 샬
럿 출신의 섬유 제조업자인 스튜어트 크래머(Stuart Warren Cramer)가 만든

말이다. 그는 어떤 공정에 대해 설명하면서 '워터 컨디셔닝(water conditioning)'이란 말을 습관적으로 사용했다고 한다. 오늘날과 같은 최첨단 기술의 에어컨이 탄생하기까지 공기 냉각과 통풍 기능의 혁신에 엄청난 업적을 남긴 윌리스 캐리어(Willis Haviland Carrier)와 마찬가지로 크래머도 습도의 함량을 조절할 수 있다고 생각했다.

실용적인 에어컨의 창시자 윌리스 캐리어는 버펄로 제련소에 근무할 당시인 1902년 7월 17일, 바다와 강을 끼고 있어 습도가 높은 브루클린의 새킷-빌헬름 출판사로부터 인쇄용지를 눅눅하게 만드는 습기를 잡아 낮은 습도를 유지할 방법을 찾아달라는 의뢰를 받았다. 연구에 몰두한 그는 그해 늦여름 이 문제를 해결할 장치를 만들어냈다.

1906년 2월 2일에는 '공기조절장치'로 특허를 획득하면서 공조업계에서 인정받기 시작하자 난방장치 개발에도 새롭게 도전했다. 이후 몇 개의 방직회사에서도 이 장치를 채택하자 그는 1915년 6월 친구 일곱 명과 3만 2600달러를 모아 마침내 난방·통풍·냉방장치를 생산하는 캐리어 엔지니

새킷-빌헬름 출판사 대표에게 냉방 제습장치를 설명하는 26세의 윌리스 캐리어

어링을 뉴욕에 설립했는데, 이것이 바로 '캐리어'의 모체가 되었다.

1922년에는 세계 최초로 뉴저지주 뉴어크에서 넓은 공간의 공기를 효율적으로 조절하는 실용적인 터보 냉동기를 발명해 소개했으며, 1924년에 디트로이트의 허드슨 백화점에 이 터보 냉동기를 설치해 백화점 세일 행사에 몰려든 고객들이 쾌적한 쇼핑을 즐기자 캐리어의 연구는 더욱 빛을 발하기 시작했다. 이듬해인 1925년에는 뉴욕의 리볼리 극장, 특히 무더운 로스앤젤레스의 메트로폴리탄 극장에 캐리어가 만든 에어컨이 설치됨으로써 1929년에 있었던 대공황에도 여름철 극장 산업은 식지 않았고, 대중들은 무더운 여름에 극장에서 서늘한 인공 바람을 쐴 수 있었다. 더구나 1939년 뉴욕 만국박람회에 출품한 윌리스 캐리어의 '이글루(Igloo)'는 관람객들에게 에어컨의 미래를 엿볼 수 있게 해주었다.

우리나라에 에어컨이 처음 소개된 것은 1960년대로, 범양상선이 일본 다이킨(Daikin)의 에어컨을 수입해 범양 다이킨을 출시하면서부터다. 1960년대 말에는 경원기계공업이 미군의 중고품을 수리·판매하다가 후에 미국의 센추리와 손잡고 경원세기로 출발하면서 에어컨을 선보였다. 당시 수입 에어컨은 매우 고가여서 사치품으로 분류되었는데, 소고기 한 근에 200원이던 시절에 무려 17만 5000원이나 되었다.

이후 금성사(현 LG전자)는 1967년 미국의 제너럴 일레트릭(GE)과 에어컨 생산과 관련한 기술제휴를 맺고 1968년 3월 국산 창문형 에어컨 GA-111을 처음 선보였다. 가격은 수입품의 절반도 안 되었지만 덩치가 무척 컸기 때문에, 금성사는 이를 소형화해 해마다 GA-112, GA-113을 연속 출시했다. 이후 1971년에는 대형 건물과 사무실에서 이용하는 중앙집중식 에어컨도 조립·생산하기 시작했다. 금성사의 이 같은 노력 덕분에 이

금성사에서 출시한
국내 최초의 에어컨 GA-111

후 국산 에어컨 바람이 거세게 불기 시작했다.

삼성은 1966년 소위 '한국비료 사카린 밀수사건'으로 이병철 회장이 물러나고 1969년 셋째 이건희가 경영을 맡아 전자산업에 진출해, 1970년 흑백텔레비전을 시작으로 1974년에 냉장고와 세탁기 등 가전제품을 출시했다. 에어컨 시장에서는 후발주자였던 삼성전자는 1980년 5月에야 창문형 에어컨을 선보이며 금성사와 라이벌전을 시작했다. 대우 역시 1970년대 말 미국의 캐리어와 합작해 대우캐리어를 설립하면서 3인자로 등극했다.

물론 초기 에어컨 시장에서는 금성사가 단연 독보적이었다. 가장 먼저 시장을 연 만큼 신제품을 출시할 때마다 '국내 최초'라는 수식어가 꼭 따라다녔다. 1984년에는 국내 최초로 벽걸이형 에어컨을 출시했고, 2003년에는 실외기 한 대로 안방과 거실에 설치된 두 대의 에어컨을 동시에 사용할 수 있는 '2 in 1' 제품으로 큰 인기를 끌었다.

하지만 삼성전자는 2016년 세계 최초로 바람 없는 '무풍 에어컨'을 내놓고 세계시장을 석권하고 있다. 1960년대까지만 해도 외국에서 수입해야만 했던 사치품 에어컨은 두 라이벌 회사의 경쟁에 힘입어 이제 국산화에 성공한 것은 물론 에어컨의 본고장 미국과 유럽에서도 가장 인기 있는 제품으로 자리 잡았다.

집 안으로 들어온 화장실

옛 사람들도 신체에서 분비되는 대소변이 많은 질병의 원인이라는 것을 알았다. 그 때문에 인간은 물을 마시기 위해서뿐만 아니라 불결한 것을 처리하기 위해서도 항상 물 가까이에 거주했다. 물은 몸을 청결히 유지하는 데도 필수적이었으므로 이래저래 화장실과 물은 불가분의 관계였던 것이다.

18~19세기경 영국에서는 가발에 가루를 뿌리는 것이 유행해 상류층 가정의 침실에는 대개 파우더방(powder closet)이 있었다. 이곳은 가발에 가루를 뿌리기 위한 공간으로 직역하면 '화장하는 방'인데, 가루를 뿌린 뒤 손을 씻어야 하므로 물을 비치하게 됐고 이후 화장실이 변소를 의미하는 말로 쓰이게 되었다.

현존하는 화장실 중 가장 오래된 것은 스코틀랜드 북동부 다도해 지방인 오크니 제도에서 발견된 화장실이다. 돌로 만든 이 야외 변소는 야영용 변소처럼 조잡하지만 변소 밖으로 이어지는 배수시설도 갖추었다. 그 돌집이 1만 년 전 것으로 판명되었으니 기원전 8000년경의 화장실인 셈이다.

그로부터 6000년이 지난 후기 크레타 문명권(청동기시대)의 왕궁 화장실은 당시 기술에 비하면 꽤 복잡하게 만들어졌다. 배수로뿐 아니라 배수관도 설치되어 있었으며, 그 관은 구운(cotta) 흙(terra)이라는 뜻의 테라코타로 만들어졌다. 그뿐 아니라 한쪽에 물을 저장하는 통이 따로 마련되어 있었으니 사상 최초의 수세식 변소인 셈이다.

고대 로마에도 이미 수세식 공중화장실이 있었으며, 걸상식 수세변소(水洗便所)를 사용했던 사실이 폼페이와 그 밖의 유적에서 확인되고 있다. 그런데 비누가 없던 당시 외인부대 병사들과 가난한 민중은 소변으로 빨래를 했다고 한다. 소변의 암모니아 성분이 기름때를 제거하는 데 탁월한 효과가 있었기 때문이다. 특히 세탁업자들은 필요한 소변을 얻기 위해 커다란 오지그릇을 길모퉁이에 세워놓고, 이 그릇에 행인들의 소변이 가득 차면 수거해 갔다. 무두질 일꾼이나 제혁공(製革工), 염색공들에게도 소변은 필수재료이자 첨가물이었다. 그들은 도시의 적절한 장소에 목 부분을 잘라낸 암포라(amphora; 손잡이 두 개 달린 항아리)를 설치해 사람들이 편리하게 소변을 볼 수 있도록 했다.

고대 로마의
공중화장실

하지만 로마제국의 9대 황제 베스파시아누스는 콜로세움 등의 대대적인 토목공사를 일으키는 바람에 재원이 부족하자 급기야 이처럼 '화장실 산업'에 종사했던 사람들뿐만 아니라 공중화장실 이용자들에게도 오줌세를 매겼다. 장남 티투스(Titus; 10대 황제)가 이를 두고 너무 심하다고 핀잔을 주자 그는 "돈에는 냄새가 나지 않는다."라고 말했다.

중세의 신사들은 여성을 동반할 때 검은색 모자와 코트를 입고 길 안쪽에 세워 에스코트를 했는데, 이 풍속도 화장실이 없어 아침마다 창밖으로 버려지는 대소변을 피하기 위해 생겨났다. 우리나라 왕실에서는 매화틀이라는 일종의 요강에 왕이 배설을 하면 대기하고 있던 상궁이 즉시 어의에게 가져가고, 어의는 이를 보고 왕의 건강 상태를 체크했다.

물로 흘려보내는 방식의 화장실(water closet)은 유럽에서 근대까지 사용되었다. 단지 물의 압력을 고정시켰고, 완전하게 오물을 제거하기 위해 더운물과 찬물이 동시에 나온다는 점이 달라졌을까. 기술이 지속적으로 발전했음에도 사회 전반에 걸쳐 가시적인 성과가 나타나기까지 시간이 걸린 이유는 결정적인 전제조건들이 갖추어지지 않았기 때문이다. 그러한 조건들로는 원활한 물 공급, 하수도 시설이나 적어도 오물을 씻어 내릴 수 있는 시설, 시민의 의식 변화 등이었다.

화장실이 집 안으로 들어와 하나의 생활공간으로 자리매김하기 시작한 것은 19세기라고 볼 수 있다. 불결한 용변을 처리하는 곳과 거주공간을 한 지붕 밑에 두는 것에 대한 거부감을 떨쳐버리기는 쉽지 않았기 때문일 것이다. 인간의 생리적 현상을 충족시키는 장소이자 필수불가결한 생활환경의 일부로서 화장실은 집 안으로 들어와 다양한 행동(욕실, 세탁)을 영위하는 생활공간으로 자리 잡았다. 그런데 화장실이 집 안으로 들어오는 전제조건은 물론 수세식 변기다.

물로 오물을 흘려보내는 방식의 화장실(flush toilet)은 1596년 영국의 존 해링턴(John Harrington)이 고안했다. 그는 이것을 에이젝스(Ajax; '변소'라는 뜻의 a jakes와 동음이의어)라고 명명하고 켈스턴에 있는 자신의 영지에 설치했고, 대모(代母)인 엘리자베스 1세에게도 한 대 선물했다고 한다. 이후 1775년 런던의 시계공 알렉산더 커밍(Alexander Cumming)이 사이펀의 원리를 이용한 S트랩을 설치해 역류를 방지함으로써 악취를 크게 줄였고, 1777년에는 피스톤식 변기(plunger closet)로 특허를 받았다.

하지만 유럽에서는 18세기까지도 수세식 변기를 사치품으로 여겼다. 그러니 1761년 사망 당시의 것으로 보이는 '바이에른의 클레멘스 아우구스트'의 재산목록에 '물이 나오는 요강'이라는 기록이 남아 있는 것도 무리가 아니다. 1774년 프랑스 왕 루이 16세는 자신의 대관식이 열리는 랭스에 영국인들이 사용하는 것과 같은 수세식 화장실을 짓게 했다. 그것이 바로 프랑스 최초의 수세식 화장실이었다.

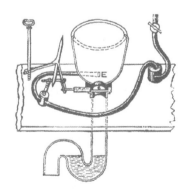

S트랩을 설치한 알렉산더 커밍의 수세식 변기와 1824년에 선보인 수세식 양변기

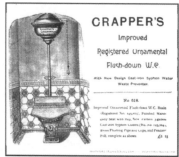

토머스 트위퍼드의 도기 변기 '유니타스' 광고와 토머스 크래퍼의 변기 광고

　　영국에서 일어난 산업혁명으로 기술이 발전하면서 수세식 변기는 여러 사람에 의해 개량되었다. 대중화된 것은 영국의 도기업자 토머스 트위퍼드(Thomas William Twyford)가 도기 변기를 1851년 영국 런던에서 열린 만국박람회에 출품한 이후였다. 변기 업자 토머스 크래퍼(Thomas Crapper)는 19세기 후반 영국 동종 업계 선두로, 수세식 변기를 발명한 것은 아니지만 물에 뜨는 볼콕(ballcock) 등 변기 관련 특허를 아홉 개나 보유했다. 그의 수세식 변기는 누출되기 쉬운 이전의 플로팅 밸브 시스템을 대체한 사이펀 배출 시스템, 즉 '조용하고 밸브 없는 물 낭비 방지장치'를 채택했다.

　　용변을 본 뒤 뒤처리를 담당하는 두루마리 화장지는 1871년 미국인 세스 휠러(Seth Wheeler)가 처음 만들었다. 1891년 12월 22일에 특허를 따냈는데, 뜯는 면이 밖으로 되어 있었다.
　　우리나라에서 수세식 화장실은 1956년 종로구 행촌동의 단독주택, 3층짜리 아파트가 섞인 미국 원조의 한미재단주택, 광복 이후 1958년 우리가 지은 최초의 아파트인 4층짜리 종암아파트에 처음 설치되었다.

침대는 가구가 아니라
과학이다

예전에 매트리스는 벌레와 곰팡이의 소굴이라 여겼다. 짚, 나뭇잎, 솔잎, 갈대 줄기 등 채워 넣은 것이 모두 유기물이었기 때문에 곰팡이가 피거나 빈대의 온상이 되었기 때문이다. 중세에는 매트리스를 깔끔하게 건조시키거나 내용물을 교체하지도 않았기 때문에 그 속에 생쥐와 들쥐가 먹이까지 끌고 들어가 살았다고 한다.

15세기에 레오나르도 다빈치는 생물의 사체 위에서 자야만 하는 것을 한탄했다고 한다. 그러자 의사는 쥐를 퇴치할 수 있는 마늘 따위를 매트리스를 채우는 물건 속에 넣으라고 권했다. 매일 침대를 만드는 이유 중 하나가 매트리스의 내용물에 바람을 통하게 해 건조시키기 위함이기도 했다.

다빈치의 시대로부터 18세기 스프링 매트리스를 발명하기 전까지 쾌적한 밤의 휴식을 얻기 위해서 온갖 시도가 이루어졌다. 그중에서도 가장 잘 알려진 것은 아마 1500년대 프랑스에서 발명한 에어 매트리스일 것이다. 윈드 베드(wind bed)로 알려진 이 매트리스는 왁스를 두껍게 바른 캔버스지로 만들어 밸브로 공기를 주입해 부풀린 것이다. 실내장식업자인 윌리엄 자딘(William Jardine)이 고안해낸 이 사상 최초의 에어 매트리스는 당시 프랑스 귀족 사회에 순식간에 퍼졌지만 그 수명은 극히 짧았다.

17세기가 되자 보다 유연성 있는 오일클로스(oilcloth; 물이 침투하지 못하도록 한쪽 면을 건조성 기름으로 처리한 면직물) 재질의 에어 매트리스가 런던에 등장했다. 이것은 문학작품에도 등장해서, 셰익스피어의 친구이자 계관시인인 벤 존슨이 1610년에 쓴 희극 〈연금술사〉에 등장하는 한 사람이 짚으로 만든 매트리스보다도 에어 매트리스 쪽을 좋아한다며 "나는 부풀린 침대를 쓰고 있다."고 말하고 있다.

18세기 초에는 영국의 특허품으로 가구와 마차의 의자 속에 스프링을 사용하기 시작했다. 처음에 그것은 무섭고 앉기에도 거북했다. 완전한 원통형이 아니었기 때문에 한가운데에 앉지 않고 한쪽으로 치우쳐 앉으면 그쪽으로 기울어져버리는 경우가 많았고, 당시의 야금 기술 수준이 낮았기 때문에 스프링이 잘 부러져 쿠션 위로 튀어나오기도 했다.

매트리스에도 스프링이 쓰이기는 했지만 사람이 매트리스에 누웠을 때 신체 부위에 따라 스프링에 가하는 압력이 다르기 때문에 기술적으로 매우 복잡한 문제에 봉착했다. 예를 들면 하체를 충분히 지탱할 수 있을 만큼 견고히 만들면 머리 쪽이 너무 딱딱하고, 머리 쪽을 기준으로 만들면 엉덩이 부분에서 푹 꺼져버리는 것이다.

1850년대 중반에 원뿔형의 이너 스프링(inner springs)이 의자에 사용되었다. 밑면의 원주가 커졌기 때문에 세로 방향의 압력에 대한 안정성이 더욱 좋아졌다. 1871년 독일의 베를리너 하인리히 베스트팔(Berliner Heinrich Westphal)이 발명한 원추형 이너 스프링에 관한 기사가 런던의 한 신문에 실렸다. "믿어지지 않겠지만 접은 담요를 와이어 위에 올려놓기만 해

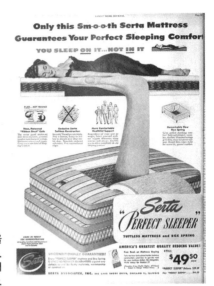

'완벽한 수면(perfect sleeper)'을
강조한 1931년 설타 침대 광고.
설타는 시먼스, 실리와 더불어
미국의 3대 침대 회사 브랜드다.

도 스프링은 최고의 가구가 될 수 있는 것이다."

물에 떠 있는 듯한 느낌을 주는 이너 스프링은 압력을 주면 곧바로 구부러지고 몸을 떼면 바로 원래의 형태로 돌아갔다. 초기의 이너 스프링 매트리스는 일일이 수작업으로 만들었기 때문에 값이 매우 비쌌다. 그래서 침대 회사의 관심을 끌 수 없었고 주로 호화로운 호텔과 대서양을 횡단하는 마우레타니아호, 루시타니아호, 타이태닉호 등의 호화 여객선에 사용되었다. 1925년 미국의 제조업자 잘먼 길버트 시먼스(Zalmon Gilbert Simmons)가 뷰티레스트 매트리스(Beautyrest mattress)를 고안했을 때조차 39.5달러라는 가격은 머리카락을 채워 넣은 당시 최고의 매트리스보다 배 이상 비싼 것이었다.

하지만 시먼스는 현명하게도 '매트리스'뿐 아니라 '과학적 수면'도 팔기로 했다. 뷰티레스트 광고에는 토머스 에디슨, 헨리 포드, 허버트 조지

웰스, 굴리엘모 마르코니 등 당시의 천재적인 발명가와 작가가 등장했다. 이 회사는 '수면'이라는 비교적 새로운 분야의 최신 연구를 발표했다. "사람은 통나무처럼 자는 것이 아니다. 하룻밤에 22회에서 45회 몸을 뒤척여서 근육을 계속해서 풀어주며 자는 것이다."

시먼스는 당시 창조적인 일을 하는 사람들이 쾌적한 수면으로 얼마나 많은 것을 얻었는지를 강조함으로써 뷰티레스트 매트리스는 놀랍게도 900만 달러의 매출을 올렸다. 그 이후로 물건을 채워 넣던 이전의 매트리스는 이곳저곳에 버려져 쓰레기를 수거하는 사람이 미처 다 치우지 못할 정도였다. 바야흐로 침대의 의미는 '몸을 눕히는 곳'이라는 단순한 공간 개념에서 '쾌적하고 건강한 수면'이라는 과학의 차원으로 올라선 것이다.

1967년에는 미국항공우주국(NASA)이 무중력 상태에서 생활하는 우주비행사들의 침구 소재나 벽체 완충재로 사용하기 위해 개발한 화학수지인 메모리폼을, 그곳 연구원인 찰스 요스트(Charles A. Yost)가 침대 매트리스용으로 전환시킨 템퍼폼을 출시함으로써 그야말로 침대를 과학의 산물로 자리매김했다.

권위의 상징에서
예술로 옮겨간 의자

의 자(椅子, chair)는 잘 알다시피 앉기 위해 만든 가구다. 원래 체어(chair)는 걸터앉는 곳뿐 아니라 등받이가 있는 의자를 가리킨다. 그래서 18세기까지만 해도 의자는 왕실, 귀족, 교회의 주교 등 상류계급의 전유물이었다. 평민들은 궤짝(chest)이나 등받이가 없는 걸상(stool)이나 장의자(bench)에 앉았고, 부유한 평민이라도 체어는 집 안에 하나밖에 없었다. 그래서 이 의자에 앉는 사람을 체어맨(chairman)이라 불렀으며, 지금은 회사에 하나밖에 없는 '회장'을 뜻한다. 이처럼 의자는 복장과 더불어 사회적 지위를 나타내는 수단으로 등장했으며, 지금도 다양한 의자 형태를 통해서 사람의 지위를 구분할 수 있다.

chair의 어원 cathedral은 '대성당' 또는 '권위 있는' 등으로 번역되며 '주교가 있는 성당'을 뜻한다. 그리스어로 '허리를 받치다'라는 뜻의 카트(cath)와 '좌석'이라는 뜻의 헤드라(hedra)를 합성한 단어 카테드라(cathedra)는 등받이가 붙은 사각 의자를 뜻했고, 이는 종교계로 넘어와 '주교좌(主教座)'라는 뜻이 되었다. 사실 웅대한 캔터베리의 대성당이나 밀라노 대

교구장은 주교좌에 앉아 의식을 거행하고 교도직을 수행했기 때문에, 주교좌는 곧 교구장의 권위와 가르침을 상징한다. 오른쪽은 캔터베리 대성당이다.

성당의 건물 원형은 모두 주교좌였던 것이다.

이처럼 의자는 사람이 있는 건축공간의 원형이자 상징이었다. 그렇다면 현대의 건축가들이 의자에 흥미를 가지고 제작에 뛰어드는 것도 건축의 원형으로 거슬러 올라가기 위한 욕구가 아닐까?

그런데 놀랍게도 안토니오 가우디, 찰스 매킨토시, 프랭크 로이드 라이트, 알바 알토 등 20세기를 대표하는 많은 건축가와 디자이너는 의자를 직접 제작하기도 했다. 그들이 디자인한 의자만으로도 현대 디자인의 역사를 더듬어볼 수 있을 정도다. 그러면 현대의 예술가들이 한결같이 흥미를 가졌던 의자란 도대체 무엇인가? 왜 그들은 의자에 매혹되었을까? 건축가나 디자이너가 의자를 만드는 것은 사실 자신의 초상을 조각하는 것과 같은 의미를 지닌다. 가우디의 의자는 가우디의 초상이며, 라이트의 의자는 라이트의 초상인 셈이다.

프랭크 러셀, 필립 가너, 존 리드가 함께 저술한 《의자 디자인 100년사 A Century of Chair Design》(1980)는 1850년부터 1950년까지의 의자 디자인 변천사를 다루고 있는데, 이 책의 서문을 쓴 프랭크 러셀은 다음과 같이 말했다. "앉는 것은 일상생활에서 기본적인 행동이다. 만일 가구 가운데 없어서는 안 될 것이 있다면 바로 의자가 아닐까? 그렇기 때문에 디자이너, 특히 건축가들이 온갖 상상력을 동원해 의자 디자인에 도전하고 있는 것이 아닐까? 그 디자인의 문제에는 의자 특유의 한계성에도 불구하고 무한하고 다양한 해답이 들어 있다."

의자는 사람과 가장 밀착된 가구로서 디자이너들의 영감을 끊임없이 자극해왔다. 크기도 사람의 체격에 맞춰서 만들기 때문에 의자는 사람과 닮아간다. 바로 이 점이 의자가 지니는 비밀스런 매력이라 할 수 있다.

19세기 말부터 의자 디자인은 고정된 틀, 즉 산업혁명기 공장 제품의 획일적인 디자인에서 해방되어 자유롭고 개성적인 모습을 띠게 되었다. 특히 1851년 영국 런던에서 열린 만국박람회는 그때까지의 의자 디자인을 종합했을 뿐만 아니라 새로운 반성도 불러일으켰다. 그것을 계기로 근대적인 디자인 의식이 싹터, 영국의 사회주의 예술가 윌리엄 모리스(William Morris)의 주도로 '미술공예운동'이 일어났다. 하지만 19세기까지 의자의 소재는 나무가 대부분이었으며, 20세기에 이르러서야 비로소 여러 가지 새로운 소재를 사용하는 기술이 개발되었다. 이로써 의자 디자인은 소재와 기술 그리고 전통적인 개념과 형태에서 해방되었다. 낡은 규제에서 벗어나 자유롭고 순수한 개념으로 정립된 것이다.

20세기에 들어 포스트모더니즘은 양식을 절충함으로써 모더니즘을 초월하고자 했다. 하지만 그것만으로는 독특한 양식과 흥미를 만들어낼 수 없었다. 양식과 흥미는 시대와 밀접하게 결합되어 있기 때문이다. 그러므로 의자의 매력을 발견하는 것은 의자에 깃든 시대정신을 이해하는 것이며, 그 시대에 살았던 사람들의 예술감각을 느껴보는 것이나 다름없다. 이제 권위의 개념이 점차 희미해지는 의자는 가구가 아니라 예술이기 때문이다.

'열려라 참깨'를 대신한 열쇠

자물쇠는 낯선 사람의 침입을 막기 위해, 즉 자기 것을 지키기 위해 인간이 고안해낸 발명품이다. 특히 귀중품을 지키기 위해 밤낮으로 보초를 세울 수는 없는 노릇이므로 인간은 아주 먼 옛날부터 잠금장치를 생각했다.

최초의 자물쇠는 통 안에 회전하는 쇠붙이를 장치한 텀블러 방식 (lever tumbler lock)이었다. 그런 자물쇠를 나무 빗장 안에 장착해 궁전 등의 문을 지키는 데 사용한 흔적이 아시리아 수도 니네베를 비롯해 중근동의 여러 문화권에서 발견되고 있다. 당시의 자물쇠는 대개 조악한 형태였다. 고대 이집트에서 사용한 잠금장치는 빗장에 나무로 만든 몇 개의 핀이 걸려 있게끔 만들었다(Pin Lock). 그래도 그 문을 여는 데는 특별한 열쇠가 필요했다. 특별한 열쇠란 칫솔처럼 생긴 막대기였는데 그것을 빗장에 집어넣으면 구멍에 걸려 있던 나무 핀이 풀리면서 문이 열렸다. 텀블러와 빗장 방식이 수 세기 동안 여러 나라에서 쓰인 자물쇠의 주류를 이루었다.

금속제 자물쇠와 열쇠는 로마인이 만들어냈다. 그들은 대개 자물쇠는 철로, 열쇠는 청동으로 만들었다. 그들은 처음으로 자물쇠 겉에 돌출부를 만들어 그곳의 구멍에 맞는 열쇠가 아니면 돌출부가 회전하지 않는 비교적 정교한 자물쇠를 만들었다. 로마인은 또 열쇠의 모양을 다양화한 민족이기도 하다. 어떤 열쇠는 단지 열쇠의 역할뿐 아니라 장식물 역할도 하게끔 작게 만들어 목에 걸거나 심지어 손가락에 끼기도 했다.

열쇠(key)는 식량이나 귀금속, 화폐, 중요한 문서 등 값나가는 물건을 독점하고 싶은 욕망을 채우기 위한 산물로 당연히 자물쇠와 함께 발전했다. key는 '지키는 것'을 뜻하는 고대어 kei에서 유래한 단어다. 14~17세기 무렵 유럽인은 십자군 원정을 떠나면서 귀중품으로 여긴 아내에게 자물쇠가 달린 정조대를 채우기까지 했다. 또 손을 댔다가는 베일 수 있는 날카로운 칼날 같은 도난방지 장치를 덧붙이거나 비밀 뚜껑으로 열쇠 구멍을 가리는 등 누군가 자물쇠를 몰래 여는 일을 방지하기 위한 노력도 끊이지 않았다.

오늘날과 같은 열쇠와 자물쇠는 1848년 화가였던 미국의 라이너스 예일(Linus Yale)이 전통적으로 내려오던 텀블러 방식을 개량해 개발했다(예일 자물쇠). 12년 후에는 그의 아들이 가업을 이어받아 원통형 자물쇠를 개발했다. 이것은 가장자리가 톱니처럼 된 작고 평평한 열쇠를 삽입하면 원통 안의 핀이 어느 지점까지 올라가며 잠금장치가 풀리는 방식을 이용한 자물쇠였다. 그들 부자(父子)의 노력으로 예일 열쇠는 상점과 학교는 물론 대부분의 가정에 보급되어 안전을 지키는 훌륭한 수호자 역할을 하게 되었다.

Linus Yale
04/04/1821 - 25/12/1868

라이너스 예일과 그가 발명한 예일 자물쇠

그 이후 예일 자물쇠를 대신할 만한 위력을 과시한 열쇠 중 대표적인 것은 숫자 조합 자물쇠라고 할 수 있다. 1909년 월터 슈리지(Walter Schlage)가 도어록 특허를 받았는데, 열쇠가 필요 없는 그 자물쇠는 주인만이 아는 숫자의 배열로 열 수 있었다. 지금은 지문 인식이나 홍채 인식을 통해 '열려라 참깨'를 대신할 수 있게 되었다.

스완과 에디슨의 충돌로
열 받은 백열등

조명의 역사에서 양초의 시대를 마감시킨 가스는 얼마 후 전기 조명의 강력한 도전에 직면했다. 영국의 험프리 데이비(Humphrey Davy)는 전등 분야에서 두 가지 중요한 업적을 이루었다. 하나는 백열등 원리의 발견(1801), 다른 하나는 세계 최초의 아크등 발명(1807)이 그것이다. 그러나 이것들은 모두 실험 단계에 머물렀다.

험프리 데이비가 백열등의 원리를 발견한 지 80년 가까이 흐른 1879년 1월 17일 조지프 스완(Joseph Wilson Swan)이 뉴캐슬에서 열린 문학철학협회 강연에서 세계 최초의 백열등을 공개적으로 설명하고 실용적인 전구를 개발했음을 알렸다. 그러나 토머스 에디슨이 10개월 후인 1879년 10월 21일 자신의 연구실에서 9번 모델의 실험에 성공해 또 다른 전구를 개발했는데, 둘 다 탄소 필라멘트(filament; film과 어원이 같다)를 사용한 백열등이었다.

그래서 실제로 전구를 발명한 사람이 누구인가를 두고 의견이 분분했다. 하지만 에디슨이 1880년 1월 27일 특허를 받음으로써 같은 해 11월 27일 특허를 낸 스완보다 몇 달 앞섰으며 상업용으로 생산이 가능한

조지프 스완의 백열등과 에디슨이 특허를 받은 백열등

전구를 만들어냈다. 이후 에디슨과 스완은 서로 특허권을 침해했다며 상대를 고소하기도 했다(결국은 에디슨이 졌다). 그 사이 에디슨은 1880년 5월 컬럼비아호에 처음으로 상업용 백열등을 설치했으며, 스완은 1881년 10월 10일 개관한 사보이 극장에 공공시설로는 처음으로 백열등을 달았다. 하지만 두 사람은 법정 밖에서 화해를 하고 1883년에 에디슨 스완 합작 전기회사(줄여서 에디스완[Ediswan])를 출범시켰다.

스완은 에디슨보다 먼저 백열등을 만들었으나 에디슨은 배전설비를 만들어 전구를 실험실에서 가정과 거리로 끌어냈다. 뉴욕의 펄 스트리트 전력회사가 비로소 소비자의 수요에 따라 일반에게도 전기를 공급한 것이다. 1882년 12월에는 맨해튼에 사는 개인과 법인을 합친 203가구가 2144개의 전등 빛 아래에서 생활했다. 전기의 혜택을 받은 초창기 사람들은 평균수명 50시간의 전구에 만족할 수밖에 없었다. 그러나 1884년 초 에디슨은 수명이 400시간인 전구를 만들어냈고, 2년 후에는 1200시간을 견디는 전구를 만들었다. (1910년 텅스텐 필라멘트를 사용한 후에는 2000

시간으로 늘어났다.)

전등은 매우 편리했음에도 더디게 보급되었다. 사람들은 어둠을 밝히는 전구에 많은 호기심을 보였지만 실제로 생활에 전기를 끌어들여 전구를 사용하려는 사람은 거의 없었다. 영업 7년째가 되어서야 에디슨 전기회사의 고객 수는 203명에서 710명이 되었다. 그러나 전구 발명의 성과가 이쯤에서 그친 것은 아니었다. 전기요금이 내려가기 시작한 것도 하나의 요인이 되긴 했지만, 뭐니 뭐니 해도 전기 조명을 시험해본 사람의 입으로 전해지는 소문이 전구의 수요를 눈덩이처럼 늘렸던 것이다. 20세기에 들어설 무렵에는 1만여 명이 전등을 가설했다. 10년 후에는 300만 명에 이르렀고 그 수는 이후에도 계속 늘어났다.

그리스어로 '새로움'을 의미하는 네오스(neos)에서 따와 네온(neon; new gas)이라 이름 붙인 무색·무취·무미의 기체는 영국의 화학자인 윌리엄 램지(William Ramsay)와 모리스 트래버스(Morris Travers)가 발견했다. 1909년 프랑스의 물리학자 조르주 클로드(Georges Claude)는 네온관을 완성해 이듬해 12월 11일 파리의 미술관 그랑 팔레(Grand Palais)에 조명시설을 설치했다. 그는 고정되어 있는 필라멘트가 아닌 기체를 사용하는 네온관은 그 길이나 외형에 관계없이 발광한다는 사실을 분명히 밝혔다.

네온이 광고에 얼마나 효과적인가는 곧 입증되었다. 광고 대행업자인 자크 폰세크(Jacques Fonseque)는 클로드를 설득해 상점을 선전하는 네온관을 만들게 했다. 1912년 최초의 네온사인이 파리의 몽마르트 거리에 빛났는데, 그때 반짝이던 '팔레 미용실(The Palace Hairdresser)'이라는 글씨는 주황빛이었다. 후에 과학자들이 기체 대신 관 속에 분말을 넣는 것을 발견해 네온은 여러 가지 색을 낼 수 있게 되었다.

60년 동안이나 미국 가정의 어둠을 밝혀주던 백열등은 1930년대에 이르러 강적을 만나게 되었으니 형광등이 그것이다. 그러나 이 두 가지 등은 나름대로의 장점이 있어 때로는 동시에 쓰이기도 했다. 한결같이 밝기만 한 형광등은 욕실에, 광택을 없앤 부드러운 백열등은 침실에, 그리고 부엌에서는 형광등과 백열등이 나란히 조화를 이룬다든가 하는 식으로 말이다.

형광등을 최초로 발명한 사람은 프랑스의 물리학자 앙투안 앙리 베크렐(Antoine Henri Becquerel)이었다. 우라늄의 방사능을 발견하기도 한 그는 일찍이 1858년에 유리관의 내벽에 형광체를 바르고 전류를 흐르게 함으로써 형광빛이 나게 했다. 이후로 많은 과학자들이 이 분야를 연구해 전기계에서 빛나는 기체나 광물이 여러 개 있다는 것을 밝혀냈다. 램지와 트래버스가 네온을 발견한 것도 바로 이 같은 연구의 결과였다.

최초의 실용적인 형광등은 1934년 제너럴 일렉트릭의 아서 컴프턴(Arthur Compton)이 발명했다. 이 형광등은 저압에서 작용하기 때문에 백열등보다 경제적이었다. 또한 백열등이 그 에너지의 80~90퍼센트를 빛이 아닌 열로 방출하는 것에 비해 형광등은 에너지 효율이 아주 높았고 '냉광(冷光)'이라 불릴 정도였다. 많은 사람에게 형광등이 선을 보이게 된 것은 1939년의 뉴욕 만국박람회였다. 제너럴 일렉트릭은 백색과 착색 형광등을 전시했다. 이후 15년 만에 형광등은 백열등을 밀어내고 미국의 주요 전기 광원이 되었지만, 그것은 가정에서 형광등을 많이 사용해서가 아니라 기업이 전기요금을 절약하려 했기 때문이었다.

1962년에는 제너럴 일렉트릭에 근무하던 닉 홀로니악 주니어(Nick Holonyak, Jr.)가 최초로 가시광선을 발광하는 LED(light emitting diode; 발광 다이오드)를 개발했다. 지금의 다양한 색깔을 띠는 LED와 달리 처음에는 붉은빛을 띠어 주로 지시등으로 쓰였다. 이후 선보인 LED등은 필라멘트를

1887년 경복궁 건천궁에 우리나라 최초의 전등이 설치되었다.

사용하는 백열등이나 수은 증기와 아르곤가스를 사용하는 형광등과 달리 에너지의 전자를 이용하므로 소비전력이 형광등의 4분의 1인 5와트 정도밖에 안 되었다. 수명도 평균 5만 시간으로 무척 길어서 수십 년에 한 번 교체하면 된다. 그래서 장시간 불을 켜놓아야 하는 곳에 안성맞춤이며 친환경적이라, 앞으로 모든 전등을 대신할 것으로 생각된다.

우리나라에서는 1887년 3월 6일 에디슨 전기회사(1892년에 제너럴 일렉트릭이 되었다)가 경복궁 내에 백열등을 최초로 설치하고 불을 밝혔는데, 이때 백열등의 판로 개척에 힘들어하던 에디슨은 아시아의 왕실에서 자사 제품이 불을 밝히자 마케팅의 호기로 삼겠다는 생각에 무척 흐뭇해했다고 한다. 이후 1898년 서울에 설립된 한성전기회사가 전기를 공급하면서 우리나라 사람들도 백열등을 사용하기 시작했다. 그러나 2014년 백열등의 생산·수입이 금지되면서 역사의 뒤안길로 사라져 지금은 골동품의 목록에 오르는 신세가 되었다.

참고문헌

김대웅, 《알아두면 잘난 척하기 딱 좋은 영어잡학사전》, 노마드, 2017

김대웅, 《커피를 마시는 도시》, 자작나무, 1996

김은신 엮음, 《이것이 한국 최초》, 도서출판 삼문, 1995

다니엘 푸러, 《화장실의 작은 역사》, 선우미정 옮김, 들녘, 2005

마르크스·엥겔스, 《주택문제와 토지국유화》, 김대웅 옮김, 노마드, 2019

마빈 해리스, 《음식문화의 수수께끼》, 서진영 옮김, 한길사, 1992

마이클 앨린, 《자라파 여행기》, 박영준 옮김, 아침이슬, 2002

빠스깔 디비, 《침실의 문화사》, 편집부 옮김, 동문선, 1994

쓰지하라 야스오, 《음식, 그 상식을 뒤엎는 역사》, 이정한 옮김, 창해, 2002

에두아르트 푹스, 《풍속의 역사 I, II》, 이기웅·박종만 옮김, 까치, 1986

와타히키 히로시, 《질투하는 문명》, 윤길순 옮김, 자작나무, 1995

율리우스 립스, 《가장 인간적인 것들의 역사》, 황소연 옮김, 지식경영사, 2004

이안 해리슨 엮음, 《최초의 것들》, 김한영·박인균 옮김, 갑인공방, 2004

조앤 핑켈슈타인, 《패션의 유혹》, 김대웅 옮김, 청년사, 2005

찰스 패너티, 《배꼽티를 입은 문화 I, II》, 김대웅 옮김, 자작나무, 1995

Charles Panati, *Extraordinary Origins of Everyday Things*, Harper Collins, 1987

Charles Panati, *The Browser's Book of Beginnings*, Houghton Mifflin, 1984

Encyclopedia of Cultivated Plants: From Acacia to Zinnia, ABC-CLIO, 2013

Lou Taylor, *Mourning Dress: A Costume and Social History*, Allen and Unwin, 1983

Raymond Williams, *Culture and Society, 1780~1950*, Chatto and Windus, 1958

Ágnes Heller, *Everyday Life*, London: Routledge and Kegan Paul, 1984

찾아보기